清华大学
系列教材
管理学

FINTECH PRACTICE TUTORIAL

金融科技
实务教程

林健武 袁先智 马小峰 罗彤 何丽峰◎编著

U0360537

清华大学出版社
北京

内 容 简 介

本书为高年级本科生和研究生提供了在金融科技方向理论的核心概念,以及支持业界实践创新的专业知识和技术处理方法。因为金融科技本身的交叉性和综合性,本书在内容安排上尽可能保持核心内容远离口号式陈述和空洞概念讲解!

通过对本书的学习,读者能够在大数据框架下,比较全面地理解和掌握金融科技在处理金融行业最核心、最传统的信用风险问题的变革性思路和大数据解决方案,在区块链生态下基于数字资本核心概念的多种形态创新,在智能投顾与量化投资领域的技术方法下,通过学习金融自然语言处理以及编程和机器学习方面的基础知识,成为在金融科技行业从理论到实践具有执行能力的专业人才。

图书在版编目(CIP)数据

金融科技实务教程/林健武等编著. —北京:清华大学出版社,2023.3(2023.10重印)
清华大学管理学系列教材
ISBN 978-7-302-61300-8

Ⅰ.①金… Ⅱ.①林… Ⅲ.①金融-科学技术-高等学校-教材 Ⅳ.①F830

中国版本图书馆 CIP 数据核字(2022)第 122418 号

责任编辑:张 伟
封面设计:李召霞
责任校对:王荣静
责任印制:杨 艳

出版发行:清华大学出版社
    网 址:http://www.tup.com.cn,http://www.wqbook.com
    地 址:北京清华大学学研大厦 A 座 邮 编:100084
    社 总 机:010-83470000 邮 购:010-62786544
    投稿与读者服务:010-62776969,c-service@tup.tsinghua.edu.cn
    质量反馈:010-62772015,zhiliang@tup.tsinghua.edu.cn
    课件下载:http://www.tup.com.cn,010-83470332
印 装 者:北京嘉实印刷有限公司
经 销:全国新华书店
开 本:185mm×260mm 印 张:19.25 字 数:440 千字
版 次:2023 年 3 月第 1 版 印 次:2023 年 10 月第 2 次印刷
定 价:69.00 元

产品编号:087569-01

丛书序

　　经过多年的发展和同仁们的努力,得益于中国经济社会持续稳定的发展和教育战线特别是高等教育领域的进步,我国管理学学科门类拥抱许多新变化、产生许多新气象,其现代化、科学化、国际化已经初现端倪,也在不断服务着管理实践并从中汲取营养。我们日益意识到中国的管理学发展需要从"照着讲""接着讲"转向构建中国特色管理学理论体系,利用好优秀传统文化的宝贵资源,最终落脚于遵从规律、适合国情的管理实践。

　　这个过程中,"立足中国、借鉴国外,挖掘历史、把握当代,关怀人类、面向未来",在博采众长中形成中国自己管理学科的大视野、大格局,是中国管理学者的心愿和志气,饱含了中国管理学界前辈的辛勤躬耕和后来者的探索进取。

　　同时,这也符合世界管理学发展的需要。一方面,新一轮的科技革命正在加速改变人类的经济活动,重塑了个体的生活方式,强化了当代组织所面临的外部情境的不稳定性与不确定性,复杂模糊的情境对管理理论的建构提出了更高的要求;另一方面,传统主流的管理学研究范式以还原论为哲学基础,认为整体可以分为部分,这些部分又都能被独立研究,并通过加总的方式还原为整体,这种思维方式和粗放归纳所形成的管理理论体系,对解释生动和复杂的管理实践已显乏力,范式窠臼逐渐显现。特别是在数字经济的时代背景下,对新的学科理论的梳理和拓展、发展与探索,尤显急迫。

　　基于此,清华大学经济管理学院集工商管理、管理科学与工程两大管理学科的优势,举全院之力策划出版了"清华大学管理学系列教材"。本系列教材是一套在管理学领域内,密切联系管理实践,广泛吸纳管理领域最新研究成果,取精用宏,定位于出思想、出精品,供新时代高等院校管理人才培养和企业管理人员培训使用的系列教材。我们希望通过具有中国特色的中国管理学实践教材,培养新时代的高层次管理骨干,以管理赋能人、组织、生产劳动与创新实践,进而促进人的全面发展和经济社会的全面发展。

　　"清华大学管理学系列教材"包括管理学学科的主要领域和核心课

程，并将数字经济、ESG（环境、社会和公司治理）、碳中和碳达峰等内容融入教材，既突出经典管理学基础知识，又符合当下的数字经济转型、生态文明建设、走向共同富裕等重要的时代特征。本系列教材突出强调管理教育的案例教学法特点，有利于将一般通则与中国实践相结合，除了能够在学位项目的人才培养中发挥很大作用，还能够在继续教育和终身学习、管理人员的在岗培训中得到延伸，具有十分重要的教育贡献、社会服务功能。

管理学是清华大学的优势学科，管理类专业学位是清华大学最早开办并持续创新的专业学位人才培养的卓越项目。清华大学经济管理学院发挥组织优势、综合优势，发扬教师们的育人使命感和学术担当，努力在本系列教材中用好新技术，增加互动和迭代的能力，改善阅读和学习体验，相信能够得到广大读者和学习者的认可，并在大家的指正和帮助下不断完善。

本系列教材的问世，一定会为培养新时代中国管理人才贡献力量，一定会为中国和更大范围的管理学科的发展和管理学教育事业的发展贡献力量，这是出版者、组织者和全体作者共同的愿望。

感谢各位作者，谨祝教祺。感谢各位读者，谨祝学习进步！

杨　斌

2022 年 8 月 8 日

于清华园

序一

金融科技（FinTech）可以简单理解成金融（finance）＋科技（technology），指通过利用各类科技手段来创新传统金融行业的产品和服务，提升效率并降低成本。根据金融稳定理事会（FSB）的定义，金融科技是基于大数据、云计算、人工智能（AI）、区块链等一系列技术创新，全面应用于支付清算、借贷融资、财富管理、零售银行、保险、交易结算六大金融领域，是金融业未来的主流趋势。

金融科技给金融业的发展提供了广阔的发展空间，其核心任务是针对金融业场景提供创新的解决方案，针对各种新的数字资产形态和金融服务的新生态，构建相应的定价和风险计量工具。这就需要一本能够为读者提供对这门新兴学科的概貌、基础概念、核心内容、思维方式和对应的技术手段进行较全面介绍的读本。

本书体现了对当前金融科技发展中所面临的两大核心问题的讨论：第一，如何通过科技的手段来解决金融行业中长期存在的信用风险和相关的估值问题及支持前中后台的动态管理；第二，在去中心化共识框架下，基于区块链等技术，针对新场景创新、数字资产新形态、数字经济从理论突破到实践落地需要的新方法和新技术。

金融科技深度地依赖于"大数据"对传统的"结构化数据"这个概念的本质的推广。在本书，作者们从以下五个方面针对金融科技的核心内容进行了较全面系统的讨论：

（1）在大数据金融框架下建立金融行业风险评估的全息画像方法；

（2）基于人工智能算法针对大数据风险特征筛选的框架和实施标准的建立；

（3）在大数据框架下针对金融行业的全息风险评估体系的建立和信用评估等方面的应用讨论；

（4）在区块链生态下支持数字经济发展需要的数字资产和共识博弈等核心概念的介绍；

（5）在大数据框架下针对智能投顾与量化投资在方法和技术层面的讨论。

展现在读者面前的这本出版物，是 5 位工作在学界和业界的作者从

2018 年开始,花了三年多时间完成的工作。它体现了目前金融前沿科技的重要发展,专业性强,语言平实,并结合发生在中国大地的实践案例,生动形象,是此领域中不可多得的好书,相信对金融科技感兴趣的读者一定会在本书中有所收获。

作者们的初心是力求做到本书讨论的内容是金融科技这门学科到目前的重要发展和需要考虑的核心问题,并远离对空洞概念的陈述和说教,给读者提供从金融科技角度解决金融问题,以及支持新金融体系建设和创新所需的基础知识和技术方法。

真心祝愿本书对金融科技专业从理论到实践的发展、人才的培养,以及金融行业应对与时俱进的创新需求发展起到积极的推动作用,也希望本书能够成为伴随金融科技专业发展的一本好教材。

彭实戈

中国科学院院士

山东大学数学学院教授和博士生导师

山东大学数学与交叉科学研究中心主任

2021 年 12 月 10 日

序二

非常高兴为这部由林健武、袁先智、马小峰、罗彤和何丽峰5位作者完成的力作《金融科技实务教程》写一个序。

从内容安排来看,《金融科技实务教程》比较全面地覆盖了现代金融前沿科技的主要方面。所用的语言平实易懂,并针对专业性强的问题通过举例进行比较生动的描述。本书既可作为高等院校金融科技相关课程的通用专业基础教材,也可作为金融科技培训用书,还可作为广大金融科技爱好者和金融科技软件开发人员自学金融科技的参考书;同时,也可作为业界和政府金融科技监管部门的专业参考资料。

在第1章针对金融科技发展的动因进行了比较全面的介绍后,从第2章开始,在大数据框架下,作者们比较充分地解读了金融科技在处理金融行业本身在传统的信用风险问题,特别是在支持一般信贷、信评和对应新金融场景相关的业务带来的变革性思路和落地实施需要掌握的大数据思维方法和手段;第3章,重点在比较系统地介绍区块链技术和基于区块链生态下针对"数字资产"(digital asset)这个核心概念以及对应的多种形态创新的讨论与概述;第4章,结合传统的金融工程分析工具和技术,比较全面地介绍了支持智能投顾与量化投资的技术方法,并以"关联方"(related parties)这一概念为出发点,介绍了在大数据框架下针对非结构化特征提取的基本框架和筛选流程标准;第5章,介绍了金融科技在机器学习方面需要掌握的基本技术和处理手段。这五章形成了核心内容原则上自我完备的在金融科技这门新学科创新理论与实践紧密结合的一本务实教材。

最后,我郑重向广大读者推荐这部很有特色的教材!

汪寿阳

发展中国家科学院院士

中国科学院预测科学研究中心主任和博士生导师

2021年12月26日

序三

　　金融科技可以理解成金融和科技有机融合的一门新兴学科,指通过利用各类科技手段创新性地改造传统金融行业所提供的产品和服务,提升效率和降低运营成本。这门新兴学科基于大数据、云计算、人工智能、区块链等一系列技术创新,全面应用于支付清算、借贷融资、财富管理、零售银行、保险、交易结算六大金融领域,给金融业未来的发展提供了无限发展空间。

　　金融科技的本质任务是如何针对金融业场景提供创新解决方案,针对诸如新的数字资产形态和金融服务的新生态构建需要的定价和配套的风险计量工具。这就需要有一本能够为读者全面介绍金融科技这门新学科的基本全貌、核心内容、思维方式和对应的技术手段及背后基础概念的教材。

　　我们知道金融科技的核心工作之一是在去中心化的区块链生态下建立针对数字资产的金融体系新生态,尽管目前对应的在共识机制下的金融生态环境要素如数字资产、数字确权,在区块链生态下的定价体系和风险体系需要的最基本的概念尚未得到充分讨论和发展;对应基于区块链共识经济活动的共识博弈概念及其基本应用,去中心化地针对新场景的共识经济学理论,基于智能合约功能的实现和配套的基本内容、对应的功能实现、解决方案,都尚未形成知识体系,相关的构建金融科技学科本身发展需要的金融体系及其基本概念还未形成或未得到比较系统的发展,但是我们又面临去中心化的金融市场,新型工具和应用方式会改变未来金融业方方面面的发展。

　　金融科技的另外一个核心工作是在大数据框架下,如何利用科技的力量和变革性思路来解决金融行业中一直存在的难题:支持普惠金融的落地实施。人们期待金融科技通过利用更多的信息和数据,其中包括结构化数据和非结构化数据比如关联信息,再加上机器学习,给我们解决这一难题提供可能性。

　　本书首先介绍推动金融科技创新背后的基本动因,然后介绍在大数据框架下如何建立针对非结构化的风险特征因子提取的框架和标准。我们相信这是人工智能方法,更是机器学习结合金融科技思想在体现金融问题解决创新方案的一个典范,相信它会为金融科技学科在智能投顾、智能投资与量化投资的深度发展提供一种全新的工具和支持落地的有效手段。

　　希望读者与我一样,感受到本书没有辜负作者们的初心,给学界、业界、政府和监管行业的专业人士带来一本理论与实践有机结合的参考书；也希望本书会成为金融科技学科一本具有里程碑意义的教科书。

李祥林/David X. Li

上海交通大学上海高级金融学院教授

上海交通大学中国金融研究院副院长

2021 年 12 月 12 日

前言

　　本书由五个部分组成。第1章：金融科技绪论；第2章：大数据技术在金融科技中的应用；第3章：区块链技术在金融科技中的应用；第4章：人工智能技术在金融科技中的应用；第5章：金融科技编程应用。

　　在第1章，我们首先对金融科技的发展进行了简要回顾，然后讨论了金融科技2.0、金融科技3.0发展的核心内容，金融科技未来的发展，以及金融科技与金融风险的相互交织关系。接着讨论了金融科技与风险管理来自诸如巴塞尔协议Ⅲ/Ⅳ监管的要求，金融科技带给商业银行的机遇，金融行业全面动态风险管理体系框架建立等方面的挑战，支持多场景的智能风险解决方案，人工智能、区块链技术、云计算、反洗钱的应用。最后对金融科技在金融机构风险管理中面临的全维度风险挑战和监管对策，宏观、中观和微观监管等方面的落地实施等进行了比较全面的讨论。

　　由于大数据金融是基于对传统的"数据"概念的革命性推广而展开的，我们首先在第2章基于结构性和非结构性数据的基本特征介绍和解释了大数据本身具有的基本含义和出现背景，然后对大数据金融科技方法与应用进行了比较全面的介绍。本章主要对以下四个方面的核心内容进行讨论：

　　(1) 支持金融科技发展需要的大数据出现的背景介绍；

　　(2) 在大数据金融框架下解决金融行业信用评估问题的全息画像方法介绍；

　　(3) 基于人工智能算法支持风险特征筛选的推断框架的一般实施原理；

　　(4) 基于大数据框架下的全息风险评估体系：咖啡馆(CAFÉ)体系。

　　我们期待读者在大数据框架下，能够比较充分地理解和掌握金融科技在处理金融行业本身最重要的信用风险这个传统问题上的变革性思路；通过引进全息画像方法为工具，构建基于包含非结构化特征提取的方法，来支持针对小微企业信贷需要的在无财务信息、资产信息等情况下展开信用评估的新方法；基于大数据结合人工智能算法在针对金融场景描述的风险特征提取方面需要的最新推断实施原理和落地实施的方法与应用。本章介绍体系可以为中国庞大的金融市场提供主体和债项信用评估的一种解决方案，并为建立与国际接轨支持中国资本市场的信用评估和评级体系起到一定的推动作用。

第3章介绍了区块链技术和在金融中的应用。在本章,我们首先比较系统地回顾了区块链的发展历史、区块链的基本原理及技术、主要类型等内容。在此基础上,讨论区块链在诸多金融场景中的应用。其内容包含:数字货币(digital currency),区块链在供应链金融领域案例解析,基于区块链技术的共识经济基本框架,支持区块链共识经济的共识博弈新概念,区块链的分叉或中断,区块链的共识博弈,区块链治理介绍,以及基于区块链治理的智能合约(smart contract)功能实现介绍等;然后讨论区块链可以变革现有的征信体系,基于区块链信用的黑白名单征信系统的建立,构建联盟链,搭建征信数据共享交易平台;最后,介绍区块链技术如何降低金融风险,防止交易欺诈,有效防范操作风险,控制逆向选择,抵御黑客攻击,以及区块链技术提升金融监管能力,实现高效率的、全维度穿透式管理流程等方面的变革性创新和应用。

第4章为人工智能在金融科技中的应用,主要针对智能投顾与量化投资的内容讨论。在本章,我们首先回顾了智能投顾的发展,介绍投资组合的基础理论知识,并讨论支持智能投资需要的量化投资在技术方法和处理的核心内容。然后,我们比较系统地介绍了在大数据框架下,如何针对异构异源数据进行特征提取的推断原理和实施框架的建立,并作为金融场景的具体应用,讨论了大宗期货价格的特征风险因子的大数据提取方法,针对期货铜价格趋势预测的特征因子刻画,针对期货螺纹钢期货价格趋势变化的关联特征刻画等讨论,并通过真实案例分析和讨论来解释方法的可实施性。最后,讨论了基于资产配置构建智能投顾核心内容和多因子选股策略的示例展示。

结合上面涉及的技术,第5章的重点是提供金融自然语言处理和量化投资的编程案例,给读者更深入的实务知识。本章首先回顾深度学习的发展,然后介绍如何从大数据金融文本中挖掘金融知识,针对大数据金融资讯的情感分析,以及针对大数据金融文本的自动生成技术和处理技能。后面,本章又介绍了基于多因子框架的量化投资编程实例。

原计划本书在2020年底前出版,但是2020年年初突发的新冠肺炎疫情除了演变成伤害全球人类的大流行传染病外,我们的生活、工作、学习、行业和全球各国的经济发展都遭受了极大的创伤和影响,本书的出版也延迟到2022年。我们除了真诚地感谢和从心底里敬佩一直战斗在第一线为人类生命安全与新冠肺炎疫情抗击的专业卫士外,也一直为本书的内容准备和写作进行认真的工作。我们希望不负本书出版的初心,带给读者专业的知识力量,继续向前创新和推进行业高效运行与健康发展。

这本书是作者们多年来带领团队对金融科技理论和实践探索的总结,我们由衷感谢提供场景应用的多家金融机构和政府部门,解决这些场景应用中的难点、痛点、堵点的标准体系和实现方法给本书写作提供了应用驱动的精准的方向和靶子。同时,感谢几年来所有参与本书编写的研究生和同事,他们在数据收集和整理、算例算法、金融机构项目实施等工作中付出了辛勤努力,在本书的编写中贡献了诸多的思考和智慧。他们是(姓名不分先后):周毅、李鸣洋、王鹏理、丁闻、冯驰、周云鹏、刘海洋、严城幸、陈文、任芮彬、钟苏川、李国华、张红、高仕龙、赵建彬、李华、王会琦、钱国琪、孙运传、石玉峰、石宝峰、李建平、李建军、迟国泰、余乐安、杨晓光、周炜星、李心丹、吴岚、陈增敬、张维、王帆、韦立坚、熊熊、汪冬华、曾燕、李仲飞、陈收、廖理、吴冲锋、谢康、叶强、马超群、黄益平、陈国青、何华、张启珑、罗元磊、江泓、马洪、李祥林、汪寿阳、彭实戈老师等。另外还有很多给予本书的写作不可或缺的支持的其他师友,请原谅不能一一列举,但一并表示同样的感谢。

　　还有深圳市天择教育科技有限公司的曹胜利、徐波也在本书的写作工程过程中提供了大量的支持和帮助。特别地,我们要感谢过去许多年来在我们人生中有幸遇到的引路人,以及师长和一起工作的同事与同行的不离不弃,还有众多有机会教过的年轻学生,这些充满活力的年轻人给予了本书作者们在理论与实践相结合创新工作的推进过程中需要的极大的动力源泉,谢谢你们! 当然,所有作者家人的默默支持和付出,在此就无法用语言来表述了。

　　感谢国家自然科学基金资助项目(U1811462、71971031 和 11501523)对本书的编写和出版给予的支持。

　　最后,本书所有作者对清华大学出版社编辑团队和周毅同学,在处理金融科技词汇和术语的编校工作中付出的大量心血,特别提出感谢。

　　生逢其时、欣逢盛世,谨以此书,献给中华民族的百年复兴和祖国的繁荣富强!

　　由于能力和水平有限,本书难免存在纰漏,还请读者批评指正,以求不断完善。

林健武,袁先智,马小峰,罗彤,何丽峰

2022 年 10 月 1 日

目录

## 第1章

金融科技绪论

1.1 金融科技的发展

1.1.1 全球金融科技的发展

人类的工业革命和科技发展一般被分为机械化、电气化、信息化和数字化。金融作为科技非常重要的应用场景,它的发展是与科技的发展相伴生的。金融科技的发展历史是伴随着科技的发展历史而不断进步的,是工业革命进入信息化,特别是进入数字化后的重要产物。

对现代金融的定义,已经从传统的货币发行和流通、人类经济活动的资本化,发展到人们在不确定环境中进行资源跨期的最优配置决策的行为。因此,金融的发展和决策科学的发展息息相关。近期决策科学的发展最令人兴奋的莫过于计算科学中人工智能的发展,特别是AlphaGo的出现。其实人类使用计算机来制作围棋对弈的程序为时已久,之前的计算机围棋对弈系统水平都相对比较低。大家一致认为,围棋对弈对于计算机来说是一个非常复杂的计算,难以运用现有的系统来完成。直到AlphaGo战胜了世界冠军李世石,人们才发现计算机战胜人类是有可能的。但计算科学长足发展的光鲜事实背后,隐藏着近年来数据科学发展对其的强大支撑。如果没有收集和处理大量的人类棋谱,也不可能开发出AlphaGo。虽然之后的Alpha Zero摆脱了人类棋谱,但它的训练仍然要依靠对自身博弈数据的收集和分析。

可以看到的是,决策科学的发展是计算科学和数据科学的发展共同推动的,它们之间也是一个相互制约、相互促进的螺旋向上发展的过程。有了更多的数据,现有的计算系统就成了制约决策科学发展的因素;而随着计算科学发展,可以分析更多的数据,数据科学就成了制约决策科学发展的因素。人们现在每年掌握、分析的数据正以成倍的速度增长,而计算科学正向量子计算发展。这一发展趋势正推动着金融科技的发展,金融不断利用大数据和区块链技术收集与分析金融相关数据的同时,也在利用云计算和人工智能技术提升其数据分析能力。金融科技的发展正是数据科学和计算科学在金融中交织发展的产物,是决策科学发展的重要应用领域。

1. 金融科技投资案例数和投资额

2014—2018年全球金融科技融资案例数和投资额如图1-1所示。

2019年,全球金融科技投资进入转折点,全球范围内有1 913笔交易,投资金额345亿美元,年度投资金额下降15%;但是,2018年金融科技投资主要是由蚂蚁金服在2季度的140亿美元推动的。如果不考虑2018年蚂蚁金服的融资,那么2019年的金融科技

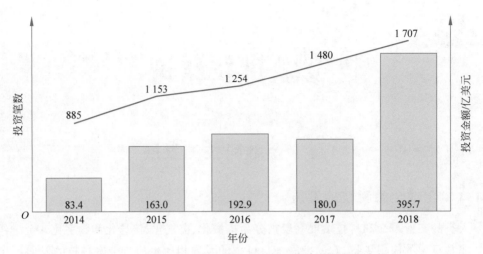

图 1-1　2014—2018 年全球金融科技融资案例数和投资额

投资金额大大超过了 2018 年。

北美、欧洲和亚洲的年度金融科技投资数量均有所下降,部分是由早期阶段融资交易数量下降导致:尽管年度早期融资轮(种子和 A 轮)交易跌至 5 年低点的 59%,但与 B+轮公司的融资交易数量却超过了 5 年高点。这是一个积极的信号,表明越来越多的金融科技初创公司正在成熟,但随后的每笔融资都变得更加困难。金融科技交易和融资正在蔓延到新兴市场与前沿市场:南美、非洲、澳大利亚和东南亚(SEA)的融资均创下年度新高,非洲和东南亚的交易数量也创造了新纪录。尽管某些地区存在宏观经济压力,但是金融科技行业仍保持韧性:拉丁美洲(LATAM)经历了社会和政治动荡,而欧洲一直在为英国退出欧盟做准备,这些都造成了波动;但是,这两个地区的金融科技都创下了年度交易数量和融资的纪录。如果不考虑 One97 的 G 轮 10 亿美元融资,2019 年 4 季度印度和中国的金融科技投资均下降,但是印度的金融科技交易数量仍保持领先:2019 年 4 季度印度金融科技交易数量为 31 笔,仅比中国多 1 笔。印度金融科技投资金额达到 18.7 亿美元(16.6 亿美元投向 One97),而中国金融科技投资金额为 2.98 亿美元。

2019 年,几乎 50% 的金融科技投资集中在 83 个超级融资轮(金额超过 1 亿美元),总额达到 172 亿美元。2019 年对于除了欧洲以外的每个市场来说,超级融资轮数量都是创纪录的。金融科技创业公司正在走出早期、走向成熟,并通过公开上市募集私人资本。2019 年 4 季度全球 452 笔融资中募集了 94 亿美元,不考虑 2018 年蚂蚁金服的 140 亿美元融资则是季度融资金额新高:2019 年有两个季度的金融科技融资创纪录,包括 4 季度的融资新高。亚洲和美国的融资交易主要是投向成熟的细分领域,而不确定于早期金融科技公司。

2. 金融科技独角兽

金融科技独角兽公司的分布和估值如图 1-2 所示。

2018 年 VC(风险投资)支持的金融科技独角兽数量达到 67 家,估值总计达到 2 446 亿美元,2019 年创纪录地诞生了 24 家金融科技独角兽公司,其中 8 家在 4 季度出现。

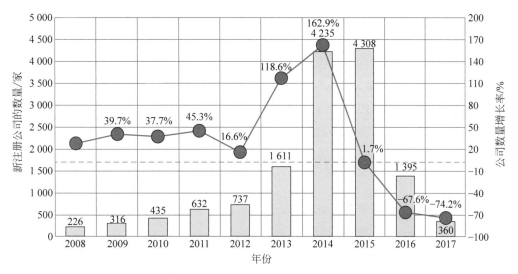

图 1-2　金融科技独角兽公司的分布和估值

CB Insights 的报告显示,2018 年全球金融科技领域投融资总额达到 390 亿美元,创 2014 年以来历史新高。尽管 2018 年第 4 季度的投融资数量出现了小幅下滑,但整体年度投融资数量仍超过 2017 年。

目前,随着云计算、大数据、物联网等技术产业的快速发展,数据流量增长速度正在不断加快,数据中心承载的压力也越来越大。中国信息通信研究院发布的《大数据白皮书》显示,2017 年,我国大数据产业规模达 4 700 亿元,同比增长 30.6%。在金融行业中,大数据应用的深度融合催生了数字金融(digital finance)服务新生态,为银行、金融服务机构、保险组织等带来了转型机遇,同时亦对金融安全提出了更高要求。

金融科技的核心基础就是大数据和人工智能,这是一个千亿规模的市场。过去几年中,从大型国有银行到股份制银行,这些头部银行皆对外宣布将其全年收入的 1%～3.5% 投入金融科技领域中。据估算,每一家投入在数十亿元人民币至百亿元人民币以上,这是金融科技业者难得的增长好时机。

计算是基于互联网的相关服务的增加、使用和交付模式,通常涉及通过互联网来提供动态、易扩展且经常是虚拟化的资源。云是网络、互联网的一种比喻说法。过去在图中往往用云来表示电信网,后来也用来表示互联网和底层基础设施的抽象。而云计算甚至可以让你体验每秒 10 万亿次的运算能力,拥有这么强大的计算能力可以模拟核爆炸、预测气候变化和市场发展趋势。用户通过计算机、笔记本、手机等方式接入数据中心,按自己的需求进行运算。

欧洲在金融大数据的应用也走在世界前列。据不完全统计,2017 年,欧洲金融市场规模已增长至 35 亿美元,可见,欧洲金融大数据行业市场规模呈现出几何式增长。业内人士认为,金融科技并不是简单的虚拟经济。新金融科技使金融与实体在更多层面上有效融合。科技提升整个金融产业链的效率,在某种意义上不仅有助于完善金融,而且间接有利于金融更好地服务实体企业。

1.1.2 中国金融科技的发展

1. 发展趋势

如图 1-2 所示,在中国,2008 年到 2012 年,每年新注册的金融科技公司数量一直呈稳定增长的趋势,增长率在 17%～45%;2013 年到 2015 年,随着互联网的普及,金融科技行业呈现出迅猛发展的态势,公司增长率达到 100% 以上,这种增长在 2015 年达到顶峰,到 2015 年底,共有约 4 300 家金融科技公司成立。

2. 发展规律

中国的金融科技发展非常迅速,领先于世界上其他国家金融科技的发展,而且中国的金融科技呈现出科技公司倒逼金融机构的态势。

中国金融科技的初期发展呈现出科技公司在金融科技业务领域的百花齐放。图 1-3 为中国金融科技发展的各个行业的图谱。从图中可以看到,中国金融科技发展的前期,大量的企业在互联网资产管理、互联网消费金融、互联网小额商业贷款、P2P(点对点网络借款)和其他一些金融基础设施上发展迅猛。这些企业就是我们所说的影子银行,说明互联网金融兴起的初期是以替代很多银行无法覆盖的业务起家的。

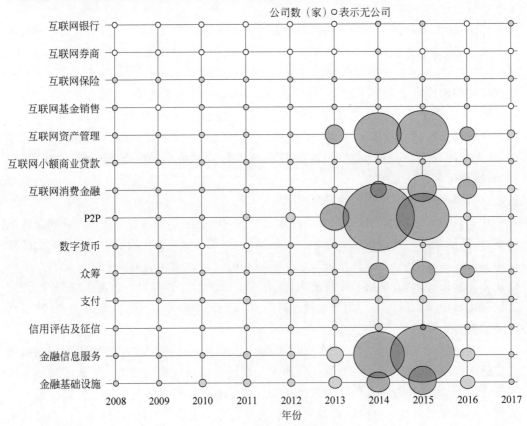

图 1-3 中国金融科技发展的各个行业的图谱

但是从 2015 年开始,中国的银行开始意识到金融科技的重要性,纷纷建立自己的金融科技子公司。兴业银行走在各个银行的最前列,之后招商银行、中国光大银行、中国建设银行、中国民生银行和中国工商银行也纷纷效仿。

2015 年 12 月,兴业银行成立兴业数字金融服务(上海)股份有限公司(以下简称"兴业数金"),开了商业银行成立金融科技子公司的先河。同月,平安集团旗下金融科技公司上海壹账通金融科技有限公司(以下简称"金融壹账通")成立;同时,平安集团旗下平安科技也从普通的信息服务向金融科技服务转型。2016 年 2 月,招商银行组建全资子公司招银云创(深圳)信息技术有限公司(以下简称"招银云创")。2016 年 12 月,为推动光大集团科技创新发展模式,光大科技有限公司(以下简称"光大科技")应运而生。2018 年 4 月,中国建设银行组建建信金融科技有限责任公司(以下简称"建信金科"),打响了国有大行成立金融科技公司的"第一枪"。2018 年 5 月,中国民生银行宣布正式成立民生科技有限公司(以下简称"民生科技"),如图 1-4 所示。

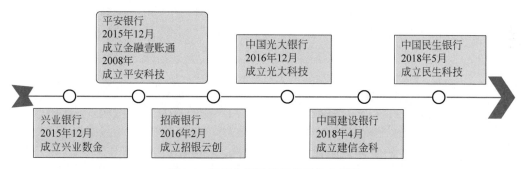

图 1-4　银行金融科技子公司成立概况

我国银行系金融科技子公司分为外部合资型和全资持有型两类。外部合资型是指银行作为控股股东,通过和其他外部机构共同出资成立的金融科技子公司,如兴业数金。兴业数金采取了外部合资、绝对控股的方式来进行股权安排。其中,兴业财富资产管理有限公司持股 51%;福建新大陆云商股权投资企业(以下简称"新大陆")、高伟达软件股份有限公司(以下简称"高伟达")、深圳市金证科技股份有限公司(以下简称"金证股份")3 家公司作为外部合作机构分别持有兴业数金 10% 的股权;上海倍远投资管理中心为员工持股平台,持股 19%。高伟达在银行系统的开发上有丰富的经验,金证股份在证券交易系统以及交易所的开发方面有优势,而新大陆则是市场有名的 POS 机(电子付款机)生产厂商。兴业数金这样的外部合资型股权结构兼顾各方在银行、证券以及支付系统上的研发特长,可充分借助合作机构的技术、资源及人员优势共同发展。

国内商业银行的主要聚焦方向有:①将金融科技上升到战略支持的高度,集中力量推进金融科技建设,升级现有 IT(信息技术)体系,打造数据平台、云服务平台等;②推进物理渠道端的转型,重视智能柜台机等新型机器的应用及网点的转型升级。银行金融科技子公司概况如表 1-1 所示。

表 1-1 银行金融科技子公司概况

银行名称	金融科技子公司
中国工商银行	**工银科技：** 主要业务方向是以金融科技为手段，聚焦行业客户、政务服务等金融场景建设，开展技术创新、软件研发和产品运营。 (1) 工银 BRAINS 是运用先进的大数据和人工智能技术，根据监管及客户风险防控需求研发，面向银行、保险、证券、基金等行业的反洗钱金融服务平台。 (2) 基础技术平台：包括移动开发平台（工银神笔）、分布式技术框架（工银磐石）、区块链平台（工银玺链）等"高精尖"产品，工银神笔提供移动端应用开发平台完整解决方案
中国建设银行	**建信金科：** (1) 创新产品和服务，快速推出融合近场通信（NFC）、二维码、生物识别技术的支付产品"龙支付"，广泛应用智慧柜员机。 (2) 推动物理渠道转型，实现客户智能识别、智能引导、智能办理、智能感知。 (3) 一些标准单一产品的输出，如风险计量、人脸识别等；同时，通过搭建大型综合平台，解决客户在定报价、资金交易、客户管理方面的问题；此外，建信金科依托"新一代"核心系统为客户输出整体系统解决方案和专项咨询等服务
招商银行	**招银云创：** (1) 新一代移动银行，结合 GPS 定位、语音识别、二维码等手机终端技术，采用创新性的 tokenization 技术，结合 PBOC 金融卡技术、NFC 技术以及数字证书动态令牌机制技术，打造"移动金融＋移动生活＋移动支付"一站式移动金融服务。 (2) 摩羯智投：采用最先进的云计算、大数据技术，结合投资模型进行动态持仓设计，在业内率先将机器学习技术运用于金融产品实践，积极探索人工智能在金融领域的应用。 (3) 战略客户全球资金管理云平台：基于分布式的云计算实现 SaaS 服务，可直接通过公网向用户提供金融安全级别的服务
中国民生银行	**民生科技：** (1) 推出指纹支付、云闪付、Apple Pay、Huawei Pay、小米支付、虹膜支付、可穿戴设备支付、二维码支付等移动支付产品，以及跨行通、民生付、收付易等网络支付产品，有效勾连起消费场景与金融产品的应用。 (2) 在渠道端，通过远程银行、PaaS 平台、API（application programming interface，应用程序编程接口）等方式提供渠道整合与能力共享。 (3) 在产品端，通过分布式账户核心、信贷、支付等核心系统，客户管理、财富管理、大数据平台等产品，提供业务支撑服务
兴业银行	**兴业数金：** 聚焦云计算，推进私有云和行业金融云建设，推出"黄金眼"等系列智能风控产品、"兴业管家"等多种移动支付产品，积极探索大数据、人工智能、区块链等新技术在金融领域的应用。目前，兴业数金形成了"4 朵云"的产品体系，分别是：针对中小型银行的"银行云"解决方案，针对政企客户和小微企业客户的"普惠云"解决方案，为证券、基金等非银金融机构提供的"非银云"解决方案，以及面向兴业银行集团及所有外部客户提供安全可靠的全方位云计算资源和服务的"数金云"

续表

银行名称	金融科技子公司
中国光大银行	光大科技： 主要发力云计算,在总行层面成立了云缴费事业中心,主要承担光大云缴费平台的对外合作、品牌建设、市场营销、平台建设、便民金融产品研发、大数据运用等职能,尝试推进业绩考核独立、激励机制独立等,以盘活业务推进的能动性;2018 年 7 月 6 日,光大云缴费科技有限公司正式对外宣布成立,该机构隶属于光大科技,目标是致力于构建"大集团＋生活＋服务"普惠生态系统,持续打造目前国内最大的开放式缴费平台
平安银行	金融壹账通/平安科技： (1) 金融壹账通的产品体系主要由三个方面构成,分别是：针对中小银行的智能银行云服务,针对保险公司的智能保险云服务,为证券、基金等金融机构提供的智能投资云服务。此外,金融壹账通将部分科技组件通过开放 API 的方式打造开放平台,为金融机构提供相应服务。 (2) 金融壹账通自主创新并研发了业内技术领先的壹账链 BaaS 平台和 FiMAX 底层框架,具有高安全性及隐私性、性能优越、一键部署等优势。利用丰富的业务场景,壹账通区块链在金融、房产、汽车、医疗、智慧城市五大生态圈、14 个业务场景中进行区块链探索,并已在多个场景成功落地应用
北京银行	北银金融科技： (1) 率先推出"直销银行"品牌,相继推出新 e 代电子银行,并在中关村成立业内首家"投、贷、孵一体化服务"的创客中心,积极探索尝试"互联网＋网速贷"的全程网络化金融服务模式。 (2) 建立大数据开放服务平台,启动大数据知识图谱的风险预警应用项目,探索大数据、人工智能和风险防控工作的创新应用模式,为全行稳健经营保驾护航

3. 发展融合

在 2017 年之前,中国的互联网科技公司与金融机构都在发展金融科技领域,处于互相竞争之中。而 2017 年是金融机构和科技公司进行金融科技融合的一个节点,人们称之为中国科技和金融的集体"婚礼"。因为金融机构和科技公司都发现,它们以自己的力量和人员的结构,无法单独地做好金融科技这个业务。

四大国有银行牵手互联网巨头,为中国的银行与金融科技公司的合作拉开了序幕。

1) 中国银行与腾讯集团携手成立金融科技联合实验室

2017 年 6 月 22 日,"中国银行-腾讯金融科技联合实验室"挂牌成立。中国银行与腾讯集团将重点基于云计算、大数据、区块链和人工智能等方面开展深度合作,共建普惠金融、云上金融、智能金融和科技金融。

近年来,随着数字化技术的蓬勃发展,客户金融需求已经发生了深刻变化。用户需求更加多元化,注重产品内涵的有趣、个性化、定制化元素。在金融科技领域,大数据、区块链、人工智能等逐步从概念走向成熟,并开始商业化,正带动全球新一轮生产效率变革浪潮,未来将深刻改变金融行业格局。为此,中国银行与腾讯集团达成深度合作共识,以开放的生态体系在业务、流程、技术上全面启动创新试点。经过数月努力,双方初步在云计算和大数据平台以及人工智能应用方面取得突破,建立了统一的金融大数据平台,持续输出技术能力支持业务发展。

未来,双方将继续深化金融科技领域的合作,逐步搭建总对总的金融科技云平台,充分发挥中国银行的业务资源优势与腾讯集团的先进科技优势,在客户需求洞察、风险管理体系建设、金融效率提升等方面进行深度合作,助力业务发展。

2) 中国农业银行与百度成立金融科技联合实验室

2017年6月20日,百度与中国农业银行宣布战略合作,双方签署了框架性合作协议,同时揭牌金融科技联合实验室。

关于具体合作,可以归纳为数据与算法在金融服务中的探索应用。

中国农业银行网络金融部的负责人张秀萍对此进行了详细的讲解,核心理念是改变传统金融服务的供给方式,目前阶段具体主要是信贷业务及理财业务,应用方面则包括基于大数据及分析与挖掘的客户画像、精准营销、客户信用评价、风险监控、智能客服、智能投顾等。

未来,双方将会在资产证券化(asset-backed securities,ABS)、虚拟货币及产业互联网金融等方面进行探索。

3) 中国工商银行与京东金融启动全面合作

2017年6月16日,中国工商银行与京东金融签署了金融业务合作框架协议,中国工商银行董事长易会满与京东集团董事局主席兼首席执行官(CEO)刘强东见证了协议的签署。双方将在金融科技、零售银行、消费金融、企业信贷、校园生态、资产管理、个人联名账户等领域展开全面深入的合作。

未来,双方将会合作开发新的服务模式或创新产品,对整个中国金融行业创新起到推动作用。除金融业务领域合作外,双方还就京东集团层面与中国工商银行的整体合作进行了探讨,将在物流及电商领域积极展开合作,为广大消费者提供更优质的服务。

4) 中国建设银行与阿里签署战略合作协议

2017年3月28日,阿里巴巴集团、蚂蚁金服集团与中国建设银行签署三方战略合作协议。建设银行董事长王洪章、阿里巴巴董事局主席马云、中国建设银行行长王祖继、蚂蚁金服首席执行官井贤栋等人均出席现场。

按照协议,蚂蚁金服将协助中国建设银行推进信用卡线上开卡业务,为此前无法覆盖的人群提供信用卡服务。双方还将推进线下线上渠道业务合作、电子支付业务合作,打通信用体系,共同探索商业银行与互联网金融企业合作创新模式。此前蚂蚁金服向外界传达,作为一家金融科技公司,未来将只做技术(tech),支持金融机构做好金融(fin)。

大型金融机构与互联网科技巨头的结合,正反映了它们各自都发现以自己的力量无法完成金融科技的建设。金融机构的人员架构和管理制度都更倾向于进行风险管理,要求人员在一定的制度框架下,严格执行操作规程。而互联网公司更多的是要求人员具有创造能力,能够突破一定的框架。金融科技是金融的信用体系和科技的创新能力的结合,需要人员同时具备严格按框架操作的能力和突破框架的能力,这是金融机构和互联网科技公司的人员很难做到的。同时,金融机构强大的资金来源和互联网科技公司广泛的客户来源都是金融科技业务成功的必要因素。因此当金融科技发展到一定阶段时,单独发展的金融机构和互联网科技公司将大概率走向融合。

1.1.3　金融科技定义、框架与发展阶段

图 1-5 为金融科技发展的总体框架和结构。金融科技的关键是解决金融投资中的三个核心问题，即标的征信（credit reference，或 credit report）、投资决策和交易记录跟踪。征信解决了投前的信用管理，投资决策解决了投资中的标的选择问题，而交易记录跟踪则解决了投后的跟踪管理问题。资金的投向可以分为三个方向。

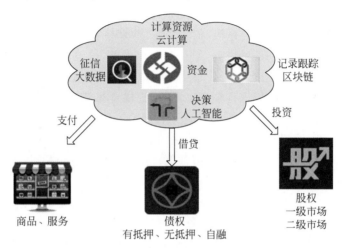

图 1-5　金融科技发展的总体框架和结构

（1）资金与实际商品、服务的交换称为支付。

（2）资金投资债权期望本金和利息的归还，称为借贷。

（3）资金投资公司的股权，只收分红而没有本金的返还，称为投资。

这是一个庞大的系统工程，需要分步来实现。因此金融科技在中国的发展也呈现出分阶段走的形式。可以把中国金融科技的发展分成三个不同的阶段，它们相辅相成，前面的阶段为后面的阶段打下了重要的基础。

1. 金融科技 1.0

金融电子化阶段，通过 IT 实现金融行业内部办公和业务的电子化，提升管理水平和服务效率。它主要是完成了对于金融基础设施的建设。

2. 金融科技 2.0

互联网金融阶段，互联网技术渗透到金融服务的各个环节，实现信息共享和业务撮合。在这个阶段搭建了金融的平台、渠道和投射到终端用户的场景。

3. 金融科技 3.0

这一阶段，以人工智能、大数据、云计算、区块链等技术驱动，深度融合金融，提供更为普惠的金融服务。但其本质是利用前期建设的金融科技 1.0、2.0 的金融电子化系统收集各类数据，提供给投资者进行决策支持。

在下面的章节，将详细介绍金融科技 1.0、2.0、3.0 的发展。

1.2　金融科技1.0

金融科技1.0的基本逻辑就是,通过计算机信息的高效流通,实现更加顺畅的连接,即实现资金供给端和需求端更高效的对接。在这个阶段,金融行业通过传统IT软硬件的应用来实现办公和业务的电子化、自动化,从而提高业务效率。这时候IT公司通常并没有直接参与公司的业务环节,IT系统在金融体系内部是一个很典型的成本部门,现在银行等机构中还经常会讨论核心系统、信贷系统、清算系统等,就是这个阶段的代表。

比如在银行体系,随着IT的发展,银行在客户服务、风险防控、经营模式实现电子信息化,达到无纸化办公等。银行电子信息化转型以客户为中心,以数据为基础,利用新技术对银行客户服务和业务流程进行数字化再造,提供全渠道、无缝式、个性化的产品和服务,全面实现业务处理的数据化、自动化。银行自动化改变现有线上线下为主的业务模式,扩展到更高程度、更加紧密的客户自动化的服务,实现与客户交互、产品、服务的感知性和便捷性,降低银行经营成本。银行信息化、自动化改变目前独立场景、碎片化、机械化的金融服务模式,转为由客户"接触点"驱动"端到端"的业务服务和管理流程,提供更标准、精准、自动化服务模式。又比如在保险体系,综合业务系统是保险公司的核心系统,可以分为产险综合业务系统和寿险综合业务系统。调查显示,所有的保险公司都拥有综合业务系统。其中,采用自己开发业务系统的保险公司有平安保险公司和新华保险公司;购买成型业务系统的有中国人寿和泰康人寿;而与厂商合作开发的有中国人民保险集团股份有限公司和中国太平洋保险(集团)股份有限公司。另外,国内保险公司基本实现了客户服务系统和客户管理系统。

为了实现前述金融科技发展的基础建设,参与的各类金融机构和科技公司必须占领四大制高点,包括金融的基础设施建设、平台建设、渠道打通和场景布局。这就如同修建公路网,首先要进行高速公路的基础设施建设,然后再打通地方的路网平台,再连接通往城镇乡村的渠道,最后是通过小路到达一家一户的场景。图1-6展示了各类公司参与这四个制高点建设的案例。

1.2.1　数字货币

从金融的概念可以看出,实现货币的流通是金融最早的功能。金融的初期需要选择承担货币作用的载体。而金融科技的发展,同样也需要新的货币载体来支撑。人类最早使用的货币是实物,如贝壳和贵金属等。它具有一定的稀缺性,可以起到保值的作用,但支付和携带都不是很方便。更重要的是实物的供给很难与经济发展总量匹配。之后,人类开始使用如铜钱或纸币等代币,以提高货币支付和携带的便利性。但随着代币的出现,货币就需要有信用的支撑,因为发行机构可以自行加减货币的供给。而随着金融科技的发展,现代计算机技术在金融上运用的前提就是货币的数字化。

如表1-2所示,广义数字货币主要包括三种类型,电子货币(electronic money)、虚拟货币和狭义数字货币。

四大制高点			基础设施	平台	渠道	场景
五类主要机构	传统金融机构	银行	依靠传统基础设施：如人行清算结算系统、人行征信体系、证券交易所等		实体渠道为主，逐步向多渠道整合发展	电商，如善融商务等
		证券等				
		保险	如平安Lfex基础资产交易	平安万里通积分平台、P2P平台		平安好车、好房、万里通等
	互联网公司	阿里	电商征信体系、支付宝支付清算体系	电商平台为主，理财平台、社交平台为辅	互联网、移动互联网渠道为主	电商、打车、娱乐、足球等
		腾讯		社交平台为主，理财平台、电商平台为辅		社交、游戏、打车、美食、娱乐等
		百度		信息平台为主，理财平台为辅		搜索、地图等
	新兴金融业态	P2P		投融资撮合平台	互联网、移动互联网渠道为主	
		众筹		投融资撮合平台		
		搜索		信息搜索平台		
	通信	运营商			实体网点为主	
		手机厂商		内容平台、应用平台		
	基础设施	银联	第三方支付清算体系			
		征信	民间征信体系			信贷、征婚等

资料来源：BCG分析。

图 1-6　金融电子化四大制高点

表 1-2　广义数字货币

项　　目	电子货币	虚拟货币	狭义数字货币
发行主体	金融机构	网络运营商	无
使用范围	一般不限	网络企业内部	不限
发行数量	法币决定	发行主体决定	数量一定
储存形式	磁卡或账号	账号	数字
流通方式	双向流通	单向流通	双向流通
货币价值	与法币对等	与法币不对等	与法币不对等
信用保障	政府	企业	网民
交易安全性	较高	较低	较高
交易成本	较高	较低	较低
运行环境	内联网,外联网,读写设备	企业服务器与互联网	开源软件以及 P2P 网络
典型代表	银行卡,公交卡	Q 币,论坛币	莱特币

1. 电子货币

电子货币是以国家信用作为保障、由政府授权的金融机构发行的数字货币。其货币价值和法币对等,可以双向流通,有比较高的安全性。比如央行数字货币、银行卡和公交卡都属于电子货币,它们背后都有法律的严格保护。

中国人民银行打造的 DCEP(digital currency electronic payment)也正式从幕后走向台前,成为电子货币的典型代表。我国央行推出的数字货币是基于区块链技术的全新加密电子货币体系。DCEP 将采用双层运营体系,即人民银行先把 DCEP 兑换给银行或者其他金融机构,再由这些机构兑换给公众。央行数字货币具有以下特点:DCEP 与人民币可以 1∶1 自由兑换,支持连接中央银行;DCEP 采用商业银行和中央银行的双层制度,适应国际上各主权国家现有的货币体系;DCEP 是主权货币,是纸质人民货币的替代品,可以确保现有货币理论体系依然发挥作用;DCEP 可以基于特殊设计,可以不依赖于网络进行点对点的交易。

2. 虚拟货币

虚拟货币是一些互联网科技公司和网络运营商发行的功能性货币,存储在客户在其公司的账号里,用以兑换此公司提供的相应的服务。虚拟货币是不可以进行自由的双向交换的。一般来说,法币可以购买虚拟货币,但虚拟货币一般不可以随意地交换成法币。因为虚拟货币的信用保障是企业,所以在超出企业运营范围外的领域,自由交换是无法保证的。典型的例子包括 Q 币、论坛币,以及一些公司发行的稳定币。

稳定币中最出名的是 Libra(天秤币),它是 Facebook 推出的虚拟加密货币。2019 年6 月 18 日,Facebook 发布 Libra 白皮书,推出了 Libra 虚拟加密货币。

Libra 是一种不追求对美元汇率稳定,而追求实际购买力相对稳定的加密数字货币,最初由美元、英镑、欧元和日元这四种法币计价的一篮子低波动性资产作为抵押物。

Libra 的愿景是作为一款全球性的数字原生货币,集稳定性、低通胀、全球普遍接受和可互换性于一体,推行金融普惠,主打支付和跨境汇款。

当然,除了 Libra,市场上还有不少其他类型的稳定币。稳定币主要分为以下几种。

(1) 单一法币抵押型稳定币:以 Tether 为首的基于区块链但又不会发生美元"价格波动"的数字货币,以及 USD Coin、TrueUSD 等后来者。

(2) 数字资产抵押型:如 DAI、BitUSD 等,以区块链上的原生资产做超额抵押发行的稳定币,仍然以锚定美元为主。

(3) 实物抵押型:DGX 等,以黄金作为抵押追求对黄金价格的稳定。

(4) 无抵押算法型:Basis、Ampleforth 等希望通过算法控制货币的供需平衡,从而实现稳定,但这一概念难以成功实现。

(5) 负债/权益型:如 JPMorgan 的 JPM Coin,类似传统银行进行信用货币派生。

3. 狭义数字货币

狭义数字货币是平时最常提到的数字货币,但它和前面提到的两类数字货币还是有着明显的区别。狭义数字货币是在网络社区上发行的数字货币,其信用保障来自认同这一数字货币的网民。为了保证货币的价值,一般其每年发行数目有一定的限制。其特点包括以下几方面。

(1) 去中心化:整个网络由用户构成,没有中央银行。

(2) 全世界流通:不管身处何方,任何人都可以挖掘、购买、出售或收取数字货币。

(3) 专属所有权:操控数字货币需要私钥,它可以被隔离保存在任何存储介质。

(4) 低交易费用。

(5) 无隐藏成本:作为由 A 到 B 的支付手段,知道对方数字钱包地址就可以进行支付。

(6) 跨平台挖掘:用户可以在众多平台上发掘不同硬件的计算能力。

全球的狭义数字货币主要分为货币类、基础公链类、应用场景类,其中应用场景类又分为资产类和通证应用类。截至 2018 年 1 月,全球登录主要交易所的数字资产总量为1 500 多种,其中,货币类 1 000 种,基础公链类 20 多种,资产类和通证应用类 500 多种。

1.2.2 金融机构网络化

金融机构网络化在互联网金融中的作用是将互联网中存在的零散资金和投资人零散时间充分利用,达到有效建立平台渠道和销售场景的作用。

1. 网络基金

网络基金是基金公司参与互联网金融所搭建的平台渠道以及销售场景,是支付与基金直销的结合。其核心是利用互联网中存在的零散资金进行整合投资,称为"碎片化理财"。

余额宝是由第三方支付平台支付宝为个人用户打造的一项余额增值服务,由阿里巴巴和天弘基金共同发起,其实质是第三方支付平台与基金产品的组合创新。用户将资金转入余额宝,就可以在支付宝网站内直接购买基金等理财产品,同时余额宝内的资金还能随时用于网上购物、支付宝转账等支付功能,这种打通互联网和理财分界的新模式开启了一个 "碎片化理财" 的新时代。转入余额宝的资金在第二个工作日由基金公司进行份额确认,对已确认的份额会开始计算收益,而且不收取任何手续费。实际上是将基金公司的基金直销系统内置到支付宝网站中,在用户将资金转入余额宝的过程中,支付宝和基金公司通过系统的对接将一站式为用户完成基金开户、基金购买等过程,整个流程与给支付宝充值一样简单。通过余额宝,用户存留在支付宝的资金不仅能拿到"利息",而且高于银行活期存款利息。2013 年 6 月 13 日上线 18 天以来,余额宝用户就突破了 250 万。2018 年底,余额宝规模已达 1.13 万亿元,持有户数为 5.88 亿,共为投资者赚取收益 509 亿元,成为目前中国规模最大的货币基金。

案例 1-1 佣金宝案例

佣金宝是国金证券与腾讯战略合作之后推出的证券行业首个"1+1+1"互联网证券服务产品。其可通过个人电脑终端及手机终端为投资者 7×24 小时网上开户。

成功开户后,用户可享受"万分之二点五"(含股票交易规费)沪深 A 股、基金交易佣金率;其可为投资者的股票账户保证金余额提供理财服务;同时为佣金宝客户打造高价值咨询产品,提供股票等产品的投资建议。

2. 网络证券

网络证券是证券业以互联网等信息网络为媒介,为客户提供全新商业服务。

在金融科技的大潮中,券商也席卷而入,纷纷进行金融科技布局,研发投入不断增长,IT 队伍不断壮大。与互联网公司多点布局相比,国内券商发展金融科技的着力点主要在移动终端建设、大数据、人工智能方面,呈现出证券行业从营业部模式向网上模式发展的趋势。证券行业互联网平台建设方式、功能模块、业务贡献情况如图 1-7 所示。

移动互联网 平台建设方式	移动互联网 平台功能模块	移动互联网 平台业务贡献情况
●**完全自建**:少数证券公司如华泰证券、国信证券等 ●**合作开发或外包**,大多数证券公司选择这种模式,合作机构也较为集中 ●**趋势**:行业转型需要,引进BAT等优秀互联网人才,逐步转向自主开发	●**共性模块**:开户、交易、资讯、网上营业厅等基础模块 ●**个性化模块**:如安信证券、国海证券等的投资者视频培训服务;财通证券、国都证券等公司的投资顾问服务等	●**开户占比**:大多在90%以上 ●**交易占比**:差异较大,大部分在30%~50% ●**佣金占比**:总体占比不高,大部分在30%~50%,发展空间较大 ●开户、交易、佣金占比均高的券商多为大型券商

图 1-7 证券行业互联网平台建设方式、功能模块、业务贡献情况

资料来源:证券业协会,平安证券研究所。

在移动终端建设方面,采取多元化移动互联网布局模式,发展微信公众号、微博、网站、展业平台等多种模式,并不断进行系统完善和升级,持续引流客户,提高客户活跃度;在大数据方面,建设数据平台,进行大数据挖掘、分析和应用;在人工智能方面,通过自主研发或者合作开发机器人投顾等产品。表 1-3 为国内部分券商金融科技布局情况。

表 1-3　国内部分券商金融科技布局情况

券　　商	金融科技布局情况
广发证券	1. 移动终端：截至 2017 年上半年，手机证券用户数超过 1 200 万，同比增长 125％；微信平台的关注用户数超过 300 万；金钥匙系统服务客户超过 542 万；易淘金电商平台的金融产品销售和转让金额达 465 亿元。 2. 智能投顾：自主研发的机器人投顾贝塔牛第二期上线，获得《国际金融报》2017 智能投顾先锋券商等奖项。 3. IT 建设：吸纳了 160 多名金融科技研发人员，分布在上、广、深三个研发中心，大多具有 BAT 工作背景
海通证券	1. 移动终端：完成了 e 海通财多版本的更新和上线，多维度优化界面设计、完善服务场景，新增智能舆情、融资融券账户分析等 10 项创新功能，截至 2017 年上半年，e 海通财用户数达到 1 600 万，较 2016 年同期增长 109％，活跃率长期居行业前列；积极研究与拓展数字化运营，创建了以"海博士"为主品牌的微信公众号系列专题。 2. 大数据：明确将数据治理、大数据平台建设纳入公司整体规划
华泰证券	1. 移动终端："涨乐财富通"移动终端开户数在总开户数中的占比在 2017 年 2 季度达到 98.6％；2017 年 6 月的月活数达到 609.59 万，长期位居券商类 App 第一名。 2. 研发投入：对 IT 的投入持续高于同业，拥有业内领先的专业 IT 团队，确立了自主开发模式。 3. 大数据：基于海量的数据基础和大数据平台，敏锐捕捉市场和客户需求，持续提升大数据分析和应用能力。 4. 智能投顾：收购美国资产管理软件生产商 AssetMark，公司已为超过 7.5 万投资顾问和投资者提供服务
招商证券	1. 移动终端：加强移动云联的开发投入，通过智能手机证券 App＋新一代智能网上交易，实现线上与线下的双轮驱动。 2. 大数据：利用大数据技术和新一代数据仓储技术，建立公司的数据湖，解决内部数据孤岛问题。 3. 人工智能：运用人工智能新技术，构建人工智能系统群，服务客户五大财务管理需求
长江证券	1. 研发投入：2016 年上半年，研发投入 0.77 亿元，同比增长 3.08％。 2. 移动终端：2016 年上半年，公司新增开户数 92.61 万户，新增开户数市场份额超过 10％，其中线上引流客户数量 26.6 万户，排名行业前列；建立了完善的客户服务平台，通过长网、长江 e 号、财智版及微信公众号等为客户提供贴身服务；持续开拓线上渠道，围绕自有平台、各大安卓应用市场、苹果应用商店、搜索引擎等渠道进行开户引流。 3. 智能投顾：自主研发国内首个券商智能财富管理系统 iVatarGo，利用大数据分析每位客户的内在特征，为客户提供精准画像并匹配个性服务，有效实现用户唤醒并不断提升客户黏性
东北证券	移动终端：公司通过与云联网企业合作，持续提高客户规模；继续打造公司自有云联网品牌"融 e 通"，不断优化完善品牌体系中的 App、微平台、HTML5 理财商城等云联网移动终端的服务功能
方正证券	移动终端："小方"App 在极致交易体验、极速行情数据、大数据中心、智能客服体系、综合资产配置等多元化业务领域快速升级，打造 O2O 智能客服体系，新增业务办理、投资顾问、产品购买、投资者教育等多个沟通情景，全面提升客户的投资体验；2017 年月活度券商类应用前十

券　商	金融科技布局情况
国海证券	移动终端：持续加快传统线下业务线上化，在开户、交易、产品购买、业务办理等各个阶段为客户缩短流程、简化操作、优化体验，公司整体业务线上化率达到 92%
东吴证券	1. 大数据：成立数字支撑部门，建设大数据平台和数据仓库，积极构建数据管控、主数据管理、数据质量、数据集成、数据架构和数据安全六大关键能力，推进业务流程管理（BPM）系统建设。 2. 移动终端：完善线上业务办理功能和投顾功能、理财功能、社交功能，提升秀财 App 的用户规模与用户黏性。 3. 智能投顾：积极推进智能投顾业务。 4. 间接持有东吴在线（苏州）金融科技服务有限公司 32% 股份
国信证券	移动终端：截至 2017 年 6 月底，公司手机证券交易量占比已达 38.52%；金太阳手机证券注册用户已超过 980 万，较上年末增长 3.3%；微信公众号关注用户数超过 98 万，较上年末增长 9.01%
国泰君安	1. 大数据：2014 年建成行业内迄今为止唯一一个高等级、大容量、独立园区型的数据中心，2017 年实现 IT 全生命周期数字化管理。 2. 移动终端：扩展君弘 App 业务和产品功能覆盖，期末手机终端用户突破 1 650 万户，月度活跃用户数排名行业第 2
东方证券	1. 移动终端：完善移动端 App、网上营业厅和微信平台，打造 7×24 小时的综合金融服务平台；利用云联网运营手段，提高营销的精准性并提供个性化服务；截至 2017 年上半年，线上开户数占同期全部开户数的 89%。 2. 探索智能客服、智能投顾等智能服务，提升投资服务覆盖面与服务效能

资料来源：公司公告、平安证券研究所。

案例 1-2　富途证券

2019 年，富途证券 Q1 技术研发费用为 680 万美元，占总营收约 23%，约为行业平均占比的 5 倍。

富途证券的产品和研发人员占总体员工数的 65%。富途证券的研发费及研发费率变化趋势如图 1-8 所示，富途证券的交易品种及服务类型如图 1-9 所示。

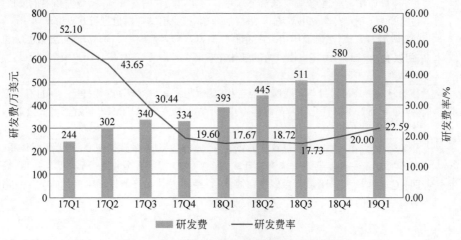

图 1-8　富途证券研发费及研发费率变化趋势

股票市场	交易品种	服务	
港股	正股、ETF、窝轮及牛熊证	新股认购、暗盘交易、碎股交易、融资	
美股	正股、ETF、期权	新股认购、融资融券	跨市场交易
A股	沪股通和深股通合资格股票		

图 1-9 富途证券的交易品种及服务类型

富途证券打造了业内领先的超低延时和超高并发能力的美股和港股的交易系统,买断香港交易所 LV2 行情免费提供给客户,做终端全平台覆盖,将"客户"变为"用户"。

3. 网络保险

网络保险,又称保险科技,近期全球 VC 融资金额达到新高。全球 VC 支撑的保险科技融资趋势如图 1-10 所示。

网络保险主要分为两类:保险网络销售,如官方网站、第三方销售平台等;互联网专业保险销售中介,如多险种销售中介平台、特定险种销售中介平台等。近期很多创业公司都使用新的方法介入网络保险,进行了有益的尝试。

📚 **案例 1-3 Sproutt**

2019 年 4 季度融资:A 轮 1 200 万美元。

投资机构:Guardian Life,Moneta VC,State of Mind。

聚焦:Sproutt 是人寿保险市场平台,开发出 quality of life index(QL index),该指数使用其他数据(如睡眠方式和营养)来评估客户的人寿保险承保范围缺口,并推荐保险产品。

📚 **案例 1-4 Avibra**

2019 年 4 季度融资:300 万美元。

投资机构:Aphelion Capital。

聚焦:Avibra 提供了一个针对福利的平台,并利用游戏化来吸引年轻的人群。Avibra 使用数据科学和机器学习来跟踪和奖励与人寿保险相关的个人良好习惯,它还与社交媒体集成以鼓励共享。

📚 **案例 1-5 Duck Creek**

2019 年 4 季度融资:1.2 亿美元。

投资机构:Insight Partners,Dragoneer Investment Group,Tamasek,Neuberger Berman。

聚焦:P+C 企业云软件。

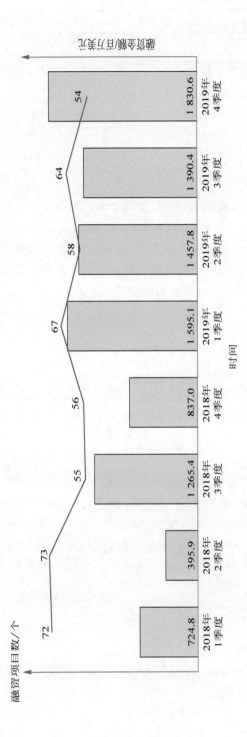

图 1-10　全球 VC 支撑的保险科技融资趋势

总部位于波士顿的 Duck Creek Technologies 提供一套 SaaS(software as a service, 软件即服务)解决方案,用于保单、记账、理赔、分析、渠道和再保险管理。该公司还创建了一个合作伙伴生态系统,将用户与交付、解决方案或咨询"专家"相匹配,以此作为增值服务。

市场潜力:Duck Creek 报告称,在 2018 财年至 2019 财年之间,其市场份额增长了32%。其客户包括大型保险公司,如 Liberty Mutual、Progressive、Geico、Chubb、Berkshire Hathaway 和 Zurich 等。

案例 1-6　Unqork

2019 年 4 季度融资:B 轮 8 000 万美元。

投资机构:CapitalG,BlackRock,Goldman Sachs。

聚焦:针对保险公司和金融机构的无代码 SaaS 平台。

总部位于纽约的 Unqork 希望为大型企业创建一个无代码的应用程序开发平台。云托管平台具有拖放界面,旨在通过统一规则、工作流和数据库来加快应用程序开发。

Unqork 的平台可用于构建支持承保、保单发布和服务等的应用程序。

市场潜力:2019 年,公司员工人数从 30 人增加到 150 人,客户包括 John Hancock、Goldman Sachs、Prudential 和 Liberty Mutual。

保险服务不足的行业仍然是公开的目标市场,有些创业型企业正追寻缺乏保险服务的美国中小企业中 40% 的市场。

案例 1-7　Thimble

2019 年 4 季度融资:A 轮 2 200 万美元。

投资机构:AXA Venture Partners,IAC,Open Ocean Capital,Slow Ventures。

路线图:总部位于纽约的 Thimble 计划利用融资来扩大产品范围,并快速增加员工数目。

聚焦:Thimble 致力于为小型企业和自由职业者提供灵活的短期保险。用户可以通过应用程序或在网络上购买近 120 个职业的每日、每周、每月或每年的责任险。

市场潜力:或许可在 48 个州出售保险,并计划在 2019 年出售 10 万份保单。该公司声称已累计出售了超过 1 000 亿美元赔付总额的保险。

案例 1-8　Huckleberry

2019 年 4 季度融资:A 轮 1 800 万美元。

投资机构:Tribe Capital,Crosslink Capital,Uncork Capital。

路线图:总部位于旧金山的 Huckleberry 计划利用融资来扩大行业覆盖面,包括个人护理、汽车维修和餐馆。该公司还计划增加工程、数据科学和市场营销岗位,以及使用 AI 技术将小型企业业务和保险计划相匹配。

聚焦:Huckleberry 是一家管理型总代理,专注于提供小企业保险,特别是工人的补偿和企业主保单。

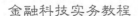

1) 阿里巴巴的相互保

相互保是 2018 年 10 月 16 日在支付宝 App 上线的、由保险公司信美人寿承保的一项重症疾病保险产品,加入的成员遭遇重大疾病(范围是 100 种),可享有 30 万元或 10 万元不等的保障金,费用由所有成员分摊。自上线以来,用户实现爆发式增长。上线 10 天,加入人数已经高达 1 200 多万元,远远超过其规则中产品终止的下限 330 万元;上线不到两个月,用户量迅速突破 2 000 万人,创造了中国保险史上单品销量的神话。

由于涉嫌违规,2018 年 11 月 27 日上午,蚂蚁金服发布公告称,自当日中午 12 点起,相互保将升级为"相互宝",定位为一款基于互联网的互助计划。这意味着,这款产品成为由蚂蚁金服独立运营的网络互助计划,而非由保险公司信美人寿承保的保险产品,其性质与现有的网络互助如水滴筹等无异。

2) 平安科技的保险科技输出

平安科技作为平安集团的高科技内核和科技企业孵化器,致力于运用人工智能、云计算、大数据、区块链等技术,为平安集团发展提供技术支撑。平安科技在保险方面的应用已进入 3.0 智能时代。代理人前端销售和后端管理,都已实现全面升级。借助神经网络、人脸识别等领先 AI 技术,实现增员全流程在线管理,精准识别高留存人员;同时帮助保险代理人规划最优成长路径,从而提升保险代理人的留存率及产能。2019 年 8 月,平安科技发明专利申请 1.8 万项,科技成果涉及人工智能、区块链、人脸识别、声纹识别等多个技术领域。人脸识别率 99.8%(累计调用量超过 10 亿次),声纹识别率 99.7%。平安产险图像定损技术 100% 覆盖外观损失案件,识别精度达到 92.6%。利用大数据等新技术驱动精准获客、智能营销,中国平安的电销、互联网渠道下的新业务、续期业务分别实现了同比 76.8% 以及 50.1% 的增长。"智慧客服"大幅提升保全、理赔、核保的服务时效:"70% 的寿险理赔客户可以实现 30 分钟内赔付,96% 的投保可以实时承保。""智慧客服"推出半年来,累计受理空中业务超 33.7 万件,日均受理约 7 000 件,最快用时 3 分钟。在车险服务方面,通过科技创新及应用,重点推出了"车险云理赔"模式、"510 城市极速现场查勘"服务和"智能闪赔"产品。

4. 网络财富管理

网络财富管理是通过数字化或智能化手段为客户理财行为提供的决策支持及增值服务。

嘉信理财(Charles Schwab)是世界上最大的网上理财交易公司之一,创立于 1971 年,总部设在旧金山,旗下包括嘉信理财公司、嘉信银行和嘉信理财香港有限公司,提供证券经纪、银行、资产管理等相关的金融服务,目标客户群定位为中低端投资者,最低账户余额要求 1 000 美元,服务客户包括美国国内以及世界各地的独立投资者、独立经纪顾问及公司退休与投资计划的企业。嘉信理财的发展经历了从折扣经纪商阶段到网络综合财富管理平台阶段的飞跃,如图 1-11 所示。

5. 网络征信

扩展阅读 1.1
嘉信理财发展
历程

狭义的网络征信指采集个人或企业在互联网交易或使用互联网服务中留下的行为数据,并利用大数据、云计算等技术进行信息

嘉信理财发展历程：从折扣经纪商到网络综合财富管理平台

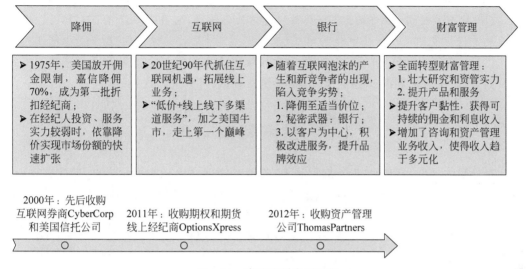

图 1-11　嘉信理财发展历程

评估的活动。

广义的网络征信还包括采集个人或企业使用网络金融服务所留下的信贷等数据，以及通过线下渠道采集的公共信息等数据，并进行评估的活动。

案例 1-9　百行征信

百行征信是中国第一家获得个人征信业务经营许可的市场化公司，主要专注于征信、信用评估、信用评级、数据库管理业务，于 2020 年 7 月成立。

（1）中国互联网金融协会是最大股东，持股 36%；该协会是由中国人民银行条法司牵头，银监会、证监会、保监会及中国支付清算协会等部门共同推动筹建的。

（2）芝麻信用持股 8%；芝麻信用率先推出"芝麻信用分"，接入电商交易数据、网络金融数据及公共机构（最高人民法院、教育部等）数据、合作伙伴数据。

（3）腾讯征信持股 8%；腾讯征信主要利用其庞大的用户群体及大数据优势，运用社交网络上的海量信息，为用户建立基于互联网信息的征信报告。

（4）拉卡拉信用持股 8%；拉卡拉信用 10 年积累起来便民、电商、金融及近亿级个人用户和百万线下商户日常经营的相关数据。

（5）前海征信持股 8%；平安集团多年来始终聚焦于金融领域，与芝麻信用和腾讯征信的数据源不同，前海征信的数据源 60% 为平安集团旗下的金融数据，在整体用户覆盖度上与芝麻信用和腾讯征信有较大差距。

（6）中诚信征信持股 8%；中诚信的数据来源主要是依托于第三方，运行的基本模式为其他信贷等机构有征信信息需求时，会向中诚信征信发起需求，然后中诚信征信向与其合作的数据提供方要数据进行加工处理，最后形成征信报告。

（7）鹏元征信持股 8%；鹏元征信是中国最早成立的商业征信机构之一，其最早建设的"深圳市个人信用征信系统"从 2002 年 8 月开始运行,目前所能提供的个人和企业征信服务已经覆盖全国。

(8) 中智诚征信持股 8%;作为反欺诈征信的倡导者,其数据多源自 P2P 和互联网金融机构专门研发的反欺诈云平台。

(9) 华道征信持股 8%;华道征信收集的数据主要拥有五个方面的数据来源:银行信贷数据、公安司法数据、运营商数据、公共事业数据、网络痕迹数据。

1.3　金融科技 2.0

金融科技 2.0 主要是借助互联网技术、移动互联网技术和数据检索技术,实现资金、资源更高效的连接,依托互联网的渠道优势,以资金端的高效对接为主要特征的创新金融形式。由于通过互联网连接金融业务的各参与方,所以金融科技 2.0 更多的是金融的互联网化,其主要形式有 P2P、在线支付、网络众筹、网络银行、网络保险等这些统称为互联网金融。

1.3.1　互联网金融的定义

在研究互联网金融的定义之前,必须弄清组成互联网金融的两大核心概念,即互联网和金融。

金融是指货币的发行、流通和回笼,贷款的发放和收回,存款的存入和提取,汇兑的往来等经济活动。人类通过货币的使用来使商品交换更便捷,辅助经济的发展。随着金融服务从一般的支付发展到借贷和投资的行为,金融的含义也衍生到人们在不确定环境中进行资源跨期的最优配置决策的行为。

因此,传统金融是研究货币资金的流通的学科,而现代的金融本质上则是经营活动的资本化过程和借贷投资中的收益分析与风险控制等方面的研究。

金融的特点体现在以下两个方面。

1. 中心化

从金融的发展历史可以看出,为了更好地进行集中的风险控制,国家中央银行逐渐形成,以进行货币乃至信贷风险的管控。而随着股权投资的发展,各国开始形成统一的交易所和自律组织,将股票的发行、交易、信息披露、监管等功能进行集中管理。因为只有集中管理,人们才容易从中发现分散在各处的风险的累计。因此,金融有为风险管理而不断中心化的特点。

2. 模块化

从另一个角度来看,金融的发展历史是货币的统一的过程。从最早的各处不同的贝壳和木棍等实物货币,到国家内统一的纸币和金属货币,再到国际货币的兑换,甚至正在发展的数字货币。金融的发展历史就是货币的统一标准化的历史。

不仅是货币,投资也被模块化、标准化了。债券是信贷投资的模块化,股票是股权投资的模块化,各种金融产品和衍生品都是对于金融投资的模块化和标准化。随着金融网上交易的发展,越来越多的金融产品被标准化和模块化,以便高效地进行线上交易。

什么是互联网?

互联网是全球性的。这就意味着不管是谁发明了这个网络,它都是属于全人类的。互联网是按照"包交换"的方式连接的分布式网络。因此,在技术的层面上,互联网绝对不存在中央控制的问题。也就是说,不可能存在某一个国家或者某一个利益集团通过某种技术手段来控制互联网的问题。反过来,也无法把互联网封闭在一个国家之内——除非建立的不是互联网。

互联网的特点体现在下面两个方面。

1. 去中心化

互联网是一种开放式、扁平化、平等性的系统结构,因为不希望被中心管控,它的治理是一种自治和去中心化的。在互联网上没有一个中心的管理组织,其参与者基于平等互利的原则进行各种活动。

2. 模块化

互联网是基于通信技术发展起来的,而网络节点间通信信息交换的前提是通信协议的模块化。大家都比较熟悉 TCP-IP(传输控制协议-网际协议)的 7 层网络结构,其核心就是把通信协议模块化、标准化,便于高效地进行信息交互。

不仅通信协议,互联网上的服务也需要模块化、标准化。互联网需要为陌生人提供服务,而且是对大批量的人群提供服务,只有把服务模块化、标准化才能做到。

所以可以看到金融与互联网都具有模块化的特性,这是它们可以相互融合的核心特点。但是金融和互联网之间,在中心化方面有着明显的矛盾。而中心化的特点主要用于金融的风险控制,在互联网金融中,风险控制成为核心矛盾。同时,因为互联网金融将传统金融用互联网手段扩展到大量陌生人直接进行的交易,也放大了其中的风险。

总体而言,互联网金融可以看作互联网和金融的组合产物,核心还是金融,只不过使用了互联网的技术。当然互联网和金融之间的合并,包括两层含义:互联网技术与金融的合并,以及互联网精神与金融的合并。其核心含义在于以分散化处理的互联网精神和使用低成本的实现分散化处理的互联网技术来进行金融中的分散化风险控制。

下面就分别介绍互联网金融的一些核心模式。因为本书的核心并不是关注互联网金融,下面只是简单介绍互联网金融核心业务模式的特点,为之后金融科技应用的场景做一个铺垫。

1.3.2　第三方支付

第三方支付是互联网金融中最核心的业务,也是其中占比最大的业务。第三方支付不同于人们常接触到的移动支付和电子支付,其业务包括现金的支付和物流的监控。以支付宝为例,第三方支付起到了一个贸易交易中介的作用,既保证了资金的支付,也一定程度上保证了货物质量的确认和及时送达(图 1-12)。贸易的双方依赖第三方支付平台来保证贸易中双方确实履行义务,同时第三方支付平台也得到了贸易中买家和商户的资金、货物、物流等多维度大数据。第三方支付是金融科技介入不同场景的最基本的元素,也是收集数据最简单有效的方法。

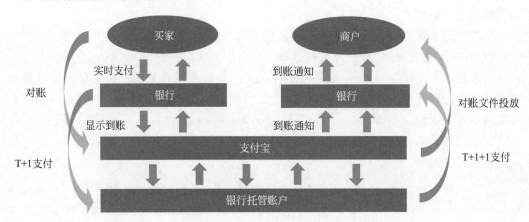

图 1-12　支付宝交易流程

1.3.3　网络资产交易平台

第三方支付主要解决的是流动性好的中小价值商品的交易,其核心是解决大量买家与大量商户的多对多的复杂而琐碎的贸易交易。而网络资产交易平台则是更多地解决流动性较差、金额较大的商品的流通交换,其中包括各种固定资产的产权、未上市公司的股权、房产产权、流动资产中的票据(应收账款、银行承兑汇票、商业承兑汇票等)和各种大宗商品(金属、粮食等)。

1.3.4　P2P 平台

第三方支付和网络资产交易平台主要是解决金融中陌生支付的问题,而 P2P 则是解决陌生人之间的金融借贷问题。借贷的核心是抵押或信用换取资金的有期限的使用,最终需要还本付息。因此从大数据的角度,P2P 收集了大量个人和中小企业的信用以及相关抵押物的数据。支付更多是资金与商品的交易,而 P2P 则是资金和债权直接的交易。

📚 **案例 1-10**

Prosper：美国最早的人人贷网络借贷平台,截至 2020 年发放了超过 5 亿美元的贷款,用户数量超过 172 万。

Zopa：起源于 2005 年英国的 Zopa,整个行业几乎从零开始发展,至 2008 年整体交易规模已超过 8 亿美元。

LendingClub：2007 年推出,发展迅速,截至 2020 年贷款规模已经超过 18 亿美元。平均理财回报率达到 9.67%。

1.3.5　网络微贷和供应链金融

P2P 可解决陌生人之间的金融借贷问题,而网络微贷则可解决陌生人与金融机构的借贷问题。网络微贷中的出借主体是金融机构,而不是像 P2P 一样的个人,但借款方更多是和 P2P 一样的个人与中小企业。其借款单笔金额较小、周期短,以信用贷为主。与之近似的一类银行业务称为供应链金融,但比网络微贷的金额要大些、周期要长些,需要流动资产抵押或借款方交易对手的信用支持。

1.3.6　众筹平台

最初的众筹平台主要面向创业或创意项目,采用项目产品"团购＋预售"模式,即预售式众筹。此外,还有会籍式众筹、捐赠式众筹等多种类型。聚焦垂直细分领域,如智能硬件、音乐、房地产等的众筹平台也开始出现。

众筹本身是按照资金换预售商品的方式,更讲究商品的原创性,并不关注投资的回报。这点和投资是有很大区别的。投资是得到分红和管理权,但本质上没有收回投资本金的权利。众筹的投资是要求回报的,只不过这个回报不是资金收益,而是众筹的原创商品。

随着众筹的发展,出现了以资金回报为目的的众筹平台,即股权众筹模式。但众筹在长期投资管理和产出品收益把控的先天不足,也给股权众筹带来了很大的问题。所以,后面也出现了以大股东来进行领投的众筹模式,以及对于资金和参加人数的限制,来规避其投资风险,与常见的股权投资进行区分。

案例 1-11

国外众筹模式的典型代表平台是 Kickstarter 公司(简称 KS)。该公司成立于 2009 年。该平台的特点是鼓励和支持创新,主要服务于小额的融资贷款业务。通过网络平台面对公众募集小额资金,到 2015 年底已经为 9.6 万个项目筹资 20 亿美元。

1.3.7　金融产品搜索平台

随着互联网金融的产品增多,如何查询这些产品和对其进行对比成为一个新的问题。很多金融机构都推出了自己的金融网上商城,但大多只是局限于推广自身的产品。因此跨平台的金融产品搜索平台应运而生。

金融产品搜索平台在发展初期,业务重心都是贷款产品的搜索比价。随着平台的发展,逐渐扩展到贷款以外的金融领域。目前金融搜索有两种发展趋势,一种是以 360 为代表的纯搜索中介;另一种是以 91 金融超市为代表,从中介业务向自营业务拓展,陆续发布企业端和个人端的相关产品。

1.3.8　网络银行

互联网金融的核心矛盾是风控,但往往运行互联网金融的金融科技公司的人员构成和组织架构、激励机制都不适合开展金融风控。这也是这几年来互联网金融风险事件频发、出现大量负面新闻的核心原因。互联网银行的出现正是解决这个问题的有意义的探索。

互联网银行既具有比传统商业银行更灵活的业务模式,也具有金融科技公司的技术创新能力。更重要的是它继承了银行良好的风险控制体系,并在监管的指导下有序地开展金融业务。同时,它转变了原来互联网金融公司业务单一、抗风险能力差的问题,进行了互联网金融业务的多元发展,降低了运营成本,提高了风险管控能力。

图 1-13 展示了 2013—2020 年网络信贷余额规模结构。网络银行正逐渐整合原来单一的互联网金融业务。互联网金融的业务并没有衰亡,而是正在以网络银行的更有效的新的业务模式为投资人提供服务。

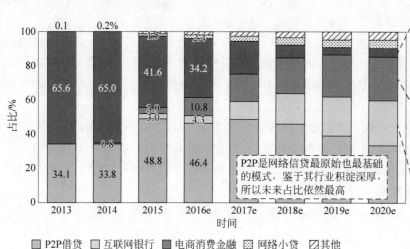

图 1-13 2013—2020 年中国网络信贷余额规模结构

案例 1-12 民营网络银行

国内已批复的民营银行如表 1-4 所示。

表 1-4 国内已批复的民营银行

名　　称	特　　色
天津金城银行股份有限公司	服务实体经济和小微企业,公存公贷
上海华瑞银行股份有限公司	服务小微、科技创新、自贸区改革
浙江网商银行股份有限公司	互联网银行
温州民商银行股份有限公司	服务中小微企业、小区居民
深圳前海微众银行股份有限公司	互联网银行,联合贷款
湖南三湘银行股份有限公司	产业链金融
重庆富民银行股份有限公司	服务小微企业
四川新网银行股份有限公司	互联网银行
北京中关村银行股份有限公司	互联网银行
吉林亿联银行股份有限公司	互联网银行
武汉众邦银行股份有限公司	互联网银行

名　称	特　色
福建华通银行股份有限公司	互联网银行、金融科技
威海蓝海银行股份有限公司	特存特贷、海洋经济
江苏苏宁银行股份有限公司	互联网银行
梅州客商银行股份有限公司	三农、创新创业
安徽新安银行股份有限公司	供应链金融、消费金融
辽宁振兴银行股份有限公司	通存实贷、振兴东北

资料来源：公开资料，一本智库整理。

1.3.9　金融科技 2.0 模式相互关系

通过前面对金融科技 2.0 及互联网金融的综述，可以看到，互联网金融已经覆盖了金融中支付、融资(信贷)、投资理财和风险管理(投保)四个方面的重要业务。很多具体的业务不一定是服务于其中的一个方面，而可能覆盖了多个方面。架构在这些基础业务上的另一项业务，也就是图 1-14 中的其他业务，反映了金融科技新的发展方向。

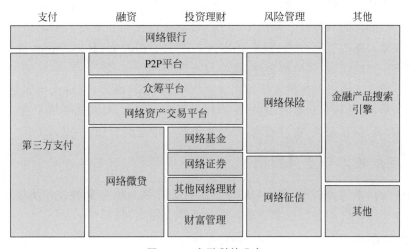

图 1-14　金融科技业务

金融科技业务金字塔如图 1-15 所示，反映金融科技、业务之间的相互依赖和相互服务的关系。图 1-15 所示的金字塔上，业务从下到上风险逐渐上升，产生的边际利润率也会不断提高。然而上面的业务必须依赖于下面业务的支撑，包括数据和流通运营环境的支持。随着金融科技 2.0 建设的完成，逐步进入金融科技 3.0 阶段，图 1-15 中大数据金融的决策环节也将得到体现。金融科技 3.0，更多是利用金融科技 1.0、2.0 的基础架构以及业务模式，收集大量的数据提供给大数据金融进行决策支持。同时大数据金融也对金融科技 1.0、2.0 的业务提供了支持，推动了金融科技 1.0、2.0 的业务的升级和换代。

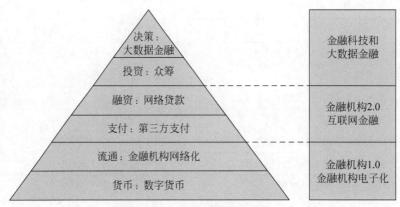

图 1-15　金融科技业务金字塔

1.4　金融科技 3.0

如图 1-16 所示,金融科技 3.0 则依靠人工智能、大数据、区块链、云计算等底层技术,以资金端的连接实现资产端的定价,依靠金融业底层设施上的创新,实现线上和线下、资金端和资产端的打通和颠覆。如图 1-17 所示,金融科技 3.0 是技术驱动型的,首先实现金融底层基础设施的代际升级,对资产进行高效定价和配置,具体的业务形式有智能投顾、量化投资、智能信贷、供应链金融、证券发行等。

金融科技 3.0 通过具体的人脸识别与声纹识别、客户画像、金融文本识别与阅读、互联网和物联网、非结构化数据管理、支付和账户管理等技术,对金融领域中身份认证、信用评估、信息处理、信息交换、资产流通、投资决策等功能进行升级和重构。

1.4.1　底层技术与业务案例

本书作为一本实务教程,在后面的章节里将会详细介绍金融科技各项技术的应用细节。在这里更多是介绍各项技术的基本概念及其应用案例。

1. 大数据

IBM 的研究称,整个人类文明所获得的全部数据中,有 90% 是过去两年内产生的。大数据的定义是:一种**规模**大到在**获取**、**存储**、**管理**、**分析**方面大大超出了传统数据库软件的数据集合,具有海量的**数据规模**(volume)、快速的**数据流转**(velocity)、多样的**数据类型**(variety)和**价值密度**(value)低四大特征(简称大数据的 4V 特点)。而从不同的角度可以看到大数据的一些特性。

1) 数据规模

海量级数据:采集、存储、计算的海量。

2) 数据类型

(1) 结构化、半结构化、非结构化数据。

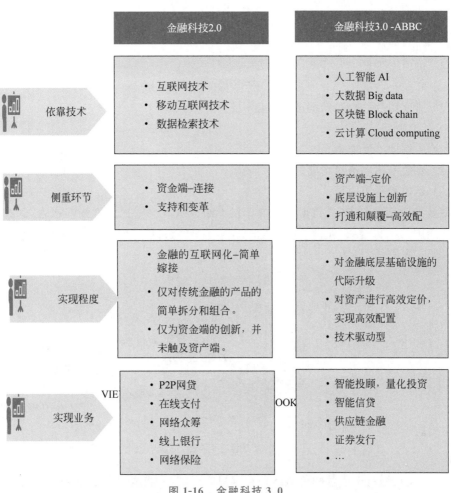

图 1-16　金融科技 3.0

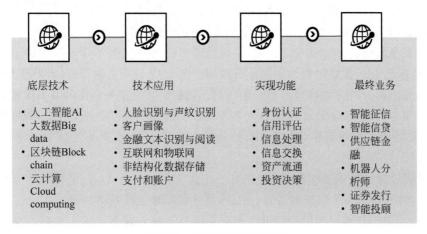

图 1-17　金融科技技术框架

（2）文本、图片、音频、视频、地理位置等多种类型。

（3）关系型数据库、非关系型数据库。

3）数据特点

（1）价值密度低。

（2）非稳态数据。

（3）速度快、时效高，数据增长速度快。

4）处理思路

（1）要总体不要样本。

（2）要效率不要绝对精确。

（3）要相关不要因果。

随着其应用的深入，大数据的价值正在不断被认可。根据麦肯锡的报告，2020年，大数据在美国的零售、制造业、医疗保健、政府服务四个领域将每年贡献 6 100 亿美元的产值，如图 1-18 所示。

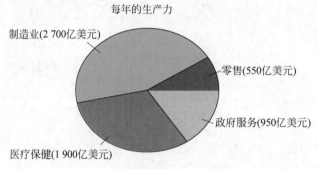

图 1-18　大数据各领域的贡献产值

那么，大数据对于金融的价值体现在哪里呢？图 1-19 展现了麦肯锡对不同行业使用大数据的能力和获得的价值的具体分析。图中的每个圆圈代表一个行业。横轴代表大数据的价值，可以看到金融行业的数据价值是最高的。纵轴代表大数据采集的难易程度，金融行业的数据采集是相对容易的。圆圈的大小代表了这个行业在 GDP（国内生产总值）中占比的大小，金融行业是相对较大的。而圆圈里的填色代表了这个行业的大数据的竞争程度，金融行业的大数据竞争程度是最高的。图 1-19 说明金融行业因为数据相对容易获得而附加值高、产值高，数据的竞争程度高。那如何才能避免高度的竞争来赚取高额附加值呢？可以考虑将低价值行业的大数据，如制造业、零售业等，用于金融投资决策中，避开激烈的本行业竞争，提高数据的价值。这个价值差就是大数据在金融上应用的价值。

为什么金融科技需要大数据，具体有三个主要原因：首先，直接的数据涉及个人隐私；其次，财务数据涉及缺失和造假；最后，统计数据涉及严重落后。

那么，大数据是如何帮助我们进行分析的呢？其核心是将许多不关联的信息关联起来，并和正在进行的事情联合分析。以下面这个有趣的故事为例。

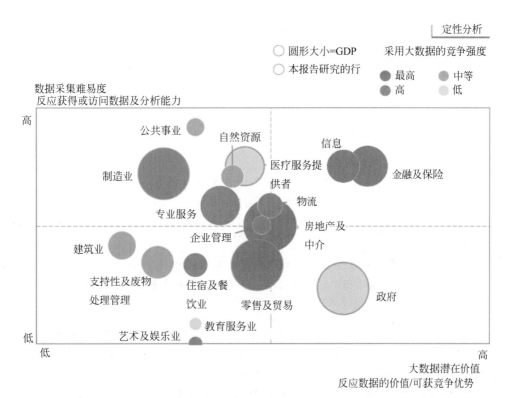

图 1-19　不同行业使用大数据的能力和获得的价值

案例 1-13　一家比萨店的故事

某比萨店的电话铃响了,客服拿起电话。

客服:×××比萨店。您好,请问有什么需要我为您服务?

顾客:你好,我想要一份⋯⋯

客服:先生,麻烦请先把您的会员卡号告诉我。

顾客:16846146＊＊＊。

客服:陈先生,您好! 您是住在泉州路一号 12 楼 1205 室,您家电话是 2646＊＊＊＊,您公司电话是 4666＊＊＊＊,您的手机是 1391234＊＊＊＊。请问您想用哪一个电话付费?

顾客:你为什么知道我所有的电话号码?

客服:陈先生,因为我们联机到 CRM 系统。

顾客:我想要一个海鲜比萨⋯⋯

客服:陈先生,海鲜比萨不适合您。

顾客:为什么?

客服:根据您的医疗记录,您的血压和胆固醇都偏高。

顾客:那你们有什么可以推荐的?

客服:您可以试试我们的低脂健康比萨。

顾客:你怎么知道我会喜欢吃这种的?

客服：您上星期一在中央图书馆借了一本《低脂健康食谱》。

顾客：好。那我要一个家庭特大号比萨，要付多少钱？

客服：99元，这个足够您一家六口吃了。但您母亲应该少吃，她上个月刚刚做了心脏搭桥手术，还处在恢复期。

顾客：那可以刷卡吗？

客服：陈先生，对不起。请您付现款，因为您的信用卡已经刷爆了，您现在还欠银行4 807元，而且还不包括房贷利息。

顾客：那我先去附近的提款机提款。

客服：陈先生，根据您的记录，您已经超过今日提款限额。

顾客：算了，你们直接把比萨送我家吧，家里有现金。你们多久会送到？

客服：大约30分钟。如果您不想等，可以自己骑车来。

顾客：为什么？

客服：根据我们CRM全球定位系统的车辆行驶自动跟踪系统记录。您登记有一辆车号为SB-748的摩托车，而目前您正在解放路东段华联商场右侧骑着这辆摩托车。

顾客当即晕倒。

很多人都会认为大数据就是指数据量非常大。但实际上，大数据更多的是指数据的类型非常多。将这些分散的数据通过一个关联ID（身份识别号）连接起来，就可以得到对于这个事物非常深入的分析。就像上面讲的比萨店的例子，通过会员号延伸到顾客的家庭住址和电话，将顾客的信息充分地关联，那么就可以从顾客的多方位的信息，对他进行全面的服务和指导。我们看到的不再是孤立的信息，而是顾客的全息画像（hologram）。很多单个的数据的价值并不高，如去图书馆借书的信息、车辆定位的信息，但把它们有机地关联到一个人身上，结合场景的分析，就可以深入了解顾客的情况，并进行深度服务。

如图1-20所示，如果单独看每个框，其实只是一盆花。但把这些花放在一起，看它的大全景，就发现了蒙娜丽莎神秘的微笑。这也说明大数据关心的不是海量数据的每一个细节，而是它们宏观统计的特性和整体呈现的信息。

因此利用客户的多方位信息进行精准的客户全息画像、获取征信信息，是大数据在金融科技中应用的主要场景。利用客户的全息画像以及征信信息，我们就可以更好地开展客户的信贷业务。

1）客户的全息画像

以目标主体为公司作为例子，基于股权关系和董监高关系可构建具有普遍意见的关联网络结构，人们称为全息画像。据此，客户或企业的全息画像可开展精准营销、实时营销、交叉营销及个性化推荐、客户生命周期管理。

2）智能征信

征信是指依法收集、整理、保存、加工自然人、法人及其他组织的信用信息，并对外提供信用报告、信用评分、信用评级等服务，帮助信用交易方判断、控制信用风险，进行信用管理的活动。征信体系是由与征信活动有关的法律规章、组织机构、市场管理、文化建设、宣传教育等共同构成的有机系统，是现代金融体系得以安全运行的有效保障，也是市场经济走向成熟的重要标志。在金融行业中，在征信基础上对企业/公司进行信用风险评估并

图 1-20　大数据为我们提供分析世界的大全景

以"信用评级"方式来表达企业/公司好坏的业务叫"信用评级业务"。在中国,"征信"和"信用评级业务"受中国人民银行的监管并要求企业具有备案资质才能展开业务。

其中,个人征信牌照是 2015 年 1 月中国人民银行下发的《关于做好个人征信业务准备工作的通知》中确定的一项业务。到 2020 年 12 月 31 日,获得批准能够展开个人征信业务的机构有两家:第一家是总部位于深圳的百行征信有限公司(于 2018 年 2 月 22 日获得中国人民银行的许可);第二家是朴道征信有限公司,该公司于 2020 年 12 月 28 日在北京朝阳自贸区注册成立,注册资本为人民币 10 亿元,是经国务院征信监督管理部门行政许可批准设立的第二家全国性个人征信机构。

对于企业征信,为加强对企业征信机构的监督管理,促进企业征信行业规范健康发展,根据《中华人民共和国中国人民银行法》《征信业管理条例》《征信机构管理办法》(中国人民银行令〔2013〕第 1 号发布)等法律法规,中国人民银行于 2016 年 10 月 18 日颁布了《企业征信机构备案管理办法》的通知,形成了目前比较规范的企业征信机构业务开展的备案制监管体系。从 2014 年 4 月第一家企业征信机构获得中国人民银行的备案开始,到 2020 年初,全国有 130 多家公司获得了中国人民银行的征信备案,在接受中国人民银行的监管条件下开展企业征信和相关的业务工作。

为贯彻落实党中央、国务院关于征信业规范发展的决策部署,推进征信法治建设,践行"征信为民"理念,加强个人信息保护,中国人民银行于 2021 年 9 月 27 日正式发布了《征信业务管理办法》,自 2022 年 1 月 1 日起施行。《征信业务管理办法》是《征信业管理条例》的配套制度,与《征信机构管理办法》共同构成征信法治体系的重要组成部分,对依法从严加强征信监管,保障信息主体合法权益和信息安全,促进征信业市场化、法治化和科技化发展具有积极意义。

伴随金融科技本身的发展,以传统银行金融机构主导的征信系统,开始社会化、市场化,并向具有"智能"功能的智能征信转变。通过云计算、机器学习等技术客观呈现个人的信用状况,已经在信用卡、消费金融、融资租赁、酒店、租房、出行、婚恋、分类信息、学生服务、公共事业服务等上百个场景为用户、商户提供信用服务。

3）智能信贷

B2C（企业对用户）贷款平台募集巨额融资，拓展亚洲市场。蓬勃发展的电子商务市场，在中国内地、中国香港和东南亚地区的信用卡普及率低的背景下，为该地区的数字贷款平台铺平了道路。基于电商数据的智能信贷平台如图 1-21 所示。

利用第三方电商的数据	利用自身电商的数据
Kabbage • 面向 Amazon、eBay、Yahoo、Shopify、Etsy、Magento、Square 等平台小商户 • 基于数据分析的贷款模型： • Google Analytics • 记账软件 Quickbooks • 从 UPS 获得发货信息 • 贷款金额 500 美元至 5 万美元，最快 7 分钟放贷 • 从投资者和金融机构获得资金，以预付款的名义提供给借款人，规避监管法案	**蚂蚁金服 蚂蚁微贷** • 主要面向淘宝、天猫、聚划算的小商户和网购消费者 • 基于数据分析的贷款模型 • 贷款金额一般 100 万元以下，最快 3 分钟放贷 • 以小额贷款公司发放贷款，通过资产证券化募集资金 **JD.COM 京东** • "京保贝"：面向京东供应商和平台小商户，提供应收账款保理 • "京东白条"：面向消费者，提供赊销"打白条"服务

图 1-21　基于电商数据的智能信贷平台

案例 1-14　WeLab

2019 年 4 季度融资：C 轮 1.56 亿美元。

投资机构：Alibaba Entrepreneur Fund，CCB International。

聚焦：WeLab 在中国香港运营着移动借贷平台我来贷和在线借贷平台 WeLend，它还与金融机构合作，为客户提供金融科技解决方案。

WeLab 在 2019 年 4 月获得虚拟银行牌照，在 2020 年推出虚拟银行 WeLab Bank，并向国际扩展。

WeLab 在中国和印度尼西亚有 4 100 万用户。

案例 1-15　FinAccel

2019 年 4 季度融资：C2 轮 9 000 万美元和 7 100 万美元债务融资。

投资机构：Mirae Asset Capital，Square Peg Capital，Cathay Innovation。

聚焦：FinAccel 运营着 Kredivo。这是一个位于新加坡的消费贷款平台，其信贷额度在 100～2 200 美元。该产品已集成在 Lazada、Shopee、Bukalapak 和 Tokopedia 等电子商务零件商的销售点上。

Kredivo 声称拥有超过 100 万客户，并提供了超过 3 000 万笔贷款。

微企链是由腾讯旗下的腾讯金融科技与联易融（运营主体为深圳前海联易融金融服务有限公司）共同打造，腾讯将其定义为"供应链金融＋区块链＋ABS 平台"。

核心企业在收到从上游供应商采购的货物后，往往不会立即付款，这便让供应商具备一定账期时间的应收账款债权。供应商需要资金时,可用与核心企业之间的债权凭证提出融资请求。微企链平台利用区块链技术对该贸易背景的真实有效性进行审核,并得到核心企业如期支付应收账款的承诺。完成后,供应商将核心企业给予的应收账款债权凭证转让给渣打银行,并得到融资资金。而渣打银行将成为相关债权新的债权方,核心企业应在账期到期时向渣打银行支付对应的货款资金。

与金融机构满足供应链融资需求、核心企业服务其上下游公司不同,金融科技类服务平台入局供应链金融并不直接参与到供应链体系,而是以服务方的角色为链上的各个主体构建资产端、对接资金端。想要在供应链金融领域分得一杯羹,金融科技平台拼的是硬技术,看的是好口碑。

4）欺诈分析

欺诈分析的核心在于身份评估和信用评估。

例如,光大银行研发的智能反欺诈模型主要面向信用卡客户审批环节,首先通过数据调研分析构建个人客户的复杂网络,总计包括 700 多万个节点和 2.3 亿条关系;同时,结合传统风险管控和复杂网络分析技术,加工基础维度信息和社交维度信息特征指标,形成可精准预测的反欺诈客户画像,从而增强业务风险预警能力。

2. 区块链

区块链技术起源于化名为"中本聪"（Satoshi Nakamoto）的学者在 2008 年发表的奠基性论文《比特币：一种点对点的电子现金系统》。狭义来讲,区块链是一种按照时间顺序将数据区块以顺序相连的方式组合成的链式数据结构,并以密码学方式保证的不可篡改和不可伪造的分布式账本。广义来讲,区块链技术是利用块链式数据结构来验证与存储数据、利用分布式节点共识算法来生成和更新数据、利用密码学的方式保证数据传输和访问的安全、利用自动化脚本代码组成的智能合约来编程和操作数据的一种全新的分布式基础架构与计算范式。区块链的发展经历了加密货币时代、智能合约时代,将进入大规模应用时代,如图 1-22 所示。

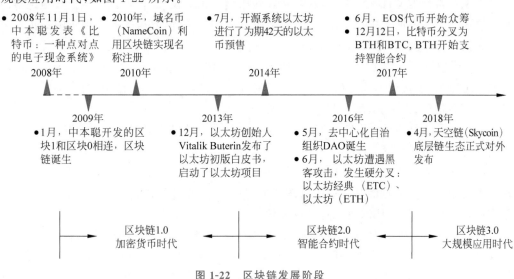

图 1-22　区块链发展阶段

1）区块链的特点

（1）去中心化。去中心化意味着，在区块链网络中分布着众多的节点，节点与节点之间可以自由连接进行数据、资产、信息等的交换，而无须通过第三方中心机构（图1-23）。例如目前常规的转账需要通过银行这个中心机构，在区块链网络中，将能实现直接点对点的转账。

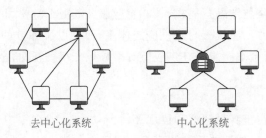

去中心化系统　　　　　　中心化系统

图 1-23　去中心化系统与中心化系统

（2）不可篡改。不可篡改是基于"区块＋链"（block＋chain）的独特账本而形成的：存有交易的区块按照时间顺序持续加到链的尾部。要修改一个区块中的数据，就需要重新生成它之后的所有区块。区块链使用了密码学技术来保证区块链上的信息不被篡改，主要用到的是密码学中的哈希函数以及非对称加密。

共识机制的重要作用之一是使修改大量区块的成本极高，从而这一操作几乎是不可能的。以采用工作量证明的区块链网络（如以太坊）为例，只有拥有 51％ 的算力才可能重新生成所有区块以篡改数据。但是，破坏数据并不符合拥有大算力的玩家的自身利益，这种实用设计增强了区块链上的数据可靠性。

通常，在区块链账本中的交易数据可以视为不能被"修改"，它只能通过被认可的新交易来"修正"。修正的过程会留下痕迹，这也是为什么说区块链是不可篡改的，篡改是指用作伪的手段改动或曲解。

在现在常用的文件和关系型数据中，除非采用特别的设计，否则系统本身是不记录修改痕迹的。区块链账本采用的是与文件、数据库不同的设计，它借鉴的是现实中的账本设计——留存记录痕迹。因此，不能不留痕迹地"修改"账本，而只能"修正"账本。

（3）可追溯。如图 1-24 和图 1-25 所示，区块＋链的形式保存了从第一个区块开始的所有历史数据，连接的形式是后一个区块拥有前一个区块的 Hash 值，区块链上任意一条记录都可通过链式结构追溯本源。

（4）开放性。针对区块链共有链，只要是它整个网络体系的节点，有记账权的节点，任何人都可以进行读写。

（5）自治性。区块链采用基于协商一致的规范和协议（比如一套公开透明的算法）使整个系统中的所有节点能够在去信任的环境自由安全地交换数据，任何人为的干预都不起作用，使对"人"的信任改成了对机器的信任。

（6）匿名性。别人无法知道你的区块链资产有多少以及你和谁进行了转账，这种匿名性是不分程度的。匿名性是区块链最基本的特性，在区块链网络上只能看到转账记录，但不知道地址背后是谁，一旦知道这个地址背后对应的人是谁，也就能查到其所有相关的

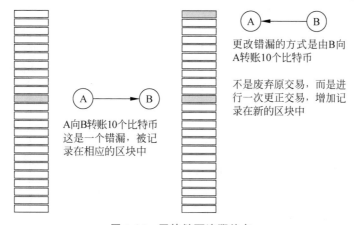

图 1-24 区块链可追溯特点

A向B转账10个比特币 这是一个错漏,被记录在相应的区块中

更改错漏的方式是由B向A转账10个比特币

不是废弃原交易,而是进行一次更正交易,增加记录在新的区块中

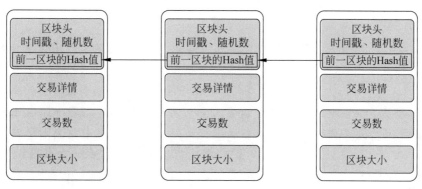

图 1-25 区块链 Hash 值

转账记录和资产。达世币和门罗币的匿名性做得更好,即使查到了地址背后是谁,你也无法知道他所有的转账信息,而 ZCash 将匿名性做到极致,只有拥有私钥的人才能查到所有转账信息。

2)区块链的应用

为什么金融科技需要区块链技术,具体有以下原因:首先,数字资产存在集中管理风险;其次,数字生产存在安全与保密的需求;最后,数字资产存在流通与清算的需求。

区块链在金融中的应用包括支付清算、征信、智能合约和保险。区块链更适用于低频多方交易的场景,可以达到减少人工干预、降低信息不对称和提升经济效率的目的。

案例 1-16 天津口岸区块链跨境贸易平台

2019 年,天津海关搭建天津口岸区块链跨境贸易平台,天津口岸区块链验证试点项目是国内首个区块链跨境贸易服务网络。该项目选取天津口岸空运和海运两种业务场景进行试点。深圳壹账通智能科技有限公司主要对接空运普货和 B 类快件,微观(天津)科技发展有限公司对接海运平行进口汽车,区块链技术的应用为提高通关效率、降低金融服务门槛、解决中小进口企业信用难题提供了有利条件。

案例 1-17 香港金融管理局的区块链贸易融资平台

香港金融管理局牵头搭建的区块链贸易融资平台于 2018 年 9 月正式上线。至此,金融领域区块链项目的应用落地又添一例。该平台可以让生态圈内的银行及其企业客户通过分布式账本提交并记录采购订单、发票和融资申请,从而大幅降低欺诈交易和身份盗用的风险,更有助于提高融资成功率与降低融资成本。

案例 1-18 微众银行的银行间区块链对账平台

传统"批量文件对账"模式长久以来未能解决的成本高问题,正是区块链技术的用武之地。洛阳银行、长沙银行相继接入机构间对账平台,通过区块链技术,优化贷款业务中的机构间对账流程,降低运营成本等。截至 2021 年,平台稳定运行一年多,保持零故障,记录的真实交易笔数已达千万量级。

案例 1-19

2018 年 7 月,中国宝武在上海市经济和信息化委员会、人民银行上海总部的协调指导下,与央行数字货币研究所、同济大学等单位协作共建的"上海市大宗商品区块链供应链金融应用示范项目"正式立项。该项目由欧冶云商旗下的金融科技平台公司欧冶金服承担研发、建设及业务运营任务,以中国宝武生态圈为业务场景,以国产自主研发区块链为技术底层,面向众多中小、民营企业提供便捷高效、成本低廉的普惠金融服务。2018 年 9 月 13 日,某核心企业(上海某物流类企业)基于货物委托运输背景,向其一级供应商(浙江某运输类企业)开立金额为 5 017.04 元的通宝,首笔通宝试单成功落地。该项目上线一年交易规模超 200 亿元。

案例 1-20

在保险行业内,甚至是相关行业间,在合规的前提下需要大力度加强数据共享,帮助保险企业了解老百姓的保险需求,开发出解决老百姓问题、满足社会需要的产品。在这些方面,区块链技术大有可为。根据 Gartner(顾能公司)的预测,区块链技术的市场价值在 2025 年将达到 1 760 亿美元的规模,到 2030 年将达到 3.1 万亿美元的规模。区块链技术亦被其列为未来 5~10 年带来变革性影响的科技。

结合区块链在保险行业的应用探索实践来看,区块链在近中期可以在以下几个方面给保险行业带来较大价值。一是客户认知方式(KYC)的变革。基于区块链的客户信息数字化管理,可以简化用户的投保流程、提高保险机构风控能力。爱沙尼亚借助区块链技术已经实现了"e 居民",可在区块链上享受结婚证明、出生证明、商务合同及其他服务,并计划将区块链技术运用到公民电子健康记录系统中。二是对健康险变革的推动作用。随着可穿戴设备的出现,消费者开始意识到主动管理自己的健康、医疗及保险的重要性。运用区块链技术将运动、健身、保健、医疗及保险数据结合,将在充分保护用户隐私的前提下,给现有健康险的定价、理赔等流程带来重要影响。三是对再保险变革的推动作用。再保险业仍存在很多手工、邮件处理的传统方式。普华永道研究结果表示,再保险业采用区块链技术可以将大部分业务流程自动化,减少人为错误,节省劳动成本,为再保险业者节省 15%～20% 营运费用。四是互助保险变革的推动作用。互助保险的一个重要话题就是互助会员与互助保险机构的信任问题,而区块链的技术特性可以在解决多方交易信任问题方面发挥重要作用。用区块链技术配合监管政策可以推动互助保险的发展。

3) 区块链应用的瓶颈

区块链行业发展瓶颈如图 1-26 所示。

技术限制
区块链系统性能、容量、可扩展性等方面存在技术难点

核心应用缺乏
主要应用于数据信息共享业务,尚无具有产业影响力的标志性应用

发展瓶颈

基础设施尚无
没有行业一致认可并共同使用的区块链底层技术平台

行业标准缺失
各家区块链平台缺乏互通性、兼容性,业务数据无法交互,制约了区块链的技术转化、成果应用及产业布局

图 1-26　区块链行业发展瓶颈

从区块链发展应用的层次看,其可以分为三个层面:一是工具,二是平台,三是基础设施。

工具层面就是针对某个行业或者业务痛点,用区块链某个单点的技术特点去解决;平台层面就是核心企业利用自身具备的生态,搭建产业生态平台;基础设施层面,是指不考虑具体业务,为整个行业甚至整个社会提供一个服务的基础设施。

基础设施层面是区块链产业发展的基石,为区块链上层应用的研发和运作提供重要的支持,技术准入门槛较高,头部效应明显。对于中小微企业而言,采用区块链技术难度不小,不仅人才短缺,同时技术理解、标准也难以统一。因此只有区块链基础设施建设齐备,才能进一步推进区块链应用落地,并降低使用成本。

3. 人工智能

1) 人工智能与金融科技的相互关系

一个通用的人工智能的定义是"像人一样思考,像人一样行动,合理地思考,合理地行动",其含义包括:

(1) 使计算机思考的令人激动的新成就,有头脑的机器。

(2) 与人类思维相关的活动,如决策、问题求解、学习等活动的自动化。

(3) 通过使用计算模型来研究智力。

(4) 使感知、推理和行动成为可能的计算的研究。

如图 1-27 所示,可以看到,人工智能覆盖了人类的感知与分析、理解与思考和决策与交互三个层面的智能。其中最高的层次就是决策与交互环节。而金融的最新定义是人们在不确定环境中进行资源跨期的最优配置决策的行为。可以看到金融和人工智能的最高层次有深入的统一,就是决策。

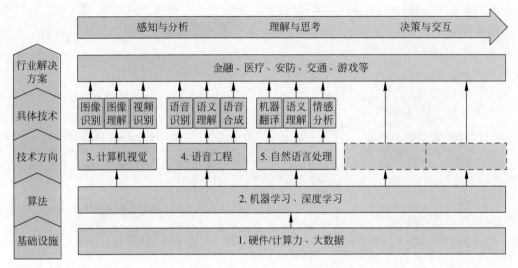

图 1-27　人工智能的框架

为什么金融科技需要人工智能,具体来说有三点:首先,需要进行海量的数据处理;其次,需要进行非线性现象的分析;最后,需要应对人类分析问题的系统性偏差。

2) 人工智能在金融科技的应用

如图 1-28 所示,在金融中运用金融科技进行决策的流程可以分成三个部分:金融时间序列的采集、分析模型的建立和人类从中选择适合具体金融问题的分析模型来进行决策。因此,人工智能在金融科技中的应用也可以对应地分为三个层次:非结构化数据处理、机器学习算法和元知识学习算法。

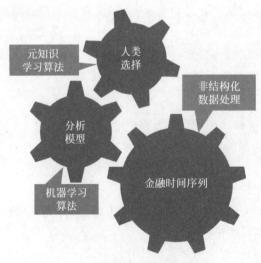

图 1-28　金融科技决策流程

(1) 非结构化数据处理。在金融中使用的数据称为金融时间序列数据,因为金融数据是具有时间前后顺序关系的。因此,虽然金融数据量很大,但使用时只能按照时间轴方向排列使用,可用于建模分析的组合方式是有限的。如果想提高金融的预测能力,就必须不断扩展数据的来源。虽然大数据技术提供了收集和存储大量金融相关数据的解决方案,但很多数据不具有结构化的数据表现形式,如文本、图像、声音里的金融含义。因此必须使用人工智能里的感知与分析和理解与思考的技术,也称为模式识别技术,来将这些非结构化数据转变为金融决策模型可以使用的结构化数据。

(2) 机器学习算法。随着大数据的发展,金融大数据每年都成倍增长。这给人工智能中兴起的机器学习模型,特别是人工神经元网络模型提供了更多的训练数据。以深度学习模型为代表的人工神经元网络模型,是数学模型中非线性模型的典型代表。数学上已经证明一个具有足够宽度或深度的人工神经元网络模型,可以表征任何非线性方程。然而,构造一个有巨大参数集的非线性模型,需要海量的数据作为支撑。正是日新月异的大数据的积累,推动了人类在使用机器学习算法分析金融活动中的非线性特性。

(3) 元知识学习算法。随着机器学习算法的长足发展,有越来越多可以选择的模型。一般来说,人们都是靠直觉和经验来选择合适的模型。但随着模型种类的日益增多,人们更希望可以找到合适的人工智能模型来科学地选择合适的机器学习模型。这就衍生出人工智能的一个新的研究领域——元知识学习算法。

"元知识学习"原来是一个教育名词,意思是如果掌握不同学科的学习方法,那么学习就可以事半功倍。如果把金融数据比作学科知识,那么机器学习算法就是学习方法。如果可以为每种金融问题相关的数据选择最适合的机器学习算法,那么就可以最高效地学习其中的知识,进行有效的决策。

然而,元知识学习至今仍是人工智能领域的一个前沿研究领域,其中涉及巨大的计算需求,科研还有待进一步突破。

3) 智能投资顾问产业发展

人工智能在金融科技里的一个典型应用就是智能投资顾问。美国智能投顾市场除了初创型智能投顾公司,目前传统金融企业也在逐渐涌入。如全球最大的基金管理公司之一的贝莱德协议收购 FutureAdvisor;美国最大的证券零售商和投资银行之一的美林证券引入智能投顾做财务顾问。

美国智能投顾市场已经培育出较多成熟的智能投顾平台。在标的资产、收费模式、服务模式等方面,具有典型特色的有先锋基金(Vanguard)、嘉信理财、Betterment、Wealthfront 以及 Personal Capital。具体而言,先锋基金采用"机器+人工"兼顾的混合模式,侧重于客户风险偏好判断与大类资产配置。嘉信理财主要利用 AI+机器学习技术帮助设置及跟踪目标、实时进行调整及资产再平衡,对分析师最先进的研究成果持续地更新算法,优化资产配置。

国外银行智能投顾发展方面,加拿大的蒙特利尔银行(BMO)、英国的巴克莱银行、苏格兰皇家银行、劳埃德银行、桑坦德银行相继宣布引入智能投顾服务等。同样地,如图 1-29 所示,中国的智能投资顾问产业也正在快速发展。

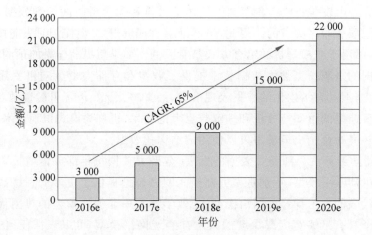

图 1-29　中国智能投顾的发展 AUM

4. 云计算

为什么金融科技需要云计算,具体来说有三点:首先,满足大数据和人工智能的需要;其次,进行资源的合理利用和管理;最后,实现业务和信息架构的分离。

云计算是新兴技术高速发展的基石。云计算最先由谷歌公司提出。2006 年,27 岁的谷歌高级工程师克里斯托弗·比希利亚第一次向谷歌董事长兼 CEO 施密特提出"云计算"的想法。同年 8 月 9 日,施密特在搜索引擎大会上首次向世人提出谷歌公司"云计算"的概念,把具有浪漫主义色彩的"云"和传统科技商业模式的"计算"结合起来。其主要由三种前端技术发展而来:分布式计算(distributed computing)、并行计算(parallel computing)和网格计算(grid computing)。

云计算是一种基于互联网的超级计算模式,它将计算机资源汇集起来,进行统一的管理和协同合作,以便提供更好的数据存储和网络计算服务,而从产品角度分类则包括公有云、私有云、混合云。

前面提到的大数据、人工智能和区块链技术都需要大量的计算和存储的支持,其计算量和存储量是个人计算机和一般的服务器无法支撑的,而且计算要求 24 小时不间断,数据存储要求高度安全,这都是一般公司无法支撑的。这正是云计算在金融科技中广为运用的重要原因。在金融科技的应用中,因为信息的私密性,私有云的应用相对广泛,也有一些混合云的应用。

其服务形式包括 SaaS、PaaS(platform as a service,平台即服务)、IaaS(infrastructure as a service,基础设施即服务)。

1) SaaS

SaaS 在业内称为软件运营,是一种基于互联网提供软件服务的应用模式。SaaS 通常基于一套标准软件系统为成百上千的不同客户提供服务。这要求 SaaS 能够支持不同客户之间的数据和配置的隔离,从而保证每个客户数据的安全和隐私以及满足客户个性化的需求。最早的 SaaS 之一便是我们熟悉的网络在线电子邮箱。

2）PaaS

PaaS 是把服务器平台、开发环境或者业务基础平台作为一种服务，以 SaaS 模式提交给客户的一种商业模式。因此，我们也可以认为 PaaS 是 SaaS 的一种应用。例如应用程序开发/运行平台、Google App Engine 等。

3）IaaS

通过互联网，消费者可以从完善的计算机基础设施中获得服务，这类服务被称为基础设施服务。基于互联网的服务（如存储和数据库）是 IaaS 的一部分。例如云主机以及云存储平台等。

IaaS、PaaS 更多针对技术实力相对弱的中小企业，而 IaaS 多半为大型企业所采纳。在中国，因为金融牌照很难获得，中小企业比较难开展金融服务，所以 IaaS 和 PaaS 的应用相对有限。然而在国外，金融牌照的门槛相对国内较低，因而像挑战者银行等中小企业正利用 IaaS、PaaS 为客户提供灵活和高效的金融服务。

案例 1-21 挑战者银行

挑战者银行从设立主体上可以分为两类：一类是由传统银行发起设立的全新的数字化银行品牌，一类是由金融科技公司从零开始设立的取得相应银行牌照的全新的挑战者银行，如图 1-30 所示。

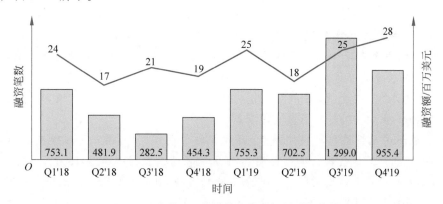

图 1-30 全球 VC 支持的挑战者银行融资趋势

注：挑战者银行在 2019 年共进行了 96 笔交易，筹集了超过 37 亿美元的资金，交易数量和金额均创下新高。

多家传统银行通过自建、合作等模式进军挑战者银行领域，如巴黎银行集团（BNP Paribas Group）推出了数字银行品牌 Hello Bank！，西班牙对外银行（BBVA）设立数字银行 Azlo，美国合众银行（U. S Bancorp）和数字银行 Seed 合作。

相较于传统银行设立的挑战者银行，从零开始设立的挑战者银行在业务上则更加地以用户为中心。在它们的业务范围中，通常都包括对客户的全方位财务现金流管理，并通过“存款目标”的设定让客户形成良好的储蓄习惯，最终实现客户的财务健康。由于欧洲的银行业监管普遍鼓励银行创新，这类挑战者银行大多分布在欧洲，较为知名的如 Atom Bank、Monzo Bank 等。

Hello Bank！是由巴黎银行集团在 2013 年推出一家数字银行，是欧洲大陆的第一家数字银行,目前主要在欧洲经营业务,包括法国、比利时、德国、意大利、奥地利等地。

该银行具有简单、智能、人性化和安全的特点。简单体现在用简单的语言、应用程序和直观的功能,让用户能简单地进行操作;智能体现在其移动性,可以随时随地使用智能手机或者平板电脑访问服务;人性化体现在其能满足用户多样化的需求;安全体现在其能借鉴 BNL 和巴黎银行集团的经验,为用户提供高水平的安全性和专业知识。

该银行提供多种产品,既有银行普遍提供的服务,也有创新服务,种类包括账户和银行卡产品、储蓄产品、借贷产品和保险产品。Hello Bank! 免费产品包括 Hello 活期账户和银行卡、Hello 预付卡(针对 28 岁以下用户免费)、Hello4You 活期账户和银行卡(针对 28 岁以下用户免费)、传统储蓄账户、Hello4You 储蓄账户(针对 28 岁以下用户免费)等。Hello4You 储蓄账户可获得比传统储蓄账户更高的忠诚度奖励。

Hello Bank! 还提供一些定制化产品,包括抵押贷款、数字保护(针对移动设备的保险产品)、Hello 信用卡、众筹、直接储备金、分期付款产品等。

该银行还支持 Google Pay,并提供顶级人居火灾保险、未结余额保险产品。

Atom 是英国第一家数字银行,创立于 2014 年 4 月,总部位于英国杜伦。Atom 不设置任何实体网点,只在手机 App 上提供服务,用户可以随时在 App 上使用服务。Atom 已经获得了英国审慎监管局(Prudential Regulation Authority,PRA)授予的完全银行牌照,接受英国金融行为监管局(Financial Conduct Authority,FCA)和 PRA 的监管。

2016 年,Atom 推出了固定利率储蓄账户和抵押贷款。Atom 提供期限为 3 个月至 5 年不等的存款产品,5 年的定期存款年利率为 2.5%。每个 Atom 账户的存款额度上限为 10 万英镑,每个存款产品的最小额度为 50 英镑,用户可以分散投资不同的存款产品。Atom 与数百家贷款中介合作,为用户提供合适的抵押贷款产品。如果没有合适的贷款产品,但客户仍然想要申请,中介会以用户的名义给 Atom 发送一个申请,如果用户的条件符合,Atom 会尽快给用户下发一笔贷款。

由于 Atom 不设置线下实体网点,大大节约了运营成本,用户可以享受到低费率的贷款产品,贷款产品的贷款价值比在 60% 到 90% 不等。根据截至 2018 年 7 月 25 日的用户反馈,98% 的用户表示愿意将 Atom 介绍给朋友,其固定储蓄产品和抵押贷款产品分别得到了 9.1/10、8.7/10 分。根据 Atom 发布的 2017/2018 年报,Atom 已有约 14 亿英镑的零售存款,为小企业和房主发放了 12 亿英镑的贷款,拥有 310 名员工。

案例 1-22　开放银行

开放银行是一种利用应用程序编程接口技术帮助银行与第三方实现数据共享的战略模式。

开放银行的参与者包括银行、第三方机构和客户,其主要模式为银行通过 API 开放产品和服务,将其嵌入合作的第三方机构平台上,开展基于特定消费场景的服务。在开放 API 时,银行还可以通过决定开放哪些 API 以及和谁共享 API 以保持对 API 的高度控制。API 有不同的类型,银行可以区分 API 的开放性,选择种类和开放程度与自身战略相符合的 API。开放银行无疑是当下银行转型的一大方向。

埃森哲对 100 家大型银行进行调查,其中 65% 的银行认为开放银行是一个机会而不是威胁;52%的银行认为这是一个可以将其与传统银行竞争者区分的方式。

欧洲是开放银行的积极实施者。根据埃森哲的研究,2005—2017年,欧洲银行的API数量从2个增长到1 675个。2018年,在实施修订后的支付服务指令(Payment Service Directive 2,PSD2)后,API的数量可能会增长10倍。

Fidor Bank是一家总部位于德国慕尼黑的数字银行,一直将技术作为其策略的核心,它也是开放API银行业务的先行者之一,通过提供API解决方案和产品,帮助银行打造数字化平台。

fidorOS是Fidor设计的一个使用开放API的前沿数字平台,能帮助银行将数字技术带入其业务的核心。fidorOS可插入银行现有的基础设施中,打造一个轻量级的数字银行平台。fidorOS建立在一个开放的环境,使用RESTful、JSON格式和OAuth2.0授权,还可以更好地与第三方进行连接,更快地部署新产品。而且,fidorOS兼容性强,可以接入任何核心银行系统,可以实现数字银行需要的实时体验。fidorOS通过其全集成的前端层、API层、银行模块和核心功能,处理客户所有的银行需求。

根据不同需求,Fidor提供不同类型的解决方案,既有一体化服务,也有单个提供的解决方案。

Fidor Solution——BaaP Fidor提供的"银行即平台"(bank as a platform,BaaP)服务是指将fidorOS平台插入银行原有的基础设施中,帮助银行打造一个轻量级的数字银行平台。

Fidor Solution——BaaS Fidor的"银行即服务"(bank as a service,BaaS)可以为客户提供欧盟银行牌照,并基于开放API技术,帮助客户快速打造一家新的数字银行。该解决方案提供一揽子服务,客户不需要担心技术、合规性、风险管理、市场策略和客户服务等问题。对于挑战者银行而言,BaaS解决方案不失为一个完美的选择。它们可以利用Fidor的API构建服务或者插入原有的渠道,轻松打造一家全面的数字银行。

Fidor Solution——Fidor Market集合了金融科技、保险科技、贸易科技等类型的产品,具体包括P2P支付、个人理财、储蓄债券/资本债券、全球转账、保险、加密货币交易、社交贸易、外汇交易、贵金属贸易、众筹产品、管理工具等。通过API接入Fidor Market后,银行可以挑选想要的产品,为用户提供服务。这为银行提供了一个快速提供新产品的机会,避免了烦琐冗长的产品设计、开发和部署过程。如果银行对接入Fidor Market感兴趣,可以联系Fidor,Fidor会对银行的App进行初步检查确定App正常运行。之后,银行可以使用Fidor的API,在沙盒中测试服务。经过4周的测试后,银行可以向客户提供服务。对于接入Fidor Market的银行来说,这也是一个推广自身的机会。接入的银行可以触及Fidor Bank的客户和Fidor合作银行的网络。

Fidor Solution——API&Sandbox:Fidor已经开放了多个API,涵盖银行业务、支付、信用、银行卡管理、用户管理、社区、评分、综合业务和第三方服务。Fidor还构建了一个开发者门户,支持从演示App、App注册、沙盒、团队管理、审批过程到App管理、日志记录和调试的所有步骤。

案例 1-23 社交银行

Facebook、Twitter、YouTube等社交工具已经深刻地改变了人们相互交流的方式,也正在改变传统商业和客户之间的关系。越来越多的企业正在拥抱这一变化,利用社交工具进行经济活动,诞生了社交商业(social business)模式。由于社交媒体具有传播及时、传播范围广、注重人际关系等特点,利用社交媒体,企业能更方便地听到用户的声音和反馈,有助于维持良好的用户关系。企业可以将用户的建议和反馈作为提升产品与服务的手段,以更好地满足用户需求、吸引新用户和留住存量用户,同时用户的需求也得到了更好的满足,达到双赢的效果。

目前,越来越多的银行都在使用社交媒体开展业务。澳大利亚国家银行(National Australia Bank,NAB)已经建立了一套专注于通过社交生态来提供用户服务的系统。NAB在社交应用上拓展服务渠道,用户可以在 Facebook、Google+和 Twitter 上享受到服务,NAB 也从 Facebook、Google+和 Twitter 上获取用户反馈和建议。同时,NAB 还通过在 YouTube 上发布视频和在 LinkedIn 上发布信息性文章来吸引用户参与。

1.4.2　实现功能

1. 身份认证

金融行业的身份认证功能主要是解决证明"我就是我"的问题,包括密码、数字证书、生物特征等方法。密码包括动态密码和静态密码,如二维码、条形码等;数字证书包括软证书、硬证书(芯片卡、USBKey 等);生物特征包括指纹识别、人脸识别、静脉识别、虹膜识别、声纹识别等多种和人的生物信息相关的方法。

2. 信用评估

在金融行业,通常讲的信用评估是银行对借款人信用情况进行评估的一种活动,它包括个人信用评分、企业信用评级。银行贷款的最基本条件是信用,信用好就容易取得银行贷款支持,信用差就难以取得银行贷款支持。传统的信用评估方法一般包括判别分析法、综合评判法、模糊分析法、人工神经网络法。但是在实践中,特别是在目前的国内市场,信用评级往往受到数据不够丰富的影响,特别是"坏样本"不够的困扰,因而许多评级结果不能真实地反映主体或者债项的风险。但是,在大数据框架下,人们可以借助人工智能算法,基于前面提到的全息画像为平台,针对非结构化的数据构建和提取(非结构化)的风险特征,支持建立有甄别能力的评估体系。比如,由中山大学管理学院的袁先智博士于2018 年牵头建立的基于大数据框架下的咖啡馆(CAFÉ)评估体系,通过将评估对象的公司(C)全息画像、财务(A)全息画像、金融(F)行为的全息画像和商务生态(E)的全息画像进行全方位的融合,形成了只要有基本的财务数据,就可以针对公司和债项进行有效的信用评级评估。本书后面有专门的章节讨论如何构建"全息画像"和在大数据框架下如何基于人工智能方法针对风险特征因子筛选框架和标准的建立与应用讨论。

因此,金融科技下的信用评估,其本质至少体现在以下两个层面:第一,从构建数据的类别扩展到大数据背景下的 TB 级别海量、非结构化、半结构化、360 度全方位数据(图 1-31);第二,充分将基于金融科技思维的知识图谱、深度学习、机器学习等人工智能技术应用于信用评估领域,来克服在过去传统情况下解决不了的"坏样本"不够、风险特征区分度不足的问题。

图 1-31　大数据背景下信用评估数据维度

另外,值得指出的是,由于全息画像本身具有动态特性,因此基于金融科技的信用评估让我们首次进入针对主体或者债项的动态信用评级时代,并将在区块链的支持下,帮助人类进入智能资管和数字资产的时代。

3. 信息处理

信息处理的方式见图 1-32。

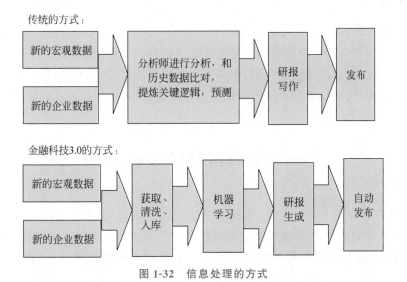

图 1-32　信息处理的方式

传统的金融信息处理主要采用人工的方式进行处理,依靠分析师团队的经验,对宏观数据和企业数据进行分析与历史比对,提炼关键分析逻辑并开展预测,并以此写作和发布研报。

对于更新速度不断加快和规模呈指数增加的金融数据,传统的方法显得乏力,这就对金融信息处理功能提出了更高要求。

依靠非结构化数据管理技术和文本识别技术,新一代金融科技公司可以自动实现金融数据的获取、清洗和入库。采用机器学习的方法,实现分析师经验和统计方法的协同,对数据进行智能分析、研报生成和自动发布。通过此种方式,写作速度更快,从几天减少到数分钟;写作成本更低,极大地降低研报写作的边际成本;数据来源更广,避免了单个分析师覆盖有限的问题;分析偏向更低,避免了分析师的判断偏差和逻辑波动。

4. 信息交换

金融行业的信息交换功能,经历了人工柜台加传统纸面技术、自动取款机(ATM)加互联网技术、人工柜台加移动通信业务、人工柜台加区块链技术几个阶段,信息交换效率和净度逐渐提升,而整体成本则逐渐降低。

5. 资产流通

金融行业的资产流通功能现在分为中心化的资产流通手段和去中心化的资产流通手段。

中心化的资产流通手段包括证券流动的手段和资产流通的手段,证券流动的主要提供方是中国证券登记结算有限责任公司,提供中心化的证券账户服务、证券登记服务、证券存管服务、证券结算服务、资产管理服务;资金流通的主要提供方是中国银联,通过银联跨行交易清算系统,实现商业银行系统间的互联互通和资源共享,保证银行卡跨行、跨地区和跨境的使用。

去中心化的资产流通手段主要是数字货币,通过数字货币钱包实现去中心化的转账。

6. 投资决策

传统的金融行业的投资决策功能主要是基本面投资,基本面投资是一种高投资深度(信息系数)、低投资广度的投资风格,侧重主观分析和使用非结构化数据。而量化投资则是一种低投资深度(信息系数)、高投资广度的投资风格,侧重数据统计分析和使用结构化数据,追求投资收益的稳定。

1.5　金融科技未来的发展

1.5.1　联邦机器学习

当今的人工智能仍然面临两个主要挑战:一个是在大多数行业中,数据以孤岛的形式存在;另一个是加强数据隐私和安全性。人们为这些挑战提出了一种可能的解决方案:安全的联邦机器学习(federated machine learning/federated learning)。联邦机器学习,又名联邦学习、联合学习、联盟学习。联邦机器学习是一个机器学习框架,能有效帮助多个机构在满足用户隐私保护、数据安全和政府法规的要求下,进行数据使用和机器学习建模。联邦机器学习作为分布式的机器学习范式,可以有效解决"数据孤岛"问题,让参与方在不共享数据的基础上联合建模,能从技术上打破"数据孤岛"、实现 AI 协作。谷歌在 2016 年提出了针对手机终端的联邦机器学习,微众银行 AI 团队则从金融行业实践出发,关注跨机构跨组织的大数据合作场景,首次提出"联邦迁移学习"的解决方案,将迁移学习和联邦机器学习结合起来。杨强教授在"联邦学习研讨会"上介绍,联邦迁移学习让联邦机器学习更加通用化,可以在不同数据结构、不同机构间发挥作用,没有领域和算法限制,同时具有模型质量无损、保护隐私、确保数据安全的优势。

联邦机器学习定义了机器学习框架,在此框架下通过设计虚拟模型解决不同数据拥有方在不交换数据的情况下进行协作的问题。虚拟模型是各方将数据聚合在一起的最优模型,各自区域依据模型为本地目标服务。联邦学习要求此建模结果应当无限接近传统模式,即将多个数据拥有方的数据汇聚到一处进行建模的结果。在联邦机制下,各参与者的身份和地位相同,可建立共享数据策略。由于数据不发生转移,因此不会泄露用户隐私或影响数据规范,从而保护数据隐私、满足合法合规的要求。

联邦机器学习有三大构成要素:数据库、联邦机器学习系统、用户,三者间的关系如图 1-33 所示,在联邦机器学习系统下,各个数据库进行数据预处理,共同建立机器学习模型,并将输出结果反馈给用户。

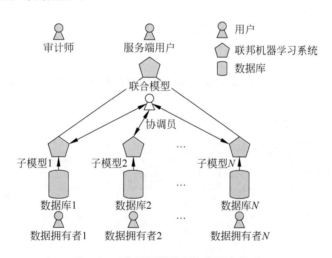

图 1-33　联邦机器学习构成要素关系

如图 1-34 所示,联邦机器学习开源项目 FATE(Federated AI Technology Enabler)是微众银行 AI 团队自主研发的全球首个工业级联邦学习框架,旨在为联邦机器学习架构体系和各种机器学习算法的安全计算提供强有力的支持,帮助社会各界在符合数据安全和政府法规的前提下,有效地进行数据使用和联合建模,同时为立法和监管提供技术依据。作为国内联邦机器学习技术的首倡者和领导者,微众银行 AI 团队已于 2019 年 6 月将其自研的 FATE 捐赠给 Linux Foundation。

通过微众银行联邦机器学习平台,在银行/保险反洗钱的应用中实现了如下价值。银行/保险企业:①LR 模型的 AUC(曲线下面积)提升了 14%,显著减少了手工评审的工作

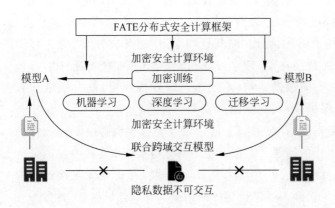

图 1-34　微众银行联邦机器学习开源框架介绍及落地案例分析

量和降低了难度；②AUC 随建模数据的增加而增加，从而提高了对数据增长的需求。随着联邦 homo-LR 的使用，每日审查案例已从 1 000 多件减少至 38 件。多方"小数据"联动：银行数据+保险数据本地化反洗钱建模，工作人员处理可疑案例大量减少，如图 1-35 所示。

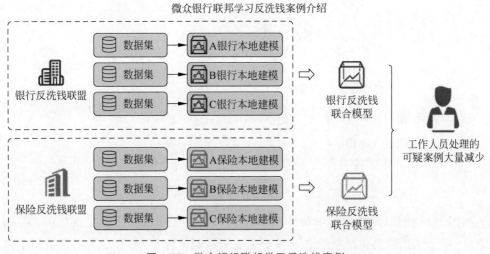

图 1-35　微众银行联邦学习反洗钱案例

1.5.2　基于生物特征的识别技术

生物识别技术是将计算机技术、生物传感器、生物统计学、云计算技术、声学与光学相结合并利用人体生物特征来识别用户身份，准确实施认证。当前生物识别技术主要包括人脸识别、指纹识别、虹膜识别、指静脉识别，如表 1-5 所示。

表 1-5　金融行业的主流生物识别技术以及应用场景

技术类别	人脸识别	指纹识别	虹膜识别	指静脉识别
稳定性	中	高	极高	高
可采集性	高	高	高	高
准确性	中	高	极高	高
是否接触	否	是	是	是
便利性	极高	高	中	高
金融主要应用场景	自助终端、远程身份核查（直销银行、远程业务办理等）、柜面身份核查、移动营销	内部授权、系统登录、移动支付、指纹人证合一	门禁管理、扣押管理等高安全要求级别的场景	自助终端集成
发展现状	目前应用最火,创新性十足,但也一直受到各方的质疑	应用最早、最成熟,接受程度最高	处于探索、观察阶段	处于探索阶段
发展契机	相关技术尤其是深度学习的发展与成熟,使人脸识别的准确率大大提升,且不一定需要额外的硬件设备	研发最早,且手机等移动终端普遍搭载了指纹模块,新一代身份证也内含指纹信息	相关技术的发展使其硬件设备体积大大减小,且以三星为代表的厂商一直致力于将其加入手机等移动设备中	技术的发展与普及,以及用户的接受性提升

1. 人脸识别：应用便捷,金融机构的"最爱"

刷脸办卡、远程贷款、自主开户、刷脸支付……随着人脸识别技术在金融行业的风起,越来越多的商业化应用也浮出水面。不仅仅是蚂蚁金服、微众银行等新兴互联网金融机构,传统金融机构如国有商行、证券、保险等均纷纷布局人脸识别技术,基本上有三大应用方向：自助终端、移动金融/营销、柜面系统。

（1）自助终端：简单来说,就是将人脸识别系统引入自助设备中,利用人脸识别技术将现场采集的照片与已存照片、身份证照片进行比对并提供人脸相似值,工作人员即可根据相似值的高低判断是否直接通过或进行人工审核。目前,用户可以在自助终端上实现自助开卡、业务变更、密码重置等个人业务。

（2）移动金融/营销：其核心在于人脸远程身份核查,一方面用户可以借助手机等移动设备进行人脸身份核查；另一方面金融机构可将该人脸识别系统嵌入便携式移动终端,上门为客户办理业务。

（3）柜面系统：其核心在于人脸联网核查,通过将现场照片与公安部已存的身份证照片进行比对、核查,更客观、科学地实现"人证合一",降低"肉眼"观察的主观意识和失误辨认。目前,其已经广泛应用于银行、保险、证券等金融机构的柜面开户等业务中。

2. 指纹识别：应用广泛,金融机构的"前任"

可以说,生物识别在金融的应用始于指纹识别。在深度学习技术还未获得技术性突破时,人脸识别的技术发展也受到了限制,而指纹识别早在 20 世纪 90 年代大规模"进军"金融行业、"独霸"天下,也成为应用最广泛、最成熟的生物识别技术。虽然在人脸识别的火爆行情下,指纹识别稍显黯然,但新一代居民身份证将指纹信息纳入其中,这成为指纹识别再次走向巅峰的关键契机。

(1)系统登录:以往员工登录核心操作系统时,是通过密码或者身份卡等传统方式进行身份认证的,不仅容易被入侵,且一旦发生事故,难以进行追溯。而指纹系统登录则可更精准地确认操作人员的身份。

(2)授权管理:与系统登录类似,以往的授权通过身份卡或授权码进行,经常出现滥授权、乱授权等现象,无法形成授权记录,后期难以进行责任追溯,而指纹授权则可以避免这些情况,目前一般应用于核心业务系统、电子签章系统等。

(3)指纹人证合一:基于新一代指纹身份证,可将用户现场采集的指纹信息与身份证内已存的指纹信息进行比对,确保持证人身份。在指纹身份证进一步普及之后,基于该技术可完成用户远程身份核查、开户时身份认证等。

3. 虹膜识别、指静脉识别:探索、观察阶段的"潜力军"

相对于人脸识别和指纹识别,虹膜识别、指静脉识别显得"孤傲"得多。目前各大金融机构对于这两种技术的态度比较一致:探索与观察。不过以三星为首的手机厂商逐渐将虹膜识别纳入手机等终端,相信会为下一步的虹膜支付提供爆发的机遇。

截至目前,作为最安全、最精准的生物识别技术,虹膜识别一般应用于金库管理、押运管理的较多,通过虹膜识别确认出入和押运人员身份,确保财产安全;同时,也有部分银行尝试将虹膜识别和指静脉识别集成于自助终端中,实现更高安全级别的身份认证,以帮助用户完成自助贷款、自助理财等业务的办理。

多模态生物识别是金融科技不可更改的趋势,单一的人脸识别或指纹识别难以满足金融机构的多样化需求,而此时,金融机构更为重要的不是考虑布局哪种生物识别技术,而是未来怎么集中管理多样化的生物识别系统。举个例子,一位客户到银行办理业务,银行可能一方面需要调取人脸识别系统、OCR(光学字符识别)系统进行客户身份联网核查;另一方面需要调用指纹识别系统进行柜员身份确认。单一管理是走不通的,只有将多种技术集中到一个平台中,实现信息共享、统一认证,才是未来之策。

1.6 金融科技带来的风险

1.6.1 信用风险变为操作风险

一般来说,金融风险包括市场风险、信用风险、操作风险和法律风险。传统的金融更注重事前风控,但事中监控因为技术和数据的限制一般流于形式。而金融科技则不同,其利用强大的技术手段和丰富的大数据,可以支撑金融机构开展动态的事中监控,也降低了事前风控的压力和不确定性。如果我们称传统的金融风控为"严进宽出"的话,金融科技就可以做到"宽进严出"。因为我们用大量事中监控手段来进行风控,原来的信用风险会大大降低。但金融科技带来的操作风险会给金融机构带来更大的影响,所以,金融科技风险的一个典型特性是信用风险变为操作风险。

案例 1-24

目前,金融科技已经极大地优化了催收流程(图 1-36),提高了催收工作效率,降低了人工成本。首先,金融科技可以批量外呼,提高了通话接通率;其次,基于语音识别,金融科技可识别不同类型的逾期借款人,并提供差异性的解决方案。对于遗忘型借款人,金融科技可以识别出借款人是因为错过了还款日期造成的逾期,此时可以给出一定的免罚息还款日,提醒借款人尽快还款;对于资金流紧张的借款人,金融科技可识别出借款人的还款意愿强但还款能力出现偏差,进而提供分期还款解决方案,这两类逾期情况均可通过类似智能催收机器人的技术完成催收。而对于恶意逾期借款人,金融科技可以根据情绪识别技术等判断这部分借款人还款意愿较差,会转接人工催收客服进行深度催收,如申请法务介入等。根据不同逾期处理类型,金融科技也会进行统计分析并形成相应的统计报告,以完善信息统计,并督促后续借款方案调整。由此看,金融科技使催收的人工占用率大幅下降,提高了催收效率。

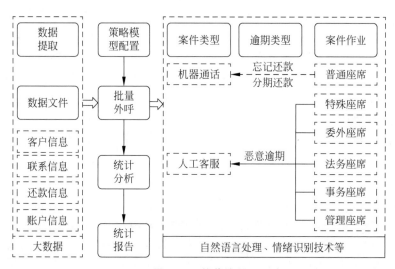

图 1-36　催收流程

总体而言,多数平台的科学技术运用合作层次尚有待加深,目前也存在一定问题。比如由于信用体制不健全,精准获客环节还无法全面获取用户的历史信用记录及数据,仅能依靠用户其他行为数据进行交叉验证,给验证用户行为习惯连续性带来了不便;区块链技术的应用不足也导致平台较难核实借款人是否涉及多头借贷;而智能催收也多发生在借款人已有违约事实后。也正如前面提到的,在大数据金融科技时代,信用评级由传统的基于季度频率的更新转为动态的实时变化处理,如何发挥各项技术在支持和处理借贷全流程的交叉应用,精准预警借款人违约是各大平台面临的重大考验。

1.6.2　数据风险与信息安全风险相互交织

数据在不同主体间的传输与流转是大数据时代互联网产业发展的必然,2017 年四部委评审的各大互联网企业的隐私政策中,有关个人信息共享的内容凸显信息数据的重要性。当然,数据的流转同样带来了安全管理方面的巨大挑战,如何确保数据在境内外安全高效地传输和使用,是全球互联网企业乃至部分国家共同需要面对的难题。

2018 年爆发的 Facebook 数据泄露事件敲响了警钟。事件的大致背景可以追溯至 2007 年,当时 Facebook 为增强用户黏性推出应用编程接口,通过这个接口,第三方软件开发者可以开发在 Facebook 网站上运行的应用程序,这被称作 Facebook Platform,而用户可通过这一平台在线使用相关应用程序并进行互动。用户在使用该平台时,Facebook 与平台上的应用会读取个人信息,该部分信息有的是 Facebook 上已有的信息,如用户的个人信息和朋友列表等;有的则是使用相关应用时产生的信息。当时 Facebook 并没有对平台数据的交叉使用和共享进行严格的区分与管理。本次事件的核心人物——剑桥大学心理学教授亚历山大·科甘(Aleksandr Kogan)及其背后的数据分析公司剑桥咨询(SCL/Cambridge Analytica),正是利用了当时 Facebook 的平台数据共享的漏洞,致使 Facebook 上 5 000 万用户的数据泄露。

科甘与剑桥咨询于 2013 年开发了一款专门针对选民的测试应用“这是你的数字化生活”,对外宣称是心理学家用于做研究的 App,经用户授权后收集的信息包括:用户的年龄、住址、性别、种族、教育背景等个人信息,平时参与的活动以及在社交网络中发表、阅读、点赞的内容,用户的朋友所发布的信息等。一共有约 27 万人下载了这一应用,再加上通过公开途径收集的用户信息,共涉及 5 000 万用户的数据。据媒体报道,剑桥咨询在收集到上述数据后,分析出用户的行为模式、性格特征、价值观取向、成长经历等,以便针对特定用户推送竞选广告。

2018 年 3 月中旬,《纽约时报》等媒体揭露称一家服务于特朗普竞选团队的数据分析公司 Cambridge Analytica 获得了 Facebook 数千万用户的数据,并进行违规滥用。

2018 年 3 月 19 日,消息称 Facebook 已经聘请外部公司对相关数据公司进行调查。

2018 年 3 月 22 日凌晨,Facebook 创始人马克·扎克伯格(Mark Zuckerberg)发表声明,承认平台曾犯下的错误,随后相关国家和机构开启调查。

2018 年 4 月 5 日,Facebook 首席技术官发表博客文章称,Facebook 上约有 8 700 万用户受影响,随后剑桥咨询驳斥称受影响用户不超 3 000 万。

2018 年 4 月 6 日,欧盟声称 Facebook 确认 270 万欧洲人的数据被不当共享。

事件曝光后,数据泄露丑闻爆发,Facebook 股价大跌 7%,市值蒸发 360 多亿美元,CEO 扎克伯格身价缩水,跌出福布斯富豪榜前五位。与此同时,欧盟成员国纷纷作出强烈回应,要求对数据泄露事件进行调查。受此次大规模用户信息泄露事件的影响,Facebook CEO 马克·扎克伯格不得不参加美国和欧洲议会举行的听证会,接受议员们的质询。

2018 年 9 月 30 日,欧洲隐私监管机构考虑对 Facebook 的数据泄露事件处以高达 16.3 亿美元的罚款。10 月 25 日,英国隐私监管部门正式决定对 Facebook 处以 50 万英镑(约合 64.4 万美元)的罚款。2022 年 3 月 16 日,Facebook 母公司被欧盟罚款 1 700 万欧元(约合 1 900 万美元)。

1.6.3　技术风险更加突出

随着金融科技越来越多地主导金融业务,操作风险中的技术错误引起的风险带来的影响对企业的伤害程度越来越大，这对技术人员的素质和业务能力提出了更高的要求。同时对于业务人员的技术知识也提出了更高的要求。金融科技正在迫使金融业务和技术有更好的结合方式。

案例 1-25　Knight Capital 错误算法交易案例

骑士资本(Knight Capital)是全美最大的金融电子经纪交易商，其一家公司的交易量占纽约证券交易所的 17.3%，占纳斯达克的 16.9%。为了让客户参与纽约证券交易所的 Retail Liquidity 计划(RLP)，Knight Capital 决定对系统中与订单处理流程相关的代码进行更改。这次更改需要给 SMARS(安全消息和响应系统)开发、部署新的代码。SMARS 是一个自动化、高速度向交易市场发送执行命令的算法路由器。SMARS 的核心功能就是接受来自 Knight 交易平台发送的交易指令，然后根据整个交易市场的流动性向外发出一个或多个执行命令。

在新部署的过程中，Knight Capital 的团队计划用新的 RLP 代码取代 SMARS 中已经多年没有使用的相关部分。这些未使用的代码先前是被一个名为 PowerPeg 的功能所用。虽然多年没有使用但是该功能一直被保留而且在进行 RLP 部署时依然可以调用。新的 PLP 代码会对以前激活 PowerPeg 代码的标志符进行更改。这样当先前的标志符被设定成 yes 时就可以删除无用的 PowerPeg 代码，新的 PLR 功能将开始运行。

在 Knight Capital 运用 PowerPeg 代码的情况下，当一个子命令被执行的时候，一个累积量函数认为这些数目的股票父命令已经被执行了。这一特性使系统在父命令完成之前停止释放子命令。2003 年，Knight Capital 已经停止使用 PowerPeg 功能。2005 年，Knight Capital 将 PowerPeg 中追踪累计股票功能的函数移动到 SMARS 代码中更前的序列，可是在更改之后 Knight Capital 却没有对可用性进行测试。

2012 年 7 月 27 日，Knight Capital 开始分阶段向 SMARS 部署新的 RLP 代码。在这期间负责部署的一位技术人员不慎漏掉了一台服务器，这样 8 台 SMARS 服务器中就仅有 7 台被部署上新的代码。对于这样的新代码部署，Knight Capital 内部没有技术人员做二次检查，而且技术团队内部甚至没有人意识到 PowerPeg 代码还没有从 8 台服务器中移除。Knight Capital 对于这样的业务流程缺乏书面操作规范。

2012 年 8 月 1 日，Knight Capital 新系统开始接受来自证券经纪人的订单。7 台部署过新代码的服务器在处理订单时工作正常，但是第 8 台服务器在处理订单时却触发了没有被移除且有缺陷的 PowerPeg 代码。结果就是这台服务器开始向交易中心发送子命令执行。Knight Capital 也接受一些合格的订单进行盘前交易。6 台 SMARS 服务器负责处理这些订单，在上午 8 时左右，Knight Capital 的内部系统开始发送 PowerPed disabled 的报错邮件。在 9 时 30 分开盘前有 97 封邮件发送到 Knight Capital 工作人员的邮箱，但是由于 Knight Capital 系统警报没有设计这种类型的消息，所以当他们收到这类邮件时一般不予审查。

由于 Knight Capital 没有处理这类重大问题的相关程序和指南，所以在当天其只能依靠其技术团队在一个实时交易环境下去查找定位问题。在这个过程中，Knight Capital 的新系统依然在不断向交易市场发送子命令，更糟糕的事情是在他们定位系统问题的过程中卸载了其余 7 台服务器上正确部署的 RLP 代码,这让输入的父命令激活了仍然留在服务器中的 PowerPeg 代码,接着 8 台服务器全部沦陷……最终,他们以每秒钟亏172 222 美元的速度亏损了 4.65 亿美元。此次差错不仅让骑士资本的股票收盘重挫33%,也令 5 家大量持有骑士资本股票的对冲基金遭受损失,其中头号大股东 SAC Capital 持有 180 万股,占总份额的 1.86%。

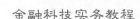 案例 1-26 光大乌龙指案例

2013 年 8 月 16 日 11 时 05 分,上证指数出现大幅拉升,大盘 1 分钟内涨超 5%,最高涨幅 5.62%,指数最高报 2 198.85 点,盘中逼近 2 200 点。11 时 44 分,上海证券交易所(以下简称"上交所")称系统运行正常。下午 2 时,光大证券公告称策略投资部门自营业务在使用其独立的套利系统时出现问题。媒体将此次事件称为"光大证券乌龙指事件"。

1. 事件经过

2013 年 8 月 16 日,上证指数以 2 075 点低开,到 11 时为止,上证指数一直在低位徘徊。

2013 年 8 月 16 日 11 时 05 分,多只权重股瞬间出现巨额买单。大批权重股瞬间被一两个大单拉升之后,又跟着涌现出大批巨额买单,带动了整个股指和其他股票的上涨,以致多达 59 只权重股瞬间封涨停。指数的第一波拉升主要发生在 11 时 05 分到 11 时 08分之间,然后出现阶段性的回落。

2013 年 8 月 16 日 11 时 15 分起,上证指数开始第二波拉升,这一次最高摸到 2 198点,在 11 时 30 分收盘时收于 2 149 点。

2013 年 8 月 16 日 11 时 29 分,上午的 A 股暴涨,源于光大证券自营盘 70 亿的乌龙指。

2013 年 8 月 16 日 13 时,光大证券公告称因重要事项未公告,临时停牌。

2013 年 8 月 16 日 13 时 16 分,光大证券董秘梅键表示,自营盘 70 亿元乌龙纯属子虚乌有。

2013 年 8 月 16 日 13 时 22 分左右,有媒体连续拨打光大证券多名高管电话,均显示关机或未接通。

2013 年 8 月 16 日 14 时 23 分左右,光大证券发布公告,承认套利系统出现问题,公司正在进行相关核查和处置工作。有传闻称光大证券方面,下单 230 亿,成交 72 亿,涉及150 多只股票。就此,市场一度怀疑乌龙事件操作者为光大证券葛新元的量化投资团队。事发时葛新元在外,不久即辟谣称事件和光大富尊葛新元团队没有任何关系。

2013 年 8 月 16 日 16 时 27 分左右,中国证监会在通气会上表示,"上证综指瞬间上涨 5.96%,主要原因是光大证券自营账户大额买入。""目前上交所和上海证监局正抓紧对光大证券异常交易的原因展开调查。"

2. 事件原因

触发事件的原因是系统缺陷。光大证券策略投资部使用的套利策略系统出现了问题,该系统包含订单生成系统和订单执行系统两个部分。核查中发现,订单执行系统针对高频交易在市价委托时,对可用资金额度未能进行有效校验控制,而订单生成系统存在的

缺陷会导致特定情况下生成预期外的订单。订单生成系统存在的缺陷,导致在 11 时 05 分 08 秒之后的 2 秒内,瞬间重复生成 26 082 笔预期外的市价委托订单;由于订单执行系统存在的缺陷,上述预期外的巨量市价委托订单被直接发送至交易所。问题出自系统的订单重下功能,具体错误是:11 时 02 分时,第三次 180ETF 套利下单,交易员发现有 24 个个股申报不成功,就想使用"重下"的新功能,于是程序员在旁边指导着操作了一番,没想到这个功能没实盘验证过,程序把买入 24 个成分股,写成了买入 24 组 180ETF 成分股,结果生成巨量订单。

深层次原因是该策略投资部门系统完全独立于公司其他系统,甚至未置于公司风控系统监控下,因此多级风控体系都未发生作用。具体而言:

交易员级:对于交易品种、开盘限额、止损限额三种风控,后两种都没发挥作用。

部门级:部门实盘限额 2 亿元,当日操作限额 8 000 万元,都没发挥作用。

公司级:公司监控系统没有发现 234 亿元巨额订单,同时,或者动用了公司其他部门的资金来补充所需头寸来完成订单生成和执行,或者根本没有头寸控制机制。

交易所:上交所对股市异常波动没有自动反应机制,对券商资金越过权限的使用没有风控,对个股的瞬间波动没有熔断机制。(上交所声称只能对卖出证券进行前端控制)

传统证券交易中的风控系统交易响应最快以秒计,但也远远不能适应高频套利交易的要求,如本事件中每个下单指令生成时间为 4.6 毫秒,传统 IT 开发的风控系统将带来巨大延迟,严重影响下单速度,这可能也是各环节风控全部"被失效"的真实原因。

3. 事件影响

2013 年 8 月 16 日上午的乌龙事件中共下单 230 亿元,成交 72 亿元,涉及 150 多只股票。按照 8 月 16 日的收盘价,上述交易的当日盯市损失约为 1.94 亿元。此次乌龙事件后,对光大证券 8 月业绩产生巨大影响。公开资料显示,光大证券 7 月实现营业收入 2.15 亿元,净利润 0.45 亿元。8 月 16 日,中金所盘后持仓数据显示,光大期货席位大幅增空 7 023 手,减多 50 手,涉及金额达 48 亿元左右。

扩展阅读 1.2
金融科技与金融
风险管理

事件被证监会定性为内幕交易并给予最严厉的处罚,没收光大证券违法所得,并处以违法所得 5 倍的罚款,罚没款共计 523 285 668.48 元;对包括杨某某在内的 4 名责任人员分别给予警告,处以 60 万元罚款,并采取终身证券、期货市场禁入措施。

章节附录 1

练习题

1. 根据 2016 年金融稳定理事会和 2019 年中国人民银行印发的《金融科技(FinTech)发展规划(2019—2021 年)》陈述金融科技的本质。

2. 基于金融科技的起源,简要陈述中国与西方(发达国家和地区)有什么不同之处。

3. 谈谈你对金融科技的理解,举例说明在生活中我们接触的金融科技有哪些。

4. 思考基于本章讨论的"金融科技"与大家通常讲的"科技金融"的本质不同之处。

5. 简述金融科技 1.0、2.0、3.0 三个不同阶段的特点。

6. 概述金融科技未来的发展趋势。

7. 金融科技信息处理的方式是什么？

8. 人脸识别技术如何应用于金融科技？其中的风险隐患有哪些？

9. 如何防范数据风险？

10. 金融科技中的技术风险通常都有哪些？

11. 金融监管痛点有哪些？我们该如何应对？

12. 在反洗钱过程中，可以应用什么金融科技手段来管理金融风险？

13. 金融科技在金融机构风险管理应用中带来的风险有哪些？谈谈你的理解。

14. 思考在巴塞尔协议Ⅱ、Ⅲ框架下，需要量化的操作风险（operational risk）与金融科技带来的"科技风险"方面的关联性。是否巴塞尔协议（Ⅱ、Ⅲ）框架下的"操作风险"本身的内容需要补充和完善？

15. 思考金融科技在支持中国实体经济发展的哪些方面可以有突破性的创新业务。

16. 思考在数字经济时代背景下金融科技本身的新思维和新方法在哪些方面可以为目前金融行业领域无法解决的问题带来新的突破。

17. 思考"金融科技"需要哪种形式的"科技监管"。在监管沙盒试点方面，英国和新加坡先后开展金融科技监管沙盒试点，中国人民银行（央行）也于 2019 年 12 月在北京市启动金融科技创新监管试点，提出建立刚柔并济、富有弹性的创新试错容错机制，打造符合国情的中国版"监管沙箱"，陈述你对"科技监管"的思考。

18. 通过本章的学习，简要陈述金融科技产业体系至少由哪几部分组成。

19. 从哪些方面入手来进行"数字化转型推动金融业高质量发展"？

20. 复合型人才是发展金融科技的关键，陈述复合型人才应该具有哪些方面的基础理论知识，应掌握哪些技术手段和针对金融场景的解读能力。

 第 2 章

大数据技术在金融科技中的应用

本章介绍金融科技给金融行业信用风险评估问题上带来的具有原创性突破方法；以及基于大数据技术的金融场景风险特征提取框架的构建与筛选标准和落地实施方法。本章讨论的重点主要包含下面几个部分。

(1) 支持金融科技发展需要的大数据出现的背景。

(2) 在大数据金融框架下解决金融行业信用评估问题的全息画像方法。

(3) 基于人工智能算法的风险特征筛选的推断框架的一般实施原理。

(4) 基于大数据框架的全息风险评估体系：咖啡馆评估体系。

本章介绍的以全息画像为工具、以大数据为基础的信用风险评估体系可以为中国庞大的金融市场提供主体和债项的信用评估工作，并对建立与国际接轨、支持中国资本市场的信用评估和评级体系起到一定的推动作用。

由于大数据金融是基于"数据"概念的革命性推广，所以本章首先通过介绍结构化数据和非结构化数据的概念来解释大数据具有的基本含义和出现背景。

2.1 大数据与结构化和非结构化数据的应用

2.1.1 结构化和非结构化数据概述

1. 什么是结构化数据

结构化数据也被称作行数据，是由二维表结构来逻辑表达和实现的数据，严格地遵循数据格式与长度规范，主要通过关系型数据库进行存储和管理。[①]

2. 什么是非结构化数据

非结构化数据是数据结构不规则或不完整，没有预定义的数据模型，不方便用数据库二维逻辑表来表现的数据，包括所有格式的办公文档、文本、图片、XML、HTML、各类报表、图片和音频/视频信息等。[②]

计算机信息化系统中的数据分为结构化数据和非结构化数据。非结构化数据其格式非常多样，标准也是多样的，而且结束上非结构化信息比结构化信息更难标准化和理解。所以存储、检索、发布以及利用需要更加智能化的 IT 技术，如海量存储、智能检索、知识挖掘、内容发布、信息的增值开发利用等。

相对于结构化数据，非结构化数据具有以下特点：数据存储占比高、数据格式多样、结构不标准且复杂、信息量丰富、处理门槛高。当前行业公认，结构化数据仅占到全部数

---

① 郑煜.结构化数据异构同步技术的研究[D].北京：北京林业大学，2013.

② 马惠芳.非结构化数据采集和检索技术的研究和应用[D].上海：东华大学，2013.

据量的 20％,其余 80％ 都是以文件形式存在的非结构化数据和半结构化数据,非结构化数据包含各种办公文档、图片、视频、音频、设计文档、日志文件、机器数据等(图 2-1)。

图 2-1　非结构化数据的占比

首先需要指出的是,由于非结构化数据没有预定义的数据模型,因此不方便用数据库二维逻辑表来表现。

3. 结构化数据与非结构化数据的结构不同

(1) 结构化数据,是指由二维表结构来逻辑表达实现的数据,严格地遵循数据格式与长度规范,主要通过关系型数据库进行存储和管理。

结构化数据格式如表 2-1 所示。

表 2-1　结构化数据格式

id	name	gender	phone	address
1	张一	female	3337899	湖北省武汉市
2	王二	male	3337499	广东省深圳市福田区
3	李三	female	3339003	广东省深圳市南山区

(2) 非结构化数据,是数据结构不规则或不完整,没有预定义的数据模型,不方便用数据库二维逻辑表来表现的数据。其包括所有格式的办公文档、文本、图片、HTML、各类报表、图像和音频/视频信息等。

4. 非结构化数据包含的信息量丰富

非结构化数据与结构化数据最大的区别在于前者蕴含的信息量非常丰富,如图 2-2 所示。

图 2-2 中,你看到了多少信息? 不妨我们一起看一看。

(1) 人物:女人,短发,佩戴项链,做了美甲……

(2) 衣服:女装,黑色 T 恤,长袖,低领,白色裤子,薄款,紧身。

(3) 文字:秋定制,流金诗意,2 折包邮,CUSTOM。

这是一些显性信息,可以看出一张图片里面的显性信息就已经很多了,当然还有很多隐性信息。比如针对**"衣服材质"**这个主题:

衣服材质:纯棉;其特点:时尚的版型,贴身,显身材……

基于非结构化的图片信息,我们可以看出非结构化数据蕴含的信息量非常丰富。非

图 2-2　非结构化数据蕴含的信息

结构化数据一般不直接使用,需要通过算法等手段进行处理。但因非结构化数据本身的特点,处理难度大。比如,对评论文本信息的情感分析。为了实现情感分析,需要使用算法进行复杂的处理,通过大量的数据训练才能完成。以商品评论数据来看,结构化评论数据如表 2-2 所示。

表 2-2　结构化评论数据

商品名称	好中差评
餐桌	差评

可以直观看出用户情感是负向的。但是,对于同一个买家的非结构化评论:我在这家买了,缺少螺丝,商品还有划痕等。

读取其中的情感信息相对困难,需要使用自然语言处理(NLP)算法,并经过算法效果评估等一系列过程。

因此,针对非结构化数据的处理,其门槛比较高,处理难度也比较大。

2.1.2　非结构化数据应用例子

非结构化数据因其包含丰富的内容、多样化的形态以及广阔的想象空间,必将引爆将来的市场,无论是娱乐、教育、医疗或生活等,都将产生更丰富的非结构化数据场景,使用更智能的数据处理方式。接下来,针对当前的一些场景简单了解一下非结构化数据的价值。

1. ImageNet:改变 AI 和世界的图片

2006 年,李××开始反复思考一个问题。当时的李××刚刚在伊利诺伊大学厄巴纳-香槟分校(UIUC)任教,她看到整个学界和工业界普遍流行一种想法:都在致力于打造更好的算法,认为更好的算法将带来更好的决策,不论数据如何。但李××意识到这样做的局限——即使是最好的算法,如果没有好的、能够反映真实世界的训练数据,也没办法用。

李××的解决方案是：构建一个更好的数据集。"我们要详细描绘出整个世界的物体。"李××说。由此生成的数据集名叫 ImageNet。

相关论文发表于 2009 年，最初作为一篇研究海报在迈阿密海滩会议中心的角落展示出来。但没过多久，这个数据集就迅速发展成为一项年度竞赛，衡量哪些算法可以以最低的错误率识别数据集图像中的物体。许多人都认为 ImageNet 竞赛是如今席卷全球 AI 浪潮的催化剂。

尽管经历了很多艰辛，但是最终 ImageNet 改变了人们认识数据和算法的方式。"ImageNet 思维所带来的范式转变是，尽管很多人都在注意模型，但我们要关心数据，"李××说，"**数据将重新定义我们对模型的看法**。"

自 2010 年以来，谷歌、微软和 CIFAR 相继推出了其他一些数据集，因为事实表明深度学习需要像 ImageNet 这样的大数据。

"**图片，很多很多的图片**"，作为非结构化数据的一种，ImageNet 展示了图片的巨大威力，但这只是刚刚开始。

2. 店小蜜：智能客服的养成之道

2016 年 3 月，一个名叫"我的小蜜"的人工智能客服出现在手机淘宝和手机天猫的 App 中，它可以说是店小蜜的前身。当时，它的主要工作是担当平台客服，为用户解决催发货、退货退款、投诉和售后保障等问题。"我们开发'我的小蜜'，是为了让用户能以最快的方式找到解决问题的途径。"小蜜的产品经理南××回忆起团队初创时的往事，这样说道。

整个淘宝天猫电商平台的用户有好几亿，如果让每个用户都能用快速客服通道来联系客服，显然会对淘宝客服团队造成巨大压力。怎么办呢？人力不能解决的问题，就靠技术来解决。客服人员忙不过来，就请智能客服来帮忙。阿里每天大量的真实交易互动，让用户的问题都以数据的形式沉淀下来。通过这些数据，开发团队可以得知哪些问题最高频。而这些数据也让小蜜不断地进行强化学习，变得越来越"聪明"，应答准确度越来越高。

客服系统产生的文本、语音成了丰富的宝藏，通过对这些文本、语音的智能化处理，店小蜜逐渐成为"最懂电商的客服机器人"。

"**知识，各行各业的知识**"，店小蜜的成功从一个角度证明了对文本、语音的运用可以释放出来的巨大能力。我们相信，这只是刚刚开始。

3. 智能安保：智能化办案

2018 年 11 月 5 日到 10 日，首届中国国际进口博览会在上海成功举办。本次进口博览会有一个大的亮点：智能安保。

在本次安保活动中，上海公安局"智慧公安"产品"警务中台"成功亮相，通过对辖区 1.5 万个摄像头的全量接入，实时解析，实现民警的智能化办案。基于全网全视频数据结构化的提取，实现人、车多维特征布控，触网自动告警，融合视频结构化信息、MAC（媒介存取控制）、IMEI（国际移动设备标识码）、RFID（射频识别）等进行多维研判，对目标嫌疑人进行行为轨迹跟踪。

"视频，流动的视频"，首届中国国际进口博览会上智能安保的成功应用，使人们认识到对视频监控智能化处理的巨大作用。

4. 狂奔的应用：被"惯坏"的应用

随着网络的加速和人工智能的兴起，仿佛一夜之间，信息流、短视频、网红直播这些新的娱乐方式涌现在人们面前，躁动的人们搅动着躁动的市场，躁动的市场搅动着躁动的应用。今日头条、抖音、斗鱼、小红书、淘宝直播等新的娱乐或电商模式喷薄而出，网红经济、内容电商、信息流等新兴的词汇也如雨后春笋般涌现出来。正如苹果广告 think different 里面描述的那样：**"你可以赞美他们，引用他们，反对他们，质疑他们，颂扬或是诋毁他们，但唯独不能漠视他们。"**也许你跟作者一样，对某些产品不以为然甚至嗤之以鼻，但是新的娱乐形态毕竟挡无可挡，每个人都不能置身事外。仔细分析，其实不难发现，当人们经历了互联网时代的洗礼，对信息的渴望被极大地唤起，常规的结构化数据交互已经不能满足人们的欲望，而伴随着技术成熟而来的非结构化数据：图片、视频、语音，正式登上舞台，催生着一个接一个的应用一路狂奔。

2.1.3　非结构化数据的问题和挑战

非结构化数据虽然具有很大的价值，但是当前对非结构化数据的处理和管理却存在很多问题与挑战，下面结合作者的理解对这些问题和挑战进行一个初步整理。

1. 实体和关系分离：从关联关系的角度进行问题的思考，需要建立非结构化数据的推断理论

非结构化数据因为其自身不具有规整的形式，不能像结构化数据一样按照二维表的形式存储，所以其实体和关系是分离的。

举个简单例子，对于淘宝商品的图片，其商品的信息是通过二维表的形式存储的，但是主图却存在于 OSS（对象存储服务）中，需要通过 CDN 映射才能访问图片内容。这种情况出现在大部分的非结构化数据上，实体和关系的分离，造成了场景分析的困难。单独看一张图片（图 2-2），其蕴含的丰富信息如果全部靠算法去处理，不仅耗费巨大的资源，而且无法追溯其来源、使用场景等，会造成大量精准信息的缺失。如果从结构化数据去看，无法直接使用图片本身所包含的信息（图片的特点、图片包含的文字、图片包含的促销信息）等。

实体和关系的分离，造成了非结构化数据使用的困难，降低了数据的完整性，这带来了处理和算法的挑战，一个基本的思路是把实体和相关的关联关系（related parties）连接在一起进行全维度的综合考虑。

就像在本章后面讨论的一样，在大数据框架下的金融场景，需要针对不同环境进行（非结构化）风险特征的筛选和提取，为了保证筛选或提取出的风险特征有金融的解读性和可靠性，就需要有对应的推断原理和实施框架的建设，即从关联关系的角度出发，需要建立针对非结构化关联关系用于刻画不同金融场景的（结构化和非结构化）特征提取的推断理论。在这个方面，目前远没有达到成熟的阶段。但是，结合在实践中的应用场景的创新，本章也包括在大数据框架下如何针对异构异源数据的风险特征提取与对应的推断标准框架建立初步工作，其他与具体场景相结合的真实场景的应用将在本书第4章进行讨论。

2. 数据分散，未形成合力：需要对数据进行融合的新工具

无论是从 ImageNet 的例子来说还是从集团数据的角度去看，当前非结构化数据都普遍存在数据分散的现象。而在实际的生活中，数据不应该是分散的，而应该形成联动，更充分地发挥价值，便利我们的生活。因此，建立可以对异构异源的元数据进行"数据融合"（data fusion）的工具，筛选（或者说是提取）出其中嵌在"全息画像"中的刻画高度关联的"风险基因"（risk genes）特征指标就显得非常重要！

3. 非结构数据处理的复杂性：需要专门的算法处理

现在对于非结构化数据的处理离不开算法，必须面对解决非结构化数据处理复杂和开发门槛可能高的问题。算法的高门槛和业务的要求，也制约了非结构化数据能力的释放。另外，随着5G时代的到来，各种新的应用产生的巨量非结构化数据，仅仅依托人工的合作形态，恐怕不足以很好地实现非结构化数据的使用。工具化、平台化、规模化将会成为将来的重点。因此，针对非结构化数据本身基于"关联关系"进行（风险）特征因子的"提取"（extraction），而非基于"因果关系"的算法处理和与保证特征因子提取可靠性原则相配套的非结构化大数据推断原理与筛选标准的建立，就显得非常重要。

4. 构建完整的非结构化数据资产意义重大：需要建立在大数据框架下的分析体系

"单丝不成线，孤木不成林"，构建非结构化数据资产意义重大。当我们将分散的非结构化数据汇集在一起，就拥有完整的用户、商品、内容、品牌等的数据集，以及完整的资产视图和商业视图。数据汇集后，各个看数据的视角不再是孤立的，不再是受限的。从广度上来讲，能够从整个集团甚至整个市场的层面去查看业务的全貌；从深度上来讲，能够深入行业，形成行业专业化的知识，将业务深耕进去。因此，需要建立在大数据框架下的分析体系。

5. 集成能够融合大数据的算法能力至关重要：需要有效的大数据处理平台

当非结构化数据遇到强大算法平台或工具后，将会充分降低算法的使用门槛，充分发挥其数据的价值。这样，通常看见的80%的非结构化数据不再是放在仓库中积灰的矿石，而是可以被加工成闪闪发光的金子；算法不再是针对具体业务去赋能的途径，而是可以被规模化使用的利器。因此，需要有效的大数据处理平台的支持。

6. 大数据的服务：需要建立融合的全方位分析和应用平台

当前许多对非结构化数据的处理主要是提供工具、算法，却并没有针对数据本身提供解决方案，以解决不同的行业数据应该如何组织、如何训练、如何形成行业知识库的问题。其提供了"器"，却没有提供"术"。而市场上很多数据公司，则专注于某个领域的数据，如公安、电商、咨询等行业，提供行业性的解决方案，并且取得了可观的成果。如果能够将一般算法与业务深度结合，提供标准化、快速的非结构化服务，前景将会非常可观，小到一个商务场景，大到集团乃至外部市场，具备极大的想象空间，因此需要建立对应的大数据产品应用需要的全方位分析和应用平台。

7. 非结构化数据落地：需要建立数据的标准化体系

非结构化数据作为一种数据量大、类型丰富、与人工智能可以深度结合的数据类型，将会发挥越来越大的价值。然而对于如何管理、使用、快速价值化非结构化数据，当前并没有很好的解决方案，需要建立"非结构化数据体系"，从元数据、中间处理、算法处理、规则化、可视化等方面建立配套的标准体系建设，便于融通、对接。

8. 建立与数据使用相配套的安全防护体系

随着数字经济蓬勃发展，数据信息已成为各行各业的重要生产要素。数据对于金融机构（如银行等）来说尤为重要，是金融机构最本质、最核心、最关键的资产。金融机构的数据安全防护成为确保金融安全的重中之重，更关系到社会稳定、国家安全。因此必须建立与数据使用相配套的安全防护体系。

9. 需要建立完整的基于国家法规下的合规体系

数字经济历经 20 年发展，将迎来数据智能经济时代。数据被国家正式列为"土地、劳动力、资本、技术"后的第五种生产要素，需要充分保护数据权力和权益，建立配套的数权立法合规体系。2021 年 6 月 10 日，经第十三届全国人民代表大会常务委员会第二十九次会议审议，通过了《中华人民共和国数据安全法》，于 2021 年 9 月 1 日起施行。

2.2　金融科技全息画像与创新经济发展理论框架的建立

本节将讨论在大数据框架下，如何通过建立一种全新的金融科技方法——全息画像。全息画像作为对评估对象进行全信息刻画的数据融合平台的工具，揭示和描述了中小微企业（SMEs）的业务行为变化和成长路径的动态演变机制，进而建立一种针对中小微企业发展演变的智能评估的框架体系。这其实对应的就是著名的美籍奥地利经济学家熊彼特（Schumpeter）在 20 世纪初建立的创新经济发展理论的数学框架，它至少包含下面的两个部分。

（1）经济结构的变化，如何用数学公式来表达。

（2）经济结构本身的变化，如何通过动因（力）来实现其变化的来回动态演绎。

我们将看到，如果将全息画像方法作为一个基本的工具，利用随机动力系统方法，结合对应的"随机共振"（stochastic resonance，SR）原理，可以对中小微企业在其业务动态行为方面的演变机制进行深刻的描述。这也就实现对熊彼特在 20 世纪初建立的基于技术创新的经济发展理论的数学框架的构建，回答了中小微企业对其发展变化过程中涉及的支持经济机构变化的随机动力体系的描述和在"技术-资本"转换范式框架下的随机共振带来的企业的本质变化的数学表达。而这个引导随机共振现象出现的随机力就是人们一直在寻找的推动企业实现其在"技术-资本"转换动态演绎并导致本质变化的动因（力）（也参见文献［243］中的讨论）。

从大数据角度来看，在金融科技大数据环境下处理由给定实体的商业行为产生的复杂网络结构提供的结构化或非结构化信息，首先完成基本的基于大数据方法的"数据融合"后。之后，结合人工智能的算法，进一步从与商务生态系统相关的复杂网络结构中提取与风险相关的"风险基因",结合随机共振原理建立针对中小微企业在成长过程中表现"好与不好"的风险评估体系。这其实就是以企业(商业)行为的网络结构信息为基础评估和研究中小微企业发展机制的大数据新方法。

从专业的技术层面来讲,它以双稳态随机共振原理为基础提出了一种全新的方法来针对"技术-资本"转换相对应的周期性力量进行描述,"频谱放大指数"(spectral amplification index,SAI)达到最优值,以及在系统风险下实现最优的"单位风险收益"(unit risk return,URR)水平。

中小微企业商业行为的全息画像图谱可结合随机动力系统方法和相关的随机共振现象来解释和中小微企业发展成功相关的竞争与合作机制的最佳配置。这有助于中小微企业在其成长过程中针对发展机制的调整,以及通过全息画像提供的信息对中小微企业进行资本和风险控制的持续管理,促进企业的健康发展和壮大。在这种大数据框架下,企业可能在本身传统的会计、财务、金融资产等重要信息缺失的情况下,利用全息画像评估方法推动金融服务业在数字经济时代的全新发展。我们也将在本部分结束前讨论服务于中小微企业贷款业务的"全息纯信用贷款"(即好企贷)解决方案的实践应用。

需要指出的是,本节最重要的工作是以随机动力系统方法作为基本工具,结合随机共振原理和基于大数据框架下的"全息画像"平台工具的构建思维,比较完整地建立支持熊彼特"创新经济发展理论"的数学框架;同时,也建立了中小微企业在其发展过程中出现的 U 形现象并进行了特征刻画。这些新理论和技术成果是中小微企业无抵押无担保的信用贷款产品(好企贷)解决方案的理论和技术基础。

2.2.1 大数据框架下的全息画像法介绍

中小微企业[①]一般定义为企业员工人数或年收入低于一般规模的私营企业、合伙企业或独资企业。因国家和行业而异,企业被定义为"小型"或"微型"并拥有申请政府支持和享受税收优惠政策的资格(参见 Dilger、European Commission、Dobbs 和 Hamilton 的文献可以得知更多这方面的分类和定义)。虽然年收入、出货量、销售、资产等其他指标都可以作为划分企业规模的标准,但员工人数仍然是界定中小微企业时最常使用的划分方式之一。[②] 中小微企业在促进经济增长、增加就业和激发创新活力等方面发挥着重要作

[①] 本节中的中小微企业包括较大型、中型、小型企业和微型企业,我们用 SMEs 来代表它们。有关中小微企业的一般定义,请浏览 https://en.wikipedia.org/wiki/Micro-enterprise。

[②] 随着《中华人民共和国中小企业促进法》的实施,我国对中小微企业的定义较复杂,基本上是以该法为依据,包括企业的雇员人数、收入和资产总额等因素,工业企业总资产还包括采矿、制造、电力、燃气、水的生产和供应以及建筑等因素。然而,在运输、批发和零售业务、酒店和餐馆等行业,不存在资产要求。工业部门的一般原则要求大型企业最多雇用 2 000 人,年收入不超过 3 亿元人民币,公司总资产不得超过 4 亿元人民币。中型企业应至少雇用 300 名员工。它们的年收入不应超过 3 000 万元人民币,总资产不应超过 4 000 万元人民币。其余被归类为小企业。与其他国家的中小微企业相比,中国的中小微企业规模比较大(详见 www.gov.cn/zwgk/2011-07/04/Content 1898747.htm),因此本节主要以中小微企业为重点,假设"注册资本"一般不超过 100 万元人民币。

用(Edmiston)。根据中国人民银行行长易纲的讲话[①]，截至 2018 年，中国国内共有小微企业约 2 800 万家，个体工商户 6 500 多万户，两者占全部市场主体总数的 90％以上；小微企业占中国国内生产总值的 60％以上；税收贡献占 50％以上；创造就业岗位占 80％以上；完成了 65％的发明专利和 80％以上的新产品开发。因此，金融部门应充分认识到小微企业通过大众创业和万众创新在国民经济发展中的重要作用，并改善现有的金融服务。

然而，与大中型企业相比，中小微企业的公司治理结构通常并不完善，其财务管理和财务报表或缺失或不规范，并且它们抵御风险的能力相对较弱。最新数据显示，中国中小微企业的平均预期寿命约为 3 年，只有不到 1/3 的中小微企业在 3 年之后仍处于正常经营状态。中国人民银行的统计数据显示，一般中小微企业在其成立 4 年零 4 个月以后才能够获得银行的第一笔贷款。因此，可以得出结论，在中小微企业成功地从银行得到贷款之前，它们必须在平均 3 年的生存周期中存活下来[企业生命周期四个阶段分别是：①初创期；②成长期；③成熟期(或称为走向成功的演变)；④转变期(或称为下降或向上增长)]。要充分重视市场在资源配置中的决定性作用，更好地发挥政府作用，坚持金融可持续性，有效激发为中小微企业服务的内部力量。

根据中小微企业贷款的统计数据，约有 70％的中小微企业能在获得第一笔贷款后继续获得第二笔贷款，但只有约 50％的中小微企业能获得 4 次以上的贷款，即使贷款利率相对较高。此外，基于 2018 年左右的数据显示，中小微企业的不良贷款比率至少达到 2.75％，远高于大型企业的不良贷款比率。在融资方面，中小微企业存在严重的"融资难"和"融资贵"问题，尤其是在企业的初创阶段。与此同时，由于中小微企业严重缺乏会计、财务和其他相关数据，金融机构在评估中小微企业贷款时针对需要考核的信贷风险面临严重困难，即我们通常说的"信息不对称问题"。鉴于中小微企业是推动国家经济增长的关键引擎，外部评估不仅要监测和评估中小微企业贷款的"质量"和"数量"，还要重视引导金融机构共同努力，形成和发展普惠金融服务，包括：加强对多层次资本市场的支持，有序拓宽中小微企业融资渠道，改善中小微企业的金融服务和其他服务的环境。因此，需要找到一种新的途径来解决和改善金融中的"信息不对称问题"。

本节的中心议题就是在大数据框架下通过建立全息画像这个金融科技工具，利用奥地利经济学家熊彼特关于中小微企业发展变化理论为基础，结合随机动力系统方法，建立描述企业发展变化的动态演变机制的模型框架，实现在无财务、资产等信息情况下针对评估主体的全维度风险评估体系。这样，就可以改善针对中小微企业在贷款、融资等方面遇到的"信息不对称问题"。由于中国的中小微企业是国家不失普遍性的重要企业群体，借助全息画像分析方法，我们可以在无传统的财务和资产等核心信息情况下，建立支持惠普金融，特别是中小微企业融资问题的大数据解决方案。

在不失一般性的前提下，我们假设本节讨论的企业有两个基本的治理结构：股东结

---

① 易纲行长称：力推金融开放、结构性货币政策支持中小微企业金融服务，扩大对中小微企业的贷款规模，适当降低中小微企业(包括微型企业)的贷款成本，优化融资结构。易纲指出"人民银行、银保监会各分支机构要加大监测考核力度，提高小微企业金融服务在各类评估、评级中的权重占比"，2018 年 6 月 29 日报道，中国北京。

构和董事会。那么,中小微企业有两个公开的基本结构的信息,即股东结构和董事会结构关系的信息(这其实是公开的信息,可从国家市场监督管理注册部门获得)。对于股东结构,亦称之为"公司投资成员集团"(简称"投资团队"),用"投资"一词来表示。对于公司的"董事会、监事会和高级管理人员",亦称之为"公司高级管理人员集团"(简称"管理团队"),用术语"管理"来表示。

换言之,"投资"和"管理"这两个术语代表了企业本身最重要的关联方信息(也称"关联方"),人们希望利用企业最重要的关联方信息作为出发点,来支持人们在大数据框架下描述一个企业在经营发展变化和发展前景方面的好坏状况。为了做到这一点,首先需要用全息画像这个新的工具建立一个总体框架,用于为企业实体所建立的业务行为网络提供结构性或非结构性数据信息的汇总。然后通过数据融合来描述中小微企业在业务发展过程的动态演变机制。最后结合对应的在金融科技大数据环境下的场景,评估出与商务生态系统相关的复杂网络结构的生态风险。

在过去十多年的时间里,人们在研究金融系统网络与复杂网络理论的有机结合方面取得了重大进展。复杂网络理论现在被广泛用于描述各种复杂系统,从科技社会体系到蛋白质之间的相互作用系统。然而绝大多数时候,该方法都用于处理被当作孤立系统的个体网络。在现实中,个体网络通常只是一个更大的多级复杂网络(网络中的网络)中的组成部分。随着技术的进步,网络之间的耦合越来越紧密。例如,人的流动性(可以通过移动通信网络跟踪)和运输网络之间存在强烈的耦合。在这些相互依赖的网络中,一个网络中节点的故障将导致其他网络中的相依节点的故障;反之亦然,Forbes 和 Rigobon 也研究了股票市场同步的相互依存性,同时 Havlin 和 Kenett 对相互依存的经济网络中的级联故障也进行了深入的研究。

与此同时,尽管对银行生态系统的系统性风险的研究成为一个具有挑战性的问题,但仍然吸引了大量的专家学者进行研究。例如,基于相互依赖的网络,Lux 和 Westerhoff 认为经济学应该总结自然科学的经验用来处理具有较强相关性的复杂系统;类似地,Buldyrev 等研究了鲁棒网络设计中的故障突变级联及相关问题。另外,将金融工具和个别机构的复杂性视为一个整体,Haldane 和 May 通过将生态食物网的动态和传染病传播的网络进行类比,讨论了冲击在金融体系中的传播,以及故意简化的模型中复杂性和稳定性之间的相互作用;Lux 还讨论了在经济学中代理人迫切需要的一种网络理论作为强有力的工具来解决经济问题;Battiston 等通过跨学科的网络分析和行为建模,研究了复杂性理论与金融监管之间的关系;Ruhl 讨论了基于金融复杂性的调控监管,Witzling 讨论了基于财务复杂性的会计欺诈;同时,Farmer 和 Foley 讨论了如何利用市场模拟来评估经济刺激方法的有效性;Buchanan 讨论了基于代理的计算机模型如何预防金融危机;Cho 讨论了生态物理学家在复杂环境下如何采取更多的数据驱动方法对问题进行建模。

Hellmann 和 Wasserman 进行了一项基于专利的调查数据的研究,研究了新企业中的出资股权划分对于企业增长的影响。他们的发现是,股权平分的团队从外部投资者那里筹集资金的可能性较小。Shane 和 Stuart 从各自的组织禀赋和大学初创公司的表现出发,他们的结论之一是公司创始人的社会资本代表了组织早期重要的资源要素。

另外,为了支持金融机构向"信用评级"好或"信用评分"高的中小微企业客户放贷,运用信用评分的信用评估系统一直是商业银行信用风险管理实践中的主题。从学术界到业界,很多人都针对个人、中小微企业和一般企业的信用评级、信用评分和相关问题进行了评估,如标准普尔、Moody 和 Fitch 可用于公司的信用评级方法,还有 Fico、Dun 和 Bradstreet 建立的评分方法等。但是金融业仍然面临着很大的挑战,信用评级和信用评分的主题在很大程度上依赖于客户(传统)会计和相关财务信息,如果客户没有提供可用的财务报表、资产等信息,目前所谓成熟的方法就显得力不从心,因此需要建立一种新的适合时代的风险评估手段。

伴随着当今大数据时代的到来,我们可以通过结构化数据(如"投资"数据)和非结构化数据(即"管理"信息),引入一种新的结构(即全息画像)来描述企业发展过程中复杂的演绎变化,全息画像以企业的业务网络为基础,纳入各种不同类型的信息。这些信息可以是传统的(结构数据),也可以是非传统的(非结构化数据)。然后进行必要的模拟来评估在实践中的有效性。这实际上是一个用于数字金融(金融科技)的思维实现,通过引入全息画像作为工具去构建企业风险评估总体框架。这是一种在没有传统的财务、金融活动信息的情况下的大数据方法。

人们建立的中小微企业成长动态演变机制允许把对应的嵌入其全息画像中的风险基因提取出来。这就有助于对中小微企业(及其贷款申请)在没有会计财务报表、资产等金融信息和其他金融机构所需的传统信息的情况下,结合时间尺度上的动态风险特征进行多维度、多状态的风险评估,从而得出企业的"好"或"不好"的状态。双稳态随机共振理论是一种周期性资本-产品转换的变化模型。中小微企业的成长可以被看作其自身内部因素(包括结构、资本和风险环境)与外部因素之间的复杂耦合过程。这样可以从中观的角度完成针对企业成长过程中与中小微企业生存发展相关的下面四个成长演变阶段的刻画描述。

(1) 宏观效应:基于企业自身的发展规律和连续性作用。

(2) 企业之间竞争:矛盾、混乱、竞争等方面的相互共同作用。

(3) 外部环境变化的随机影响:环境风险,噪声波动形式和其他方面。

(4) 双稳态随机动力学模型的郎之万方程(Langevin equation):作为构建中小微企业的成长演变机制的模型工具之一。

从技术上讲,以周期力[假定企业发展变化遵从熊彼特关于中小型企业发展变化源于"技术创新理论:技术-资金(产品)转变的互动范式发展",即"资本-产品"转换范式]作为基本的经济理论基础,通过刻画"资本-产品"转换效应中的随机共振现象,以及与内部或外部资本环境相联系的随机波动带来的企业在其竞争和合作过程中可能产生协同(或者说是耦合)的演绎结果,使企业所在的系统在两个局部稳定状态之间相互切换,以最大化效用和最优化的风险水平来完成每个周期的完整转换。这就启发人们思考如何刻画企业在发展过程中的"频谱放大指数"这个指标,使其达到输出最大值,从而使实体企业在其系统响应过程中通过共振现象的呈现获得"单位风险收益"的最优值。

因此,了解促使中小微企业成功的相关业务行为、竞争和合作的机制将有助于调整它们的成长演变机制,也就有助于进一步完善中小微企业的资本管理和风险控制。通过这种方法,利用大数据语言与金融技术的思维和创新,可以建立全息画像下中小微企业成长演化的动态机制。

本节其余部分的安排如下：在2.2.2节,利用随机动力学模型建立了一个通用框架,描述中小微企业成长演化的机制。在2.2.3节,应用"全息画像"这个新概念,在大数据环境的框架下,基于2.2.2节给出的中小微企业成长演化的随机动力学模型,建立定量分析的方法和对应中小微企业成长演变绩效的度量公式。在2.2.4节,结合行业特征,讨论中小微企业在成长演变过程中呈现出的独特的U形现象特征。最后在2.2.5节,基于相关实证分析,讨论"全息信用贷款"(即好企贷)产品如何成功地应用于中小微企业无担保抵押的(网上)贷款的业界实践。

2.2.2　中小微企业动态演化与创新经济理论框架的建立

正如2.2.1节所讨论的,特定目标企业的公司治理结构[①]至少有公司两个层面的信息,人们称之为"关联方信息""管理团队"(即对应的"管理")和"投资团队"[即对应的"投资",以个人(非法人)、法人或企业(或以公司作为统称)的形式]。对于任何两个实体,如果它们通过"管理"或"投资"联系在一起,就被称为"关联方"。实体企业可能会在许多方面建立针对不同商务、业务的网络结构,但这里主要专注以"关联方"这个概念为出发点构建的实体公司对应的称为"全息画像"的这个信息汇总平台。它将成为用来描述实体公司商业行为的强大工具。

对于给定的目标实体,在不发生混淆的前提下,"全息画像"中使用的术语"核心点"和"核心合作伙伴"为企业主体本身。通过这个核心合作伙伴,就可以构建以核心点为中心的全息画像的第一层(级,也叫度)的关联方(也称为关联方节点)。它们是通过"管理"或"投资"直接连接到核心合作伙伴的所有实体。这些实体都被称为"核心合作伙伴的第一级关联方"。更重要的是,从核心合作伙伴的第一级关联方中的任何成员开始,可以直接通过"管理"和"投资"构建全息画像的第二级关联方。通过同样的方式,可以定义n层的全息画像关联结构,这里$n=1,2,\cdots$因此,对于任意给定的企业,都可以定义其"全息画像"作为一个整体结构。它包括第一,第二,……,第n层的结构,如图2-3(b)所示。从学术研究到实践,如果遵循"六度分割理论"(six degree of separation),n通常取值不大于3。实际上,针对中小微企业的全息画像,对应的不同维度的关联方的度数n的取值一般不大于5,这可以简单地解释为对于中小微企业,在2度或者3度的中小微企业关联方(当事人)基本上不存在。事实上,关于全息画像的汇总数据表明,对中小微企业,其全息画像只有第一级,并且其第一度的关联方总数介于1和5之间的情况几乎占98%以上。

按照全息画像的定义,对于任何一个目标实体,如图2-3所示[图2-3(a)是一个实体(公司)的真实的业务网络],始终可以构造一个相应的全息画像[图2-3(b)]作为一种工具,用以研究其业务行为,即不同层次的关联方,通过使用大数据处理进行数据融合,在实践中,将所有信息纳入结构数据(如关联方"投资"信息)或非结构数据(即关联方"管理"信息)进行深度的融合处理,提取出需要的某种可刻画实体风险的特征指标。

图2-3中,核心合作伙伴和任何两个关联的参与方如果具有管理关系,则由定向实线

[①]　除非特别说明,本节"企业""实体""公司"和"中小微企业"等术语互换使用,泛指一般的"法人"或"公司"。

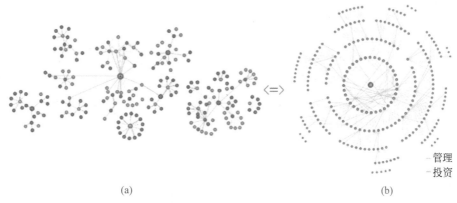

图 2-3 企业的网络示例和由两种关联方构建的具有 5 层(度)结构的全息画像

(a) 企业网络;(b) 企业全息画像

连接。如果它们有投资关系,则用定向虚线连接。在此网络中连接的任何实体也称为"一个关联节点"(即"关联方"),可以是个人、法人,也可以代表一个企业。综上所述,基于图 2-3(a)显示的网络,可以构造一个相应的标准结构,如图 2-3(b)所示,这是一个实体的全息画像,主要代表其企业网络[图 2-3(a)]的所有关联方在管理相关、投资相关或两者兼而有之方面的关系的聚合。

针对图 2-3(a)所示的给定实体的业务网络将相应的全息画像作为一个基础网络结构出发点进行研究,通过嵌入的全部信息(即全息)数据发现定向或非定向的特别信息,结合人工智能算法和金融科技的相关方法,从全息画像提供的所有数据和信息的融合中得出有用的特征指标和结论。由于给定实体的网络结构会帮助提供与该实体连接的相关信息,通过关联方的公司治理结构代表其业务行为,就让使用大数据框架下的全息画像中的有用信息来分析和模拟中小微企业在未来演变过程中的成长及发展。

本节核心目的之一是讨论如何建立一个描述中小微企业动态演变机制的总体框架。企业全息画像为平台工具,基于中小型企业在财务信息和其他相关金融信息等缺失的情况下,可以通过其他的非结构化相关信息在"资本-技术"(产品)周期性转换范式下进行有机的信息融合来提取风险基因和建立评估体系。下面对企业在"资本-技术"(产品)周期转换范式框架下的情况进行简要介绍。

对于任何中小微企业,其商业创新都是在考虑利润的情况下进行的。无论创新者是在一家大公司的实验室工作,还是在他的车库工作,都必须有人将其视为可能的利润来源,并愿意拿出所需的资本测试其工艺、推出产品或大规模生产。正如熊彼特所陈述的那样,信用制度以不同的形式发挥着至关重要的作用,但必须有人用钱打破常规,作出根本性的改变。因此,规模较大的老牌公司在面临范式约束的情况下,可能会拿出资金,将解决方案延伸到自己的产品和工艺上,但可能会像它们经常做的那样,涉及新技术的资金使用量很少。它们也可能试图扩大已知技术的范围,再朝着新的方向进行研究。所有这些活动都可以带来全新的产品和技术(如贝尔实验室晶体管)。然而,这些方法不可能找到真正的"局外人"。正是在这里,金融资本和生产资本之间的分离产生了最富有成效的结果,因为非生产者手中有可用的资金,他们希望从新企业家手中获利,并将他们的想法转化为商业现实。从这个意义上说，用借来的钱操作的可能性成为一种真正的动力。因为传统的投资机会消失殆尽，所以尽管新领域有高风险，金融资本仍然更有可能投资于新的企业家。随着既定范式中的低风险投资机会减少，越来越多的闲置资本在寻找有利可图的市场，所以他们愿意对在创新阶段或者市场扩张阶段的企业进行风险投资。因此，范式的枯竭带来了激进创业的必要性，也带来了利用资本承担高风险并试错的需要。在这种情况下，创新的几个方面汇集在一起，有的来自克服障碍的较大的公司，有的来自有新想法的新企业家，有的与以前引进但未得到充分利用的边缘化创新有关。就像散落在知识海洋中的碎片，等待着让它们重新融合的那阵风。最终，必要的突破被取得或认可，并与其他新的或重新定义的技术结合在一起，以适应下一次技术革命。从此，金融资本以扩大新范式的轨迹更广泛地提供给企业家。尽管可能没有简单的方法来测试是否在其他时间有尽可能多的情况是企业家寻求资金，就像在范式的生命周期结束时一样，但是一个新范例的设计、产品和利润空间一旦显露出来，大量潜在的工程师、设计师和企业家的想象力就会在新的总体轨道中创新，几乎不会有犯错的风险。由于现有的资金使他们的项目成为可能，进而他们惊人的成功使范式对更多的人具有吸引力，感受到使命召唤的人们必然开始膨胀。因此，现有范式的耗竭迹象创造了对有利可图的新创新轨道的需求。在这个轨道上，技术选择的被压抑供应开始蓬勃发展，闲置的金融资本作为肥料，新技术的出现最终将带来关键性的突破。在这种突破中，新的模式使创新企业家的供给倍增，而他们的成功带来更多的金融资本和更多的企业家等。如上所述，范式是一个强大的指导模式，它成为一种包容性机制，并通过社会适应和逐步过渡适应有力地加强了这种机制。因此，从技术角度而言，最强大的公司在某一特定范例用尽之时，很可能成为最保守的力量。尽管一些聪明的公司可能会作出重大的创新，但它们在一些目前成熟的技术上的大量投资使它们倾向于避免破坏性的变化。这可能会使它们的设备和实践过时。具有讽刺意味的是，由于它们的生产率、市场和利润增长率可能停滞不前，它们振兴的主要希望在于这些变化。因此，现有的大公司很可能既是范式关闭的代理人，也是范式关闭的受害者。当这些机会出现时，闲置的金融资本使它们能够充分显示自己并结出果实，打破资本必然会要求外来者的参与。

因此，基于大数据框架下的全息画像的概念，可以建立一个总体的动态演变机制框架，在没有会计、相关的财务资料缺失的情况下将相关的金融信息通过范式"资本-产品转换的周期性力"为中小微企业进行全息画像，下面我们进行比较系统的论述。

1. 中小微企业演变描述的基本思想

为了描述中小微企业体系的演变本质，首先讨论以下两个关键概念：双稳态效用势能和资本-产品转换的周期性力。

双稳态效用势能：事件发生的时机关注投入资本不足的情况下的业务行为，将导致企业陷入"资本-产品转换"水平较低的陷阱。企业的一种选择是强制削减技术投资以保证营销费用，改进的产品不能最大限度地满足市场需求，企业在现金流出阶段失去市场优势，这时企业处于一种效用势能局部均衡状态。相反，如果企业为了保证技术支出而削减营销投资，即使是最优秀的产品也会因为市场开发不足而无法赢得应有的市场份额，从而导致另一种效用势能局部最小值均衡。该阶段企业所处的均衡取决于内部合作与竞争。

对于某一特定公司或某一中小微企业,用 $x(t)$ 表示其在时间 t 时的状态,相应的构建"资本-技术"(产品)转换过程的效用势能模型可以考虑使用双稳态结构[用 $U(x)$ 来表示]来描述:

$$U(x) = \nu \left(\frac{1}{2} x^2 - \frac{1}{4} x^4 \right) \tag{2-1}$$

其中 ν 是一个给定的系数。由此可见,该模型是一个储能上对称的结构,中间势垒(效用屏障)高度为 $\Delta V = \nu/4, x_0 = 0$ 时,双势阱位于 $x_{1,2} = \pm 1$(对应于左、右局部均衡的极小值),如图 2-4 所示。

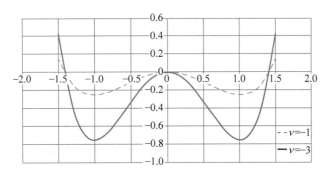

图 2-4　双稳态势函数的不同状态

为了简单起见,这里的对称假设基于如下考虑:两种均衡("资本"和"产品")之间的切换对于中小微企业的发展是同等重要的,而非等价的切换可以用扩展的非对称双稳态系统来描述。

资本-产品转换的周期性力:直观地讲,中小微企业的经营和发展始终表现出"资本-技术"周期的共同特征,如上文讨论所述,其地位可分为四个阶段。

(1) 项目启动阶段。

(2) 产品改进阶段。

(3) 成熟度阶段。

(4) 业绩下滑阶段。

首先将这四个阶段联系在一起放入中小微企业演变的框架下进行讨论,这是因为这四个阶段可以用下面的时间线来描述。

在产品开发初期,没有人知道潜在的盈利能力,在项目启动阶段只有内部投资。渐渐地,一些支持性的信息被揭示出来,潜在的利润变得可被观察到,并且外部风险资本作为金融契约参与了进一步的研究和开发。然后,企业的项目进入产品改进阶段。在市场转型初期,即市场扩张阶段,其特征是市场收入始终低于扩张投入,企业在烧钱的状态下进入现金流出阶段。这些初期行为被假设为可观察与可验证的,并且内外双方在这个过程中都具有贡献。

然后企业会经历成熟度阶段和业绩下滑阶段。在这两个阶段中,中小微企业在中小微企业动态演化系统的机制中可以看作一个布朗微粒,阻尼效应存在于黏滞力中,这种阻尼效应是由企业状态变量 $x(t)$ 随时间的改变以及企业间的矛盾、无序、合作、竞争引起的。因此,企业成长可以看作企业自身内部结构与外部环境之间的复杂耦合过程,可以根据系统的自由度在不同层次上进行描述:在微观尺度上,系统的动态行为可以通过为每个因素建立正则方程来表征,但是面对数以亿计的企业状态方程,一般没有解析解;在宏观尺度上,忽略细节上的变化,随机效应逐渐被抵消,从而得到了状态演化系统的确定性方程,这给研究现代商业增长的本质带来了挑战。因此,从中观的角度来看,需要考虑企业成长过程中上述四个阶段的基本演化力量。

2. 中小微企业发展与创新经济发展的模型框架的建立

基于上面讨论的两个概念,可以很容易理解"技术-资本"(或者"资本-技术")这种范式。该范式认为技术创新衍生出相应的技术稳定状态和运行规律,但由于旧的固有范式滞后于新的稳态,当矛盾累积到一定程度时,系统就会崩溃。在衰退或萧条时期,外部压力迫使企业通过优化内部因素来缓解压力,新技术的潜力逐渐被市场与行业发现,从而激发新的资本稳定状态,进而产生新一轮的技术资本演变。企业间竞争与合作的复杂耦合关系的演变不断影响中观层面的资源流动、风险传播以及供需关系,引起系统局部平衡的崩坏,与系统原有的随机演化内在规律形成矛盾和冲突。当结构经历矛盾和统一,无序与合作过程进入新的均衡状态时,也刺激了依附于公司的单个企业从量变到质变的宏观定向增长。从企业的成长角度来看,任何维度的波动都会在打破系统平衡的同时导致非平衡状态的产生。同时,系统的内外交流和循环沟通,通过调整内部因素、改善外部环境达到优化实体中观结构的效果。企业在其所处的空间三维的成长过程中需要最优的组合和协同,并为系统实现更高层次的有序平衡提供支持。竞争与合作是否具有耦合过程也决定了企业的可持续性。在为创新型小型企业建立技术与资本的相互关系时,可以把"技术"与"资本"之间的耦合建立起来。企业的发展过程必须在资本投入的支持下,从"技术-资本"关系从不相容阶段向技术发展阶段不断重复。

从上述讨论的四个阶段来看,第三个阶段和第四个阶段可以通过以下方式来实现:一旦新技术成熟,它就与公司的技术进入"协调阶段"。因此,新的金融资本将作为推动技术创新发展的新动力发挥作用。当一场技术革命结束时,它将有助于推动下一场革命(新技术的到来)。因此,一个公司的演变可以被描述为企业"技术状态"和"资本状态"的"耦合的"转变过程,同时它还对应于与"技术"和"资本"有关的企业内部因素。

企业状态转换的动态配置和协调过程才能产生企业成长的内在动力,即只有内部因素、外部环境和中观结构协同配合,企业才能实现技术稳定状态与资本稳定状态之间的持续有序转换。因此,这种"技术"与"资本"之间的动态转换表现情况,可以作为评价企业特别是中小微企业发展状况的重要手段。

3. 中小微企业发展的动态演变机制模型

在本节,将建立描述中小微企业演化机制的动态模型,并将全息画像作为大数据框架下中小微企业演化的工具,建立中小微企业演化的通用框架。

将奥地利经济学家熊彼特针对(中小型)企业发展变化来源于"技术创新理论:技术与资金(产品)转变的互动范式发展"作为基本的理论基础,现在讨论如何以随机动力学模型为工具来建立针对中小型企业发展的动态演变机制模型。

在不失一般性的情况下,对一个既定的企业规模为 m_0 的中小微企业用 x 表示,它的发展过程可以看作在双稳态效用势能 $U(x)$ 中运动的粒子所处的状态。这样,基于"技术-资本"范式,就可以把 $U(x)$ 的导数 $(\partial U(x)/\partial x)$ 理解为中小微企业效用势能 $\dot{x}(t)$ 在"技术"和"资本"状态之间的变化(即实体从一种状态变为另一种状态),在这个"技术"和"资本"状态(用状态函数 U 来表示)之间的效用转换过程中,就促使了实体 x 在时间 t 的成长变化,即它就是实体 x 基于时间变量 t 的导数;在时间 t 时,实体 x 的发展演绎变化也受到其内部和外部的不确定性波动 $\varepsilon(t)$(代表风险环境)带来的影响,再加上该状态受到资本-产品转换的周期性力 $f(t)$ 的干扰。这样,就可以把前面讨论的关于中小微企业成长演变的动力学行为通过下面的过阻尼郎之万方程进行描述:

$$\gamma_0 \dot{x}(t) = -\frac{\partial U(x)}{\partial x} + f(t) + \varepsilon(t) \tag{2-2}$$

这里,$x(t)$ 为既定中小微企业系统状态中关于时间 t 的变量;m_0 为拥有内部资本 c_0 时的企业规模;γ_0 为阻尼系数,它与管理能力成反比;其中,$f(t)$ 可以表示为下面的形式:$f(t) = A_0\cos(\omega t)$。需要指出的是,$f(t)$ 其实代表了"技术-资本"范式下状态转换的周期性动力,其特征是振幅 $A_0 = c_0$ 和角频率 $\omega = 2\pi/T$,其中 T 是"资本-产品"转换的周期。

如图 2-5 所示,中小微企业在资本-产品转换周期中经历的上述四个阶段(对应一个企业的生命周期),并将四个阶段作为一个整体来解释中小微企业相应成长演变过程。

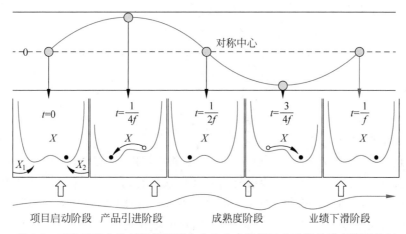

图 2-5 对称双稳态效用势能模型在企业生命周期四个阶段的动态演变机制

一般来说,不同的行业可能有不同的产品开发和市场开发的周期时间。多数企业实行负责人年度业绩评价指标制度,并且外部投资和内部产品计划的策略总是与年度周期相匹配。[①]

如果将上面提到的代表实体公司 x 的风险环境 $\varepsilon(t)$ 用高斯白噪声来代表,它就可以用来模拟规模为 m_0 的给定中小微企业的固有环境所引起的平稳随机激励(即基于波动耗散定理),有下面的一般关系:

---

① 这里我们希望指出的是,在制药工程等特殊行业中,周期结构也许会分为不同的阶段,其资本-产品之间转换的时间因此较长。

$$\langle \varepsilon(t) \rangle = 0, \quad \langle \varepsilon(t)\varepsilon(s) \rangle = k_0 I_0 \gamma_0 m_0 \delta(t-s) \tag{2-3}$$

其中，I_0 为中小微企业所属行业的宏观气候指数；同时，可以刻画风险强度 D_0，定义为 $D_0 = k_0 I_0 \gamma_0 m_0$，这里 k_0 是表达（解释）企业内部和外部环境系统的关联参数。

4. 中小微企业发展的动态演变机制

在"**技术-资本**"范式的基础上，通过过阻尼朗之万方程（2-2），首次建立了中小微企业演化的动力机制框架。特别地，如果定义有效势能 $U_{\text{eff}}(x) = U(x) - f(t) \cdot x$ 来研究周期性驱动对效用势能的影响，如图 2-5 所示，可以描述中小微企业在其生命周期四个阶段的演化机制。

在周期性驱动下，$U(x) - A_0\cos(\omega t)$ 来回摆动，从而以反对称的方式分别升高和降低左右阱的势垒，这个循环变化正如图 2-5 表现的那样，适当剂量的噪声将可以促进中小微企业所在的体系同步跳跃到全局的稳定状态。[①]

风险资本的引入，使企业从局部稳定状态中获利，并在两势阱之间定期切换，从而使中小微企业系统在统计意义上保持全局最优。实际上，在更高的层次上，保证项目持续到下一个发展阶段的动机，在大多数情况下，足以控制企业家的道德风险问题。

如图 2-5 所示，可以建立一个新的通用框架来描述中小微企业在其生命周期的四个阶段的演变机制。在下节，我们将讨论通过"全息画像"在大数据框架下建立中小微企业成长的动态演变机制评估体系。

5. 基于全息画像方法的中小微企业系统动态演变网络

在本节，将讨论中小微企业的网络框架如何让我们构建其成长演变机制的模型，也就是用"全息画像"这种概念作为工具整合由既定实体的商业行为网络结构提供的信息来构建中小微企业的业务动态行为方面的演变机制。在这里，"关联"通常是指某一实体或中小微企业全息画像中嵌入的"管理"或"投资"。图 2-6 展示的是将"管理"和"投资"两类相关信息分开的情况。

事实上，大多数企业，特别是中小微企业，金融贷款机构很难获取其财务和金融结构方面的信息。中小微企业很难从金融机构获得贷款，因为目前世界上绝大多数商业银行无法评估中小型企业信贷风险。在大数据时代到来之前，因为没有"大数据"这个概念，很难运用金融科技的方法在实践中从日常业务活动的本体角度来描述与实体相对应的真实商业场景！但是，随着大数据时代的到来，金融科技的大数据概念使融合不同类型和不同

---

① 按照 2.2.3 节中使用的字母符号，分别以 X_1（左）和 X_2（右）表示 2 个局部稳定状态，并使用 W_1 表示实体（企业）从 X_1 自 X_2 的转换率，W_2 表示实体（企业）从 X_2 自 X_1 的转换率，那么我们会遇到两种情况：①在没有外部周期力的情况下，对于两个状态 X_1 和 X_2，相应的概率 $W_1 = W_2$；②如果有外力 $f(t) = A_0\cos(\omega t)$，则相应的概率是在"技术-资本"范式下表示状态交换的周期性驱动力，这种动力的特征是振幅为 $A_0 = c_0$ 和角频率 $\omega = 2\pi/T$，其中 T 是资本-产品转换的周期，那么我们有：①当 $t = 0$，$f(t) = A_0$，$U_{\text{eff}}(x) = U(x) - A_0 x$，这意味着从状态 X_1 到 X_2 的概率比从 X_2 到 X_1 的概率大，通常情况下 $W_1 > W_2$；②当 $t = \dfrac{T}{4}$，$f(t) = 0$，$U_{\text{eff}}(x) = U(x)$，则 $W_1 = W_2$；③当 $t = \dfrac{T}{2}$，$f(t) = -A_0$，$U_{\text{eff}}(x) = U(x) + A_0 x$，则 $W_1 < W_2$；④当 $t = \dfrac{3T}{4}$，$f(t) = 0$，$U_{\text{eff}}(x) = U(x)$，则 $W_1 = W_2$；⑤当 $t = T$，则 $t = 0$。对于给定的中小微企业来说，这就是周期驱动对对称双稳态效用势能的影响。

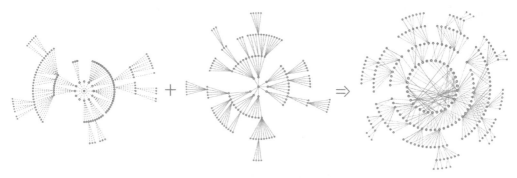

图 2-6　通过"管理"(……)和"投资"(——)多层相关信息分解全息画像结构

来源的信息(即"异构异源"数据)成为可能。特别是不同类型的人工智能算法的出现和集成使用,能够提供更多的维度来评估中小企业的信用风险,提高效率,降低服务费。"全息画像"这一新工具,可以评估实体公司(或者企业)风险! 其基本的核心原理是基于大数据这个概念通过融合结构化和非结构化的"关联方"数据(即 Data Fusion)提供的直接与间接的信息,构建的多层次结构进行全面和综合的机构分析与核心信息提取,进而找出对应的风险特征指标并形成结论,结合各种与之相关的本体特征对该实体进行风险评估。

其实,全息画像这个方法的思路可以简单地解释如下:基于当今信息技术的发展,加上人工智能算法的支持,对于任何实体,比如给定一个中小微企业,它至少有一种业务或社会活动的信息,从而形成代表其商业行为或社会活动的网络。然后,根据某个实体的网络相关信息①,可以通过其具有的从第一层(也叫"一度")到第五层(即有"五度")关联方组成的"全部信息"(因此称为"全息画像"),进而来融合其信息并进行风险评估或测试其好坏或者优良程度。

在这种复杂的关联网络结构中,数据可能有不同的类型和不同的来源。其背后的数据包括公共和公开的数据、未公开和重要的企业金融资产与资金结算等隐私数据。它们对应的分别是公共信息平台和非公开的(需要授权)汇集税收、工商、供应链业务数据等隐私方面信息的不同平台。由于大数据全息画像具有融合不同类型结构和不同来源数据的功能,通过基于全息画像展示的众多的关联方信息,提供设计和定义"新型(风险)指标"的机会,这个过程其实就是大数据融合的过程。因此可以说,定义新型风险指标的过程正是上面提到的从某个实体的全息画像中提取风险基因的过程,然后用这些新型的风险基因(指标)来建立需要的"关键指标体系"。这就实现了在实体无法提供传统的结构化数据的情况下,可以用其非结构化数据(因此替代传统的会计或相关的金融数据)②进行风险分析。在后面将会通过全息信贷贷款产品来解读全息画像方法运用于中小微企业贷款业务的实际情况。

6. 企业的关联网络与全息画像结构特征

在许多经济理论中,人们认为经济行为主体直接或间接地与所有其他行为主体互动,

---

①　在这里,术语"信息"可以是大数据语言中的"结构化数据"或"非结构化数据"。

②　在传统金融中,风险评估重点针对其会计、财务及相关信息的分析,即所谓的财务分析。

或者至少它们有机会这样做,以达到预期的结果。有效的网络结构能够控制业务流程、降低系统性风险、分配问责制、实现对机会和威胁的快速响应、增强员工决策能力并战胜竞争。

从简单描述某个实体的关联网络讲起,该网络由节点(企业)和连接线(投资或管理关系)组成。从数学角度来讲,这个网络就是上面提到的全息画像。它可以用邻接矩阵 $C=(C_{ij})m \times m$ 来表示。其中 m 是网络结构(即全息画像)中的(关联)企业数量。可以通过下面的方式定义节点 i,j 之间的关系 C_{ij} 的取值,即如果节点 i,j 之间存在投资关系,$C_{ij}=1$,否则,$C_{ij}=0$,其中,$i,j=1,2,3,\cdots,m$。根据这个定义,邻接矩阵 $C=(C_{ij})m \times m$ 是对称的。[①] 主要关心的是目标企业(中心位置),通常记为 P_0,它始终被视为核心点(或者叫"企业主体"或"核心合作伙伴")。

在此网络中,每个元素都直接或间接连接到中心位置,同时所有其他实体(关联方节点)都被分类到多个不同的层级里。因此可以把所有直接邻近核心合作伙伴的节点定义为"一阶"(度)节点,即用集合 $S_1=\{p_{1K}:K=1,2,\cdots,n_1\}$ 来表示,其中所有的节点到核心点的路径最短,即只有一个单位;同样,可以定义二度关联方的集合,即所有二阶节点(实体)的集合 $S_2=\{p_{2K}:K=1,2,\cdots,n_2\}$,其中所有的节点到核心合作伙伴的最短路径为两个单位;同理,可以设定其他的 i 度关联方集合 $S_i=\{p_{iK}:K=1,2,\cdots,n_i\}$,其中所有的节点到核心点的最短路径为 i 个单位。这样,该网络就形成了一个具有一个核心点和多个外层(度)的多层次结构(洋葱状)。

这里,企业拥有的全息画像中的核心点(即企业本身)由被标记为"一阶合作伙伴(关联方)"的多个合作者(即一度关联方)环绕,这些合作伙伴与目标企业建立了基于投资或者管理的关联关系,它们被称为合伙方(关联方),与目标企业绑定在一起,如图 2-6 所示。这些关联方为目标企业提供初步资金、战略和关键的人力与智力资本等资源。以此类推,第二度的关联方是与主体公司为一度关联的合作者的一度合作伙伴;第 i 度的关联方是与主体公司为 $i-1$ 度关联的合作者的一度合作伙伴。

如图 2-6 和图 2-7 中的企业全息画像结构所示,不同行业全息画像的层次结构是不一样的。为了展示其不同行业的分布情况,首先介绍相关的符号和备注,用于描述中小微企业全息画像的拓扑结构特性。除非特别指明,用符号 $N_i, i=1,2,3,4$ 表示企业关联方网络第 i 层(也称为第 i 阶或者第 i 度)的节点数(代表关联的中小微企业的个数)。其次,用 ρ_i 和 θ_i 表示同一层关联方节点的"平均相关关系数"[描述在同一层(这里是 i 层)

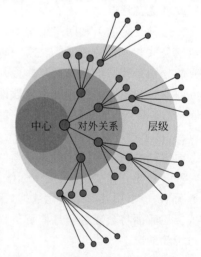

图 2-7 主体公司的图层结构显示例子

---

① 在某些网络中,边缘是加权的,这意味着某些边表示比其他边更强的连接,在这种情况下,邻接矩阵的非零元素可以推广到 1 以外的值,以表示强弱的连接。

内的任意两个关联方节点的关系的密切程度]和同一层内关联方节点的"平均路径复杂性"[描述在这第 i 层的关联方节点与主体公司(即核心点 P_0)的所有可能的路径]。

7. 不同行业中小微企业网络结构的拓扑特征

为了利用全息画像为中小微企业成长演化机制建模,首先要了解中小微企业的真实样本对应的网络结构的基本拓扑性质。这里网络结构的基本拓扑性质主要指在给定一个主体企业后,其对应的基于全息画像网络结构下不同层面的紧密程度和复杂程度,即"平均相关系数"和"平均路径复杂性"有相同的表现特征。

表 2.3 中是中小微企业在制造、零售和金融服务业三个产业的真实数据:制造业样本量为 3 210 865 个,零售业样本量为 7 465 839 个,金融服务业样本量为 18 001 个,因此三个行业的总样本量为 10 694 705 个。一般企业包括了三个不同规模,即:

(1) 小微企业,注册资本低于或等于 100 万元人民币(¥1 000 000);

(2) 中等规模企业,注册资本大于 100 万元人民币(¥1 000 000),小于 1 000 万元人民币(¥10 000 000);

(3) 较大规模企业,注册资本超过 1 000 万元人民币(¥10 000 000)。

这里中小微企业在原则上指注册资本不超过 100 万元人民币(¥1 000 000)的企业。

表 2-3 中列出的数值结果提供了三个行业在不同规模的网络结构下的基础信息。基于 634 722 个总样本,其中,299 997 个为制造业企业(它包含 99 999 个小微企业、99 999 个中等规模企业和 99 999 个较大规模企业);299 997 个为零售业企业(它包含 99 999 个小微企业、99 999 个中等规模企业和 99 999 个较大规模企业);34 728 个为金融服务业企业(其中 4 811 个小微企业、13 543 个中等规模企业和 16 374 个较大规模企业)。

表 2-3　不同规模制造企业网络的拓扑特征

行业	规模	平均链接				相关系数			路径复杂性		
		N_1	N_2	N_3	N_4	ρ_1	ρ_2	ρ_3	θ_1	θ_2	θ_3
制造	小微	2.480	2.410	7.820	12.840	0.008	0.009	0.004	1.0	1.090	1.135
	中	3.590	4.910	22.110	72.340	0.021	0.014	0.006	1.0	1.129	1.210
	大	5.650	23.090	139.210	77.440	0.047	0.019	0.006	1.0	1.143	1.262
零售	小微	2.260	2.310	6.340	12.500	0.006	0.007	0.004	1.000	1.072 8	1.144
	中	2.780	4.240	14.720	49.840	0.016	0.010	0.006	1.0	1.097	1.163
	大	3.610	14.770	75.630	395.080	0.047	0.019	0.008	1.0	1.122	1.238
金融服务	小微	2.170	3.040	12.010	63.760	0.013	0.013	0.006	1.0	1.073	1.127
	中	5.610	12.140	2.460	262.860	0.046	0.021	0.007	1.0	1.112	1.235
	大	20.940	3.213	537.750	2 751 1.74	0.025	0.016	0.004	1.0	1.137	1.338

基于大数据融合平台的计算支持,表 2-3 汇总了三个行业不同规模下的企业从一阶到四阶网络结构的数据结果,对应的数据统计结果表明:

(1) 在只考虑三层(度)的情况下(即除开核心点外的第三层),层数越大,核心点与外层节点之间的相关性就越弱;

（2）从第一层到第三层,其对应的平均相关系数在变弱的情况下,对应的平均路径复杂性变得更强。

另外,从表 2-3 中可知,针对三个不同行业,制造业和零售业的网络结构的节点形式是比较相似的,即在制造业和零售业有:

（1）针对小微企业,从网络的第一层到第四层,其节点数从大约 2 个变化到 13 个;

（2）针对中等规模企业,从网络的第一层到第四层,其节点数从大约 3 个变化到 50 个;

（3）针对较大规模企业,从网络的第一层到第四层,其节点数从大约 4 个变化到 395 个以上。

但是,金融服务业的网络结构与制造业和零售业具有极大的不同,主要体现在:

（1）对于小微金融企业,从第一层到第四层,其对应的节点数从 2 个变化到一个较大的数字 64 个;

（2）对于中等规模金融企业,从第一层到第四层,其对应的节点数从 6 变化到大于 262;

（3）对于较大规模金融企业,从第一层到第四层,其对应的节点数从 21 个变化到 2 751 个以上。

结合上面针对不同行业网络结构的不同层次节点计算的比较和解读,我们发现制造业在同一层次节点的规模一般是零售业的 2 倍左右,而金融服务业的节点规模是制造业模的至少 3 倍(图 2-3 也表达了同样的信息)。

从表 2-3 中根据平均相关系数和平均路径复杂性的数据,有以下一般结论:

（1）针对三个行业,从第一层到第三层的所有节点在投资或管理方面基本上都没有直接关系,因为平均相关系数的最大值仅为 4.68%(它们都主要只与主体核心点伙伴直接关联);

（2）在第三层网络中,制造业的平均路径复杂性的最大值是 126%,零售业是 123%,金融服务行业是 133.8%。

因此可知的是:在三个行业的中小微企业中,每个节点可能主要与主体的核心点有直接的伙伴关系,但有 20%～30% 左右的情况在其网络结构中有中间关联关系的连接,以支持其商业行为。

基于表 2-3 中的数据集结果,也有下面观察到的一般结论:

（1）根据来自制造业、零售业和金融服务业的 1 000 万个样本,在第一层中,只有 1～3 个节点的中小微企业数量约为 90%;

（2）99% 以上的中小微企业在第一层有 1～6 个关联方(节点数)。

换一句话讲,对于中小微企业,特别是针对制造业及零售业,利用对应的全息画像作为分析的基本,即在不失一般性的情况下,只需要考虑针对一度关联方信息进行建模和特征指标的提取,就能比较全面地表达主体的基本信息。

表 2-3 和表 2-4 的数值结果告诉我们,针对中小微企业(不包含金融服务机构)的动态演变机制的建模,一般来讲,只需要关注其全息画像对应的第一层(度)(直接)关联方的行为信息即可,没有必要考虑第二层(度)或更高层级(度)所在关联方的平均相关系数和平均路径复杂性,因为超过 99% 的中小微企业(不包含金融服务机构)对应全息画像中一度关联方在 1 个到 7 个(即不超过 10 个一度关联方)。

表 2-4　具有一阶关联方的中小微企业拓扑特征

行业	制　造		零　售		金融服务	
N	计数	比例/%	计数	比例/%	计数	比例/%
0	625 465	19.48	553 530	7.41	4 247	23.59
1	1 847 639	57.54	5 490 435	73.54	8 860	49.22
2	409 595	12.76	977 505	13.09	2 965	16.47
3	139 321	4.34	254 745	3.41	1 087	6.04
4	98 071	3.05	101 593	1.36	423	2.35
5	43 850	1.37	43 671	0.58	199	1.10
6	22 495	0.70	20 549	0.28	102	0.57
7	16 535	0.51	15 414	0.21	75	0.42
8	7 894	0.25	8 397	0.11	43	0.24

最后,还希望指出的是,如果考虑到(投资)的金融资本从相邻节点 $P_{ij} \in S_i$ 引入 P_0 所代表的中小微企业主体里,$J=1,2,\cdots$(一般不超过 10)为实体公司的一度关联方,根据上面的分析,其关联方之间的关联关系是近似为零的,因此可以理解为相关的关联风险是近似于无的,从而只需要考虑一度关联方与主体企业(实体)的风险传递关联即可,这就大大简化了基于全息画像针对中小微企业拓扑结构(全息画像)的动力学建模,如图 2-8 所示。

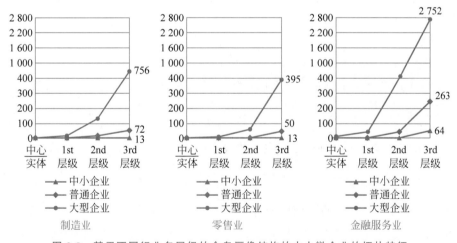

图 2-8　基于不同行业多层级的全息画像结构的中小微企业的拓扑特征

8. 基于全息画像的中小微企业拓扑结构的动力学建模

沿用前面引进的符号,假定给定的中小微企业主体 P_0 对应的全息画像的邻接矩阵为 $C_{m \times m}$,可得知与主体目标企业 P_0 直接相连的一阶关联方(节点)的企业信息。然后对主体内外资本和主体所处的内外环境对公司发展变化的影响进行建模。假定主体内部投资为 $c_0 = c_{0,0}$,由 $N = N_1$ 来表示(即只考虑一度关联方的信息)。这些关联方(节点)

属于 $S=S_1=\{P_1,P_2,\cdots,P_N\}$，即主体的所有一度关联方，并假定其对应的针对目标主体的外部风险投资为 $c_1,c_2,\cdots,c_N$，对相连的节点引入的风险波动驱动。如上文所述，其对应的动力学模型可以表示为式(2-4)的形式[用 $\zeta(t)$ 代表实体相关的风险信息项]：

$$\gamma_0\dot{x}(t)=-\frac{\partial U(x)}{\partial x}+f(t)+\zeta(t) \tag{2-4}$$

这里，周期力 $f(t)$ 可以表达为 $f(t)=A_0\cos(\omega t)$，其中驱动振幅 A_0 可表达为如下的形式：

$$A_0=c_0+\sum_{j=1}^{N}c_j \tag{2-5}$$

它代表针对主体企业的内部投资和外部风险投资；其主体企业面临的内部和外部噪声(风险)可表达为如下形式：

$$\zeta(t)=\varepsilon(t)+\sum_{j=1}^{N}\xi_j(t) \tag{2-6}$$

其中，$\varepsilon(t)$ 代表实体在 t 时间的公司内部风险，$\xi_j(t)$，$j=1,2,\cdots,N$，可理解为主体的一度关联企业带来了外部风险的随机波动项，源于一度关联方第 j 个合伙人带来的资金 c_j（在此，不专门区分资金本身，即无论资金是来自风险资本家还是来自现金池等形式，如股东对于实体的贡献等），并满足下面的高斯白噪声性质：

$$\langle\xi_j(t)\rangle=0, \quad \langle\xi_i(t)\xi_j(s)\rangle=d_j\cdot\delta_{i,j}\cdot\delta(t-s) \tag{2-7}$$

同时，对应的一度关联方的第 j 个关联方引发的外部风险强度的一般形式表示为 $d_j=k_0I_0\gamma_0c_j$，$j=1,2,\cdots,N$；这是由中小微企业系统中的风险资本 c_j 引起的，企业参数对应为 I_0c_j；此外，假设内外部风险有不同的来源，$j=1,2,\cdots,n$，即

$$\langle\varepsilon(t)\xi_j(s)\rangle=0 \tag{2-8}$$

在具有关联关系的中小微企业网络中，$\beta=k_0I_0\gamma$ 为系统的风险扩散系数（γ_0 为阻尼系数），该系数可用来度量主体企业内部风险强度：$D_0=\beta m_0$，以及外部风险强度：

$$D_1=\beta\sum_{j=1}^{N}c_j \tag{2-9}$$

根据定义，外部风险强度分别由公司主体的规模和外部投资风险资本引起及决定。

2.2.3 中小微企业系统动态演变模型的量化指标

为了在前两小节建立的总体框架下量化分析中小微企业的好坏，本节以随机共振现象的双稳态理论作为基础，通过引入"单位风险收益率"这个指标，在接下来的讨论中针对中小企业系统发展的动态演变机制进行定量分析。

当小型创新企业建立技术与资本之间的相互关系时，可以称为"技术"与"资本"之间的耦合。企业的发展过程也必然是通过资本投资支持技术发展，实现"技术-资本"从不相容阶段到协同阶段的转变。一旦新技术成熟，就到了公司技术与资本的"协同阶段"。此后，新金融资本将发挥新的作用，推动技术创新的发展。当技术革命结束后，它又将有助于促进下一次革命（新技术的到来）。因此，公司的发展可以被描述为一个企业"技术"和"资本"状态之间的"耦合"转换过程，同时也与企业内部"技术"和"资本"因素相对应。这

样,公司状态转换的动态配置和协调过程可以成为企业发展的内在动力,即只有在内部因素、外部环境和中间结构协同配合的条件下,企业才能实现技术稳定状态与资本稳定状态之间的持续有序转换。所以,这种"技术"与"资本"之间的动态转换,是评价企业特别是中小微企业发展状况的重要措施和手段。

　　基于两态理论,利用非干扰双稳态(两态)系统作为工具,在讨论与中小微企业演绎发展相配套的动力学机制的定量分析基础之前,我们先简要提及随机动力系统中重要的"随机共振"这个概念①:可以知道,两态理论模型最初是作为一个随机共振研究案例提出的,在一定的限制条件下,它能够精确地构造大多数连续双稳态系统。基于这个原因,前面的方程(2-1)给出了一个基于双稳态结构的双态模型。现在,假设两个局部稳定状态分别由 X_1(左一)和 X_2(右一)表示,$n_1(t)$ 和 $n_2(t)$ 分别表示在 t 时实体(企业)处于 X_1 和 X_2 状态下的条件概率。还使用 W_1 表示实体(企业)从 X_1 到 X_2 的转换率,W_2 表示实体(企业)从 X_2 到 X_1 的转换率。随后建立以下的定量方法来测量实体(中小微企业)的发展程度,引入包括 SAI 和 URR 在内的新的关键指标,并遵循"足够好的中小企业实体"应该总是与所观察到的随机共振现象的性能相一致这一基本思想!

　　现在考虑由动态变量 $x(t)$ 描述的随机非干扰的对称双稳态系统,该系统采用两个平衡点 X_1 和 X_2 用 $n_1(t)$ 和 $n_2(t)$ 表示其出现的条件概率,并在时间 t 上满足正则化条件 $n_1(t)+n_2(t)=1$。在周期性时间依赖驱动力 $f(t)=A_0\cos(\omega t)$ 的情况下,在这两个状态中交替转移,$W_{1,2}(t)$ 和 $W_{2,1}(t)$ 分别表示在时间 t 从 X_1 自 X_2 和 X_2 自 X_1 两个状态的转移概率密度,这样控制概率演化的相关主方程可写为

$$\frac{\mathrm{d}n_1(t)}{\mathrm{d}t}=-\frac{\mathrm{d}n_2(t)}{\mathrm{d}t}=W_1(t)n_2(t)-W_2(t)n_1(t) \tag{2-10}$$

解决方案是通过下面的方程建立关系

$$n_{1,2}(t)=g(t)\left[n_{1,2}(t_0)+\int_{t_0}^t W_{1,2}(\tau)g^{-1}(\tau)\mathrm{d}\tau\right] \tag{2-11}$$

$$g(t)=\exp\left(-\int_{t_0}^t \left[W_1(\tau)+W_2(\tau)\right]\right)\mathrm{d}\tau$$

这里,$n_{1,2}(t)$ 可以解读为在时间 t 表示实体 X,转移到实体 X_2 的转移概率。

　　借助阿列纽斯(Arrhenius)类型的周期性调制逃逸率和 Hanggi 等在文献[65,67-68]中建立的理论结果,目标企业在非局部稳定状态下的转移概率密度 $W_{1,2}(t)$ 有下面的表达式:

$$W_{1,2}(t)=r_K(D_\beta)\exp\left[\frac{x_{1,2}}{D_\beta}A_0\cos(\omega t)\right] \tag{2-12}$$

这里,$r_K(D_\beta)$ 是未受干扰(仅有双态中跳变感应噪声)双稳态系统的克拉默(Kramers)逃

----

　　① 随机共振的概念最初是由意大利物理学家 Benzi 等人在 20 世纪 80 年代提出并用于解释第四纪冰川问题,此后用于描述一种现象——非线性系统中内噪声或外噪声的存在可以增加系统输出的响应。在信号分析过程中,噪声常被认为是令人烦恼的东西,因为噪声的存在降低了信噪比,影响了有用信息的提取,然而在某些特定的非线性系统中,噪声的存在能够增强微弱信号的检测能力,这种现象就称为随机共振。从信号处理的角度来讲,在非线性系统中,当输入带噪信号时,以适宜的物理量来衡量系统特性,如信噪比、驻留时间等,通过调节输入噪声强度或系统参数,使系统特性达到一个最大值,此时,我们称信号、噪声和非线性随机系统产生的协同现象为随机共振。

逸速率；同时对应的噪声强度波动变量为 D_β，有下面关于 $r_K(D_\beta)$ 的表达式：

$$r_K(D_\beta) = \frac{\nu_0\nu_0}{\sqrt{2}\,\pi m_0\gamma_0}\exp\left(-\frac{\nu_0}{4D_\beta}\right) \tag{2-13}$$

其中 β 为前面方程(2-4)~方程(2-9)中定义的具有风险扩散属性的系数，因此可采用克拉默逃逸速率 $r_K(D_\beta)$ 对中小微企业系统演化的动力机制进行定量分析。

正如本小节所详述的，随机共振现象的突出作用是可以增强嵌入在噪声环境中的微弱信号。因此线性响应的概念，或者更一般来讲，谱量微扰理论是研究随机共振基本特性的有效方法。在随机动力系统的随机共振原理的研究中，这两个概念非常重要并经常被使用，这里将重点讨论和使用线性响应概念，它也是微扰理论的一个具体应用。在不失一般性的情况下，把分析限制在受周期扰动 $f(t) = A_0\cos(\omega t)$ 的一维马尔科夫过程 $x(t)$ 上。由微扰引起的 $x(t)$ 在长期中的响应极限(利用 Hanggi 等建立的理论结果[67-68])，对应"功率谱密度"(Power Spectral Density，PSD)指标输出的稳态响应的一阶部分 $S_X(\nu)$，可以表达为下面的形式：

$$S_X(\nu) = \frac{4r_K(D_\beta)}{4r_K^2(D_\beta)+\nu^2} + \frac{2\pi A_0^2 r_K^2(D_\beta)}{D_\beta^2(4r_K^2(D_\beta)+\omega^2)}\cdot\left[\delta(\nu-\omega)+\delta(\nu+\omega)\right] \tag{2-14}$$

由于假定中小微企业在资本和技术之间存在状态的转换，可忽略势阱内演化的影响。基于表达式(2-11)，可引入基于前面随机动力系统模型(2-4)的平稳性能测量值来描述中小微企业系统中双态竞争与合作的统计特征值，从对称双稳态下超阻尼企业振荡的角度对其潜在机制进行探讨和分析。基于对双态转变的描述，如果中小微企业只停留于其中的一个状态，这无异于自杀(因为实体无发展变化的演绎)，因此，忽略内状态的运动，在驱动频率处的"频谱放大指数"(SAI)，可以通过式(2-12)获得

$$\text{SAI} = \frac{1}{D_\beta^2}\frac{4r_K^2(D_\beta)}{4r_K^2(D_\beta)+\omega^2} \tag{2-15}$$

上面的 SAI 指数的近似表达式告诉我们，一个典型的钟摆随机共振现象可以用一个增加强度的函数来表示。为了更好地研究基于双态转变平稳的动态行为，可以先定义下面的"系统响应风险"(VaRS)量：

$$\text{VaRS} = \frac{4r_K(D_\beta)}{4r_K^2(D_\beta)+\omega^2} \tag{2-16}$$

这个指标用以方便地解释风险投资(或一般投资)的激励效应。

在系统响应风险的基础上，有下面非常重要的用来衡量在风险水平下的回报指标，称为"单位风险收益"(URR)，其定义为

$$\text{URR} = \frac{\text{SAI}}{\text{VaRS}} \tag{2-17}$$

它实际上是用来度量在给定时间内基于实体所涉及的系统风险中针对企业本身结构特征的投资收益回报。其实，这个概念也广泛应用于个人证券、投资基金及投资组合的分析中。

这样，结合上面基于双稳态的随机共振原理建立的针对中小微企业系统动态演变模型的量化指标，就知道当小周期力与(大宽带)随机波动一起发生时，系统响应是由竞争和协作两种力的组合驱动的，使企业在双稳态之间切换。这里存在一个内部或外部风险水

平的最优值,配合初始投资或风险投资的周期性效应,以便在每个周期中定期进行精确的转换,这使得频谱放大指数或单位风险收益出现最大值。另外,注意到在双稳态系统处于内势阱之间附近的状态时,式(2-12)中的频谱放大指数 SAI 不依赖于角调制频率;同时,这种有效的双稳态近似解也刻画了典型的钟摆随机共振现象。

在此基础上,结合上面建立的指标体系,可以针对中小微企业拥有的新特征进行刻画并建立对应的基于技术创新经济发展的新理论风险评估指标。图 2-9 是关于中小微企业的 U 形现象的三维画像刻画,这里,中小微企业的 U 形现象是指企业关联方(企业或法人)个数 n 和公司发展变化表现[用"信号噪声比"(Signal-to-Noise Ratio,SNR)来表示]随其风险强度 D 同时变化时的三维曲面图,即对于给定的风险强度 D,在企业关联方个数 n 变化时形成针对中小企业发展变化的共振峰现象出现的可能性。其实,中小微企业拥有的 U 形现象三维画像(图 2-9)告诉我们下面的基本特征:

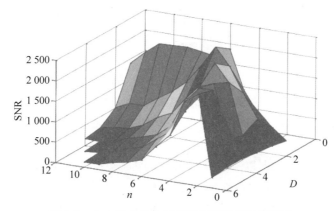

图 2-9　中小微企业的 U 形现象三维模型示意图

当关联方 n 固定时,风险强度 D 的变化对应不同的共振程度,并具有如下特征:在中小微企业的发展过程中,如果投资者太少或者太多,对中小微企业的成长演变都不好,这就是中小微企业 U 形现象的本质!另外,图 2-9 中的"SNR"可以理解为企业所处的内外环境赋予企业的"信号噪声比"[①],由图可知,对于固定的风险强度 D,关联方 n 变化对应的共振峰比较明显;而 n 固定时,企业的风险强度 D 的共振情况不明显!

对于选定的一类企业(或者某一个行业),在给定其企业风险强度 D 后,得到图 2-10 对应中小微企业三维 U 形现象的二维截面图。

这个二维截面图展示了在企业关联方个数 n 取不同值时,对应企业拥有的风险强度 D 在变化过程中可能出现的共振情况。如果把"共振"现象理解为企业进入发展的最佳理想状态,那基本结论是:当企业关联方个数 n 介于 3 和 5 之间,企业在不同的风险强度过程中会出现共振峰(即有共振现象出现);但当企业拥有的关联方个数 n 大于 5 后,企业不出现共振峰现象!也就是说对于这类行业的中小微企业,在其发展过程中,比较理想

---

① 这个名词是 20 世纪 70 年代开始使用的,即知名的日本统计学家与工程管理专家田口玄一博士(Dr. Genichi Taguchi)发展其为品质管理而创造的"田口方法"。为了完成这个目标,田口博士将"信号噪声比(SNR)"应用在静态质量特性的实验设计中。

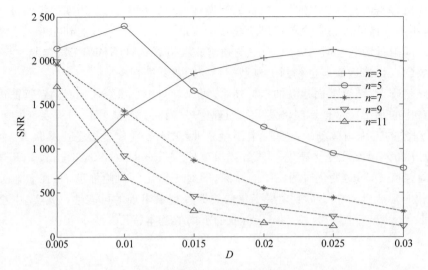

图 2-10　对应中小微企业三维 U 形现象的二维截面图

的情况是其拥有的关联方在 3～5 家的范围。另外,考虑到企业的风险强度是刻画企业面临的内外部环境由于不确定性带来的随机因素,因此,基于随机共振原理得到的中小微企业呈现的 U 形现象[①]有如下结论:构建一定程度的不确定的(风险)环境对于企业的发展是有推动作用的!

以随机动力系统方法,即以最经典的"郎之万方程"为最基本的出发点,通过本小节的讨论和分析,建立了描述中小微企业成长演变的动力学方程(2-1)、方程(2-2)和方程(2-4)。它们其实就是对应熊彼特基于"技术-资本"创新的经济发展理论中针对企业经济结构发展变化的数学表达式,因此是支持熊彼特创新经济发展理论配套的数学框架。同时,基于随机共振原理的使用,结合在本小节介绍的频谱放大指数、系统响应风险和单位风险收益等指标,可以解释实体企业在发展过程中基于技术与资本来回动态演绎是如何导致其经济结构本身变化的。

作为本节的结尾,汇总如下:基于随机动力系统方法,通过结合随机共振原理和在大数据框架下的全息画像思维,建立了支持熊彼特"创新经济发展理论"的数学框架,并发现和建立了中小微企业发展过程中特有的 U 形现象特征。下面将针对中小微企业的 U 形现象特征进行具体行业的刻画和解读。

2.2.4　中小微企业 U 形现象特征的刻画和解读

在本节中,将基于"制造业"(简称"M")、"零售业"(简称"R")和"金融服务业"(简称"F")三个不同行业(工业)的真实样本,对中小微企业发展过程中的 U 形现象进行研究。

---

① 这里我们想指出的是中小微企业可能具有的独特"U 形"现象,其实与 2021 年诺贝尔物理学奖获得者意大利物理学家帕里西教授的学派在 20 世纪 80 年代提出的随机共振理论有本质的紧密关系。因此,我们也期望利用随机动力系统的方法为研究中小微企业增长的一般机制提供另一个强有力的工具,有关企业(当然包含中小微)基于创新的经济发展理论是著名经济学家熊彼特教授在近一个世纪前(20 世纪 10 年代)的首创(参见文献[240])。

然后通过模拟和建立总体框架来解释中小微企业商业行为的动态演变,最后将分享一个称为"好企贷"的真实应用产品的落地实践。

首先根据来自三个行业约 1 000 万个中小微企业样本的全息画像呈现出的中小微企业行为的拓扑特性的数值结果,比对一阶关联方的数量和不良债权行为。根据前面建立的针对中小微企业系统动态演变模型,通过模型真实模拟的解读,可以发现中小微企业具有独有的 U 形现象,并通过系统仿真可以观察到平稳的动态行为和激励效应,包括稳定的 URR 和 VaRS 的表现。

在给定内部系统参数和外部系统参数的情况下,即假定内部投资 c_0 的内部风险级别为 σ_0^2,用 Δ_N 代表风险资本的外部风险水平。在模拟中,不失通用性,假定企业的驱动频率为 $\omega \approx 0.019\,2$(即以周为转换单位的频率),通过归一化来处理驱动振幅和噪声强度,并将阻尼常数设置为 $\gamma = 1$,支持三个行业模拟的参数汇总表如表 2-5 所示。

表 2-5　中小企业三个行业模拟参数汇总

资本	规模	制　造　业		零　售　业		金融服务业	
		均值	样本量	均值	样本量	均值	样本量
c_0	0～30 万元	0.124 2	1 203 468	0.127 5	2 363 628	0.062 7	8 180
	30 万～60 万元	0.498 2	1 197 318	0.501 0	2 573 225	0.499 0	3 989
	60 万～100 万元	0.963 1	810 079	0.984 8	2 528 986	0.985 5	5 832
c_j		0.138 0	194 992	0.148 5	162 729	0.118 8	8 697
The power-law fitting $P(c_j) = k \times c_j^{-\phi}$ for c_j							
c_j	$(\hat{k}, \hat{\phi})$	5.177 6×10⁻⁴	2.924 0	2.200 2×10⁻⁵	3.497 3	2.107 3×10⁻⁴	2.893 1

1. 中小微企业成长过程中的 U 形结构特征

如上所述,我们收集了 634 772 个来自中国制造业、零售业和金融服务业三大行业的中小微企业样本。根据表中的统计结果,有下面的基本结论。

(1) 三大行业中全息画像的一度关联方的分布,$N=1$ 的双边伙伴关系结构中制造业占 57.5%(1 847 639.00 个样本),零售业占 73.54%(5 490 435.00 个样本);金融服务业占 49.22%(8 860.00 个样本)。

(2) 97% 以上的中小微企业的一度关联方少于 5 个,这意味着对于中小微企业而言,其一度关联方(合作伙伴)的数量通常少于 10 个。

(3) 就三个行业平均而言,一度关联方数量在 2.2 个左右。

根据表 2-5,有如下观察到的基本结论。

1)(标准化)投资 (或风险资本)数据

(1) 78 666 个制造业中小微企业有 194 992.00 个合作伙伴,均值＝0.138 0;

(2) 162 729 个零售业中小微企业有 72 113 个合作伙伴,均值＝0.148 5;

(3) 4 013 个金融服务业中小微企业有 8 697.00 个合作伙伴,均值＝0.111 88。

2) 中小微企业投资的分布总体上满足幂律分布

表 2-6 中一度关联方数量不同的中小微企业的不良贷款比率如图 2-12、图 2-13 和图 2-14 所示。

其中,制造业参数为 $\hat{\phi}=2.9240, \hat{k}=5.1776\times10^{-5}, (\overline{c}_j=0.0492)$;零售业参数为 $\hat{\phi}=3.4973, \hat{k}=2.2002\times10^{-5} (\overline{c}_j=0.0600)$;金融服务业参数为 $\hat{\phi}=2.8931, \hat{k}=2.1073\times10^{-4} (\overline{c}_j=0.1199)$。

表 2-6   对应不同的一度关联方的中小企业不良贷款率

关联方数量	制 造 业			零 售 业			金 融 业
	0~30 万元	30 万~60 万元	60 万~100 万元	0~30 万元	30 万~60 万元	60 万~100 万元	0~100 万元
0	0.065%	0.266%	0.374%	0.034%	0.131%	0.190%	0.565%
1	0.235%	0.589%	0.552%	0.071%	0.191%	0.160%	0.237%
2	0.214%	0.423%	0.494%	0.070%	0.155%	0.162%	0.101%
3	0.196%	0.293%	0.328%	0.067%	0.119%	0.139%	0.116%
4	0.091%	0.181%	0.200%	0.045%	0.082%	0.102%	0.000%
5	0.110%	0.159%	0.204%	0.040%	0.080%	0.088%	0.084%
6	0.085%	0.119%	0.148%	0.043%	0.053%	0.079%	0.420%
7	0.071%	0.100%	0.147%	0.044%	0.064%	0.067%	0.167%
8	0.055%	0.098%	0.107%	0.038%	0.064%	0.070%	0.000%

从图 2-11 可以了解到来自三个不同行业的中小微企业引入风险资本的幂律分布规律。

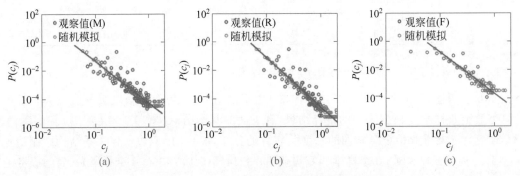

图 2-11   三大产业引入风险资本的幂律分布

(a) 制造业;(b) 零售业;(c) 金融服务业

3) 外部资本资源的平均数量如下汇总陈述所示:

①制造业关联方数量 $n=2.4787$;②零售业关联方数量 $n=2.2566$;③金融服务业关联方数量 $n=2.1672$。

2. 不同行业的 U 形现象表现特征

为了针对不同行业找到评估中小微企业成长行为的特征刻画,根据表 2-6 中使用的全部样本,结合真实的不良债权样本,下面是针对三个不同行业中小微企业 U 形现象表现特征的一般解读。

从表 2-5 和表 2-6 中可观察到,对中小微企业来说,不同层之间的相关系数接近于 0,从第一度、第二度到第三度关联方与中心企业的路径复杂度接近于 1。这就意味着:①关联方一般是孤立的；②在第一层、第二层或第三层的全息画像中，任何关联方都没有太多交叉业务。

根据中小微企业全息画像第一层的关联方计算数值结果，可以得知，几乎所有中小微企业的一度关联方数量都不到 7，因此忽视那些一度关联方超过 7 个的中小微企业。

现在可以对比不良贷款率和全息画像里一度关联方的数量，相应的结果如图 2-12～图 2-14 所示。对于某一中小微企业来说，如果它在全息画像的第一层只有一个关联方，它实际上是企业自身的法人，因此比对不良贷款率和 n（第一层中的关联方的数量），这里，$n=2,\cdots,7,8,9$。

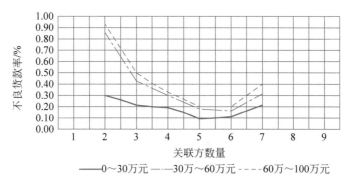

图 2-12　制造业中小微企业的 U 形现象

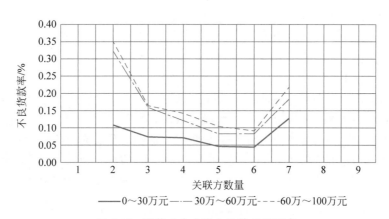

图 2-13　零售业中小微企业的 U 形现象

根据实际数据模拟的结果，可以得知中小微企业在其成长的过程中，它们呈现出前面介绍的 U 形现象①，即图 2-12～图 2-14 分别展示了制造业、零售业和金融服务业的关联方数量同违约率之间的关系②，对于中小微企业，其关联方的数量 n 从 2 增加到 3 时（这里排除了 $n=1$ 的企业，因为法人也是企业的关联方，但对于中小微企业两者具有同一性），中小微企业的不良贷款率开始下降。但当 n 大于 6 之后，不良资产比率又开始增大。

---

① 在本讨论中，不确定投资没有限定为风险投资或非风险投资。

② 由于金融服务业的样本规模不大够了，我们不对其按企业规模分类。

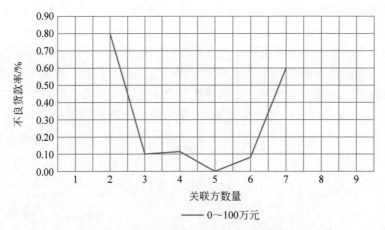

图 2-14　金融服务业中小微企业的 U 形现象

其实,图 2-12~图 2-14 刻画了对于中小微企业,当投资者的数量为 4~5 个,(由于随机共振现象的出现)将会给企业的发展带来积极影响,因此会降低企业的违约率;然后,更多的外部投资者并不会给企业带来更好的影响。根据目前掌握的文献知识,这是第一次看到基于随机动力系统模型(2-4)为工具,结合随机共振这个特有现象让我们从理论到实践发现了刻画中小微企业发展变化过程中独特的 U 形现象这个特征,这也是过去从来没有观察到的基本成果。

下面通过系统的仿真结果来讨论中小微企业网络的不同绩效度量。除非特别说明,假定中小微企业的发展按照"技术-资本"转变的互动范式进行,利用前面介绍的双稳态效用函数(2-1)来描述对应的"技术"和"资金(产品)"的均衡点,并设定基于双稳态方程中的参数为 nu_0;在方程(2-12)、(2-13)和(2-14)中,不同的绩效度量源于久期为 5 年的随机路径 $x(t)$ 的总体均值。利用经典的二阶 Runge-Kutta 算法和快速傅立叶变换为工具,通过系统仿真,可以观察到平稳的动态行为和激励效应,包括平稳的单位风险收益(URR),关联的系统响应风险 VaRS,将分别用来描述实体内部和外部系统的函数参数,如:内部投资 A_0 具有级别 D_0 的内部风险,风险资本 A_1 具有级别 D_1 的外部风险;同时,在不失一般性的情况下,假定驱动频率设为 $\Omega \approx 0.019\,2$(对应于周度的周期转换),通过归一化处理驱动振幅和噪声强度,这里,$D=D_0+D_1$,$D_0=\beta m_0=\beta$ 和 $D_1=\beta \sum_{j=1}^{N} c_j$,阻尼常数设置为 $m_0=\gamma_0=1$,$\gamma_0=1$,得到表 2-7~表 2-9 中的模拟结果,其中的"PL"表示 c_j 服从"幂律分布"进行的模拟。

按照表 2-7~表 2-9 中的输入参数,有对应的图 2-15~图 2-17 的结果。

表 2-7　模拟的参数设置(制造业)

注册资本	m_0	c_0	c_j	γ_0	ν_0	kB	I_0
0~30 万元	0.188 1	0.124 2	PL	1.00	1.20	0.025	1.00
30 万~60 万元	0.427 7	0.498 2	PL	1.10	1.20	0.025	1.00
60 万~100 万元	0.492 8	0.963 1	PL	1.15	1.20	0.025	1.00

表 2-8　模拟的参数设置（零售业）

注册资本	m_0	c_0	c_j	γ_0	ν_0	kB	I_0
0～30 万元	0.313 5	0.127 5	PL	1.00	0.95	0.025	1.05
30 万～60 万元	0.712 9	0.501 0	PL	1.10	0.95	0.025	1.05
60 万～100 万元	0.821 3	0.984 8	PL	1.20	0.95	0.025	1.05

表 2-9　模拟的参数设置（金融服务业）

注册资本	m_0	c_0	c_j	γ_0	ν_0	kB	I_0
0～30 万元	0.438 9	0.062 7	PL	1.15	2.50	0.025	0.90
30 万～60 万元	0.698 6	0.499 0	PL	1.20	2.50	0.025	0.90
60 万～100 万元	0.862 3	0.985 5	PL	1.50	2.50	0.025	0.90

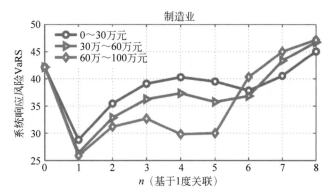

图 2-15　系统响应风险 VaRS 与不同内部资本的双稳态中小微企业系统与不同数量的一度关联合伙方的表现（以制造业样本为基础）

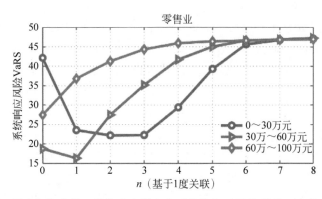

图 2-16　VaRS 与不同内部资本的双稳态中小微企业系统中与不同数量的一度关联合伙方的表现（以零售业样本为基础）

3. 中小微企业成长演绎行为的解读

在这部分，基于以上建立的总体框架，结合实践中的经验数据所提供的基本信息，可以对制造业、零售业和金融服务业三个行业中小微企业的演绎动态行为进行解读。

针对图 2-12～图 2-17 所示的结果，首先以制造业的仿真结果为例来解释 U 形现象

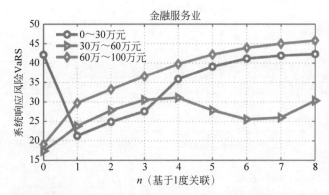

图 2-17　VaRS 与不同内部资本的双稳态中小微企业系统中与不同数量的一度关联合伙方的表现(以金融服务业样本为基础)

在中小微企业的运营中所代表的含义。对于某一中小微企业来说,关键的一点是用所涉总投资者数量的变化描述中小微企业的行为。比如,按照前面的模拟结果,一般来说,当投资者的数量 n 不是太小($n \leqslant 1$)或太大 ($n \geqslant 6$)时,企业的业绩更好,当 n 从 0 增加到 1 时,其单位风险收益(URR)先降低,然后再增加(当 n 从 1 到 4 或 5 左右)。这意味着投资者太多并不一定总是好事,这好像违背了直觉和传统的理解,这就是所谓的 U 形现象,下面针对三个行业进行更详细的讨论。

1) 模拟制造业的情况

对于制造业中小微企业,基于实体演变动态的双稳态系统,结合 3 210 865 家拥有三个层次内部资本的企业样本信息,对应结果表明:基于 URR 作为输出指标表明,制造业也呈现 U 形现象,也就是说,当节点 n 从 0 到 1 (一般情况下,应该排除 $n=0$ 的情况,因为实体本身没有外部投资),URR 首先下降 (这意味着中小微企业面临较大风险时,违约的情况较少);但当 n 从 1 到 2、3 和 4 时,URR 增大,因此 URR 收益情况变好时中小微企业违约的概率较小;最后,当 n 从 4 到 5 和 6 时,URR 再次轻微下降,出问题的风险较大。当 n 从 6 到 7、8 时,URR 在上升,但是可以忽略不计,因为表 2-4 显示,只有不到 0.25% 的制造业中小微企业在第一层上的节点数量大于 7。综上所述,随机共振在 $n=$ 3,4 时出现,这将促使该类企业有更好的业绩(违约风险较少)。这意味着,当 n 小于 2 或大于 5 时,也就是说更少或者更多的投资人都不益于企业,这也违反了人们最初的直觉和传统的理解,可以称之为只有在中小微企业中才能观察到的所谓 U 形现象。

2) 模拟零售业的情况

对于零售业中小微企业,资金量为 0~30 万元和 30 万~60 万元的情况,当 $n=1$ 时,两类企业的 URR 都达到最低的水平,然后 URR 上升,直到 n 从 2 到 5 时,URR 保持相同的水平。由于零售业是真正的工业与商业交易之间的中介业务,可以认为这是 U 形现象的变形。如果更多的投资注入实体,它肯定会随之更好更强,因此可以将这种现象称为零售业的"上升 L 形现象",这可以理解为 U 形现象的一种变形。

对于 60 万~100 万元级别的企业,由于零售业可获得出厂价格和零售价格之间的利差,理所应当规模越大,收入越高。这就解释了为什么投资人越多,URR 越高这一现象的发生。

3）模拟金融服务业的情况

就金融服务业而言,其业务是管理风险,在资本不多的情况下,这类中小微企业很容易没有业务,如 0～30 万元就是一个例子,30 万～60 万元和 60 万～100 万元级别的企业可以套用上面零售业企业的解释,所以它们显示的是"上升 L 形现象"。

2.2.5　中小微企业信贷产品与实践应用案例

我们在大数据框架下,通过引入全息画像这个概念,建立了针对中小微企业发展的动态演化机制。通过其业务行为的网络结构信息的呈现,结合中小微企业成长演变表现形式中的风险回报 URR 的动态变化,并使用基于双稳态的随机共振理论,考虑"资本-产品"转换效应的周期力。结合中小微企业外部和内部资本环境相关的宽带随机波动,中小企业相应的发展变化受到竞争和合作的两种力的驱动。这使得中小微企业的成长演变系统转化为发生在效用最大和风险等级最优的两个(局部)稳态之间的互动。而相应的周期力刚好使其在一个周期里完成一次转化,并在系统相应的风险等级的测量下得到 URR 的最大输出值。因此,形成随机共振的中小微企业的商业行为,也就是中小微企业成功发展需要考虑的竞争与合作机制的一种耦合。这种耦合有助于中小微企业发展机制的调整,也就有助于中小微企业在资本投入的持续管理和风险控制之间寻求可以健康发展的一种协同平衡。

对于中小微企业来说,应用全息画像,不仅能够在其发展过程中建立成长演变的动态模型,找到对应的 U 形现象发生的条件和场景,还可以利用全息画像作为创新工具,与业务比较领先的商业银行进行合作,建立针对中小微企业的无担保抵押的信用贷款产品,称为"全息信贷风险评估解决方案"(简而言之,"全息信贷贷款")。对于中小微企业贷款申请而言,产品具有多维度、多状态、动态的特征。它可以为处于八种不同类型的大数据环境下的中小微企业基于大数据的融合提取嵌入全息画像中的风险基因。

全息信贷贷款包括以下八个模块(基于中小微企业贷款申请的八种类型的数据),其中"(6)、(7)、(8)"适用于"大数据融合"场景,可用于由相应的全息画像提供的业务场景使用,它们是:

(1) 公司模块;

(2) 公司信用模块;

(3) 企业模块;

(4) 企业信用模块;

(5) 财务报表模块;

(6) 环境模块;

(7) 全息画像的关联方模块;

(8) 不同的场景,如税务等。

在此基础上,通过与业务比较领先的城市商业银行合作,2016 年某金融科技公司推出了针对中小微企业贷款申请的纯信用(无担保抵押)贷新产品。该贷款产品上限通常为100 万元人民币,期限从 3 个月到 1 年不等。

在实践中,利用企业贷款申请的基本信息,即"注册号、税号、法人个人身份证"以及商业银行有权在网上从中国人民银行和相关机构提取信贷信息,税务信息,和申请人贷款的场景数据和它类型信息①,支持这个信贷产品的全息画像"全息信贷工具"的在线评估需要几秒钟的时间就完成对企业申贷的大数据融合评估并提供给授信员是否发放贷款的评估结果。从 2017 年 1 月至 2020 年 12 月,商业银行使用全息信贷工具中小微企业贷款申请人放贷的规模超过 100 亿元人民币的贷款,在无须任何"抵押品"的情况下,其平均年化不良贷款率低于 1.5%。

作为在大数据框架下使用金融科技产生的创新,基于全息贷款解决方案可以评估中小微企业的风险,并帮助银行实现信用决策自动化。因此,本节提出的全息画像方法可以应用在普惠金融、消费金融和其他相关的服务领域。此外,通过全息画像评估中小微企业,可以为中小微企业贷款申请需要考虑的"动态风险评估",消费金融中需要的"穿透式管理(或监管)"在大数据框架下得到一个全维度的解决方案,从而支持金融科技迎接新挑战需要的落地实施解决方案时代的到来。

本节通过建立一个新的普适性框架全息画像,来描述中小微企业发展行为的动态演变机制。这是一种在金融科技大数据环境下,处理由给定实体的商业行为产生的复杂网络结构提供的结构化或非结构化信息,完成数据融合后,进一步从与商务生态系统相关的复杂金融网络结构中提取与风险相关的风险基因。它建立了对中小微企业成长"好与不好"的风险评估体系,这也是通过企业(商业)行为的网络结构信息研究中小微企业发展机制的新方法。本节为中小微企业演变建立的框架,可以在不需要传统意义的会计、财务和相关金融资产信息的情况下,对中小微企业进行风险评估和对应的贷款申请工作。2016年推出的支持中小微企业贷款的好企贷产品纯信用贷款融资解决案例,也解释了全息画像方法如何为解决长期困扰人类对中小微企业(和个人)信贷进行信用风险评估问题提供了新的理论基础。因此,中小微企业商业行为的全息画像方法除了能揭示驱动随机共振行为以及和中小微企业发展成功相关的竞争与合作机制外,也有助于中小微企业发展机制的调整,以及通过全息画像提供的信息对中小微企业进行资本和风险控制的持续管理,支持和帮助企业健康发展。未来基于全息画像和动态本体论来建立动态信用评级机制,在大数据框架下运用金融技术方法,通过动态估值和动态套期保值功能还可能实现对金融市场的智能投资。

2.3　公司财务欺诈行为典型特征刻画指标

本节的目的是讨论可以刻画公司财务欺诈的特征因子指标,并结合在实证层面的数据结果来解读甄别财务欺诈的表现能力。

正如前面介绍的,特别是在大数据框架下,所有的金融场景都可以通过结构化和非结

---

① 这里,尽管没有提供对"全息信贷贷款"实施的详尽披露,希望指出的是基于中小微企业特有的 U 形现象为出发点,其核心点是将大数据场景平台应用于中小微企业贷款应用场景中至少八种不同的数据类型,在全息画像的帮助下,建立针对中小微企业的由 320 个左右的风险因子构建的动态评估系统(从而克服了无传统的财务、资产信息的评估困难)。

构化数据(语言)来进行描述。为了提取可以刻画公司财务欺诈特征指标并保证提取或筛选出的风险特征具有甄别财务欺诈的解读性和可靠性,就需要有对应的推断原理和实施标准作为支持,即从关联关系的角度出发,需要建立针对非结构化关联关系用于刻画不同金融场景的(结构化和非结构化)特征提取的推断理论。尽管目前基于大数据框架下的特征提取还不成熟,但是在本书的第 4 章,将比较系统地介绍如何在大数据框架下,基于人工智能的(吉布斯抽样)随机搜索方法进行特征提取的一般框架与标准的建立(参见文献[96-104]中的相关讨论和技术基础)。因此本节的主要工作是讨论刻画公司财务欺诈需要考虑的因素和对应的基于大数据方法筛选出的 8 个显著指标的表现实证(参见袁先智等[103-105,158]的系统分析)。

2.3.1 公司财务欺诈行为背景介绍

随着大数据时代的到来和金融科技的发展,大数据的思维框架和机器学习方法的快速发展为财务欺诈识别提出了新的解决思路。在量化投资逐渐成为主流的今天,Beneish 提出的 M-Score 方法①为基于量化分析进行财务欺诈风险建模提出了初步的框架与模拟方法。但在更一般的财务欺诈风险识别与管理的领域,需要量化分析工具为服务于不同目的的尽职调查工作提供指引,因此也对财务欺诈风险的模型计量与刻画方法提出了更高的要求。为了满足各种不同应用场景下的需求,在大数据的背景下需要一种能够根据不同的目的进行特征提取的方法,从而更有效地支持服务于不同目标的财务欺诈识别与风险管理等应用场景。

上市公司的财务欺诈风险不仅会对股东利益造成巨大损害,也会由于其自身的商务和规模效应等关联因素的连锁反应而引发系统风险。在业界实践中,公司的财务欺诈风险识别一般需要从会计、财务、法务、税务、内控管理等多个方面进行系统的分析和尽职调查。在金融科技快速发展的今天,在大数据的框架下对企业的经营、财务、金融、生态等多个维度进行全息画像的融合处理,除了可加强更全面的尽职调查和风险评估外,还可提高和完善对财务欺诈的识别与风险管理的能力。

对企业运营管理表现好坏的分析和评估,最具代表性的方法是 Palepu 等提出的从战略、会计、财务、前景四个方面对公司进行全面分析,即有名的哈佛分析框架。哈佛分析框

---

① "M-Score"是一种用于表示企业财务造假倾向性或可能性的数值指标,由 Beneish 于 1999 年提出[BENEISH M D. The detection of earnings manipulation[J]. Financial analysts journal,1999,55(5):24-36.]。因为作者全名为 Messod D. Beneish,故该指标简称为"M-Score"。简单来说,M-Score 的核心方法是提出了 8 项能够表示企业财务操纵行为的指标,并用 Probit 模型回归估计出指标所预示的企业进行了财务操纵的概率。至今为止,M-Score 仍是识别财务操纵的最流行的量化指标之一,原因除了它简单明确、易于计算之外,还有就是当年该文献发表于 *Financial Analysts Journal*,至今都有 CFA 协会在其教材中介绍推广。M-Score 模型包括的 8 项指标有:①基于应收账款的日销售指数(Days Sales in Receivables Index,DSRI);②毛利率指数(Gross Margin Index,GMI);③资产质量指数(Asset Quality Index,AQI);④销售增长指数(Sales Growth Index,SGI);⑤折旧指数(Depreciation Index,DEPI);⑥销售及行政开支指数(Sales General and Administrative Expenses Index,SGAI);⑦杠杆指数(Leverage Index,LVGI);⑧总应计负债对总资产比例(Total Accruals to Total Assets,TATA)。另外,除了上面提到的 M-Score 模型,在安然公司造假事件后,Dechow P M 等。(DECHOW P M, et al. Predicting material accounting misstatements[J]. Contemporary accounting research,2011,28(1):17-82.)在 M-Score 基础上也建立了称为"F-Score"的思路来刻画财务造假预测模型(参见文献[239])。

架的核心思想是基于多维度的融合分析方法,即对公司的分析不能孤立地从财务或其他单一的方面进行,而是应该根据各方面信息来得出综合的分析结论。同时它也强调了会计报表质量对于公司评估的重要性,因为如果公司财务报表不能够反映其商务和业务运行的真实情况,就意味着公司可能存在财务欺诈的风险。这给公司、投资人、行业和社会都会带来不可估量的损失和伤害。

美国注册会计师协会(AICPA)在其标准 SAS99(和 SAS82)《在财务报表审计中对欺诈的考虑》中把财务欺诈定义为"在财务报表中蓄意错报、漏报或泄露以欺骗财务报表使用者"。纵观全球资本市场,上市公司财务欺诈都是资本市场中不可忽视的一类事件。一方面,财务欺诈事件会给投资者带来巨大的损失;另一方面,上市公司通常都是具有一定影响力的(集团或实体)公司,这些公司的财务欺诈所引发的连锁反应可能演化成为系统风险(例如安然事件)。在国内,自 1990 年上海和深圳两大证券交易所先后成立,我国资本市场蓬勃发展的同时,上市公司的财务欺诈风险也同样成为我国资本市场中投资者与监管者不得不面对的课题,Niu 等对中国市场的实证研究发现公司欺诈行为会对投资者行为方式产生重大的影响,使投资者变得更加保守,从而对资本市场造成伤害。另外,对公司财务欺诈风险的分析涉及公司的经营、管理、财务、法务、公司治理、信息披露和监管等方方面面,因此在实务中对公司财务欺诈风险进行甄别时需要根据不同的目标进行繁杂的专业分析和配套的各种尽职调查。Healy 和 Palepu 从信息不对称的角度对公司信息披露进行了研究,提出了对公司信息披露进行分析研究的方法框架,并对各类信息披露监管法规、披露渠道方面的研究进行了梳理和总结。此外,他们的研究还发现许多在业界实践中尚未得到落地实施和需要解决的基础性问题。Defond 和 Zhang 从衡量审计质量的角度进行了研究,提出了衡量审计质量的方法框架。Donovan 等在他们的基础上对于审计质量评估的方法进行了进一步的研究。Yang 和 Lee 从法务、会计的角度对企业欺诈风险管理进行了研究,提出了以平衡评分卡为基础的评估方法,为公司治理、反欺诈等提供了决策工具。Vanhoeyveld 等对税务层面的欺诈行为进行了研究,通过无监督异常检测的方法对增值税欺诈的问题提出了解决方案。Nurhayati、Goode 和 Lacey 也讨论了公司内控管理制度与财务欺诈风险之间的关联关系。

本节聚焦上市公司财务欺诈的问题,以大数据框架下的吉布斯随机搜索方法为工具,在克服了由于考虑财务报表钩稽复杂关系而产生的维数过高带来的数据处理的灾难问题的情况下,从财务报表数据以及各财务数据的钩稽关系中提取出了八个与财务欺诈高度关联的风险特征因子,它们是:"1)扣非净资产收益率;2)在建工程增长率;3)预付款项增长率;4)利息费用(财务费用)/营业总收入;5)投资净收益/营业总收入;6)其他收益/营业总收入;7)其他应收款(含利息和股利)/总资产;8)长期借款/总资产。"

这八个特征因子能够有效地刻画上市公司的财务欺诈风险,同时,结合这八个特征指标对应的 Odds Ratio(OR)值和其背后的会计含义进行分析发现,与上市公司财务欺诈风险具有高度关联性的特征通常与公司的会计政策选择、公司治理等因素具有高度的关联性,这一点与传统的财务报表分析框架相符。同时,结合中国 A 股市场 3 500 多家公司的真实样本,对应的数据分析显示本节建立的刻画财务欺诈风险的特征指标具有显著的差异性表现。

另外,对于一个公司,只有在比较全面的董监高治理框架下,才可以从筛选出的特征来实施针对公司财务在欺诈方面的探测与预测功能的有效实现。正如 Beasley 早在 1996 年就发现的那样,如果公司的董事会成员不超过 5 人,或者董事会中外部人员占比少于50%,或者其审计委员会成员不超过 2 人,都可能是引发财务欺诈的红线(参见袁先智等在文献[103-105,158,205]中的讨论)。

2.3.2　公司财务欺诈行为的特征指标

财务分析是进行财务欺诈识别工作中一个极其重要的环节,但在真实的场景中财务欺诈活动具有高度的动态性和不确定性,需要对财务与非财务的因素进行综合分析才能得出最终的结论。针对这种动态性和不确定性,我们认为在大数据的框架下应该通过对财务欺诈特征的刻画来模拟一家公司的财务欺诈风险,而不是定性判断一家公司是否在其真实的业务活动和信息披露中存在财务欺诈。但为了实现大数据框架下的财务欺诈风险特征刻画,首先需要在传统的分析方法中构建相对一般化的初始特征,或者说寻找基于人工智能大数据分析的方法来构造初始特征集合。同时,考虑到初始特征集合可能包含的关联因子比较多,各个特征之间还会存在交互效应使得特征筛选工作面对典型的 NP 问题[①],为了克服 NP 问题,可以考虑通过基于人工智能的吉布斯随机搜索算法来完成针对公司财务欺诈风险刻画的特征筛选。

1. 上市公司财务欺诈风险特征介绍

上市公司进行财务欺诈活动的原因可能是多种多样的,其表现形式和实施手段也是随着社会、经济的发展进程而持续演化的,因此财务欺诈活动具有高度的不确定性和动态性。陈竞辉和罗宾臣针对亚洲上市公司财务欺诈案例进行研究后,指出各类不同的财务欺诈案例都显示出公司治理中的不足是财务欺诈的重要特征,但是由于行业特点、监管要求等各种因素的变化,每一家公司中的公司治理问题也会以完全不同的形式表现出来。叶金福基于国内财务欺诈样本进行研究也得出了类似的结论,指出复杂的股权结构、资金流动缺乏痕迹、业务环节难以验证、高风险的会计政策等是财务欺诈的重要风险因子;同时,他的研究还指出由于经济活动的组织形式随着社会发展的步伐也在不断演化,而且在不同行业的财务欺诈也会有不同的表现形式和特征,很多行业的经营特征难以在短时间内形成一般性的经验和结论。刘姝威则系统阐述了财务欺诈识别需要从财务、基本面(包含宏观经济、行业特征、公司治理、管理能力、经营特征等多方面因素)、现场调查等多角度综合分析后才能得出结论,同时指出现场调查应该是判断财务欺诈的核心环节。结合真实的案例来看,对于其业务线相对清晰的公司如银广夏、蓝田股份、康得新、雏鹰农牧等,分析人员可以对公司的财务数据、业务数据、资产凭证等信息进行综合分析来定位财务欺诈的原因,并查找相关证据。但是对于多元化经营的集团(如德隆)而言,错综复杂的集团生态网络关系很可能掩盖其中的利益输送等关系,对于其中是否存在财务欺诈的问题同样难以定性。王昱和杨珊珊在研究上市公司财务困境中对财务数据指标体系也进行了

---

① "NP"问题的全称是"Non-deterministic Polynomial"问题,即"多项式复杂程度的非确定性问题"(通常称为"不可计算问题")(参见文献[84])。

分类研究,发现资产规模、资本结构、偿债能力等 21 个财务比率可以建立财务预测指标体系。洪文洲等也在 2004—2013 年的时间段中选择了 44 家财务欺诈舞弊的公司和 44 家正常经营的上市公司进行了财务舞弊指标(27 个)的对比验证。周利国等则将公司的财务数据(利息保障倍数、总资产周转率等)作为研究企业集团信用风险传染效应的微观协变量,结合宏观协变量确定公司的违约距离。以上的文章尽管研究的焦点不同,但是涉及公司是否存在违约、欺诈以及财务困境,都离不开对公司底层财务数据的分析。

基于上述的研究和商务、财务、会计报表之间的关系,可以知道所有的财务欺诈活动都会在财务报表及关联方信息中留下线索和痕迹。这就使得通过财务大数据的全息画像方法对上市公司的财务欺诈进行多维度的刻画成为可能。面对财务欺诈的高度不确定性和动态性,在大数据框架下进行特征刻画时不应该从定性判断的角度入手,而是应该从风险计量的角度来模拟上市公司存在财务欺诈的风险。这种风险特征刻画的思想可以在更高效地规避风险的同时节省大量用于投资研究的时间。在金融科技快速发展、量化分析逐渐占据主流的今天更能满足量化投资、信用评级等现实应用场景中的实际需求。

2. 特征提取方法简介

在面对海量数据时,通过算法自动发现的特征之间的关联关系即为特征提取。在统计学中,相关性检验能够反映特征之间是否存在线性相关性(例如使用皮尔逊相关系数),但是在大数据框架下大量的特征之间的关联性都是非线性的,难以通过相关性来描述。另外,在面对高维特征空间的时候,很难通过变量之间的两两线性相关关系找到最适合用于建模的特征子集,而遍历特征空间则会面临典型的 NP 问题,算法会因为指数级的算法复杂度而在面对高维特征空间时失去计算可行性。而正则化方法在特征空间维数接近甚至超过观测样本数量时极有可能无法收敛。综上所述,在大数据的背景下,对高维特征空间进行特征提取时难以避免两个难题,一是由于特征之间(包括特征与响应变量)的关联关系不再只是线性的相关关系;二是特征空间维度过高而观测样本数量有限的矛盾。为了解决上述两个难题,可以考虑采用逻辑(Logistic)回归的方法来刻画上市公司的财务欺诈风险,并借鉴关联规则学习算法解决特征维度过高的思想,在基于马尔科夫链蒙特卡洛(MCMC)框架下的吉布斯随机搜索算法在观测样本量有限的条件下降低计算复杂度。

关联规则学习是显示数据中特征之间关联关系的技术,目前被广泛应用于零售、金融、Web 用户行为分析等领域。例如,通过对用户的网页浏览数据进行分析可能会发现常在购物网站搜索剃须刀的用户同时还可能需要搜索什么别的商品,从而准确地向用户推送相关产品网页链接。由于这些应用场景中常会面对大于观测样本数量的特征数量(即上文提到的特征空间维度过高而观测样本数量有限的矛盾),关联规则学习中通常都会针对这一问题提出解决方案。

在大数据框架下基于人工智能吉布斯随机抽样(Gibbs Sampling)的特征挖掘算法和实现流程是一个十分有效的工具,将在 4.5 节进行全面介绍。这里简要陈述其实施的基本思想:利用吉布斯随机抽样在复杂采样过程中不易造成偏差的特性从复杂的多元概率分布中产生随机向量,实现对特征空间进行随机抽样的同时保证所抽取随机样本能够保持特征的原始信息,从而将 NP 问题转化为多项式复杂度的问题。这就解决了高维特征空间中的关联规则学习问题。

其核心是在马尔科夫链蒙特卡洛(MCMC)框架下利用吉布斯随机抽样方法来建立刻画公司财务欺诈行为表现的特征因子的提取,即假定每个特征因子服从伯努利分布,然后对特征空间(所有可能的特征因子的集合)进行随机抽样,保证随机抽取出的特征因子包含观测到的样本的初始特征(这是实现路径的第一步);然后通过利用 AIC(Akaike Information Criterion)或者 BIC(Bayesian Information Criterions)实现对特征因子的随机搜索(即实现路径的第二步);同时,在特征因子服从伯努利分布的假定下,通常要求使用的吉布斯抽样方法结果的显著性表现误差不能大于 5%,需要设定控制误差的随机抽样样本次数为 400 次(参见 4.5 节的讨论,即实现路径的第三步的推导解释),这样就解决了特征空间复杂度高而且观测样本不足的问题。这个 NP 问题通过吉布斯抽样方法中用到的随机搜索(stochastic search)转化为多项式复杂度问题,从而降低计算的复杂度。汇总成一句话,即在观测样本数量有限的条件下,通过吉布斯抽样方法(基于 AIC 或 BIC 构造转移矩阵)对特征因子的所有情况(构建成的幂集)进行筛选,并得出与财务欺诈行为相关的特征因子。

2.3.3　建立全面刻画公司财务欺诈的预警体系

本节将介绍基于舞弊审计准则(SAS99)财务欺诈舞弊的"财务欺诈三角形"理论[①],结合公司董监事会的治理框架,梳理和汇总管理层是否有机会参与财务报表进行舞弊的行为表现;并结合前面讨论的刻画财务欺诈风险指标,建立有效的财务欺诈风险预警和管理。下面首先讨论支持刻画欺诈风险特征提取的实证计算表现。

1. 案例分析

1) 案例数据与初始特征描述

(1) 黑白样本数据:从 CSMAR[②] 违规处罚数据中筛选证监会、交易所因为上市公司在 2017 年、2018 年两个年度中因为财务报告披露不规范或真实性存疑而发出的问询函件数据,将被问询的上市公司作为"黑"样本。其余在 2019 年 1 月 1 日以前上市的公司若未在以上两个年度中被问询则作为"白"样本。

(2) 特征数据的核心指标:本节采用的特征构造方法基于财务报表之间的钩稽关系,利用公司在粉饰财务一部分科目时可能引起财务报表其他科目数据异常来进行对财务报告异常的识别,因此主要特征的基础数据为"上市公司的主要财务比率、各个财务报表科目的同比增长率、百分比报表三个部分"。

---

　① 关于企业舞弊行为的成因,理论界提出了企业舞弊形成的三角理论(其他还有 GONE 理论和企业舞弊风险因子理论等许多著名的理论)。该理论由美国注册舞弊审查师协会(ACFE)的创始人、现任美国会计学会会长史蒂文·阿伯雷齐特(W. Steve Albrecht)提出,他认为,企业舞弊的产生是由压力(pressure)、机会(opportunity)和自我合理化(rationalization)三要素组成,就像必须同时具备一定的热度、燃料、氧气这三要素才能燃烧一样,缺少了上述任何一项要素都不可能真正形成企业舞弊。压力可能是经营或财务上的困境以及对资本的急切需求(也参见文献[83]和文献[239]中的讨论)。

　② CSMAR 是一个提供中国金融和相关市场金融财务数据信息的公司平台。

2) 刻画财务欺诈风险特征提取的数值表现

（1）筛选特征的甄别能力结果表现。选取关联显著性指标高于 0.5 的特征作为建模特征进行建模，得到如图 2-18 所示的 8 个特征都与上市公司的财务舞弊风险存在显著的关联性。再结合模型的 ROC 表现（图 2-19），模型能够有效地甄别出具有较高财务舞弊风险的样本公司，样本内外的 AUC 值分别为 0.771 和 0.766。同时，这 8 个指标也从正负两个方面来刻画公司财务是否真实的风险：比如，"利息费用占营业总收入的比例和其他应收款占总资产的比例"与上市公司的财务舞弊风险存在显著的正关联性；而其余特征如"扣非净资产收益率、在建工程增长率、预付款项增长率、投资净收益和其他收益占营业总收入的比例、长期借款占总资产的比例"则与上市公司的财务舞弊风险存在显著的负相关性（图 2-18）。

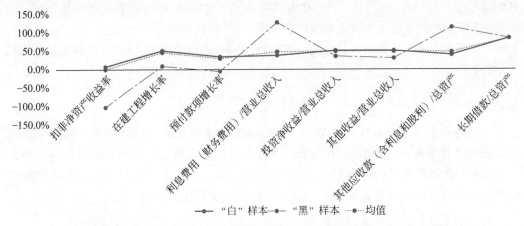

图 2-18　财务欺诈风险的八大特征对中国 A 股市场的显著性实证表现

（2）财务欺诈风险的八大特征对中国 A 股市场的显著性表现。

基于本节筛选出用于刻画财务欺诈的八大特征，结合 3 549 家上市公司样本 2018 年年报信息，通过针对指标的离散化分析，有图 2-18 表现的高关联特征指标值（其中，"黑"样本公司 353 家，"白"样本公司 3 196 家）。同时，图 2-18 的数据也表明，除"长期借款/总资产"对应的"黑""白"样本差异显著性值较小外（此指标包含在八大指标中的一个本质原因是公司的长期债务比是公司稳定运行的一个核心基础标杆），其余 7 项筛选的特征从数值的绝对值上都能体现出黑白样本的显著差异性，这表明筛选出的 8 个特征指标能够对公司财务欺诈现象进行甄别。针对刻画财务欺诈风险模型的 ROC 测试也表明这些指标有比较有效的预测能力（对应的样本内和样本外的 AUC 值都在 0.76 左右），即本节筛选出的 8 个特征可以有效支持公司财务欺诈行为的探测与预测（Detecting & Predicting）功能的落地实现。

2. 公司监事关联性

以 3 459 家上市实体公司为样本，在公司具有比较合理的监事会人数环境中（即在 5～9 人之间的情况下），测试结果表明：公司监事会人数多少与公司财务欺诈无本质关联。

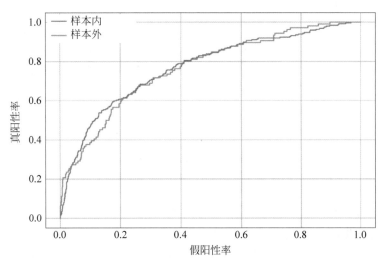

图 2-19　财务欺诈"黑""白"样本平均值比较图示

如表 2-10 所示,统计数据分析和测试结果也表明,在公司具有比较合理的监事会人数情况下(即在 5～9 人的情况下),公司监事会人数多少除了与公司资质无本质关联性外,对于一般的实体企业,不管是处于 A 类(从 A、AA 到 AAA 的信用评级)或 B 类(从 B、BB 到 BBB 的信用评级)或 C 类(从 C、CC 到 CCC 的信用评级),在一般情况下,25％左右的公司的董事会成员为 7 人,46％左右的公司的董事会成员为 9 人,二者相加表明,70％左右的公司的董事会成员为 7 人或者 9 人。同时,对于监事会,80％左右的公司的监事会成员为 3 人,另外 14％左右的公司的监事会成员为 5 人(图 2-20)。

表 2-10　公司董监事会人数与公司资质关系

| 实体公司(不包含金融机构)董监事会平均人数与信用资质(信用评级)的关系 | | | | | | | | | | | | | |
公司等级	平均人数	5	6	7	8	9	10	11	12	13	14	15	17	18	总计
AAA-AA	8.35	7	9	35	13	61	2	9	5	1	0	1	0	0	143
A	8.39	19	20	116	36	225	10	18	9	1	5	3	0	0	462
BBB	8.37	43	31	217	70	402	22	46	19	1	0	7	1	0	859
BB	8.52	26	27	135	68	295	13	48	11	3	3	8	0	0	637
B	8.43	32	30	172	77	359	16	43	16	2	5	4	0	0	756
CCC-C	8.23	41	36	186	55	326	11	32	10	1	1	5	0	1	705
总计		168	153	861	319	1 668	74	196	70	9	14	28	1	1	3 562

3. 建立有效预测财务欺诈框架

在大数据框架下利用吉布斯随机搜索方法为工具,提出了基于上市公司财务报表数据分析的财务欺诈特征提取方法,解决了由于考虑财务报表钩稽关系(通过财务报表科目的两两交互项)而产生的维数灾难问题,从财务报表数据以及各财务数据的两两交互项中提取出 8 个特征因子。它们是:"①扣非净资产收益率;②在建工程增长率;③预付款项增长率;④利息费用(财务费用)/营业总收入;⑤投资净收益/营业总收入;⑥其他

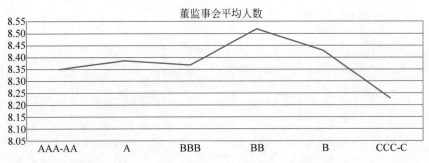

图 2-20 公司董监事会平均人数与公司资质关系

收益/营业总收入；⑦其他应收款(含利息和股利)/总资产；⑧长期借款/总资产"。

我们希望指出的是，针对公司财务欺诈风险特征筛选框架的建立和应用，袁先智等在文献中进行了专门的讨论，特别地，他们通过考虑公司大股东、管理层、董事会、监事会按照持股比例、担任的身份、内外的比例分类分析，利用证据权重(Weight of Evidence, WOE)和信息价值(Information Value, IV)信息量来解释对评估对象可能发生欺诈行为的非结构化特征提取分析。他们有下面的基本结论。

公司股权结构是影响公司财务欺诈风险的重要因素，并可以通过下面四个特征从公司治理框架的角度来预警可能带来欺诈行为的表现(也参见袁先智在文献[104-105]中的讨论)。

第一，大股东和企业法人的持股比例在 5%～50%。

第二，大股东累计持股比例不超过 60%。

第三，管理层的持股比例小于 1%。

第四，董事会中大股东比例不超过 12%。

因此，本文用到的针对 8 个刻画财务欺诈行指标为出发点进行的案例分析，结合针对公司治理框架得到的上面四个非结构化的特征指标，我们认为可构成针对公司欺诈行为表现的从财务到公司治理框架层面的一般特征刻画。

另外，结合在本节讨论的公司监事会人数多少与公司资质基本无关的事实，并与公司财务欺诈基本无关联特征的讨论，希望指出的关系是：对于一个公司，只有在比较全面的董监高治理框架下，才可以从筛选出的特征来实施针对公司财务在欺诈方面的探测与预测功能的有效实现。正如 Beasley 早在 1996 年就发现的那样，如果公司的董事会成员不超过 5 人，或者董事会中外部人员占比少于 50%，或者其审计委员会成员不超过 2 人，这些都可能是引发财务欺诈的红线！

基于大数据和人工智能算法，以财务准则 SAS99 为基本框架，以支持解读财务欺诈的"舞弊三角理论"为基础，结合结构化和非结构化信息，充分利用主体生态的信息，可以实现针对公司财务在欺诈方面的探测与预测，建立动态的评估风险指标，支持业界动态预警与业务管理。但是也应该从公司董监高的治理框架入手，结合发生财务欺诈坏样本的历史长度和基于非结构化的十多种分类的描述，特别要思考如何充分利用人工智能的深度学习，找出刻画公司在下面三类信息与财务欺诈的本质特征关系：①公司审计委员会[及其有效性管理，比如，开会(解决问题)的频率]；②内部审计委员会成员及其有效性工作；③独立的外部理事成员数和工作的有效性信息等。这些是完善公司财务欺诈指标体系建设需要继续工作的重要内容和目标。

2.4　基于生态体系的咖啡馆(CAFÉ)①风险评估方法介绍

2.4.1　生态风险(EcoRisk)模型框架介绍

本节主要讨论在大数据全息画像的框架下,如何计量企业所在的商务生态面临的"生态风险"。首先,以基于大数据框架下的全息画像为平台、基于主体企业为核心的所有关联方为基础构建的商务网络结构为出发点,计量企业的商务生态风险。

1. 支持生态风险建模的基本思想

以全息画像平台为平台,在大数据全息画像框架支持下,利用商务网络结构的上下游结构,结合企业生态结构依附的在管理、商务、股权、交易等方面的关联关系,模拟和计量企业所在商务生态下面临的由于"违规违纪,欺诈等不良行为带来的风险",即所谓的企业"生态风险"。

为了模拟和计量生态风险,首先计量企业面临的商务生态所带来的"系统性风险",它由下面两个部分组成。

(1) 基于商务网络结构的"集中度风险"。

(2) 对应的"传导风险"。

然后,基于企业全息画像的上下游商务结构并结合关联关系,从而构建主体企业基于商务生态所面临的由于"违规违纪,欺诈等不良行为带来的风险",即所谓的"企业生态风险"(Eco-Risk)(图 2-21 和图 2-22)。

"企业生态风险"最终由三部分信息融合分析确定,它们是:

(1) 17 类关联关系的权重(参见下面的陈述);

(2) 上下游结构的数据;

(3) 商务生态拥有的**"集中度风险"**和**"传导风险"**指标。

通过上下游结构的数据可以构建上下游结构指标,与 17 类关联关系中提取出来的关联交易指标、集中度风险和传导风险一起完成对企业生态风险的定义过程。17 类关联关系、上下游关联交易指标的详情见本章附录 2.4 的内容陈述。

2. 企业生态风险计量

在已知目标公司(主体公司)上下游及股权、管理关系数据的前提下,可以构建如下的企业商务风险的识别方法:

1) 基于主体企业关联方数据的集中度风险计量

首先,设定 $c_{i,j}$,其中 $i=1,2,3,4$; $j=1,2,\cdots,11$,用以表示 C 公司是处于主体公司

---

① 这里,咖啡馆(CAFÉ)中四个字母的意思如下:给定一个主体,我们用"C"代表其公司结构的全部信息,即"Corporate Hologram","A"代表公司主体的财务全部信息,即"Accounting Hologram","F"代表公司的金融及资产结构信息,即"Financial Hologram","E"代表公司所处的生态,即"Ecosystem Hologram"。

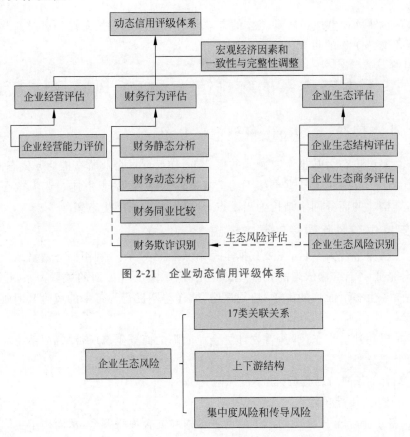

图 2-21　企业动态信用评级体系

图 2-22　企业生态风险

第 i 度关联的第 j 类行业的公司（按照 GICS 行业标准分类，i 表示关联度数，j 表示行业分类）。

当 i 取值为 1 时，在已知其财务数据的情况下，可以得到如下的计算公式：

$$c_1 = \sum_{j=1}^{11} c_{1,j} \tag{2-18}$$

现在定义 $R_{c_{i,j}}$ 表示 i 度关联中 j 个行业的企业的风险，其中 $i=1,2,3,4$，$j=1,2,\cdots,17$，则可以得到

$$\widetilde{R_{c_1}} = \sum_{j=1}^{11} R_{c_{1,j}} \tag{2-19}$$

这里，$\widetilde{R_{c_1}}$ 表示在 1 度关联中，在 11 个行业的所有关联企业的总风险问题。

同理，可以通过同样的方式，得到 $\widetilde{R_{c_2}}$，$\widetilde{R_{c_3}}$，$\widetilde{R_{c_4}}$ 的值。

对于无法确认企业上下游行业的风险的时候，将基于行业平均值确定其风险水平，根据 $R_{c_{i,j}}$ 给出对应的权重 $W_{i,j}$，可得到针对 R 的通用计算方式（当 $c=1$ 时）：

$$\widetilde{R_{c_{1,j}}} = \sum_{j=1}^{11} \bar{R}_{c_{1,j}} \cdot W_{1,j} \tag{2-20}$$

其中，$\widetilde{R_{c_{1,j}}}$ 表示 1 度关联 11 个行业的集中度风险；同时，$\bar{R}_{c_{1,j}}$ 为 $R_{c_{1,j}}$ 的平均值。

此式在 $c=2,3,4$ 时同样成立,表示在 $1\sim4$ 度关联体系中不同关联度下的所有行业的加权平均风险率,可以作为识别企业上下游和行业上下游的关键指标。

这里,需要注意的是 $W_{i,j}$ 作为权重,分为两个部分,它们是:第一部分 $A_{i,j}$ 来自财务收益的权重;第二部分 $S_{i,j}$ 来自股东权益比例的权重。这两部分权重根据不同的应用场景进行选择使用。

例如:如果已知主体企业的关联方公司信息,可以使用 $S_{i,j}$ 作为 $W_{i,j}$;如果已知主体企业的上下游关系信息,可以通过 $A_{i,j}$ 来确定 $W_{i,j}$,最终得到集中度风险指标。

2) 如何处理基于生态的传导风险计量

为了诠释传导问题带来的风险,定义如下:

对给定的 $C_{i,j}(i=1,2,3,4,j=1,2,\cdots,17)$ 表示处于主体公司 i 度关联的 j 行业分类的公司。对应存在 $R_{c_{i,j}}$ 满足 $C_{i,j}$ 的相关风险,此处用绝对值的形式表示:

$$|C_{i,j}| = \sum_{j=1}^{11}\sum_{i=1}^{4} |R_{c_{i,j}}| \tag{2-21}$$

用财务收益权重 $A_{i,j}$ 作为系数,得到传导风险公式:

$$传导风险 = \sum_{j=1}^{11}\sum_{i=1}^{4} |C_{i,j}| \cdot A_j \tag{2-22}$$

3. 生态风险的识别与计量

基本思想是以企业主体具有的全息画像结构和对应的上下游关系(商务链)结构作为基本的生态框架,针对下面陈述的企业相依附的"四大种类关联关系"来解读企业本身拥有的生态结构对关联交易活动的风险识别,然后进行对应商务活动面临的生态风险进行计量,形成从大数据角度才有的企业"生态(欺诈)风险"的刻画和计量。

4. 四大种类关联关系的陈述

基本出发点是将主体企业的上下游企业及所属行业识别方法支持下提供的数据信息作为生态风险识别中的第 1 种类关联关系信息进行解读;同时对主体企业通过股权(直接)和管理(间接)关系形成的关联关系网络结构作为生态风险识别中的第 2 种类关联关系信息进行解读。然后针对第 1 种类、第 2 种类、第 1 种类和第 2 种类信息产生匹配的数据与生态场景配套的风险计量内容进行对比分析,从中找出异常情景。下面陈述四大种类关联关系。

1) 第 1 种类:目标公司(主体企业)的上下游企业信息的比对识别

以上市为样本,从样本公司的年报的应收账款附注、应付账款附注、关联购销披露的部分中人工筛选出其上游(关键词为采购、应收)和下游(关键词为销售、应付)公司的名称,再根据上下游公司的名称从公司数仓中查询其工商注册信息,并提取工商注册信息中的主营业务范围。对上下游的上市公司则需要查询其主营业务收入明细,按照上述方法识别上下游企业所属的行业,那么这些行业就是上市公司所属行业的上下游行业。

2) 第 2 种类:关联方行业识别

总体来讲,行业字典匹配企业关键词形成企业信息到行业信息的映射,再配合其他财务指标形成相应的权重比。

对上市公司进行行业识别时,以按照产品分类的主营业务收入明细表作为识别依据,选出主营业务收入的具体科目,与主营业务收入的词库进行比对,再以该科目的收入金额占主营业务收入的比例为权重判断目标公司所属的行业。

对非上市公司进行行业识别时,选择以其工商等级的经营范围作为识别依据,通过中文分词获得公司的经营范围关键词,然后再将这些关键词与相应的词库进行比对,通过各关键词在同行业的样本公司的经营范围词库中出现的词频来综合判断目标公司所属的行业,从而就能够完成针对所属关联方行业的分类识别。

在上下游企业及所属行业的识别方法中,通过大数据样本的与行业相关联的数据信息,我们就可以获得以公司主体为核心的其上下游行业与主体公司所在的行业之间的权重关系。

3) 第 3 种类:证券交易委员会(SEC)规定披露的 5 类关联

证券交易委员会规定在年度财报中披露的 5 类关联如下:

(1) 与日常经营相关的关联交易;

(2) 资产或股权收购、出售发生的关联交易;

(3) 共同对外投资的关联交易;

(4) 关联债权债务往来;

(5) 其他重大关联交易。

4) 第 4 种类:第三方服务关联关系

(1) 金融市场业务;

(2) 审计业务;

(3) 评级业务;

(4) 其他商务。

5. 基于关联方建立基本标杆通用方法介绍——基于案例的解读

下面以所有的上市公司 5 年的年度财报数据为样本,即基于 3 583 家上市公司×5 年＝17 915 个数据,通过解释来陈述建立基本标杆的通用方法。

首先提取其中由中国证券交易委员会关注的"重大关联交易"项下的 5 类关联方的交易数据,以各自的分类存储为表格形式,可分类整理得到下面的数据(表 2-11)。

表 2-11　5 类关联方的交易数据

关 联 类 型	关联交易方	关联关系	交易内容	定价原则	交易金额	占同类交易金额比例	结算方式
A　与日常经营相关的关联交易							
B　资产或股权收购、出售发生的关联交易							
C　共同对外投资的关联交易							
D　关联债权债务往来							
E　其他重大关联交易							

将表 2-11 中"关联交易方"企业名称对应的交易内容和交易金额与 A、B、C、D、E 的

分类进行匹配,利用如下公式进行计算:

$$关联交易企业权重比 = \frac{单个企业的交易金额}{分类关联交易总金额(A、B、C、D、E)}$$

2.4.2　生态风险识别计量方法介绍

本节陈述基于评估主体系建立的生态商务结构(特别是针对 17 种关联关系),如何进行对应商务生态的(欺诈)风险识别,特别是对应的风险计量。

以建立的"行业关联交易指标"作为基本出发点,建立可知关联类型(17 种分类)和 11 个行业(一级分类)之间发生关联商务活动的概率关系(参见下面表格陈述),在此基础上,可以通过下面的步骤进行针对生态(欺诈)风险的计量。

(1) 根据 11 个 GICS 一级行业进行关联交易概率分类计算 17 类关联交易发生的概率,形成**"11-17"关联交易指标总表**(表 2-12)。

表 2-12　"11-17"关联交易指标总表

行业代码		400000	600000	350000	200000	250000	450000	150000	300000	550000	500000	100000
编号	交易类型	金融	房地产	医疗保健	工业	消费者非必须	信息技术	基础材料	消费者必须	公用事业	通信服务	能源
1	商品交易类	5.26%	3.54%	31.75%	18.42%	25.83%	22.66%	26.00%	32.50%	22.79%	12.29%	25.25%
2	资产交易类	2.47%	0.59%	1.22%	1.63%	1.84%	2.02%	1.41%	1.22%	1.62%	1.82%	2.93%
3	提供或接受劳务	11.76%	11.94%	8.40%	15.33%	12.15%	9.04%	9.41%	7.09%	16.01%	23.99%	19.42%
4	代理,委托	5.18%	0.86%	0.70%	0.95%	0.72%	0.44%	0.46%	0.40%	0.89%	1.82%	0.64%
5	资金交易	47.42%	20.21%	7.11%	11.80%	9.25%	7.64%	8.94%	8.47%	22.10%	5.99%	9.85%
6	担保,抵押	6.21%	47.79%	34.49%	38.21%	34.59%	42.05%	44.10%	37.15%	22.74%	19.67%	31.65%
7	租赁	6.26%	4.79%	6.04%	7.01%	7.76%	6.96%	4.20%	6.15%	6.38%	16.33%	5.23%
8	托管经营(管理方面)	4.20%	4.92%	0.65%	0.70%	1.01%	0.56%	0.51%	0.73%	1.76%	6.75%	0.94%
9	赠与	0.03%	0.03%	0.01%	0.02%	0.03%	0.04%	0.01%	0.07%		0.04%	0.00%
10	非货币交易	0.03%	0.02%	0.01%	0.02%	0.02%	0.01%	0.01%	0.03%	0.02%	0.08%	0.03%
11	股权交易	3.36%	2.76%	4.28%	2.53%	2.43%	3.79%	2.08%	2.67%	3.18%	4.49%	1.58%
12	债权债务类交易	2.38%	0.12%	0.06%	0.08%	0.05%	0.07%	0.06%	0.05%	0.16%	0.10%	0.06%
13	合作项目	0.09%	0.32%	0.13%	0.09%	0.25%	0.13%	0.34%	0.06%	0.10%	1.82%	0.04%
14	许可协议	0.05%	0.12%	0.36%	0.25%	0.41%	0.27%	0.12%	0.45%	0.04%	0.40%	0.06%
15	研究与开发成果	0.03%		0.56%	0.10%	0.35%	0.30%	0.05%	0.05%	0.18%	0.13%	0.16%
16	关键管理人员报酬	3.03%	1.60%	4.07%	2.61%	2.98%	3.82%	2.36%	2.72%	1.74%	3.81%	1.72%
17	其他事项	2.25%	0.36%	0.09%	0.24%	0.26%	0.16%	0.21%	0.16%	0.27%	0.41%	0.44%

(2) 根据 11 个 GICS 一级行业分类(如 400000 金融),计算 17 个交易类型中每一类(如 1 商品交易类)里面的关联关系的各个行业的占比。得到"1(11)-1(17)-11"的层级关联关系明细表(基于全国全部 1.3 亿家企业数据的信息全息画像平台可提供有效实时的分类信息支持),如表 2-13 所示(其中对应的"10.非货币交易"和"16.关键管理人员报酬"

不在表格中)。

表 2-13　针对"1(11)-1(17)-11"的层级关联关系明细表

金融业关联交易矩阵	600000	350000	200000	250000	450000	150000	300000	550000	500000	100000
交易对手行业分类	房地产	医疗保健	工业	消费者非必需	信息技术	基础材料	消费者必需	公用事业	通信服务	能源
1　商品交易类	2.86%	6.25%	5.12%	11.11%	14.89%	22.95%	18.75%	5.00%	5.88%	7.14%
2　资产交易类	0.95%	0.00%	4.09%	1.59%	10.64%	11.48%	6.25%	3.33%	0.00%	7.14%
3　提供或接受劳务	12.14%	22.92%	13.30%	14.29%	31.91%	16.39%	0.00%	15.00%	20.59%	0.00%
4　代理,委托	2.86%	2.08%	3.07%	1.59%	6.38%	1.64%	6.25%	3.33%	2.94%	0.00%
5　资金交易	7.62%	12.50%	15.35%	15.87%	21.28%	22.95%	6.25%	13.33%	2.94%	14.29%
6　担保,抵押	1.67%	0.00%	4.35%	14.29%	4.26%	29.51%	0.00%	6.67%	0.00%	7.14%
7　租赁	3.57%	6.25%	8.70%	4.76%	6.38%	3.28%	12.50%	3.33%	0.00%	0.00%
8　托管经营(管理方面)	7.86%	0.00%	3.07%	4.76%	0.00%	0.00%	18.75%	0.00%	0.00%	0.00%
9　赠与	0.00%	0.00%	0.00%	0.00%	0.00%	0.00%	0.00%	0.00%	2.94%	0.00%
11　股权交易	6.43%	4.17%	6.91%	4.76%	2.13%	4.92%	8.33%			
12　债权债务类交易	1.43%	0.00%	1.53%	3.17%	2.13%	4.92%	1.67%			
13　合作项目	0.24%	0.00%	0.26%	0.00%						
15　研究与开发成果	0.24%	0.00%	0.00%	0.00%						
17　其他事项	1.90%	2.08%	0.77%	0.00%	0.00%	0.00%	0.00%	0.00%	2.94%	0.00%

(3)利用我们自己构建的发生各类关联交易发生欺诈风险的可能性指标(概率)和对应基于欺诈关联发生产生的损失量(欺诈损失,主要来源于真实场景),计算出行业平均损失量(目前可以根据已有的欺诈案例样本进行分析,得到欺诈金额和实际损失额,作为构建关联交易损失量的基准参考)。

(4)给定任意一个企业信息,可以通过平均损失量×发生概率计算出个体公司发生各类关联交易产生的欺诈损失量(此处企业信息可以用行业信息替代,计算行业损失量):

$$欺诈损失量＝平均损失量×发生概率$$

如表 2-13 所示,金融行业为主体行业,医疗保健是管理交易的行业,其发生概率＝10.12%×5.26%＝0.53%。

综上所述,通过对 17 类关联交易指标的扩展,映射 17 类关联交易指标到 11 个行业,形成行业-关联交易复合指标,再根据构建的关联交易损失量得到基于个体企业欺诈损失和行业的平均欺诈损失量。最后根据行业-关联交易复合指标,针对给定企业的信息得到平均损失量和个体企业在行业分类下的发生概率,构建欺诈损失量如表 2-14 所示。

表 2-14　欺诈损失量(部分)

17类关联关系	商品交易类								
GICS 行业分类	100000 能源			150000 基础材料			200000 工业		
序号　公司名称	平均损失量	发生概率	个体欺诈损失量	平均损失量	发生概率	个体欺诈损失量	平均损失量	发生概率	个体欺诈损失量
1　东方电气	2300	0.01%	0.23	10.28	0.11%	0.011303119	101.91	0.23%	0.234397342
2　康美药业	0	0.00%	0	709.02	0.31%	2.197977182	191.05	0.13%	0.248359533

图 2-23 为 4 个表之间的关系("专家评分"表即构建各类交易损失量形成的个例及行业的数据表格字典,用以支持和修正改善欺诈损失风险明细表)。

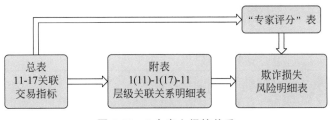

图 2-23　4 个表之间的关系

2.4.3　企业生态商务风险的计量实例

下面以东方电气为例,进行其企业生态风险的计量。

1. 上下游权重的计算步骤

(1) 针对需要识别的主体公司(目标公司),先识别其行业分类。根据企业-行业识别字典匹配后,得到主体公司的行业分类。下面以东方电气的真实数据为例,首先有下面的结果,如表 2-15 所示。

表 2-15　东方电气数据

目标公司	东方电气	
一级行业	200000	工业
二级行业	201000	资本品
三级行业	201040	电气设备

(2) 根据东方电气所属行业:**电气设备**,从 CSMAR 数据中选择该行业上市公司的主营业务明细数据中包含前五大供应商与前五大客户的数据。进入计算数据池。

(3) 对每个**供应商**或**客户**进行行业识别,**保留**能够识别出行业分类的记录,**删除**不能识别行业分类的记录(在实践中,为保证数据有效性,可将不能识别的行业分类先进行剔除)。

(4) 以主体企业所在的整个行业(电气设备)的采购额或销售额为分母,以每一个行业分类(上下游行业)下的采购额或销售额为分子,计算两者比例。

(5) 最终得到上下游行业权重比,计算结果如表 2-16 所示。

表 2-16　上下游行业权重比

行业代码	行 业 名 称	上　游	下　游
151030	容器与包装	89.3%	0.0%
151040	金属与采矿	4.7%	2.5%
201030	建筑与工程	0.0%	1.3%
201040	电气设备	2.3%	78.8%
201060	机械制造	0.0%	1.6%

续表

行业代码	行业名称	上　游	下　游
254031	互动媒体与服务	1.9%	0.0%
351030	医疗保健技术	0.0%	3.4%
551010	电力公用事业	0.0%	4.1%
551030	复合型公用事业	0.0%	2.0%

2. 各行业平均收益

利用现有上市公司行业分类,对分类的所有上市公司的毛利率(或净利润)进行算术平均,得到各行业平均收益,为计算集中度风险和传导风险做支撑,表格部分数据如表 2-17 所示。

表 2-17　表格部分数据

	一级行业平均收益		二级行业平均收益		三级行业平均收益
400000	33.075 9	352000	13.377 9	151040	4.834
200000	7.364 55	101000	7.373 2	551040	21.045 3
600000	14.426 1	453000	7.915 65	251010	8.196 45
300000	6.435 5	501000	7.284 9	203010	7.771 4
500000	7.588 5	202000	11.964 65	551050	10.943 8
100000	7.373 2	351000	14.725 3	151050	8.096
350000	13.573 55	255000	5.176 6	251020	1.815 1
250000	7.017 2	303000	13.808 4	352010	18.573 4
450000	7.963 7	452000	7.583 35	203020	5.403 2
150000	7.305 1	601000	14.426 1	101010	2.987
550000	10.643 8	201000	6.085 2	453010	7.915 65
		302000	8.078 4	352020	12.686 3
		254000	7.615 5	501010	7.284 9
		451000	10.053 1	203030	9.463 8
		403000	6.885 4	202010	11.780 8
		253000	13.412 2	101020	8.757 7
		301000	3.874 8	501020	10.855 6
		402000	25.660 65	352030	26.392 4
		151000	7.305 1	203040	8.673 2
		551000	10.643 8	351010	14.118 5
		252000	7.557 3	303010	12.215 3
		401000	40.173 55	255010	3.827 5
		203000	10.915 25	202020	12.597 1
		251000	6.868 8	452010	5.679 55

3. 根据计量方法计算集中度风险和传导风险

按照生态风险计量方法,通过上述数据,对集中度风险和传导风险进行计算,得到结果如表 2-18 所示。

表 2-18　计算集中度风险和传导风险

生态商务风险	风险收益	备　注
集中度风险	2.458%	集中度风险为上下游行业的加权平均收益
传导风险	2.458%	传导风险为上下游行业平均收益绝对值的加权平均

这里,我们指出的是,由于行业平均毛利率暂时使用该行业的上市公司的毛利率作为基础值,而我们选取的实例的每个行业的平均毛利率都大于 0,所以集中度风险和传导风险相等。

4. 根据结果进行数据分析

在以上的实例数据中,从选择企业到构建上下游行业关系,并对由此延伸的数据进行计量,得到 2 组关键的数据信息。

1) 上下游行业权重

对上下游的权重关系量化后,得到了不同行业的上下游的量化网络关系,可根据上下游行业权重和已知的关联企业之间的商务行为进行量化分析,得到是否存在异常的判断指标。

2) 生态风险指标

生态风险指标计量通过对上下游行业权重、行业平均收益,以及主体行业之间的关系数据进行计量融合,得到生态商务风险量化指标。

5. 关联交易指标计算方法

使用关联交易明细数据(数据来自 CSMAR),对每一类关联交易发生的频率进行统计,得到关联交易的年化概率称为“**关联交易指标**”。基于 17 类关联交易各自的场景特征和关联交易指标,可定义生态风险的计量方法,如表 2-19 所示。

表 2-19　部分行业的关联交易指标　　　　　　　　　　　%

编号	交易类型	金融	房地产	医疗保健	工业
1	商品交易类	5.26	3.54	31.75	18.42
2	资产交易类	2.47	0.59	1.22	1.63
3	提供或接受劳务	11.76	11.94	8.40	15.33
4	代理,委托	5.18	0.86	0.70	0.95
5	资金交易	47.42	20.21	7.11	11.80
6	担保,抵押	6.21	47.79	34.49	38.21
7	租赁	6.26	4.79	6.04	7.01
8	托管经营(管理方面)	4.20	4.92	0.65	0.70
9	赠与	0.03	0.03	0.01	0.02
10	非货币交易	0.03	0.02	0.01	0.03
11	股权交易	3.36	2.76	4.28	2.53
12	债权债务类交易	2.38	0.12	0.06	0.08
13	合作项目	0.09	0.32	0.13	0.09
14	许可协议	0.05	0.12	0.36	0.25
15	研究与开发成果	0.03	0.00	0.56	0.10
16	关键管理人员报酬	3.03	1.60	4.07	2.61
17	其他事项	2.25	0.36	0.09	0.24

2.4.4 抵押担保行为评估介绍

除了上述的生态风险计量以外,需要引入抵押担保信息,建立"生态信用评级"体系下的企业抵押担保风险评估体系,从维度上进行支撑。

基于企业信息情况,将担保风险评分分成主体评分、调整评分及补充评分三个模块。

(1) 企业担保风险主体评分:基于企业历年年报披露的担保信息,对企业存在的担保风险进行一个综合评估,反映了企业目前担保的整体情况和变动情况,是企业担保风险评分的基础。

(2) 企业担保风险调整评分:由于年报披露具有滞后性,需要对其他渠道的担保信息进行实时追踪与分析,主要基于评分当年的新披露担保信息对企业进行担保风险的评估,作为调整项对企业担保风险主体评分进行相应的调整。

扩展阅读 2.1
咖啡馆(CAFÉ)
风险评估体系功
能介绍

(3) 企业担保风险补充评分:企业担保风险补充评分是对担保风险评估基本方法的额外补充,主要是针对非标准化数据,通过**自然语言处理和专家经验评估**等手段,对前两个模块未能够反映的担保风险进行更为全面细致的评估,提高风险预测的准确性。

章节附录2

练习题

1. 什么是大数据?结构化数据和非结构化数据的特点是什么?

2. 非结构化数据主要表现有哪几类?在实践应用中有哪些典型问题?

3. 如何针对大数据框架下的非结构化数据进行关联特征的推断?

4. 如何基于《中华人民共和国数据安全法》等法规和监管条例建立针对大数据的合规体系和标准化体系?

5. 什么是全息画像?它构建的核心思路是什么?

6. 支持全息画像本身构建的核心信息需要哪些?你期待它在金融科技创新中起到什么作用?

7. 中小微企业在融资和贷款方面,金融机构遇到的困难问题是什么?如何展开针对中小微企业信用风险的评估?

8. 著名经济学家熊彼特关于技术创新的经济发展理论的基本思想是什么?

9. 什么是中小微企业发展遵循的"资本产品转换的周期性力"(资本-技术)范式?

10. 如何利用全息画像作为刻画企业的大数据融合平台工具来揭示中小微企业本身机构的异同性?

11. 如何结合随机动力系统方法(郎之万方程)针对中小微企业发展成长路径的动态演变机制进行描述?

12. 基于对称双稳态效用势能来解读针对中小微企业生命周期四阶段的动态演变机制的刻画。

13. 陈述不同行业(制造业、零售业、金融服务业)的中小微企业基于全息画像工具刻画的网络结构的拓扑特征的不同表现。

14. 陈述基于全息画像来建立中小微企业拓扑结构的动力学建模的基本思想。

15. 描述中小微企业系统动态演变模型的两个核心量化指标(即 SAI 和 URR)。

16. 什么是随机共振现象?这个核心概念在熊彼特建立的针对中小微企业动态演化的创新经济理论框架中起到什么本质的作用?

17. 中小微企业在"资本-技术"范式框架下的经济结构的变化是如何用数学公式来表达的?如何通过动因(力)来实现其变化的来回动态演绎?

18. 什么是基于全息画像的"关联方"?

19. 什么是中小微企业的"U 形"现象?它表达的本质含义是什么?

20. 解读中小微企业针对不同行业的"U 形"现象的特征表现。

21. 全息信用风险评估解决方案(即"好企贷")的核心思想是什么?它至少包含了哪些评估模块?

22. 陈述提取非结构化风险特征的基本思路。

23. 可以选择哪些刻画财务欺诈的因子?选择依据是什么?公司财务欺诈行为的典型特征刻画指标有哪些?

24. 在本章的讨论中,利用吉布斯随机搜索方法为工具,陈述根据上市公司财务报表得到的用于刻画财务欺诈的八大特征。

25. 陈述建立全面刻画公司财务欺诈预警体系的基本思想。

26. 什么是"生态风险"?陈述其模型框架构建的基本思想。

27. 如何处理基于生态的传导风险计量?陈述生态风险识别计量方法的基本思路。

28. 什么是"企业生态商务风险"?它是如何进行计量的?

29. 陈述抵押担保行为评估的基本思路。

30. 陈述基于生态体系的"咖啡馆风险评估方法"的基本思想。

31. 在"咖啡馆"(CAFÉ)风险评估体系中建立的针对企业信用评级的"先知通"[(Intelligence Stone,IS)或"翰墨"(Hammer)]系统中,其核心的"企业图谱"包含了哪些部分?

32. 陈述基于公司董监高管和配套的治理框架与公司资质的关系。应该考虑从哪些方面来寻求刻画公司财务欺诈行为的本质特征?

33. 动态分析财务数据有什么作用?同业比较过程中是如何处理财务数据的?

34. 尝试以贵州茅台为例,进行企业风险生态的计量。

35. 简述经济活动分析与财务报表分析的区别。

36. 在评价短期偿债能力时,如何选择同类企业与行业标准?

37. 简述长短期偿债能力对公司新用资质评估的作用。

38. 陈述针对关联方和关联关系的理解和在大数据框架下针对特征提取的重要性。

第 3 章
区块链技术在金融科技中的应用

3.1 区块链概述

3.1.1 区块链的诞生

区块链技术被认为是继大型机、个人电脑、互联网和云计算之后的颠覆式创新业务模式,其引发技术革新和产业变革的巨大潜力,已引起联合国、国际货币基金组织以及中国、美国、英国、日本等国家的高度关注。互联网的诞生创造了全新的数字商业时代,同时也催生了数据泄露、网络诈骗、虚假和垃圾信息泛滥等问题。因此解决数字网络时代信任机制的需求越来越迫切,区块链技术恰好满足了人们对数据可信、安全交换的需求,基于区块链技术构建的"价值互联网"也成为数字经济时代的技术基础设施。目前,区块链的应用已延伸到金融业、智能制造、供应链管理、数字资产交易、产权保护和社会治理等多个领域。

3.1.2 区块链的体系结构

自数字货币出现以来,区块链技术已经经历了十余年的发展。从最初的数字货币,到后来以太坊智能合约,拓展了区块链的应用范围,再到如今区块链应用于金融、司法、社会治理、电子政务、供应链管理等多个领域,区块链的体系结构也在不断演进,呈现出多样化。尽管存在不同的区块链,但它们在体系结构上存在着诸多共性,可以大致概括为数据层、网络层、共识层、智能合约层、应用层及激励机制六个部分(图 3-1)。

正是上述六个部分共同作用于区块链,区块链才能具备诸多优势,并逐步拓展应用到各行各业。

1. 数据层

数据层主要定义区块链的数据结构,并借助密码学相关技术来确保数据安全。区块数据结构根据区块链的功能不同略有差异,非对称加密、哈希函数等密码学技术一直是区块链数据安全的根基。数据层作为区块链体系结构的最底层,可实现数据存储和保障数据安全。

1) 数据存储

存储是数据层的重要功能,存储结构是其中的关键问题。虽然不同的区块链系统采用的结构不尽相同,但总体而言都有着类似的存储结构,即数据存储在用梅克尔树组织的区块中,区块以链式结构关联。因此,区块链可以在大规模分布式部署情况下实现信息的不可篡改。

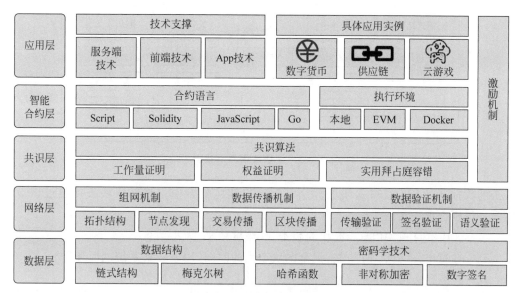

图 3-1　区块链的体系结构

从宏观视角来看,区块链与经典的存储结构"链表"相似,同样是从头部开始一个接一个地延伸。不同之处在于,链表的单元保存了下一单元的地址,而区块链的区块则保存了前一区块的哈希值(图 3-2);每一个区块会保存父区块和叔区块的哈希值,类似于传统的树形结构。通过在区块中保存前一区块的哈希值,区块链确保了可审计性,借助哈希函数的安全性,节点只要存有一个区块,即可对该区块之前的区块正确性进行验证,从而发现对区块链数据的篡改。

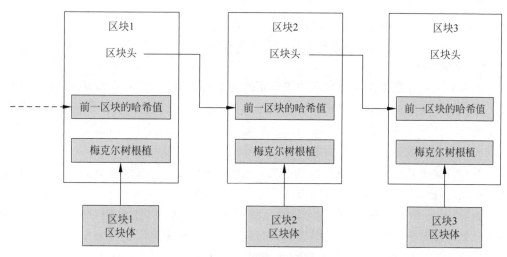

图 3-2　链式结构示意图

为了对区块链上层提供支撑,区块中还存在大量其他数据,因此区块又被分为区块头和区块体两个部分。在区块头中,通常记录以下五个方面的信息(图 3-3)。

(1) 链式结构相关信息:主要是前一区块的哈希值,用于构成链式结构。将前一区

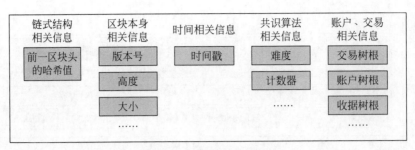

图 3-3　区块头信息示意图

块头的数据通过 SHA256 等哈希算法计算得出相应哈希值。当前区块头可通过该哈希值唯一识别出前一区块头。

（2）区块本身相关信息：区块的版本号、高度信息、大小信息等。

（3）时间相关信息：时间戳，记录区块产生的时间，用于验证系统的时序性。

（4）共识算法相关信息：如算法的难度、计数器、选举资格等。

（5）账户、交易相关信息：如全部交易组成的梅克尔树的树根值。

在区块体中，主要包含具体的交易信息，交易结构根据智能合约层以及应用层所确定，区块链所承载的应用不同或是智能合约实现方式的不同都会影响到交易的具体结构。

以太坊等多个区块链系统都使用梅克尔树作为组织区块内所有交易的数据结构。梅克尔树是一种典型的二叉树结构，由一个根节点、一组中间节点和一组叶子节点组成。梅克尔树由 Merkle Ralf 在 1980 年最早提出，常用于文件系统和点对点（peer-to-peer，P2P）系统中。

梅克尔树原理并不复杂，其最底层的叶子节点存储原始数据的哈希值，而非叶子节点（中间节点和根节点）则存储子节点内容合并后的哈希值。如果将梅克尔树推广到多叉树的情形，则非叶子节点的内容为它所有子节点内容合并后的哈希值。

2）数据安全

数据安全主要是指恶意用户无法破坏正常的交易活动，且用户在发起交易后无法抵赖。区块链系统中所有的状态转移都是通过交易实现的，交易是区块链系统的基本操作。这里的"交易"并不简单指将数字货币从一个地址转账到另一个地址，而是泛指对链上数据状态的变更。数据安全一般由非对称加密算法和哈希算法保证。

非对称加密算法是区块链基础技术之一，区块链中使用非对称加密的公私钥对来构建节点间信任。非对称加密算法需要两个密钥：公开密钥（public key，简称"公钥"）和私有密钥（private key，简称"私钥"）。公钥与私钥是一个密钥对，用公钥对数据加密，用对应的私钥才能解密；用私钥对数据签名，用对应的公钥才能验证。因为加密和解密使用的是两个不同的密钥，所以这种算法称为非对称加密算法。由于公钥与私钥之间存在依存关系，只有持有私钥的用户本身才能解密该信息，任何未经授权的用户甚至信息的发送者都无法将此信息解密。

哈希算法也叫数据摘要或者散列算法，它可以将任意长度的二进制原文串映射为较短的（通常是固定长度的）二进制串，也就是哈希值。哈希值具有以下特点。

（1）若某两段信息相同，则它们经过哈希运算得到的哈希值也相同。

（2）若两段信息不同，即使只是相差一个字符，它们产生的哈希值也会不同且杂乱无章、毫无关联。

要找到哈希值为同一值的两个不同输入，在计算上是不可能的，因此数据的哈希值可以被用以检验数据的完整性，可以把给定数据的哈希值理解为该数据的"指纹信息"。本质上，哈希算法的目的不是"加密"，而是抽取"数据特征"。

一个安全的哈希算法需要满足以下特性。

（1）正向快速：给定原文和哈希算法，在有限的资源和时间限制下能计算得到哈希值。

（2）逆向困难：给定一个哈希值，在有限时间内无法逆推出原文。

（3）输入敏感：原始输入信息发生任何改变，即使只有 1 比特，新产生的哈希值都应该发生很大变化。

（4）碰撞避免：很难找到两段内容不同的原文，使得它们的哈希值一致即发生碰撞。

区块中的哈希值和梅克尔树中的哈希值也都是由安全的哈希算法计算得到的。其碰撞避免的特性使哈希值确实可以用来唯一地标识一个区块，输入敏感的特性又使前一区块或者某个交易被篡改时，哈希值一定会发生很大变化，从而节点通过判断哈希值就确保了区块链不可篡改的特性。

2. 网络层

网络层决定了区块链节点组网方式、信息传播方式，描述了信息的验证过程。每个节点都与多个邻居节点建立连接，当节点产生交易、区块等数据时会广播到全网所有节点。每个节点都会根据收到的交易、区块等数据构建本地区块链，构成了去中心化的分布式系统。由于每个节点都存有一份相同的账本，因此可以有效解决单点故障问题。

网络层利用了区块的链式结构和梅克尔树等数据层的特性，向上层提供了基本的通信功能，是区块链得以稳定运行的基础，也是区块链分布式特性的来源。网络层一般包含三大机制：组网机制、数据传播机制、数据验证机制。组网机制保障了区块链的各个节点可以组成一个通信网络，对于公有链来说，还允许新节点随时加入网络；数据传播机制保障了交易可以被传播到足够多的节点以完成打包，保障了节点可以最终同步到所有区块；数据验证机制减少了使用错误数据的风险，保障了数字货币不会被"双花"（即花费两次或更多），从而使数字资产能正常流转。

1）组网机制

区块链网络的组网机制是 P2P 网络，通常也被称为对等网络。P2P 网络与传统的客户端/服务器（client/server，C/S）结构不同（图 3-4），网络中的每个节点具有对等的地位，既能充当网络服务的请求者，又能对其他计算机的请求作出响应。

目前，几乎所有的区块链项目所使用的下层网络协议依然是 TCP（传播控制协议）和 UDP（用户数据报协议）。也就是说，区块链的网络协议是在 TCP 和 UDP 之上，与 HTTP（超文本传送协议）处在同一层，是 TCP/IP 网络体系结构中的应用层协议。随着区块链的发展，除了真正参与共识的节点，还存在轻节点、监听节点等，形成了更加复杂的网络组织结构。由于没有中心服务器，区块链需要有可靠的节点发现机制，确保新节点顺

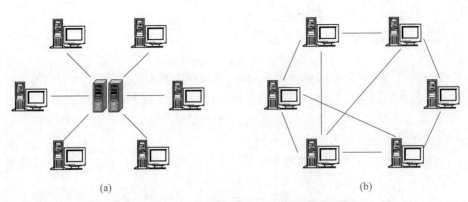

图 3-4 中心化网络和 P2P 网络拓扑结构对比图

(a) 中心化网络拓扑结构；(b) P2P 网络拓扑结构

利地加入 P2P 网络,各节点都能建立足够的连接,以维持 P2P 网络的稳定性。

2) 数据传播机制

区块链的正常运行离不开数据传播机制,节点主动宣告自己产生的交易和打包的区块。

交易传播是区块链网络中数据传播的重要组成部分,只有将交易传播到打包节点,才有可能被打包成区块,进而参与整个区块链的共识。交易的传播依赖于 Gossip 机制,期望传播交易的节点首先向已连接的可用节点宣告该交易的存在,接收到宣告的邻居节点会向宣告节点请求交易的完整信息。这些邻居节点接收到交易的完整信息并且验证都是有效交易后,就会再向各自的邻居节点宣告交易,以此类推。某个节点收到交易信息后,只有确认了接收到的交易不在自身的交易数据中,才会转发这些交易。

同步区块是区块链的重要功能,占据了区块链网络中数据传播的绝大部分流量。与交易传播类似,打包出区块的节点会向邻居节点宣告该区块的存在,接收到宣告的节点会向宣告节点发起同步区块的请求,而接收到请求的节点会将相应的数据返回给请求方。

同步方式有两种,可以先进行区块头的同步,再进一步请求区块体;也可以直接同步完整区块数据。两种同步方式背后的逻辑是完全不同的,所以体现在节点交互协议上也是不同的,前者提供了更好的交互过程,减轻了网络负担。如果某个节点接收到的区块并不是与它自身保存的链紧密相连的;换句话说,新区块与当前链的末尾区块高度差大于1,则该节点会依次请求缺失区块,直到这些区块能与原有的链组成一条新的完整的链。

3) 数据验证机制

区块链从网络中接收到数据后,必须对数据进行一系列的验证,才能决定是否接受,进而传播这些数据以及提供给上层架构。数据验证机制是为了抵抗数据在产生和传播过程中的各种风险,保障区块链的可靠运行,其中最主要的三个方面是传输验证、签名验证、语义验证。

公有区块链面临的网络环境是开放的,从开放的网络中传输而来的数据不仅可能是缺漏错误的,还可能是攻击者恶意篡改伪造的。除了更基础的 TCP/IP 所做的数据验证,区块链网络一般还会进行自己的传输验证。

区块链的签名验证利用的是特定的密码学算法，如 RSA 算法、椭圆曲线加密算法（ECC）等。交易中，用交易指向的来源输出中的公钥脚本，对输入的签名脚本进行验证，并检查和交易 ID 是否一致，以验证输入中引用的交易来源确实是属于用户所有。

在语义验证方面，区块链的全节点会将一个区块中的所有交易数据组织成梅克尔树，来验证该区块头中梅克尔树根的正确性。对于有数字货币流通的区块链来说，为了保证数字货币不会被"双花"，还需要验证每个交易内部的数据。在 UTXO 模型中，需要验证当前交易的输入确实是未花费的交易输出。在账户余额模型中，需要验证当前交易的转出方（支付方）账户内还有足够的余额可供转账。

3. 共识层

共识层建立在网络层之上，主要定义了节点如何对区块链数据达成一致。当交易、区块等数据成功通过网络层到达全网所有节点后，节点通过共识算法对区块链一致性达成共识。不同区块链采用了不同共识算法，其中比较典型的有 PoW、PoS、Raft、PBFT（实用拜占庭容错）等。在每轮共识过程中，每个节点会对区块中的哈希值、签名以及交易的有效性等进行验证，并将通过验证的区块添加到本地区块链。由于在共识过程中所有节点都对区块进行了验证，因此即使少部分节点恶意发布、篡改数据，也不会影响区块链的正确性和一致性。用户在访问区块链时，可以对多个节点同时访问，并根据少数服从多数原则选择合适的结果，因此在大多数节点遵守规则的情况下，区块链有可信、不可篡改的特点。

区块链作为一种分布式网络系统，它的共识机制自然需要满足分布式系统的属性。分布式系统共识存在 CAP 定理。该定理由 Seth Gilbert 和 Nancy Lynch 于 2002 年提出，具体是指一致性（consistency）、可用性（availability）以及分区容错性（partition tolerance）。三种性质具体如下。

（1）一致性：对于一个分布式系统，一致性要求其在进行任何操作时，看起来就像是在一个单一节点上进行一样，即任一时刻，分布式系统中各节点的状态信息以及对同意请求的执行过程都是一致的。

（2）可用性：分布式系统在收到用户的请求后，必须给出相应的回应，不能让用户陷入无限等待的过程中。

（3）分区容错性：分布式系统容忍其中节点出现分区，当分区出现时，一个区域中节点发往另一个区域中节点的数据包全部丢失，即区域间无法进行通信。

CAP 定理指出在分布式系统的设计中，一致性、可用性、分区容错性只能同时满足两个，不能同时实现。但分布式系统面临着网络攻击、链路故障等各种不确定因素，分区随时有可能发生，因此分布式系统设计面临的问题通常是在一致性和分区出现时的可用性之间进行取舍。

区块链作为要求一致性的分布式系统，目前主要采用两种设计思路。一种是确保一致性，而在分区出现的时候牺牲可用性，这一情况主要在采用实用拜占庭容错共识的区块链中出现，因此这一类区块链中不会出现分叉的现象，如超级账本（hyperledger）；另一种则是弱化对一致性的要求，以确保在分区出现时，系统仍然能够运行，如采用 PoW、PoS 等共识的区块链，但正是因为弱化了对一致性的要求，以太坊等系统存在着分叉、"双花"

等潜在攻击。

针对不同的区块链系统,出于安全性、准入性以及节点规模要求,可以采用不同的共识机制算法。对于开放场景下的无须许可链,采用 PoW 或 PoS 类算法;对于有准入限制的许可链或者联盟链来说,由于节点动态变化少,系统交易吞吐量要求较高,因此常采用 Raft 或 PBFT 共识的演进版本实现区块链系统。基于区块链技术的不同应用场景,以及各种共识机制的特性,主要可以从性能效率、资源消耗、容错性、监管水平等几个方面进行评价和比较。

4. 合约层

如果说区块链的数据层实现了区块链系统的数据存储、网络层实现了区块的消息广播、共识层实现了各个分布式账本的状态一致,那么合约层则用于实现复杂的商业逻辑。

合约层的名称来源于日常生活中使用的合约,它表示特定人之间签订的契约。由于借助区块链能在分布环境下使未知实体之间建立信任关系,智能合约已成为一种使未取得彼此信任的各参与方具有安排权利与义务的商定框架。智能合约概念的提出初衷是通过将智能合约内置到物理实体来创造各种灵活、可控的智能资产。

区块链中的智能合约可视作一段部署在区块链上由事件驱动,具有状态的,获得多方承认的,可自动运行、无须人工干预,且能够根据预设条件自动处理资产的程序。从本质上讲,智能合约的工作原理类似于计算机程序中的 if-then 语句,当一个预先编好的条件被触发时,智能合约执行便相应的条款程序。由于智能合约运行在图灵完备的虚拟机上,因此智能合约的具体条款可以根据应用场景由开发人员编写,其具体的技术细节又包括编程语言、编译器、虚拟机、事件、状态机、容错机制等。但由于智能合约本质上是一段程序,存在出错的可能性,因此需要做好充分的容错机制,通过系统化的手段,结合运行环境隔离,确保合约的正确执行。

由于共识层确保了本地链上数据一致性,因此节点在执行同一智能合约时,对本地链上数据进行一致的读、写操作,进而确保智能合约执行过程中的状态一致性。智能合约的执行结果被记录到区块链中,同样有执行结果可信、不可篡改的特点。

合约层与区块链构架密切相关,它所形成的合约程序将在区块链中部署与运行。一方面,合约程序作为当事人之间的承诺,需要以不可改变的形式发布到区块链中,以便满足合约执行的公正性;另一方面,部署后的合约在条件满足时将被自动执行,执行过程需要读取区块链中的数据及运行状态,并将执行结果和新的运行状态写入区块链中。因此,合约层与区块链是密不可分的一个整体。

随着智能合约技术的发展,智能合约不仅是区块链上的一段可执行代码,还是构建在区块链上包含智能合约语言、运行环境、执行方法等的一个完整系统,包含智能合约的开发与构建、部署、运行的三个步骤。作为第二代区块链的标志性技术,目前众多区块链厂商已经开发出各自的智能合约方案。

尽管智能合约具有一系列新的特征,智能合约本质仍然是一段运行在区块链网络中的程序代码,因此,它具有现有计算机程序所具有的各种安全问题和代码漏洞。近几年已经针对智能合约出现了一系列安全事件,并导致巨大的损失。虽然区块链平台的安全特征有利于减少智能合约的安全风险,但智能合约安全仍然有待研究与改进。

5. 应用层

区块链应用层位于区块链体系结构的最上层,它将合约层的相关接口进行封装,并设计友好的 UI(用户界面)接口和调用的规范,从而让终端用户能够快速地搭建各类去中心化的可信任的应用服务,通过服务端、前端、App 等开发技术,为用户提供包括但不限于票据、资产证明、云游戏、区块链浏览器等分布式应用服务,为实现价值的转移提供了可能。基于区块链的应用称为去中心化应用(decentralized application,DApp),是基于区块链智能合约和激励机制的可交互式应用。

应用层使用的技术是传统互联网中的技术,包括服务端技术、前端技术以及 App 技术。

服务端技术主要是将系统资源及功能组织起来,对外提供服务,包括服务器(计算机)、操作系统(如 Linux)、Web 服务(如 Apache)、存储服务(数据库)和虚拟技术(如 Docker)等内容。目前服务端框架较为成熟的有以太坊框架、超级账本 Fabric 框架和 Corda 框架等。

前端技术主要应用在客户端,用来将内容呈现给用户,并实现产品和用户的交互。常见的前端如各类浏览器、PC 端、移动端等。由于前端直接面向用户,除了开发技术外,还涉及平面交互设计、用户心理学等内容。

App 技术运行在移动端,如智能手机、平板等。它依赖于移动设备上的操作系统,如谷歌公司的 Android 操作系统、苹果公司的 iOS 系统等。

6. 激励机制

激励机制早期出现在以太坊等公有链中,用于激励矿工节点参与维护区块链,但随着联盟链的出现,激励机制已经不再是必需。此外,激励机制与智能合约层、应用层相结合的研究开始出现。例如以智能合约的形式发布漏洞赏金来吸引用户参与漏洞检测;或者根据区块链记录的用户历史行为对其进行区别服务,从而激励用户保持良好的行为习惯。

3.1.3 区块链的主要类型

根据区块链系统的开放程度,可以将区块链部署为公有链、联盟链、私有链三种类型,分别适用于不同的场景。但如今随着区块链技术的快速发展,特别是节点上所运行的智能合约所包含业务逻辑越来越复杂。私有链上的部分节点必须对外开放才能执行完整的业务逻辑,而部分联盟链共识及记账节点则会仅向许可节点开放保证效率和可控性,各种链之间的业务界限会逐渐模糊。三种区块链的对比如表 3-1 所示。

表 3-1 三种区块链的对比

名　　称	公　有　链	联　盟　链	私　有　链
参与者	任何人	授权的公司和组织	个体或一个公司内
记账人	任何人	参与者协调授权控制	内部确定
信任机制	工作量证明等	集体背书	自行背书
中心化程度	去中心化	多中心化	中心化
突出优势	信用的自建立	效率、成本优化	透明、可追溯

名　　称	公　有　链	联　盟　链	私　有　链
典型应用场景	数字货币	清算	审计
承载能力	每秒 7~1 000 次	每秒 1 000 次以上	每秒 1 000 次以上

1. 公有链

最初,区块链就是以公有链的形式问世。顾名思义,公有链属于公众,而不属于任何个人或组织。其开放度最高,可以开放给来自世界各地的用户,同时准入门槛极低,只要拥有一台能够联网的电脑,就可以访问开放的公有链系统,并且自由地加入或退出。在公有链中,每个用户的任何行为都会被记录,链上的数据公开、透明,每个用户都能够查看全网的交易内容、参与系统中每一笔交易的共识过程以及发起自己的交易。

在一个公有链系统开发完成以后,开发者无权干预公有链的使用者在系统中任何合乎规则的操作。如此一来,能够很好地保障用户的权益。每个用户都能够取得相同的权限,包括访问数据、参与共识等,这凸显了公有链的突出优势——信用的自建立。信用的自建立有赖于一个重要的前提,即交易一旦经由系统规则的确定而被记录,则所有节点都认可其真实性,这一环节由区块链中的共识机制完成。

作为一个高度去中心化的系统,公有链上的每个节点都记录有全部的信息,如果有人想要恶意篡改某个数据,则需要将相当一部分节点的数据都进行篡改。另外,区块链通过链式结构存储的数据本就难以篡改,使在公有链系统中作恶需要付出极大的代价,因此公有链系统有极高的安全性。

公有链系统也存在其局限性。由于公有链系统中的所有节点都参与共识,完成一笔交易被确认的时间很长,所以效率较低。

以太坊是公有链的典型代表。以太坊是一个开源的公有链平台,其核心 EVM 可以编译执行智能合约,并可以支持非金融货币属性的其他场景,开创了区块链 2.0 的时代。

2. 联盟链

公有链毫无保留地开放,对当下许多商业场景而言并不适用。不同行业之间、同一行业不同企业之间往往涉及很多的业务来往,但各个企业又需要保留自己的机密数据,因此无法将企业间的交易在公有链上进行;同时,有需要对其进行一定的控制以满足业务需求,联盟链就是在这样的需求下诞生的。

联盟链是由若干组织机构共识建立的许可链,联盟链的成员都可以参与交易、根据权限查询交易,但记账权(写权限)通常由参与群体内选定的部分高性能节点按共识和记账规则轮流完成。联盟链的开放程度介于公有链和私有链之间,只开放给与业务相关的某个特定群体使用,但群体内各个成员的关系又不是那么亲密,无法用一个私有链网络来共享所有的信息。联盟链本质上是一个多中心化的区块链系统,由参与成员共同维护,用投票等方式选出代表,授予部分节点较高的权限,由它们进行共识。因此,联盟链上进行的交易只需要少量节点达成共识即可证明其真实性,相比公有链也提高了效率。

联盟链上的数据可以选择性地对外开放,并且可以提供有限的 API 供操作,使得一些非核心的用户也能够利用联盟链系统满足其需求。联盟链的应用,大大方便了商业交易、结算、清算等 B2B(企业对企业)场景,多个用户可以通过联盟链网络方便地进行数据对接与协同,能够保证交易信息与数据实时更新并共享到联盟中的所有用户。

3. 私有链

如果把公有链比作互联网,那么私有链就像是一个局域网,只有特定的用户可以加入。私有链是在组织内部建立和使用的许可链,其读、写和记账权限严格按照组织内部的运行规则设定。例如在一个企业内部使用私有链,用户都经由该企业授权,那么既能够享有区块链技术带来的信息可追溯、不易丢失等诸多优势,又不必担心无关人员访问,导致信息外泄。

私有链实际上是一个中心化程度较高的系统,用户需要取得权限才能够进行访问,也只有部分得到授权的用户才可以进行数据改写、参与记账。由于私有链是中心化的,所有的节点都在可控范围内,具有比较高的信任度,因此私有链并不需要过于复杂的共识机制,能够在一定程度上提高其效率。同样地,因为不需要所有的节点都参与到每一笔交易的共识中,在私有链上发生交易的成本相对较低。

即便私有链是高度中心化的系统,但相比传统的中心化数据库,它依然具备一定的优势。私有链能够防止系统内单个节点对于数据的恶意破坏,即便真的产生了错误,也能够迅速进行排查与检修。因此许多大型金融企业会在内部数据库管理、审计中使用私有链技术。政府行业的一些政府预算的使用或者政府的行业统计数据通常采用私有链的部署模式,此外,在由政府登记但公众有权力监督的场景中也会使用私有链。

3.1.4　区块链发展趋势和展望

2019 年 10 月 24 日下午,中共中央政治局就区块链技术发展现状和趋势进行第十八次集体学习。习近平总书记在主持学习时的重要讲话,深入浅出地阐明了区块链技术在新技术革新和产业变革中的重要作用。国家及各部门逐渐重视区块链技术,陆续出台区块链相关政策,区块链平台服务逐渐铺开,监管体系日趋完善,可以看到区块链技术发展的阶段性成果及其在推动社会数字经济发展过程中的重要作用。

从技术角度来看,我国区块链呈现出核心技术创新力不断提升、区块链底层架构性能解决方案不断涌现的态势。区块链是具备价值与信用的数字基础设施,和其他信息化系统不同的是区块链底层集成了多种信息技术,对技术的迭代发展要求较高,因此区块链技术自身在技术创新上也在不断发展与探索。目前区块链在技术上遇到的瓶颈主要表现在性能、可交互性、安全、隐私几大方面。区块链安全主要集中在共识机制、终端应用及智能合约三大部分。目前,如智能合约的形式化验证、代码审计等技术正在逐渐应用到区块链安全领域中。在性能方面,可信计算、UTXO 模型、平行公链等技术的出现则为提升区块链性能作出了重大尝试。在隐私保护方面,一系列优秀的基于密码学的方法被创新融合并付诸实践。区块链在可交互性方面主要由跨链技术的发展支持。

从应用角度看,区块链技术催化了全球在数字货币领域的探索,最典型的有 Libra 及央行数字货币。2018 年 6 月 18 日,Facebook 发起的 Libra 联盟发布 Libra 项目白皮书,声称要建立一个简单的全球性货币和为数十亿人赋能的金融基础设施(Libra

Association,2019)。Libra 借鉴了区块链 1.0 和区块链 2.0(IBM 牵头的超级账本为代表)的特性,设计成为多中心的商业社区生态。2019 年 12 月,中国人民银行行长易纲表示,中国央行从 2014 年就开始研究法定数字货币,已取得了积极进展。中国人民银行把数字货币和电子支付工具结合起来,推出一揽子计划,目标是替代一部分现金。央行数字人民币(e-CNY)即数字货币和电子支付工具。在运营架构方面,央行数字货币将保持技术中性,不预设技术路线,并采取双层运营体系,即央行先把数字货币兑换给银行或者是其他运营机构,再由这些机构兑换给公众。

区块链在行业应用方面具有覆盖范围逐渐扩大的趋势,BaaS(blockchain as a service)平台服务逐渐铺开。巨头企业积极探索区块链与云计算结合,发展 BaaS 平台,主要针对金融、物流、农产品溯源等行业展开应用,有效降低了企业部署区块链的成本。BaaS 还可以在政务服务、供应链管理和制造、商品所有权登记、游戏和知识产权认证等多领域应用。

从与新技术融合的角度看,区块链结合人工智能、物联网、大数据等新技术,有望提升政府对数字经济的统计监测和决策分析水平,提高社会治理的精准性和有效性。建立与新业态发展相适应的监管方式,探索建立政府、互联网平台企业、行业组织和公众共同参与、有效协同的治理机制,建立多元共制的协同监管体系,提升政府监管水平。

区块链各方面的发展不断丰富,有望构建数字社会信任体系,推进数字化社会建设,是开启创新型社会发展的新措施。基于区块链技术的资源与数据分享网络基础设施建设,加强区块链应用监管,构建链上数字空间信用体系,可以逐步实现链下信用与链上信用融合应用,建设服务可信数字社会,构建区块链产业生态发展的新蓝图。

3.2　区块链与数字金融

上一节中简单介绍了区块链技术的起源、发展以及主要技术组成。作为新型信息技术,区块链需要和实际应用场景相结合才能发挥其技术特色。由于区块链技术原生适用于金融场景,本节将会重点介绍区块链在金融场景中的应用特点与案例分析,特别是在一般数字经济生态下针对数字金融框架下"数字资产"这种新形态的定义。这里,先陈述一下"数字金融"这个一般意义下的概念其实就是"金融科技"一词在数字经济范畴下的表述。在下面章节的讨论中,根据情况有时用"金融科技"来代表"数字金融"这个专有名词。

3.2.1　区块链与金融科技

金融业以往的传统模式主要靠实体网点和职员方式,不能有效提升投入产出效率。金融科技则可以赋予传统金融资源配置效率的提升和服务边界的扩展。目前的金融科技除了传统的信息化,还要结合人工智能、云计算、大数据、物联网、区块链等技术。

近些年,国内外区块链技术逐渐被金融科技广泛采用。中国人民银行在《金融科技(FinTech)发展规划(2019—2021 年)》中提出要加强分布式数据库研发应用。在国际上也不断涌现出基于区块链的金融创新业务,如跨境汇款结算、数字货币等。

区块链作为底层的信息技术,在金融行业有以下应用价值。

1．构建多中心网络结构，变革传统金融生产关系

传统支付系统中，对于支付交易的确权、验证、记账依赖银行、银行卡组织或第三方支付机构等中介处理方完成，这是中心化的交易处理模式（即"三方模式"和"四方模式"），源于行政权限或企业品牌形象。在参与方更多的供应链金融、跨境支付等场景中，中心化系统往往会带来协作困难、"数据孤岛"、业务流程烦琐、成本高、耗时长等核心问题，而分布式账本可以构建一个多中心协作网络，所有业务都是由相关参与方共同进行验证、协调和同步的，从而保证网络内各节点数据的一致性和准确性，易于形成低成本、高效率、高可信的多中心协同的商业模式。

2．建立基于算法的信任关系，增强数据可信度

现有金融行业中，信任关系主要依赖于协议，由协议约定各方权利及义务、维系各方的合作关系，信任的建立和传递相对较弱。区块链将信任机构变成了信任机器。利用区块链技术构建基于数据与算法的信任，能保证整个业务中的数据穿透、可信计算和信息共享。区块链系统中一旦交易发起，中间的确认步骤由事先设定好的规则完成，经过确认上链的数据能够保证其可信度。同时区块链的防篡改和可追溯等特性能够得到用户的充分信任。用户可通过公开的接口查询区块链数据记录或者开发相关的应用，其开放性增加了数据的可信度。

3．拓展数字资产的边界，提升区块链应用价值

在传统观念中，货币、存款、黄金、白银或其他证券市场可交易的大宗商品才是资产，数字资产的概念也被仅仅定义为以上资产的数字化表现形式。但区块链技术在金融领域应用的逐渐深入，尤其是基于 UTXO 技术的数字资产模型，使数字资产的范畴及边界逐渐拓展，在商业范畴内一切有价值的商业合同、凭证、单据都可以成为数字世界中的资产，包括订货合同、物流单据、发票、保理合同等。基于区块链技术，在数据安全和隐私的前提下，保证业务数据的真实性和不可篡改，实现数字资产在不同参与主体间的可流动、可拆分、可交易，促进资产的交易流动性、提升资产的交易灵活性、增加资产的交易价值。

4．实现参与方之间的业务协同，提升管控能力

金融业务通常会涉及多个金融机构，由于参与主体不同，往往会出现业务不协同、数据不互通的现象，如一旦出现交易差错或者投诉，就需要与业务中的各个环节进行沟通、协调和查询，效率非常低下。区块链技术可以有效提高业务透明度，保证业务协作信息的完整性、永久性和不可篡改性，大大提高了管控效率，实现多个参与方之间利益共赢；结合区块链技术中的隐私保护等技术，还可有效提升多方协同中的数字隐私保护和信任问题；此外，监管方还可作为商业网络的一个节点加入，审计商业活动的数据而不参与商业行为，可做到事中的监管，且将对商业网络的影响降到最低。

3.2.2　数字货币简介

近些年，区块链技术一直和数字货币紧密相连，数字货币与区块链是有机结合的，区块链是数字货币最底层技术，数字货币是区块链技术在货币领域的应用。无论是天秤币（Libra）还是央行主导的法定数字货币，都和区块链技术相关。数字货币的概念与现有电子货币不尽相同。现有电子货币是常见的法币电子化,主要应用在银行电汇账户、支付宝余额等场景。而数字货币还特指一些虚拟货币或非基于现有电子货币体系的数字化货币。

数字货币分为由政府央行背书的法定数字货币和企业组织自行发售的虚拟货币。对于非官方的虚拟货币,又分为:价值和特定货币价值绑定的稳定币如天秤币 Libra 2.0 等;无锚定价值的自由币,如 ETH 等。前者一般有稳定的资产底层作为发行基础,发行者主要想发挥数字货币在支付属性上的特长,解决其投机属性带来的价值波动。

目前公认数字货币一定会是数字经济重要的基础设施之一。在执行层面,有相对保守的各国央行在尝试推出基于传统法币的数字货币,也有比较激进的商业化组织试图重构自由数字货币。双方的交锋可从 Facebook 的天秤币项目中窥见一斑。

随着天秤币计划的提出,各国央行都明确提出了对监管方面的担忧,包括其可能会扰乱现有国际金融秩序、有利于不法分子洗钱等风险。美国国会在 2019 年 10 月 23 日还专门针对此项目对扎克伯格进行相关问询。欧盟各国财长及相关委员会也纷纷表示将推动欧盟立法阻止天秤币在欧盟范围内落地执行。随着各国央行的表态和施压,Master、Visa 等机构纷纷退出了 Libra 理事会。

2020 年 4 月 17 日,天秤币更新了其 2.0 版本白皮书,改变之前的激进路线,主动迎合了外部的各种监管压力,主要改变分为以下几点。

(1) 明确技术架构最终形态不会再过渡为公有链,所有联盟链节点都可接受监管。

(2) 从原来的锚定一揽子货币的 LBR(Libra coin),拆分成每个都和指定法定货币锚定的 LBR 美元、LBR 日元、LBR 欧元等,分别接受对应的央行监管。

(3) 单一锚定币的储备金率为 100%。

(4) 完善增加合规监管手段,接受相应金融监管。

从这些改变不难看出,由各国央行组成的传统金融秩序还是牢牢掌握着最高话语权,新势力想靠新技术来边缘突破具有相当难度。另外,各国央行也在积极筹备发行由本国央行背书的法定数字货币。2020 年 7 月 23 日,立陶宛宣布发行首个基于区块链技术的央行数字货币 LBcoin。

中国人民银行 2020 年工作会议纪要中明确表述要继续稳步推进法定数字货币研发。结合之前的相关公开资料,我国的法定数字货币在中国人民银行的主导下在多地已经开展相应测试。目前多数创新金融服务均基于电子货币实现,而电子货币都与银行账户紧耦合,金融服务的可获得性严重受限于账户普及率,数字化现金可以移动钱包为载体实现银行账户松耦合,利用移动网络服务半径远大于银行网点服务半径的优势,法定数字货币可有效推动消除金融鸿沟、实现金融普惠的进程。

3.2.3 区块链与数字资产在金融领域的应用

1. 数字资产

按照巴塞尔委员会(BCBS)给出的定义,"**加密资产(cryptoassets)是主要依靠密码学、分布式账本或类似技术的私人数字资产**",因此有下面由 BCBS 给出的数字资产的定义。

"**数字资产(digital asset)是价值的数字表示**,它具有支付、投资或获得商品或服务的属性"。

首先指出的是,根据巴塞尔委员会给出的定义范围,发行的非物质化证券(已从实物凭证转移到电子簿记的证券)通过分布式账本或类似的技术被认为是在这个框架的范围内,而那些使用传统登记册和数据库的电子版本的非物质化证券不在本数字资产品定义的范围之内。因此满足加密资产定义的分布式金融(decentralized finance,DeFi)工具或不可替代代币(non-fungible tokens,NFT)属于本数字资产定义的范围。当然,以太坊是数字资产,但这种数字资产目前在中国不是具有法定地位"支付功能"的(加密)货币。

正如姚前和林华所指出的,通俗来讲,真正意义上的"数字资产"是原生态的(参见文献[106-114],关莉莉等[115]、马小峰等[132]的深入讨论),它是包含全量信息(比如在全息画像框架下针对真正的动态风险对冲场景下基于创新和技术进步带来的新的价值体现)并以数字形式流转和具有多属性的有价值的一种东西(比如,以兼有、债券、证券等形式存在或表现);它是可流通和可交易的,但难以用现有传统意义上的证券划分标准来归类到一种具体证券。因此,数字资产是数字经济中的主要组成要素,将资产数字化,可大大增加资产流通、配置的成本,促进相应市场行为。金融机构是重要的数字资产管理方、生产方以及服务方,需要全面数字化对接相应系统。而区块链是数字资产的重要技术底层,基于区块链的多方共识记账网络,可以让数字资产去中介化地在网络中自由流动。

另外,针对数字资产在区块链生态中对应的"共识经济"(consensus economics)理论发展需要的"共识博弈"(consensus game)概念和对应的讨论与陈述,参见关莉莉等[115],姚前和林华[118]及文献[111-114]中的专业讨论。

2. 数据资产

对于数据资产,简单来讲就是具有"价值的数据",它是数字资产的一种特别形式。在党的十九届四中全会中首次将数据定义为和劳动、资本、土地、知识等并列的生产要素。除了传统的有价资产,企业和个人所掌握的数据也将成为重要的资产组成。对于金融行业,核心企业的信息及画像、业务记录、优质客户信息、黑名单信息等数据都是银行的核心数据资产。

区块链技术是原生的数字化技术,可有效地解决数据资产在金融行业中的各种应用。利用区块链可以组织各金融机构间征信信息互换,打破中心化系统信任度不高、隐私保护困难的现状。还可以借助区块链加联邦学习等技术,利用各金融机构的数据库进行交叉学习,分析出更精准的用户画像。

3. 保险

保险行业是目前中国发展最快的产业之一,随着中国消费结构升级,人们对于保险产品的需求也越来越大。当前的保险行业存在一些痛点,区块链技术能够为这些问题提供相应的解决方案。

对投保人而言,种类纷繁复杂的保险产品使非行业内的人对于理解保险最本质的业务逻辑存在困难,因而销售过程可能出现一些欺诈行为,使消费者与代理人或保险公司之间的信任难以建立;在售后、理赔的环节,投保人所提供的证据由于涉及保险公司的利益,对于其真实性需要经过严格的验证,使整个流程较为复杂,需要耗费相当的时间和人力成本。通过区块链技术来开展保险业务,公开透明的链上数据有助于投保人理解所购买的产品,可追溯的信息也能防止保险销售人员的欺诈行为,消除投保人的顾虑;基于区块链开展的理赔业务,能够方便投保方与承保方就举证真实性达成共识,简化业务流程。

对于保险公司而言,开展业务需要了解受众的情况,对于投保人的信息收集工作需要完成到位,以防骗保行为发生。目前中国的保险销售以保险公司直销、代理人销售、银保兼业代理模式以及近来逐渐兴起的互联网销售模式为主,保险行业较为激烈的竞争以及代理人数量的庞大、效率较低等问题,导致保险的渠道费用较高,抑制了保险行业的健康发展。区块链技术不可篡改、可追溯的特性,不仅能解决销售欺诈问题,也能在处理骗保的问题上,帮助保险公司获得关键性证据,保证赔付的可靠性;借由区块链平台进行的销售业务,也便于承保的保险公司与各级保险代理商、代理人之间的佣金清算,提高效率的同时,能够避免清算过程中的纠纷。

对于政府部门而言,由于某些保险产业涉及民生保障问题,如社会保险、医疗保险、养老保险等,因此对于保险行业的管控至关重要,政府部门需要监管保险公司对于保费的利用是否符合规定。利用区块链技术进行保险业务的开展与资金管理,由于其公开透明、不可篡改的特性,监管部门能够方便地监控到每一笔资金流的去向,进而对于整个保险产业的情况有所把握。

4. 资产证券化

近年来,消费场景的不断扩展、消费金融机构的金融创新及风控手段的不断提高以及监管的逐步规范促使资产证券化迅速发展。资产证券化主要是指以底层的消费贷款还款现金流作为资产进行证券化融资的一种方式。传统的资产证券化存在着一些问题:第一,融资流程复杂冗长,真实资产的状况掌握在发行人手中,当前的信息整合水平达不到市场的期望;第二,ABS 入池资产多,现金流复杂,中间环节多,投资者难以直接触及入池资产,对其评估仅靠外部评级和发行人的信用背书,同时,由于底层资产不透明,对其进行评级也较为困难;第三,资产动态入池,提高信息披露难度、加重不对称性,在投后管理阶段,后入池的资产质量难以保证,也很难及时跟进,发行方对资产的管理能力存疑,征信制度相对匮乏给金融公司建立客户信用档案造成很大挑战,大量模型试验提高了坏账风险,风险定价准确度低,投资者信心不足。

将区块链应用于资产证券化具备以下优势:第一,可以加强底层资产现金流的管理,如区块链系统的开放性、智能合约的使用,有利于降低业务出错概率和提高管理效率;第二,提高被监管的效率,如去中心化、开放性和不可篡改性提高了底层资产的透明度,有利于监管确认 ABS 的底层资产现金流的真实性和资产组合的杠杆情况,有助于监管效率的提高;第三,有效促进资产交易结算,如点对点的分布式即时支付体系可以降低中心结算部门的处理压力,提高结算准确性并降低系统被攻击的风险;第四,降低增信环节成本,区块链的开放性决定了其系统信息高度透明,可以有效展现企业的负债情况和担保情况等资产质量,降低增信带来的道德风险和市场流动性风险。

例如百度旗下度小满构建的联盟链网络 ABS 项目,利用区块链平台将资产方、信托公司、发行机构、评级公司、银行等环节联系在一起,使整个 ABS 自底层资产认证,到发行、认购的全部流程能够在区块链网络中完成,保证底层资产的可信与透明,使评级公司能够获得最为真实的信息,投资者能够放心地购买相关产品;银行可以随时取得资产明细变动信息以及获知资金流的去向,方便对于业务的监管。ABS 区块链方案示意图如图 3-5 所示。

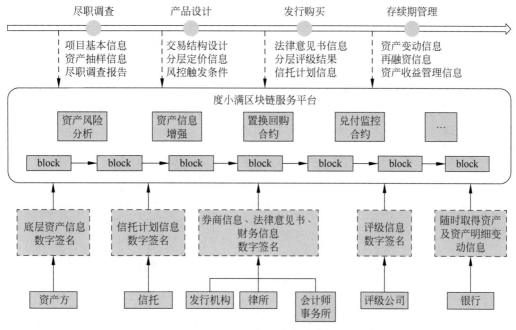

图 3-5　ABS 区块链方案示意图

5. 金融审计

将区块链技术应用于金融审计,核心逻辑是充分利用区块链技术可追溯、不可篡改、数据的分布式安全存储等特点,来解决一直以来困扰该领域的财务信息是否真实可信的问题。

审计指由专设机关依照法律对国家各级政府及金融机构、企业事业组织的重大项目和财务收支进行事前与事后的审查的独立性经济监督活动。目前我国的审计,主要是由审计人员到达被审计单位对其经营活动进行现场审查,该种传统方式存在一些弊端:第一,由于审计通常在一项经营活动之后进行,被审计单位有非法修改材料的可能性,使得审计结果与事实不符,审计的滞后性使得对相关数据材料缺乏信任度;第二,现场审计需要审计工作人员严格执行审计流程,这种由人为进行的操作需要承担审计人员与被审计单位共同舞弊以及审计过程存在无心之失的风险,即审计过程无法做到完全透明可控;第三,由于审计流程复杂,需要耗费一定的时间,审计人员入驻被审计单位也需要产生一定的费用,使得审计成本较高;第四,交易数据体量庞大,往往会使用抽样的方式来进行,受限于时间、人力等问题,样本通常不会太大,因此审计结果仅仅表明了整体的情况,对于某些细节问题难以发现。此外,现下已经有利用计算机技术辅助审计业务出现,但针对不同的行业往往需要定制化的计算机系统,难以普及。

将区块链技术与审计业务相结合,能够有效推动审计行业的发展。将每一次经济活动实时传输到区块链网络中,利用区块链系统完成审计流程,无须审计人员到达被审计单位现场,能够降低审计业务的滞后性,实现实时审计;利用智能合约预设的程序完成审计流程,能够降低人力成本、提高效率,同时也能够减少人为因素导致的错误。由于区块链不可篡改的特性,交易记录一旦提交到区块链网络,被审计单位就难以对其进行修改,因此能够保证审计结果的真实性。利用区块链技术来完成审计业务,依旧需要传统的内部控制,但控制的内容由整个审计的流程转变为对于区块链系统的维护的网络安全问题,审计过程则是自动完成,区块链透明化的特性,也能够防止审计机构本身对结果的一些人为操纵。

搭建基于区块链技术的审计平台(图 3-6),将交易验证、存证/取证、合规性检查等业务运行在数据透明可追溯的区块链系统中,使"线下"审计及相关业务转变为"线上"同步开展,由于各节点之间信息充分共享,数据可信度得到充分保证,也能够大大提升效率。

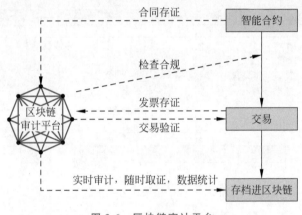

图 3-6　区块链审计平台

6. 供应链金融

供应链金融是一种新兴的金融模式,随着社会化生产方式的不断深入,市场竞争已经从单一客户之间的竞争转变为供应链与供应链之间的竞争,越来越多的企业开始意识到供应链管理的重要性。传统供应链金融的业务痛点主要在于两方面:一方面,涉及业务主体多。一条供应链包括供应商、制造商、分销商、第三方服务商等,如何将这些业务主体的大量信息进行高效、准确的整合是一个重要的问题。另一方面,操作环节多。依托供应链进行融资固然给中小企业带来了福音,但银行在信贷审批时仍要进行贸易背景调查、单据核实、货物定价、库存管理、支付结算、贷后管理等烦琐的业务流程,如何降低业务人员的操作风险、避免数据的恶意篡改是另一个亟待解决的问题,同时也要避免下游的中小微企业由于缺乏资金保障,难以取得信任、获得贷款资金。

区块链作为一种分布式共享账本技术可以为这两个问题提供很好的解决方案:将供应链各主体间的贸易行为储存在区块链中,不但能够发挥区块链防篡改、易追溯的特性,为银行进行大体量数据整合提供便利和安全,更重要的是,将金融机构关注的重点从企业本身转移到贸易行为发生的真实背景上。如果一家企业的交易现金流活跃,应收账款充足,各项业务状况正常,同时有上游的大型企业能够为其未来的资金进账做担保,那么即便这家企业体量小、没有信用记录,也能够顺利地得到信贷,这也正符合供应链金融的核心思想。此外,还可以利用区块链中的智能合约技术,在进行一笔交易的时候让下游企业给上游企业开立数字信用凭证,同时设定偿还日期、金额等条件,使之成为一个运行在区块链上的智能合约,不但提升了企业间交易的效率,降低交易风险,而且智能合约不可篡改、去信任等特性使得上游企业能直接用它进行融资。

7. 清算与对账

在清算与对账的场景中,通常涉及多个参与方,需要进行对等合作。区块链技术改变了信任模式,其公开透明的特性,能够使价值的转移更加顺利,即使在信息不对称的环境中也能够建立起信任,革新支付清算模式。票据承兑中,利用智能合约预设的算法能避免风险的出现。

目前,我国已有较为完备的支付清算系统,在国际上处于领先地位,但传统的清算过程中仍然存在一些问题。传统的票据交易中,需要依靠交易双方的实物从而辨别真伪,但经常伴随信息不透明、操作风险、市场风险的发生,双方之间的信任需要依靠中介组织,或者由政府机构介入以及在法律法规的保证下才能够建立,这给整个清算过程带来了诸多复杂与不便。对于跨境业务来说,更是面临着程序复杂带来的成本高昂的问题,使得企业需要承担一些额外的手续费,不利于业务的健康发展。

通过区块链技术,能够优化业务流程,对于各类支付行为,让交易的双方达成点对点的交易,同步结算清算。这省去繁杂的中间过程,让业务完成更加高效,也降低了交易成本。同时,将清算业务运行在区块链网络之中,有利于监管部门的监管,使用智能合约将监管规则直接写入系统之中,实现自主监管,也能使监管更加有效。

目前我国在标准票据交易市场中已开始尝试建立基于区块链的交易系统。

8. 金融存证/取证

在金融存证场景中,通过区块链技术对金融业务中产生的大量合同、凭证等文件进行存储,能够保证其安全存在不被篡改,也能够方便、及时地将这些文件送往监管机构、司法机构、公证机构等处,发挥其存证的作用。区块链本身数据可信的特性,也减少了对于存证本身反复审核的需要,提高业务效率。

传统的存证领域存在诸多痛点。证据通常存在中心化的机构,很难保证不会受到恶意攻击、不被篡改,由于普通的电子证据容易伪造,在核实一份证据的真实性的过程中,往往需要耗费较高的人力、物力、时间成本,整体效率低。现下企业对于存证的需求越来越大,侵权行为的发生具有很强的随机性,面对随时随处可能发生的侵权行为,如果不能即时进行证据固化可能就再难保存证据,但此项操作需要公证处的协助,有时受公证处非工作时间、非工作地点的约束,难以完成。

构建区块链存证/取证平台,通过与法院、司法鉴定所、公证处等机构的合作,可以快速高效地进行证据查验,也能够在线出具公证书、司法鉴定意见等材料,降低仲裁与诉讼时间成本,提高维权效率。存证/取证对于数据的安全合规要求较高,利用区块链技术,加入区块链电子签章、国密算法等安全保障手段,能够保证平台资质。

9. 跨境汇款

在跨境清算业务中,区块链的优势尤为明显,由于币种不同、货币规则制定者不同,跨国的资金转换需要经过支付系统、境内银行、中央托管机构、境外合作银行等多个环节,在烦琐的交易流程中,耗费的效率与成本都较高。通过区块链系统进行的跨境业务,在保证交易安全的同时,使冗杂的环节减少,将原本长达数日的单笔交易在数以秒计的时间内完成,能够大大提高交易效率、降低交易成本。

"全球速汇"(Money Express)是中国银联基于 ISO8583 报文规范和传统银联网络开发的中小额跨境汇款产品,2019 年已在美国、日本、新加坡、澳大利亚等 39 个国家和地区开通,境外汇款人可以方便地向中国工商银行、中国银行、中国建设银行等 13 家境内银行的银联卡进行跨境汇款交易,具有资金实时入账的优点。但随着该产品业务量的不断上升,原有基于中心化系统架构实现的应用已逐渐无法满足用户日益增长的体验需求,因无法查询跨境汇款的实时状态,该产品遭到大量客诉。一旦汇款人/收款人想要查询汇款的实时状态,境内外机构间因电子化程度低导致烦琐的人工查询过程,往往需要 10~20 天才有回复,这一方面给客户体验造成了不好的影响,另一方面给汇款机构、转接机构和汇入机构的客服和运营增加了压力。

针对以上问题,中国银行与银联基于区块链技术开发了跨境汇款追踪平台。在保持原有业务运行不变的基础上,实现将汇款在各环节中的流转信息进行共享和存储,针对每一笔汇款,由汇款机构负责录入包括汇款 ID、汇款人信息、汇款机构、联系方式、汇出时间、附言等信息;由汇入机构负责录入包括收款人信息、入账时间、交易流水号、币种、金额等信息;由转接、清算机构负责录入汇款转接和清算时间,保证信息的不可篡改,使任何一个机构都可以通过汇款 ID 查询汇款的实时流转信息。

3.2.4 区块链在供应链金融领域案例解析

1. 案例介绍

在供应链中,核心企业十分强势,面对供应商,往往采用的是赊账的方式,即给上游的中小企业一个支付凭证,到期再支付账款,而它的一级供应商再面对上游的二、三级乃至多级供应商,可以赊账的期限越来越短,甚至不允许赊账行为,这对核心企业来说是满满的好处,但对于供应链上的中小企业来说却大大增加了资金压力。

中小企业对融资有迫切需求,但是中小企业融资难、融资贵一直是个老大难的问题。首先,很多中小企业存在信贷问题,信用不过关,也没有可用于担保的资产。其次,传统商票最大的缺陷是不能拆分,由于企业手上持有票据的金额及期限与其下级供应商应付的金额和账期不能匹配,企业只能将资产在银行质押、重新开立新票付给供应商,手续非常烦琐,导致效率低下、资源利用率低、成本大幅提高。

区块链技术目前在供应链金融领域有广泛成熟的应用,区块链技术的各种场景优势都在其中有很好的表现。基于区块链的供应链金融系统,可有效将传统的核心企业的授信盘活,向下级供应商传递,从而带动整个供应链的健康发展。中国银保监会在其 2019年 155 号文件《中国银保监会办公厅关于推动供应链金融服务实体经济的指导意见》中指出要运用互联网、物联网、区块链、生物识别、人工智能等技术,创新发展在线金融产品和服务,实施在线审批和放款。

"上海市大宗商品区块链供应链金融应用示范项目"是 2018 年上海市区块链示范项

目之一。在上海市经济和信息化委员会和中国人民银行数字货币研究所指导下,宝武集团、同济大学和上海银行共同研发了主要针对供应链金融中的应收账款融资模式,解决中小企业融资难问题。核心企业与有贸易往来的一级供应商产生贸易合同,形成应付账款。核心企业在平台上完成应付账款的登记及确权,形成数字信用凭证,支付给一级供应商。一级供应商可将持有的信用凭证继续支付给与它有贸易往来的二级供应商,以此类推,通过供应商再引入更多的上游企业,利用信用凭证进行支付结算。有融资需求的中小企业可以将持有的信用凭证依托核心企业的信用,到金融机构进行融资。

2. 案例分析-业务流程

如图 3-7 所示,核心企业可以基于自身应付账款,在金融机构保贴范围内开立数字信用资产凭证,承诺在凭证到期日进行兑付,并且多级流转至上游供应商。供应商可使用资产凭证进行融资。平台构建联盟,业务场景中各参与方(包括商业银行、财务公司、保理公司等金融机构)可以申请加入联盟链节点,按照联盟约定业务协议和规则进行运作,共同维护业务过程的真实有效。

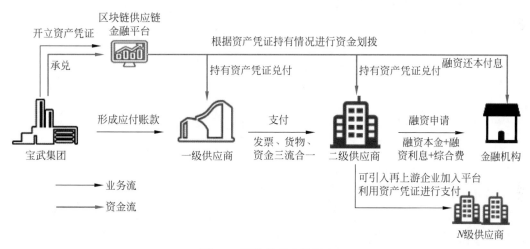

图 3-7　区块链供应链平台

其中债权转让的法理依据为《中华人民共和国民法典》第五百四十五条:债权人可以将债权的全部或者部分转让给第三人,但是有下列情形之一的除外:(一)根据债权性质不得转让;(二)按照当事人约定不得转让;(三)依照法律规定不得转让。

核心企业以及相应供应商通过区块链供应链金融平台,依据真实贸易的应付账款对应的债权在区块链上生成对应的数字信用凭证,转让支付给下级供应商。供应商持有的数字债权凭证可以在到期后由核心企业通过平台进行兑付;也可以在兑付期之前,在平台上选取相应的金融机构进行融资。应付账款兑付和融资流程如图 3-8 所示。

3. 案例分析-技术架构

基于区块链的供应链金融平台业务方案如图 3-9 所示,该系统在实际运营中,以联盟链的形式将平台方、企业方、征信机构、银行机构以及交易平台方连接在一起。这样在实际业务场景中,各方都能同时获取最新交易信息,保证数据真实不被篡改。

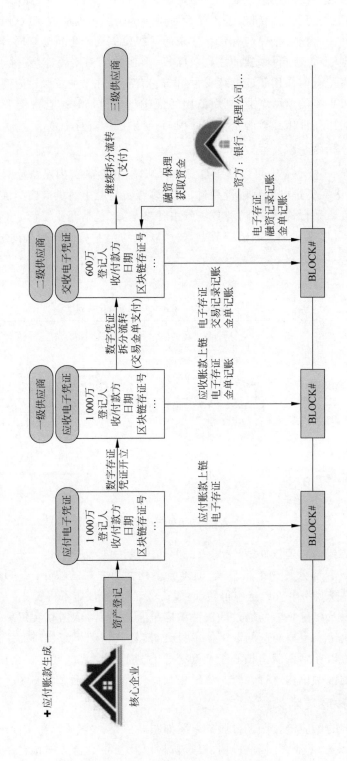

图 3-8　应付账款兑付和融资流程

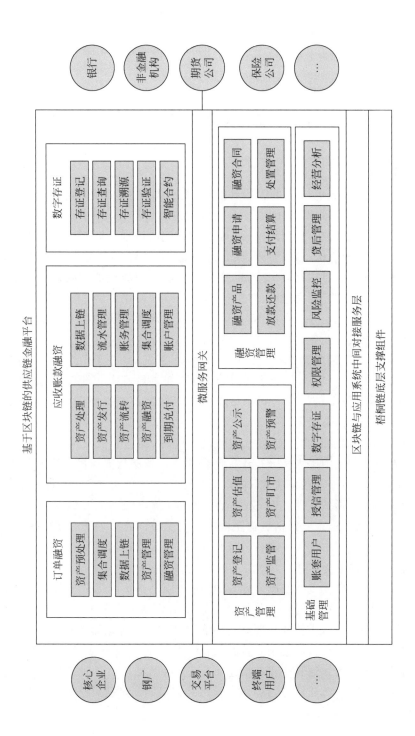

图 3-9 基于区块链的供应链金融平台业务方案图

4. 项目成果

该项目有效地实施了国家相应扶持中小企业的普惠金融政策。基于区块链的数字信用凭证可流转、可拆分、可支付、可兑现,极大地提高了供应链的资金流转效率。截至 2019 年 12 月,该平台服务企业数量大于 1 000 家、累计交易规模大于 200 亿元、最长流转级数 5 级、单笔最小融资 3 800 元、最低融资利率 4.35%。

3.3　区块链推动金融体系创新

3.3.1　区块链变革现有的征信体系

"**征信**"(credit reference,或者下面提到的 credit report)是指依法收集、整理、保存、加工自然人、法人及其他组织的信用信息,并对外提供信用报告、信用评分、信用评级等服务,帮助信用交易方判断、控制信用风险,进行信用管理的活动。征信体系是由与征信活动有关的法律规章、组织机构、市场管理、文化建设、宣传教育等共同构成的有机系统,是现代金融体系得以安全运行的有效保障,也是市场经济走向成熟的重要标志。在金融行业中,在征信基础上对企业/公司进行信用风险评估并以"信用评级"方式来表达企业/公司好坏的业务叫信用评级业务。在中国,征信和信用评级业务受中国人民银行的监管并需具有备案资质才能展开业务。

其中,个人征信牌照是 2015 年 1 月中国人民银行下发的《关于做好个人征信业务准备工作的通知》中确定的一项业务。到 2021 年 7 月,能够展开个人征信业务的机构有两家,总部位于深圳的百行征信有限公司于 2018 年 2 月 22 日获得中国人民银行的许可;总部位于北京的朴道征信有限公司于 2020 年 12 月 25 日获得中国人民银行的许可。

对于企业征信,为加强对企业征信机构的监督管理,促进企业征信行业规范健康发展,根据《中华人民共和国中国人民银行法》《征信业管理条例》《征信机构管理办法》(中国人民银行令〔2013〕第 1 号)等法律法规,中国人民银行于 2016 年 9 月 20 日印发《企业征信机构备案管理办法》,形成了目前比较规范的企业征信机构业务开展的备案制监管体系。从 2014 年 4 月第一家企业征信机构获得中国人民银行的备案开始,到 2020 年初,全国有 130 多家公司获得了中国人民银行的征信备案,在接受中国人民银行的监管条件下开展企业征信和相关的业务工作。

征信是金融市场发展的重要基础设施,其根本作用是解决交易双方的信息不对称问题,进行信用风险管理。目前,商业银行信贷业务的开展,无论是针对企业还是针对个人,最基础的考虑因素都是借款主体本身所具备的金融信用。商业银行将每个借款主体的信用信息及还款情况上传至央行征信中心,需要查询时,在客户授权的前提下,再从央行征信中心下载信息以供参考。这其中存在信息不完整、数据更新不及时、效率较低、使用成本高等问题。区块链以分布式储存、点对点传输、共识机制与加密算法等技术"直击"征信业痛点,变革现有的征信业体系。

1. 征信业痛点

数据作为征信业的核心,数据隐私保护问题一直是征信业发展过程中的痛点之一。

目前征信业许多用户数据泄露事件,直接涉及用户的姓名、电话号码、地址、驾照信息、信用卡信息等隐私信息。在传统征信模式下,信贷机构需主动报送数据,并且数据是物理留存的,征信体系的关键弱点极易被黑客攻击,还会存在滥用、竞争使用和泄露等风险。因此,传统征信模式下的信息中介服务机构往往不被信任。区块链具有分布式储存和点对点传输特点,可以解决中心服务机构的系统稳定性问题,并且利用非对称加密技术可以在一定程度上解决信息滥用和竞争使用问题,从而改善信任问题。

数据真实性问题也是征信业的一大痛点。征信工作主要包括如下三个主要环节:数据采集、数据整合、数据利用。如何保证数据收集的有效性与解读的准确性是决定互联网金融成败的关键。以数据为本,用区块链技术改变现代信用体系有一定的改善作用。在传统征信模式下,信贷机构报送数据的真实性主要是通过政策规定和惩罚机制来保证的,而对于使用区块链技术的征信模式,其接入机构的数据真实性是靠行业自律和惩罚机制来保证的。100%保证上链前的数据真实性虽然有困难,但基于区块链上链数据不可篡改特性,同时结合联盟成员实名入驻、数据抽检、系统交叉验证和举证核查等机制,可以保证数据的质量。

信用数据的共享与征信企业的经济利益发生的矛盾也是征信业的痛点之一。如果企业将拥有的企业与个人信用数据共享,将会影响其核心支撑力量。但同时,各企业又想得到其他企业的信用数据。因此,亟须寻求一种新的数据处理方法,既不会威胁到企业的商业经济利益,又能够得到想要的信用数据,此时区块链技术变得尤为重要。

2. 区块链的解决方案

在征信领域,区块链的优势在于可依靠程序算法自动记录信用相关信息,并存储在区块链网络的每一台计算机上,信息透明、不可篡改、使用成本低。商业银行可以用加密的形式存储并共享客户在本机构的信用信息,客户申请贷款时,贷款机构在获得授权后可通过直接调取区块链的相应信息数据完成征信,而不必再到央行申请征信信息查询。

3. 区块链信用黑名单征信系统的建立

使用区块链技术可以有效解决传统数据共享的弊端:一是将中心化的数据存储改为分布式存储,这将使数据不可篡改,并且如果有虚假数据出现,将可以追溯到数据源头;二是区块链技术的数据采用节点同步,保证数据共享的及时性;三是数据的查询采用P2P 方式,并且将设置访问权限,只有正确的秘钥才能访问信用数据。具体而言,基于区块链黑名单征信系统的建立分为四大部分:一是制定统一的黑名单登记规则;二是有偿提供各自企业的黑名单;三是黑名单数据以分布式账本形式储存并进行加密;四是有偿性提供数据查询。具体的区块链黑名单提交流程如图 3-10 所示。

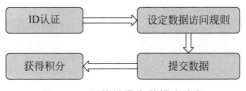

图 3-10　区块链黑名单提交流程

4. 区块链信用白名单征信系统的建立

黑名单是互联网金融企业规避风险的有效手段,但是白名单却是互联网金融企业获利的主要手段。因此从互联网金融企业经营的角度来看,白名单征信系统更具有现实意义。同样,对于一个国家而言,只有黑名单、缺乏正面数据的征信系统是不全面与不完整的。针对多家 P2P 平台"爆雷"情况,我国商务部直属机构国际贸易经济合作研究院正在酝酿制定《互联网金融机构信用评级与标准》,这将是我国第一个互联网金融机构信用评级和认证的国家标准,各大互联网金融企业也寄希望于"互联网金融企业白名单"能够有效减少甚至消灭欺骗性互联网金融企业,保证互联网金融行业健康发展。但白名单与黑名单具有同样的问题,即互联网金融企业信用等级的高低是由第三方组织评价,如果要保证评价披露信息的中立性,还要通过没有经济利益相关的律师事务所或会计师事务所进行协助,这可能引出更多的问题。信息数据共享的区块链技术,使互联网企业不仅成为征信系统的参与者,也成为监督者,是消除传统信用白名单建立弊端的最好方法。区块链白名单征信系统的建立主要由四部分构成:首先,采用去中心化的分布式信息储存和共享,公开透明地保存所有的交易数据,并采取密码协议避免造假的可能。其次,全员参与积分奖励。互联网企业是该征信系统的核心,每个企业的征信数据是决定该征信系统成功的关键,对于上传更多数据的企业奖励更多积分,使其具有查询更多数据的资格,帮助互联网金融企业寻找潜在客户。再次,信用查询采用点对点的方式,该方式具有查询速度快、效率高的特点。最后,每个企业可以设置查询权限,数据的提供方有权限制哪些企业可以访问它们的征信数据库,而哪些企业不能访问。区块链白名单征信系统的特征与规则和黑名单征信系统的特征与规则一致,唯一不同的地方在于:征信白名单的目的在于帮助互联网金融企业寻找潜在优质客户;而征信黑名单的目的则在于排查不良征信用户,进而提供互联网金融企业不能合作的对象,防止风险的发生。

5. 构建联盟链,搭建征信数据共享交易平台

征信管理的问题在于:数据缺乏共享,征信机构和用户信息不对称,正规市场化数据采集渠道有限,数据争夺战消耗大量成本,数据隐私泄露等,传统征信体系难以满足要求。在征信领域,尝试采用区块链技术,利用其中心化、去信任、时间戳、非对称加密和智能合约等特征,应用于征信的数据共享交易领域,面向征信相关各行各业的数据共享交易,构建联盟链,搭建征信数据共享交易平台;在技术层面保证有效保护数据隐私,实现有限度可管控的信用数据共享和验证。

3.3.2 区块链技术降低金融风险

金融行业的本质就是承担风险获得风险收益,风险控制是金融行业的核心。传统金融行业如银行已经经历过数百年历史,通过每隔几十年就会发生的金融危机,早已探究出一套风险控制流程,如图 3-11 所示。

新事物通常无法趋于完美,会有漏洞出现,互联网金融由于是新兴事物,相比传统金融行业面对的风险会更

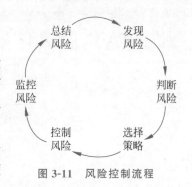

图 3-11　风险控制流程

多。区块链技术中的去中心化和去监管化这两个核心思想可以帮助互联网金融企业做好风险控制。

目前互联网金融难以平衡安全性、效益性和流动性三者之间关系是导致风险控制不足的主要原因。如果互联网金融企业资金周转不足，缺乏资金的流动性，将会影响其盈利能力，在极端状况下，会导致该金融机构的倒闭。而安全性与效益性二者就存在竞争和冲突。因此，互联网金融企业一方面不能一味追求经济效益而不顾资金的流动性与安全性，另一方面又不能过于强调流动性和安全性，忽视潜在的经济效益。如果解决三者在时间与空间上的冲突，就可以解决当前互联网金融风险控制难题。而基于数据收集与共享的区块链技术正是解决该冲突的最佳手段。其中，区块链在互联网金融中的应用领域总结如下。

1. 防止交易欺诈

风险控制的首要任务是防止交易欺诈。传统上，银行账簿存放于集中数据库中，控制权由一个中心机构管理。客户端身份验证后，中心机构就会提供数据库的访问权限。这种模式容易成为网络罪犯的攻击目标，他们利用不断发展的数字技术，绕过现有的安全控制措施，攻击中心机构，获取数据库访问权限实施欺诈。相比之下，区块链采用的分布式账簿，不仅能够执行实时交易，还具有信息透明、防篡改等特点，能有效防范欺诈行为发生。

其实现原理如下：区块链采用一个可以存储各类信息和价值交换记录的分布式账簿或数据库，这些信息和记录对所有参与节点是公开、透明的，在账簿或数据库增加任何数据，都需要得到所有参与节点的确认。任何更改数据的恶意尝试会被忠实地记录下来，使攻击者的行为无所遁形。每一条被记录在区块链上的交易，一方面可以提供证据证明银行已按监管机构的合规要求进行了业务处理，另一方面可用于识别和发现欺诈交易行为的攻击者。因此，区块链分布式账簿在反欺诈方面比现行的银行和支付系统更具优势。

区块链技术能够组织一个分布式电脑网络来自动处理交易，通过加密手段来保障交易安全，让交易欺诈变得难以实现。一切交易行为的背后都是协议，协议和协议组成了程序。安全性、收益性、流动性这三个金融要素全部通过区块链技术进行管理，弱化了人为操作，而这可以说是互联网金融的基本理念。当然，理论归理论，实践归实践。当前，金融世界依然是人的世界，人是金融世界中最宝贵的资产。风险控制是金融世界中最为重要的元素，人依然是风险控制的主力军，并且不是一朝一夕就可以改变的。信用卡公司包括各大发卡银行，每天都在和欺诈搏斗。仅在 2014 年，全球信用卡欺诈金额总数就有 163 亿美元之多。再强大的支付工具，也难免会面临造假和重复支付的挑战。基于区块链技术的交易系统凭借不可逆性和可追溯的特点，可以做到在不依赖任何中心的情况下建立一个不能重复支付的系统，它规定每 10 分钟就要进行一次全网记账簿的同步，每个节点都记账，每一笔都要盖上时间戳，全网核实见证。让时间戳和全网所有节点做公证，使得造假的可能性几乎不存在。

互联网金融的欺诈行为主要在交易过程中发生。区块链可以针对其独有的分布式特征通过运用加密手段来保证交易的安全进行。区块链的交易协议与程序全部实行物化操作,弱化人的作用,使其对风险的把控更加严格,避免了在操作过程中的人为失误。此外,区块链的分布式交易系统还具有交易不可逆性与交易可追溯性特征。区块链交易系统去中心化的特征保证其可以建立一个全网络定时刷新记账系统,每一次交易都将具有一个唯一标识的时间标记,并且全网络可见,保证交易的唯一性。如此一来,一方面可以避免重复交易,另一方面还可以防止伪造交易记录的投机行为,进而最大限度地减少互联网金融行业的欺诈行为。

另外,大数据技术可精确识别金融系统中可能的欺诈模式、参与者的欺诈行为以及可能存在的欺诈网络,提升反欺诈绩效,降低理赔风险。通过基于大数据和人工智能的反欺诈以及基于区块链的风险管理与合规管理,提高金融反欺诈的有效性,降低道德风险、减少欺诈行为,提升金融公司风险控制水平,实现与客户共赢。

2. 区分有价值客户

通常一家金融机构中,有价值的客户大略被划分为三个部分:优质客户(白名单客户)、中间地带的客户和风险客户(黑名单客户)。对金融机构来说,白名单客户是其主要服务对象,意味着收益。对任何一家机构来说,白名单客户都是它的生命线。而黑名单客户则刚好相反,每家机构都需要仔细做风险控制,不赔钱即为赚钱,能有效地防范一个风险强于做成 10 单生意。同时,对于中间地带的客户,人们都希望能把它们尽量转化为白名单客户,这就需要从多个维度、各种琐碎的日常行为中筛选出有用的数据点加以提炼,变成可供金融机构参考的具有含金量的数据。这方面的风险控制和征信体系上的征信是很类似的。区块链对风险的防范主要以区块链征信系统为基础,区分中间地带的客户是潜在的白名单客户还是黑名单客户则是区块链的主要任务。区块链技术通过将多维分散的数据实现分布式的信息交叉验证与分析,得出可供互联网金融企业参考的有效数据并对其进行评分,这将极大减少互联网金融企业风险的发生,进而有效减少企业的经济损失。

3. 有效防范操作风险

操作风险一般指的是金融企业内部或者关联企业的人员将资金挪用或者监守自盗,从而给支付双方造成资金损失。如果牵涉的金额数目较大,那么风险可能会被扩散,转移到其他关联的互联网金融公司或者传统金融机构中。在传统金融机构中,操作风险也是一直都存在的,一般靠规章制度和监管防控等措施进行控制。区块链系统的风险防控可以做到在没有人工干预的情况下,把操作风险降到最低。首先,基于区块链的金融支付系统是分布式的,而且不止一个节点上有完整的账本,所以如果只是有人不小心误操作修改了某一个账本或者某一条记录,则系统后续的运营会自动把正确的账本同步到这个节点上,从而误操作会被自动修正。其次,基于区块链的金融支付系统是自治的,不需要一个中心的管理机构,也就是说,所有的节点都是按照一个规则在行事。就算是系统上某些节点失效,依然不会影响整个系统的正常运行,导致误操作的发生。再有,这个系统是不需要第三方仲裁的,系统上所有的交易和过程都是按照一定的规则或合约来执行的。例如金融衍生品,它们的操作可能是金融领域中比较复杂的,在目前的实际操作中,仍然需要大量的人工操作和干预。一旦发现问题,可能就需要重复对账,其混乱和复杂程度让人难以想象。如果能够将区块链系统结合智能合约，那么当需要操作时，系统会自动完成，不会发生人工操作失误的情况。最后，区块链系统上的所有交易都是可追溯和不可逆的。在应对操作风险的时候，可追溯是最关键的特性。任何一个节点上的账本都是整个系统中的一部分，所有的交易记录都是可追溯的。

4. 控制逆向选择

在做金融风险评估，特别是做互联网金融评估时，需要考虑的因素有很多，其中逆向选择是必须考虑的风险。每个寻找贷款机会的人都有遇到不良贷款的风险。在信息不对称的条件下，那些不良贷款者往往会采用各种手段骗取以得到贷款机构或者个人的信任，从而导致过高比例的贷款投向不良贷款者而非优质贷款者。在信贷交易上，最需要贷款的往往是资金链最紧张的企业，它们也愿意付出最高的利率，结果是它们会拿到最多的贷款。显然，如果这样的情况真的发生了，那么坏账率就会比普通的情况要高。把坏账率考虑进整体的成本后，贷款机构就不得不提升整体的利率，而这又进一步使那些不是非常迫切需要资金的公司放弃向其贷款，转而通过别的渠道贷款。这样又再次提高了在所有的贷款中高风险贷款的比例。这就是逆向选择（adverse selection）。在经济学理论中，逆向选择是指由于交易双方信息不对称，导致市场价格下降，从而产生劣质品驱逐优质品，进而出现市场交易产品平均质量下降的现象，用一个通俗的说法就是"劣币驱逐良币"。

举例来说，对于金融公司，如果它们并不完全清楚了解贷款方的实际信息，就会存在严重的信息不对称。当超过正常比例的不良贷款发生时，坏账率会超过应有的比例。为了保持盈利，其可能不得不提升贷款的平均利率。愿意接受高利率的公司往往有较高的风险。这就出现了逆向选择问题，结果必然是过高比例的高风险中小企业获得了贷款，从而增加了金融风险。

目前，信贷机构一般使用征信系统甄别贷款者（企业）信用风险的大小。只有当充分了解申请贷款者（企业）的全部特征，从而准确预测它们的还款概率时，信贷审批才进入流程，从而降低逆向选择风险。这种征信机构普遍存在高成本、低效率和数据存储不安全等问题。而区块链本身凭借去中心化、保密性强以及透明度高等特点，通过创造"信任机器"，打造了一个无须信任的系统。运用哈希算法、数字签名、时间戳、分布式共识和经济激励等手段，在节点无须互相信任的分布式系统中建立信用，实现点对点交易和协作，令原本不熟悉的人或企业在没有可信任的中介机构参与的情况下，依然可以进行可信的交易。

在区块链网络中，通过算法的自我约束，任何恶意欺骗系统的行为都会遭到其他节点的排斥和抑制，因此其不依赖征信机构支撑和信用背书。传统的信用背书网络系统中，参与人需要对于中央机构足够信任，随着参与网络人数增加，系统的安全性下降。与之相反，区块链网络中，参与人不需要对任何人信任，但随着参与节点的增加，系统的安全性反而增加，同时数据内容可以做到完全公开。区块链采取单向哈希算法，同时每个新产生的区块严格按照时间线形顺序推进，时间的不可逆性导致任何试图入侵篡改区块链内数据信息的行为很容易被追溯，导致被其他节点排斥，从而限制了相关不法行为的产生和施行。

5. 抵御黑客攻击

作为高度分布式的系统,区块链天生比传统数据安全系统更安全。在大多数现有数据安全系统都集中放置的时候,区块链的分布式特性就代表着其更难以被黑。没有单一组织管控,意味着不会发生单点故障。区块链的分布式特性引领数据存储革命,数据安全与数据存储紧密相关,而后者正是区块链革新的领域。与将数据存放在云端不同,区块链利用的是分布式存储:将数据打散成无数小块,加密数据以防黑客获得真正信息,将数据文件分散存储。这一分布式存储过程因为存储在多个位置而不是在单一位置,数据不会受到某一网络掉线的影响,即便一部分网络被黑客致瘫,用户仍能从其他地方获取到数据。加密过程也有效防止了无权用户对数据的访问,可确保隐私及敏感个人数据免遭黑客毒手。

3.3.3　区块链技术提升金融监管能力

区块链技术能达成互联网中的全网校验、全网信任共识,由于信息更加透明、数据更加可追踪、交易更加安全,整个社会用于监管的成本会大为减少,法律与经济将会自动融为一体,区块链技术极大提升了金融监管能力。

1. 实现高效率的了解客户流程

KYC 规则是指了解客户(know your customer,KYC)规则,即银行需要对客户信息进行充分了解。如果银行没有正确遵守 KYC 流程,就会受到监管机构的惩罚,特别是在美国,罚款金额巨大,且呈上升趋势。由于国际公认标准的缺失,银行需要遵守不同国家和地区的合规要求,往往需要花费较高的成本在 KYC 流程上,不仅影响了新客户的用户体验,而且不同部门之间及银行之间还经常为同一个客户重复劳动,导致资源和人力的浪费。

区块链解决方案可以帮助银行实现高效率的 KYC 流程:某家银行完成一个客户的 KYC 验证,可将该客户的 KYC 声明放在区块链上,这样其他银行和授权组织就能通过区块链使用和验证客户的 KYC 信息,无须客户重新启动 KYC 流程。区块链解决方案一方面可以降低这些机构的管理负担和成本,另一方面降低了客户的操作成本。根据高盛估算,在全球范围,将区块链技术应用于反洗钱和 KYC 工作,可以为行业一年节约 30 亿~50 亿美元的成本。

目前,KYC 信息的安全性和隐私性还存在一些问题,可以通过以下措施来缓解:一是将 KYC 信息以私有链的形式存放,存放的数据仅仅是含有数字签名或加密散列的索引点,这将使授权用户能够访问与区块链分开保存的存储库中的相关客户信息,确保以一种受控和保密的方式来执行客户 KYC 信息的访问操作。二是为确保金融机构只能基于临时需求而获得访问权限,可以规定只有在严格必要的情况下才能获得 KYC 信息。

区块链可在精简 KYC 流程方面发挥重要作用,但实现这一目标,还需要跨国机构之间达成共识,确定可接受的 KYC 流程文件的形式。

区块链技术在不易被分析的反洗钱调查(anti money laundering,AML)和 KYC 管理方面都有了较成熟的案例。例如,位于波兰的项目团队 Coinfirm 已开发出应用场景,可以对客户的一个或多个加密数字货币地址进行分析并生成报告,不仅可以给出该账户是否参与犯罪,而且可以生成金融风险评价报告,成功地把金融监管扩展到加密数字货币的领域;在 KYC 管理方面,位于比利时的项目团队 BlockPass 通过区块链技术为个人建立一个不可篡改的虚拟身份,由 BlockPass 进行一次验证,之后不同金融机构可以近乎零成本地迅速获取客户的真实信息和验证结果,大大缩短了 KYC 的时间、降低了成本。

2. 权益证明

区块链技术能为数据赋权,确定数据的归属与确权。由于区块链每个参与节点都能获得一份完整的数据记录,因此可以利用区块链可靠性和集体维护的特点,对权益的所有者确权。其实现原理如下:银行可以基于区块链交易协议建立一个新的交易平台,在没有集中信托或中间人的情况下,区链技术为交换资产提供了潜在的新媒介。区块链凭借其追溯性和永久性,将备份每一笔交易,从而为交易资产的可靠性和真实性提供充分依据。例如,当高价值物品被首次认证时,可由值得信赖的中央管理机构颁发相应的数字证书,对产品本身进行认证;此后,每当该产品被购买和销售时,数字证书随之转移,从而构建一个映射到真实世界的所有权链,并通过该数字证书的区块链历史进行镜像;在收到数字证书后,产品的最终接收者能够一直追溯到证书创建点。这样,区块链凭借其固有的不变性和数字独特性确保了高价值物品的安全转让。

其中,股权证明交易是目前尝试较多的领域,股权所有者凭借私钥,可证明对该股权的所有权,股权通过区块链系统转让给下家,整个交易过程产权明晰、记录明确,且无须第三方的参与。

3. 数据存证鉴证

在电子商务中,存在大量的电子合同、电子协议、资产总额、收益证明等重要的文件,而电子数据易篡改、易伪造,如何让电子数据可信、可溯源、难篡改是当前亟须解决的问题。智能合约能安全存储各类电子许可证、登记表、执照、证明等,并记录其时间点,方便溯源。区块链应用于数据存证领域,大大降低了文件记录、独立审计以及遵守监管条例的成本和难度,提升了系统的安全性和效率。区块链技术在存证、鉴证中应用的整个流程及优势如下。

（1）用户身份认证,电子认证机构颁发 CA（认证机构）证书,确定电子合同、电子协议、电子发票等票据所有人、参与人的身份。

（2）签约便捷、即时,双方无须线下签约,无须纸质合同。

（3）应用数字签名,确保身份不可伪造。

（4）电子协议、合同、票据等内容不可篡改,任何修改伪造都能被发现。

（5）电子协议、合同、票据存储在云平台,其分布式文件系统安全可靠。

（6）对每份电子协议、合同、票据等运用哈希算法,生成全球唯一的哈希值,实现重要文件的数据指纹存证。

（7）比对两份文件的哈希值,若相同,确认文件一致,否则文件相异。实现文件真伪的鉴别。

区块链技术将用户账户、证据文件的哈希值等关键信息写入区块链,实现电子商务中重要证据文件的存证。基于区块链的存证、鉴证系统,不仅可以应用到电子商务领域,同样适用于需要为重要证据文件存证、鉴证的所有业务领域。

3.4 小 结

区块链技术是金融科技的基础设施之一,在金融科技发展的过程中选用适合的相应区块链技术可以提升行业业务水平。要充分理解区块链技术带来的多方信任协同、数据可信交换对金融行业原有业务的底层升级。从区块链思维的角度来重新分析解构原有金融业务模型,辩证看待分布式去中介化的协同能否给现有相应的业务带来足够的益处。

练习题

1. 公有链的优势和不足分别是什么? 可以在什么场景下应用公有链?

2. 区块链如何在金融领域中应用? 有什么应用价值?

3. 列举生活中合作博弈的例子,说说它们是如何进行合作博弈的。

4. 联盟链智能合约和中心账本的区别是什么?

5. 区块链的主要特征是什么?

6. 共识算法的类型有哪些?

7. 公钥和私钥有什么区别?

8. 区块链上的双重支付问题的本质是什么?

9. 按照巴塞尔委员会的要求,什么是加密资产、数字资产和数据资产?

10. 基于区块链技术的共识经济的本质是什么?

11. 什么是支持共识经济基础的共识博弈? 共识博弈与非合作和合作博弈本质不同点是什么?

12. 在什么"一般共识"原则条件下,我们可以保证一直有建立区块链公链主链(最长链规则)的诚实矿工团队存在?

13. 什么是智能合约? 陈述智能合约的运行机制和其功能正确实现的重要性。

14. 思考基于区块链的智能合约保证其功能正确执行的基本条件,至少陈述两个方面的基础条件?

15. 什么是征信? 陈述区块链对征信体系带来的可能的影响。

16. 结合 KYC 陈述区块链技术如何可以防止交易欺诈发生的基本原理。

17. 区块链技术对金融监管能力提升的可能影响有哪些?

第4章
人工智能技术在金融科技中的应用

4.1 概　　述

4.1.1 智能投顾概述

投资顾问(investment advisor)是介于普通投资者与专业投资者之间的角色,负责为缺乏专业投资能力的普通投资者提供投资建议。投资顾问像医生、律师一样为客户提供专业的咨询服务,投资顾问也需要获得专业的资格认证才能从业。随着居民财富的不断增长,大众对投资顾问的需求越来越迫切。然而个人的精力是有限的,一位投资顾问仅能为有限的少数投资者提供投资咨询服务。不同投资顾问的水平也存在较大的差异。另外,出于利益的驱动,即使有从业道德与法规的约束,也难以保证投资顾问的个人利益与其客户的利益不发生冲突。

智能投顾(robo advisor)的出现很好地解决了上述问题。一方面,通过计算机模型构建的虚拟投资顾问,能够以较低的成本为大众提供服务,而且可以根据每位投资者自身的特点提供个性化的投资建议;另一方面,计算机模型能够不带感情地为所有人工作,避免了投资顾问与客户之间的利益冲突。

智能投顾率先在美国兴起,一些领先的平台包括 Wealthfront、Betterment、FutureAdvisor 等。随着互联网金融在中国的迅猛发展,国内的智能投顾也如雨后春笋般崛起,典型的有嘉实基金的嘉贝智投、招商银行的摩羯智投、京东金融的京东智投等。本节以 Wealthfront 为例介绍智能投顾的基本工作原理。

案例 4-1 智能投顾先驱 Wealthfront

Wealthfront 是一家创立于 2008 年的美国智能投顾公司,致力于通过先进的互联网技术为客户提供与传统理财行业同等质量但准入门槛更低、费用更加低廉的理财咨询服务。传统理财行业的进入门槛都在 100 万美元以上,费率在 1% 以上,而在 Wealthfront 开户的会员进入门槛只有 5 000 美元,费率只有 0.25%。Wealthfront 聘用高端投资专家和财务顾问,设计了一整套科学的理财咨询在线服务系统,为客户提供高质量理财咨询服务。

智能投顾改变了传统的理财顾问的销售模式,利用互联网大数据,对用户行为、市场、产品等进行详细的分析。系统为客户推荐多元化的投资组合,既能避免客户与理财顾问之间可能的利益冲突,也能减少用户的投资理财成本支出,使投资人获得更多的收益。Wealthfront 提供的主要产品和服务是自动化的投资组合理财咨询服务,包括为用户开设、管理账户及投资组合的评估。用户能够通过 Wealthfront 平台投资,标的为一篮子经过优化配置的低成本 ETF 基金组合。

Wealthfront 的首席执行官 Adam Nash 认为:"伟大的投资是一场马拉松,而不是冲刺。人们没必要每天都亲自投入精力到投资当中,电脑程序可以很好地完成这项任务。"Wealthfront 平台借助计算机模型和技术,通过在线调查问卷评估客户的投资目标与风险偏好,为客户量身定制资产投资组合建议,包括股票配置、股票期权操作、债权配置、房地产资产配置等。截至 2019 年底,其管理的资产总额已超过 90 亿美元,而与之对应,该公司包括 CEO 在内一共不到 50 名员工。

1. 智能投顾的理念

以 Wealthfront 为代表的智能投顾的核心理念是 1990 年诺贝尔经济学奖得主哈里·马科维茨(Harry Markowitz)和威廉·夏普(William Sharpe)提出的现代投资组合理论(modern portfolio theory,MPT)。该理论旨在通过分散的投资组合来降低投资风险,投资者能够在同样的风险水平上获得更高的收益率,或者在同样的收益率水平上承受更低的风险。

Wealthfront 提倡基于被动管理的长线价值投资,并通过投资组合配置来分散风险。

(1) 被动投资:Wealthfront 的员工是有效市场假说(efficient market hypothesis,EMH)理论的笃信者,他们研究认为,长期来看,主动型投资的收益不一定跑得过被动型投资,同时被动投资更容易分散风险。Wealthfront 选择被动投资还有个重要的因素,即被动型基金的管理费要比主动管理型基金的管理费低得多。在美国,主动管理型基金的管理费平均为 0.75%,而被动型基金的管理费平均仅为 0.09%。

(2) 长线价值投资:Wealthfront 鼓励人们长期持有智能投顾提供的投资组合,系统会定期帮助投资者进行再平衡(re-balance),防止某一类资产由于上涨过快导致风险加大。

(3) 资产配置:Wealthfront 通常会为用户配置一定比例的股票、债券、商品等资产,通过资产配置分散掉没有价值的非系统性风险。Wealthfront 平台选择的资产种类多达11 类,一方面有利于提高分散程度,降低风险;另一方面具有不同资产的特性能为用户提供更多的资产组合选择,满足更多风险偏好类型用户的需求。

基于上述理念,Wealthfront 以能够表征各类资产价格的 ETF 为标的,根据客户不同的风险偏好和风险承受能力构建不同的投资组合。Wealthfront 还会实时跟踪客户的组合持仓,给出健康评分,并根据市场情况和客户风险偏好变化帮助客户调整到最优持仓。

智能理财并非仅仅是帮助人们进行简单被动的资产配置,Wealthfront 平台还推出了为客户设计的节税工具(tax-loss harvesting tools),该模型将当期亏损的证券卖出,用已经确认的损失来抵扣所获投资收益的应交税款,从而使原有投资组合在产生收益的同时减少了税费的支出,可以进一步提升用户的总体收益。Wealthfront 对 2000—2013 年的税费研究数据显示,该模型每年可为用户至少增加 1.55% 的收益率。

智能投顾利用互联网技术尽可能地为更多用户提供快速、高效的投资管理服务,较好地解决了中小投资者难以获得优质理财咨询服务的痛点。与传统投资顾问相比,智能投顾具有如下显著的优势。

（1）运营成本低廉：智能投顾充分发挥互联网技术的作用，大大降低投资理财的服务费用。

（2）操作便捷简单：智能投顾支持全流程的在线服务，越来越多的用户熟练使用互联网接受智能投顾服务，提高投资顾问服务的效率。

（3）分散投资风险：智能投顾针对不同投资者提供个性化的投资组合，能够帮助投资者较好地分散投资风险。

（4）避免情绪干扰：智能投顾系统严格执行事先设定好的策略，避免投资者受市场变化或个人情绪的影响而导致的非理性操作。

（5）信息相对透明：互联网平台披露了大量的信息，投资者可以及时在线跟踪了解自己持有的投资组合运作情况。

2. 智能投顾工作原理

Wealthfront 在其官方白皮书中公布了智能投顾的投资方法论，主要步骤如下（图 4-1）。

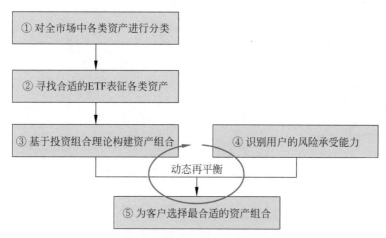

图 4-1　Wealthfront 智能投顾工作流程

第一步：划分出市场中各种不同的资产类型。

第二步：选择最合适的 ETF 来代表这些资产。

第三步：采用现代投资组合理论来构建一系列组合，使在不同风险程度下的税费后收益最大。

第四步：识别客户的风险承受能力，在上述一系列组合中为其选择最合适的投资组合。

第五步：在客户持有该组合期间监测投资组合中各资产的变化情况，定期进行资产再平衡，并将分红进行再投资。

Wealthfront 的盈利模式是根据客户的投资金额提取较小比例的咨询服务费，一般在0.1%～0.2%，与传统人工投资顾问相比，这个费率要低得多。Wealthfront 的收入直接取决于客户愿意委托多少资金，而客户委托资金的意愿取决于 Wealthfront 的智能投顾模型能否为客户持续赢取相对稳健的收益，因此公司的利益和客户的利益是一致的。

在资产选择方面，Wealthfront 支持 11 种投资资产类别，包括美国股票、外国发达国家股票、外国新兴市场股票、股息增长股票、自然资源、房地产、美国国债、美国通胀指数化证券（TIPS）、市政债券、美国公司债券、新兴市场债券，而投资组合的载体为费率相对较低的指数型基金（ETF）。Wealthfront 选择的资产类别及各资产之间的相关性如图 4-2 所示。

美国股票	1.00	0.98	0.95	0.95	0.85	0.75	−0.64	−0.36	−0.39	0.08	0.80	0.92
外国发达国家股票	0.98	1.00	0.97	0.92	0.83	0.74	−0.61	−0.31	−0.35	0.13	0.81	0.93
外国新兴市场股票	0.95	0.97	1.00	0.84	0.83	0.68	−0.53	−0.22	−0.32	0.19	0.90	0.96
股息增长股票	0.95	0.92	0.84	1.00	0.87	0.77	−0.70	−0.42	−0.45	−0.02	0.64	0.83
自然资源	0.85	0.83	0.83	0.87	1.00	0.55	−0.73	−0.31	−0.63	−0.12	0.64	0.83
房地产	0.75	0.74	0.68	0.77	0.55	1.00	−0.17	−0.04	0.18	0.47	0.64	0.74
美国国债	−0.64	−0.61	−0.53	−0.70	−0.73	−0.17	1.00	0.75	0.84	0.64	−0.19	−0.39
TIPS	−0.36	−0.31	−0.22	−0.42	−0.31	−0.04	0.75	1.00	0.54	0.60	0.03	−0.06
市政债券	−0.39	−0.35	−0.32	−0.45	−0.63	0.18	0.84	0.54	1.00	0.69	−0.04	−0.21
美国公司债券	0.08	0.13	0.19	−0.02	−0.12	0.47	0.64	0.60	0.69	1.00	0.43	0.32
新兴市场债券	0.80	0.81	0.90	0.64	0.64	0.64	−0.19	0.03	−0.04	0.43	1.00	0.92
风险评价	0.92	0.93	0.96	0.83	0.83	0.74	−0.39	−0.06	−0.21	0.32	0.92	1.00

相关性

积极　　　　　　　　　　　　　　　　　　　　　　　　　　消极

1.0　　　　　　　　　　　　　　　　　　0　　　　　　　　　　　　　　−1.0

图 4-2　Wealthfront 选择的资产类别及各资产之间的相关性

在构建投资组合时，Wealthfront 主要依据现代投资组合理论的均值-方差最优化模型来确定所选资产类别的最佳组合，系统根据上述资产的预期收益率、波动率、协方差等特性计算输出一系列投资组合，这些组合对应着每个目标风险等级获得最大回报，或者等效地将特定预期回报的风险等级降至最低。这些投资组合共同构成了有效前沿（efficient frontier）。

在识别客户风险承受能力时，系统首先通常需要用户在线填写调查问卷，回答关于他们收入、投资目标以及风险偏好等方面的问题。

当获取用户的投资目标和风险承受能力后，系统从上述最佳投资组合集合中自动匹配一个最适合该用户的投资组合，推荐给用户。用户确认后，系统会引导用户开户、将资金转入托管账户，系统根据用户选择的投资组合自动发送交易指令，购买相应的 ETF。

在投资组合运行过程中,用户可随时登录系统评估、检查自己的投资组合。如果需要变更投资组合,平台会根据用户的需求更新。

3. 智能投顾的发展趋势

从上述工作原理来看,智能投顾更像是为被动的资产配置平台。给出一套通用的解决方案。系统在一个预定的组合池中为客户挑选一个较为匹配的组合,很多情况下它推荐的组合都非常类似。从这个意义上讲,目前的智能投顾只能帮助普通投资者解决基础的分散化投资的需求,它并不适合有复杂金融需求的资深投资者。

智能投顾主要面向中产阶层及长尾客户。中产及以下收入人群庞大,存在强烈的资金管理及投资需求。在美国,年收入 3 万~20 万美元属于中产阶层,占总人口 80% 左右。而在中国,2020 年中产阶层达到 7 亿人,接近总人口的一半。庞大的中产阶级人群,除了购买常见的金融产品之外,还存在资产配置的需求。

著名咨询公司科尔尼在此前发布的一份研究报告中预测:"智能理财服务将会在未来的 3~5 年成为主流,到 2020 年,智能理财将会管理美国约 2.2 万亿美元的资产。或者说,智能理财到 2020 年,将控制 5.6% 美国人的投资资产,而 2015 年的数据仅为 0.5%。"

尽管智能理财在美国有着广阔的发展前景,但在中国的发展道路还有待探索。相比美国市场,中国目前的 ETF 规模还远远不够,这可能会大大限制投资组合的可操作性。而且,中国的投资者可能更关注收益率而忽视投资风险,在广大民众缺乏金融风险教育的大背景下,智能理财的被动稳健投资策略可能并不被多数人接受。不过,随着中国资产市场的发展完善,智能投顾很可能在未来成为中国投资理财市场重要的服务形式。

4.1.2　智能投资概述

在投资交易领域,自动化和智能化一直是投资机构与投资者孜孜以求的目标。

在交易端,程序化交易和算法交易模型已经大量代替人工交易员,如今在华尔街,算法交易已成为投资机构的标配。2000 年,高盛在纽约总部的美国股票交易柜台有超过 600 名交易员,而到 2010 年只剩下两名交易员。

在投资端,一些顶级量化对冲基金已经开始大量使用机器学习技术进行策略建模。

相比智能投顾,智能投资涉及的范围更广,难度也更大。如果说智能投顾期望通过自动化的大类资产配置为投资者赚取市场贝塔的钱,那么智能投资的目标则是让机器模型战胜人类的投资经理赚取市场阿尔法的钱。

案例 4-2　全球首只人工智能 ETF 基金 AIEQ

2017 年 10 月 18 日,全球首只号称使用人工智能选股的基金 AI Powered Equity ETF(AIEQ)在纽约证券交易所正式面世,引发广泛关注。根据其官网披露的信息,该基金采用人工智能的方法来分析和选择公司,每天分析数万个市场信号和新闻文章,通过人工智能算法模型来从 6 000 多家公司中优化选择 30~70 家公司构成投资组合,旨在降低投资风险和提高资本收益。与传统的以跟踪指数为目标的被动型 ETF 不同,该基金为主动管理型 ETF,不仅追求市场的平均收益,还希望借助人工智能选股模型追求超越市场的收益。

AIEQ 上市后第一年取得了优秀的成绩,收益率达到 11.87%,大幅跑赢标普 500 指数。根据彭博社的统计数据,AIEQ 击败了同期 87%以上的主动管理型基金经理。但是其在 2018 年 10—12 月遭遇巨大的回撤,导致业绩下滑严重,成立至 2020 年 6 月,收益率仍然跑输标普 500 指数,如图 4-3 和表 4-1 所示。

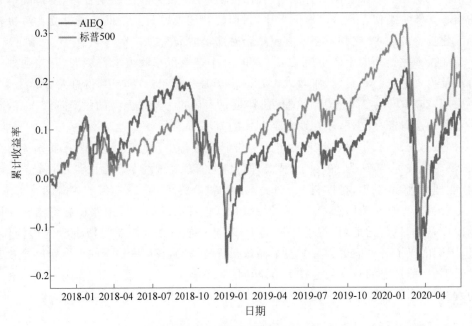

图 4-3   AIEQ 业绩表现

表 4-1   AIEQ 基金的业绩表现

A:(2017-10-18 至 2018-10-17)

组　　合	累计收益率	年化收益率	年化波动率	夏普比率	Alpha	Beta	最大回撤
AIEQ	11.36%	11.87%	14.26%	0.83	4.53%	1.02	−9.75%
标普 500	6.92%	7.22%	13.16%	0.55	0	1.00	−10.16%

B:(2017-10-18 至 2020-06-30)

组　　合	累计收益率	年化收益率	年化波动率	夏普比率	Alpha	Beta	最大回撤
AIEQ	11.90%	4.33%	23.45%	0.18	−1.83%	0.93	−34.76%
标普 500	18.56%	6.63%	23.54%	0.28	0	1	−33.92%

1. 智能投资的理念

从 AIEQ 基金 2017—2020 年的业绩表现来看,似乎不尽如人意。人工智能投资并没有战胜市场。但是从人工智能技术的整体发展趋势来看,目前人工智能的发展还处于初步阶段,AIEQ 作为一种人工智能在投资领域的尝试,其开拓性的意义要远大于其业绩本身。越来越多的顶级投资机构开始探索人工智能在投资研究领域的应用,在公告文本挖掘、大数据因子挖掘等领域取得了显著的进展。相信人工智能技术的发展,终将会推动智能投资不断向前迈进。

智能投资之所以如此吸引投资界的关注,在于与投资经理相比,智能投资有如下显著优势。

(1) 大数据处理能力:人脑处理信息的能力是有限的。当上市公司数量成倍增长,同时市场上的资讯信息呈指数级增长时,人脑难以处理如此庞大的信息。在这种情况下,投资经理只能专注于某个细分领域进行研究,有可能因为知识领域太窄导致错误判断。计算机在数据处理能力方面有天然的优势,随着科技的发展,计算机处理能力还在以摩尔定律快速增长,这是人类大脑望尘莫及的。

(2) 7×24 小时监控市场:随着全球化经济的发展,全球各国的经济金融市场联系越来越紧密,投资者的投资范围也越来越广泛。市场信息瞬息万变,随时可能出现各种黑天鹅事件,这就要求投资者必须关注全球市场中各类事件和信息,这对于个人来说完全是不可能的。计算机可以 7×24 小时无间断地工作,对全市场地各类信息进行处理,并根据模型及时作出响应。

(3) 避免情绪波动造成的误判:投资者在主观的投资决策中,很容易受到情绪的影响,从而造成对市场的误判。投资者在面临市场短期快速上涨或者下跌时,能否承受住压力作出理性的判断,对长期投资业绩具有极大的影响。计算机摒弃了人类的情感因素,只会按照既定的模型运作,不会受到投资者自身情绪的干扰。

当然,基于计算机模型的智能投资也存在一些明显的缺陷,乃至可能是巨大的风险。经过人工智能算法训练的投资模型对于投资者来说,可能是一个"黑盒子"。投资者并不一定能理解该模型背后所代表的经济金融逻辑,而金融市场的规律捉摸不定,这样可能导致投资结果的不可控性。另外,计算机自身运行的稳定性和可靠性,也是智能投资的必要前提。

2. 智能投资的基本原理

从 AIEQ 的公开介绍材料来看,该基金由 ETF Managers LLC 作为投资顾问,EquBot 公司提供投资策略,由 IBM Watson 超级计算机提供技术支持。可以看到,决定 AIEQ 业绩最核心的因素是 EquBot 公司开发的基于人工智能算法的量化模型。因此可以说,智能投资基金的推出,背后是日益完善的量化投资模型。人工智能 ETF AIEQ 的工作原理如图 4-4 所示。

图 4-4　人工智能 ETF AIEQ 的工作原理

EquBot 系统的输入数据来自市场中各类可公开获取的数据,包括公司的季度报告、公司向监管部门发的文件、社交媒体对公司评论的帖子和其他新闻媒体写的有关文章等。量化模型基于人工智能平台分析包括财务报表在内的结构化数据以及新闻资讯类的非结构化数据。人工智能算法经过训练后可以用来识别市场走势的模式,并根据新的输入内容来预测股票走势。与早期以量价信息为主的量化交易相比,EquBot 量化模型以公司基本面信息为主,而且结合了大量传统数据供应商无法提供的非结构化数据,试图从影响股价走势的各个维度来预测股价走势。

IBM 著名的 Watson 超级计算机为 EquBot 提供了强大的数据处理能力。量化模型每天可以处理美国 6 000 多家上市公司相关的数百万条的资讯信息。根据当时的经济情况、市场趋势以及市场主要事件作出投资决策。更重要的是,该量化模型可以利用机器学习技术不断根据此前输出结果的反馈进行学习,相比传统的人工不断改进的量化策略更加"智能"。

人工智能技术在投资领域的应用主要包括如下几类。

(1) 信息加工类:投资中最重要的基础是如何获取更加充分的市场信息,利用人工智能技术可以从互联网、物联网等渠道获取各类非结构化的数据,并对这些数据进行深度加工,形成对投资决策有参考价值的信息。比如通过对上市公告文本的抓取和解析,可以在第一时间获取公告内的重要信息;对散落在股吧、微博上的大量投资者评论进行分析,可以了解市场上投资者的情绪;对卫星采集的地图信息进行加工,可以考察农产品的种植面积和长势,继而预测农产品的产量……这些另类数据为投资决策提供了非常重要的参考,有利于投资者更快更准地作出投资决策,从而获得超额收益。

(2) 策略构建类:传统的量化投资策略大多基于线性多因子模型,线性多因子模型往往存在因子共线性、因子权重难以确定等问题,机器学习模型为多因子模型提供了更多可能,通过机器学习,投资者无须人为确定各个因子的权重,而是根据历史数据训练出最佳的参数。

(3) 模型学习类:这类研究希望让计算机从优秀的投资经理日常操作中学习训练出投资模型,将筛选出来的优秀投资经理的历史持仓记录与各类市场信息作为输入,利用深度学习模型训练出一套投资模型,该模型在运行过程中还可以从自己历史的操作得失中进行学习,从而摆脱外部人工干预,成为真正的"人工智能基金经理"。

上述应用中的第一类和第二类目前已经被各类投资机构广泛探索并应用,第三类代表了人工智能技术与投资相结合的前沿,AIEQ 正是其中的开拓者,类似于 AlphaGo 对于围棋对弈的意义,因此受到全世界广泛的关注。

3. 智能投资的发展趋势

人工智能投资基金能否战胜投资经理,还需要长期考察。但是业界公认的是,自动化与智能化是投资交易的必然趋势。

在国外,高盛、JP 摩根等大型投行非常重视人工智能在投资领域的应用。2014 年,高盛投资智能投研创业公司 Kensho,引发行业广泛关注,该公司于 2018 年被标普以 5.5 亿美元巨资收购,成为行业一个重要里程碑。对冲基金领域在智能投资领域的步伐更加领先。Two Sigma、Bridgewater(桥水基金)等对冲基金纷纷建立了人工智能团队,将人工智能技术直接应用到投资策略中。

国内投资机构对人工智能也非常重视。早在 2016 年,嘉实基金就成立了人工智能投资研究中心,致力于将最先进的人工智能技术加入投资分析和决策过程中。2017 年,华夏基金与微软亚洲研究院签署战略合作协议,宣布将就人工智能在金融服务领域的应用展开战略合作研究。平安资管成立 AI-Lab 推动量化投资转型,裁撤部分研究员和投资经理,引发业界巨震。在 AIEQ 面世两年后,浙商基金也推出了中国首只基于深度学习的人工智能基金——浙商智能行业优选基金,曾获得超越沪深 300 指数 16% 的超额收益。

虽然智能投资还处于发展初期,仍然存在很多不成熟的地方,但是从各家巨头的投入和押注来看,未来仍然可期。

4.2　投资组合基础理论

在介绍智能投顾和智能投资的详细原理之前,可以首先回顾一些重要的投资学基础理论,这些理论构成了智能投顾和智能投资的基础,是构建相关金融研究模型的基石。这些理论在专门的投资学教材里会有详细的介绍,在本章中,仅做一些总结和讨论。

4.2.1　现代投资组合理论

现代投资组合理论是投资学中最基础的理论之一,它试图研究如何构建一个有效的投资组合,使在目标风险程度下的预期收益率最高,或者在目标收益率的风险程度最低,其中最重要的就是均值-方差最优化(mean-variance optimization model,MVO)模型。

1. 均值-方差最优化模型

投资是一项风险行为,在追求高收益的同时往往伴随着高风险。证券和其他风险资产投资首先需要解决的是两个核心问题:投资收益与风险。投资收益相对容易衡量,那么如何评价风险呢?人们对风险的理解并不相同,简单地说,风险就是发生亏损的可能性。

1952 年,芝加哥大学经济系的哈里·马科维茨发表了一篇论文——《投资组合的选择》。在这篇论文中,马科维茨提出了一个简单而又深刻的问题:收益和风险的关联在哪里?如何在两者间权衡?

马科维茨提出可以使用资产收益的标准差来衡量资产价格波动的不确定性程度,即风险程度。为什么说波动就是风险呢?如果一个投资组合的预期收益率是一个固定的值,如银行定期存款,每天都能收到固定的利息,其收益没有波动,除非发生系统性风险银行倒闭,否则就不会有风险。通常把这种约定的银行存款利率称为无风险利率(risk free rate)。如果一只理财产品的收益不是固定的,而是存在波动,那么这只理财产品就是有风险的,如图 4-5 所示。波动越大,收益的不确定性越大,风险也就越大。针对风险的衡量方式,后人提出了一些改进的评价指标,如下行风险、最大回撤、在险价值等,但是马科维茨提出使用标准差衡量风险,仍然是最广泛认可和使用的指标。

当风险可以通过数学模型来衡量后,投资组合中的资产配置问题就可以转变成一个数学问题。此后,越来越多的数学理论开始被应用到金融领域。可以说,马科维茨的现代投资组合理论为量化投资奠定了理论基础。

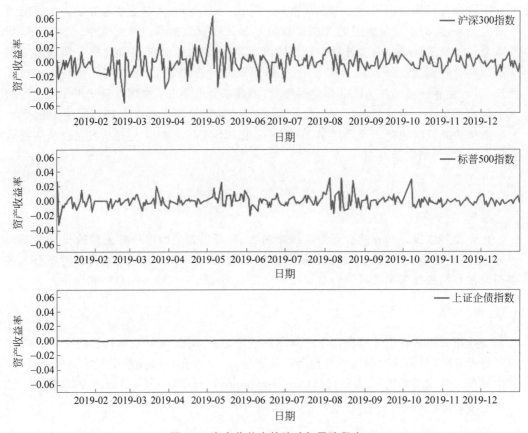

图 4-5　资产收益率的波动与风险程度

基于对收益和风险的计算方法,马科维茨建立一套投资组合配置优化的均值-方差最优化模型。该模型基于如下一些假设:

(1) 每种资产的收益率都服从正态分布;

(2) 各种资产的收益率之间有一定的相关性,它们的相关程度可以用相关系数或者协方差表示;

(3) 投资者在考虑每一次投资选择时,其依据是某一持仓时间内的资产收益的概率分布;

(4) 投资者是根据证券的收益率方差估计资产组合的风险;

(5) 投资者决策的依据仅仅是资产的风险和收益;

(6) 投资者为理性的风险厌恶者,即在一定的风险水平上,投资者期望收益最大;相对应的是在一定的收益水平上,投资者希望风险最小;

(7) 每一个资产都是无限可分的,即投资者可以购买任意份额的资产;

(8) 交易是无摩擦的,且交易成本和税收忽略不计。

假设证券市场中存在 n 种风险资产,记 $\boldsymbol{r} = (r_1, \cdots, r_n)^{\mathrm{T}}$ 为风险资产的收益率向量,其中 r_i 表示第 i 种风险资产的收益率。

$\boldsymbol{\mu}=E(r)$ 为其期望收益向量，$\boldsymbol{\Sigma}$ 为 r 的协方差矩阵，r_f 表示无风险资产的收益率。

$\boldsymbol{\omega}=(\omega_1,\cdots,\omega_n)^{\mathrm{T}}$ 为 n 种风险资产的投资配置比例，且 $\sum\limits_{i=1}^{n}\omega_i=1$。

则 n 种风险资产构成的投资组合的收益率为

$$r_{\omega}=\boldsymbol{\omega}^{\mathrm{T}}\boldsymbol{r} \tag{4-1}$$

投资组合的期望收益率为

$$\mu_{\omega}=\boldsymbol{\omega}^{\mathrm{T}}\boldsymbol{\mu} \tag{4-2}$$

投资组合的风险为

$$\sigma_{\omega}^{2}=\boldsymbol{\omega}^{\mathrm{T}}\boldsymbol{\Sigma}\boldsymbol{\omega}=\sum_{i}\sum_{j}\omega_i\omega_j\sigma_{i,j} \tag{4-3}$$

均值-方差最优化模型的目标是通过求解各资产的配置权重，使投资组合在给定目标收益率的前提下总风险最小，即

$$\min \sigma_{\omega}^{2}=\boldsymbol{\omega}^{\mathrm{T}}\boldsymbol{\Sigma}\boldsymbol{\omega} \tag{4-4}$$
$$\mathrm{s.\,t.}\, \boldsymbol{\omega}^{\mathrm{T}}\boldsymbol{r}=\boldsymbol{\mu}_{\mathrm{target}}$$
$$\boldsymbol{\omega}^{\mathrm{T}}1=1$$

其中，1 表示元素全为 1 的向量。求解上述最优化方程，即可得到资产组合中相应各资产所占比例。

均值-方差最优化模型的另一种表达形式是通过求解各资产的配置权重，使投资组合在给定目标风险的情况下组合收益最大，即

$$\max \boldsymbol{\omega}^{\mathrm{T}}\boldsymbol{r} \tag{4-5}$$
$$\mathrm{s.\,t.}\, \boldsymbol{\omega}^{\mathrm{T}}\boldsymbol{\Sigma}\boldsymbol{\omega}=\sigma_{\mathrm{target}}^{2}$$
$$\boldsymbol{\omega}^{\mathrm{T}}1=1$$

以两个资产为例，选择沪深 300 指数和标普 500 指数两个待配置的资产，在 2019 年 1 月 1 日至 2019 年 12 月 31 日期间，沪深 300 指数的年化收益率(annual return)为 37.9%，年化波动率为 19.3%，标普 500 指数的年化收益率为 28.7%，年化波动率为 12.3%，沪深 300 指数和标普 500 指数的相关系数为 21.5%。当为沪深 300 指数和标普 500 指数分别配置不同的比例时，可以得到不同的投资组合。随着沪深 300 指数权重 ω_A 从 0 变化到 1(对应地，标普 500 指数的权重 ω_B 从 1 变化到 0)，两者构成的投资组合的收益-风险特征如图 4-6 所示。

在 A 点，投资组合中 100% 均为标普 500 指数；在 D 点，投资组合中 100% 为沪深 300 指数；在 B 点，投资组合中持有 22% 的沪深 300 指数和 78% 的标普 500 指数，此时投资组合的方差最小；在 C 点，投资组合中持有 31% 的沪深 300 指数和 69% 的标普 500 指数，此时投资组合的夏普比最大(假设无风险利率为 3%)。可见，通过调整两种资产的比例，得到了更低风险的投资组合。

如图 4-7 所示，存在多个资产进行组合时，随着不同资产在组合中权重的变化，可以得到一个可行的组合区域。在这个区域中，任意投资组合都可以通过调整各资产的权重来获得。

对投资者而言，可以自身的风险偏好程度来选择其能承受的最大风险对应的投资组

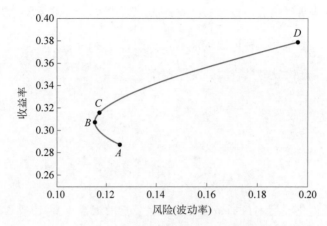

图 4-6　不同投资组合的风险-收益情况

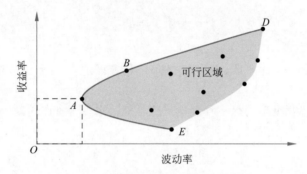

图 4-7　多个资产投资组合的风险-收益情况

合,即实现特定风险条件下的最大预期收益。

在这个基础上,人们可以构建任意目标的投资组合,如风险最小的投资组合、给定风险下的投资组合、给定预期收益率的投资组合等。

2. 有效前沿

马科维茨均值-方差最优化模型从数学上构建了一个最优化组合。马科维茨进一步提出选择投资组合的目标是达到"有效组合",也就是构建在给定的风险下获取最大预期收益的组合。马科维茨指出,投资者遵循效用最大化原则,投资者是风险厌恶者,即在收益相等的情况下,投资者选择风险最低的投资组合。

如图 4-8 所示,曲线上 B 组合的风险和 C 组合的风险相同,但是 B 组合的收益更高,因此 ABD 段曲线上的组合是有效的,而 ACE 段曲线上的组合是无效的。不同风险下的有效投资组合连接起来形成的一条曲线,被称为"有效前沿"。

下面来看看组合资产有效前沿的具体示例。

1) 仅有风险资产时的有效前沿

（1）两资产组合的有效前沿。首先讨论组合中仅存在两种风险资产 A、B 的情景。当两者完全正相关,即相关系数为 1 时,两者之间的各种组合构成 AB 相连的一条线段,投资者通过调整 A、B 资产的配置比例可以获得该线段上任意一点的组合,即线段 AB

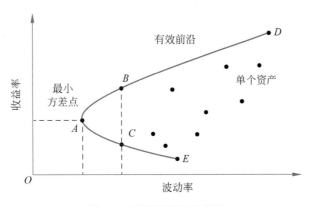

图 4-8　马科维茨有效前沿

构成了一条有效前沿。

当 A、B 两个资产完全负相关,即相关系数为 -1 时,通过调整 A、B 资产的配置比例,可以得到如图 4-9 所示的一条折线 ADB。对应线段 AD 上的投资组合,线段 DB 上都有一个相应的组合,其风险程度与 AD 段上的对应组合相同,但期望收益率更高。因此有效的组合仅为 DB 上的点,即线段 DB 构成了一条有效前沿。通过观察还可以发现,如果两个资产完全负相关,可以得到一个无风险的组合 D,即两个完全负相关的资产可以将投资风险完全抵消掉,这就是对冲(hedge)的原理。

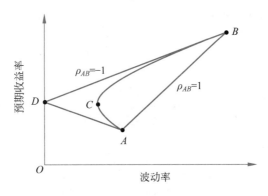

图 4-9　两资产组合的有效前沿

如图 4-9 所示,当 A、B 两个资产不完全相关时,通过调整 A、B 资产的配置比例得到的所有可能的投资组合组成曲线 ACB,由于线段 AC 上组合的预期收益都低于线段 CB 上相同风险对应的组合,因此线段 CB 构成全部资产组合的有效前沿。

(2)多资产组合的有效前沿。如果组合中存在多个不完全相关的资产,则所有可能的投资组合形成一个平面区域,如图 4-10 所示的阴影区域。在相同投资风险的条件下,CB 线段上的组合预期收益最高,即 CB 线段为有效前沿。如果从预期收益的角度考察,在相同预期收益的条件下,曲线 ACB 上的组合投资风险最低,通常将 ACB 称为最小方差前沿。

2)存在无风险资产时的有效前沿

(1)无风险资产不可借入。在该场景下,假设风险资产不允许卖空,且无风险资产不

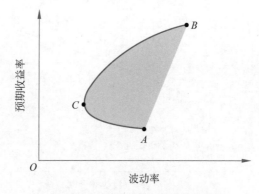

图 4-10　多资产组合的有效前沿

可以借贷,即不可以通过借入无风险资产给投资组合增加杠杆。

　　由于无风险资产收益率的方差为零,即认为其与其他任何资产的相关系数均为零。因而,将无风险资产与其他资产进行组合时,所有可能的投资组合形成如图 4-11 所示的阴影区域,其中 F 点表示无风险资产组合,对应于投资组合中持有 100% 的无风险资产,线段 FD 与没有无风险资产时的有效前沿 CB 相切于 D 点。根据有效前沿的判定方法,线段 FDB 成为新的有效前沿。在 FD 段,投资组合中包含无风险资产,投资组合的预期收益和风险呈线性关系; 在 DB 段,投资组合中不包含无风险资产。

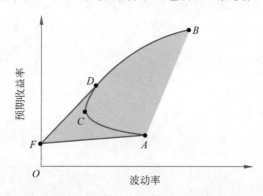

图 4-11　投资组合中存在无风险资产(无杠杆)时的有效前沿

　　(2) 无风险资产可借入。假设风险资产不允许卖空,但是无风险资产可以按一定的利率借入,此时可通过借入无风险资产给投资组合增加杠杆,得到所有可能的投资组合区域,如图 4-12 所示,新的有效前沿为一条与没有无风险资产时的有效前沿 CB 相切的直线 FDG,切点 D 为资产组合中持有 0% 的无风险资产的情况。有效前沿上的投资组合的预期收益率与风险呈线性关系,该有效前沿的直线又被称为资产配置线(capital allocation line),对于资产配置线上的任意一个投资组合 G,有

$$R_G = R_f + \frac{R_D - R_f}{\sigma_D} \cdot \sigma_G \tag{4-6}$$

其中,R_D 和 σ_D 分别表示切点 D 代表的投资组合的预期收益率与风险; R_G 和 σ_G 表示资产配置线上的任意一个投资组合 G 的预期收益率与风险; R_f 代表无风险利率。

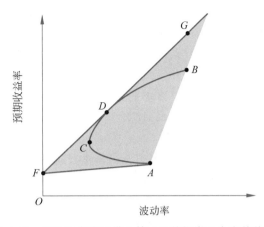

图 4-12　无风险资产可借入情形下的投资组合有效前沿

4.2.2　资产定价理论

马科维茨均值-方差最优化模型回答了投资组合的最优化配置问题,但是应用均值-方差最优化模型有一个前提,就是必须能够精确地估计组合中各资产的预期收益率、风险及资产间的相关系数。针对这个问题,学者提出了很多估计资产预期收益率的模型,包括资本资产定价模型(capital asset pricing model,CAPM)、套利定价理论(arbitrage pricing theory,APT)等。

1. 资本资产定价模型

20 世纪 60 年代,威廉·夏普、约翰·林特纳(John K. Lintner)和简·莫森(Jan Mossin)等学者试图研究资产的均衡价格是如何形成的,并提出了资本资产定价模型,该模型假设投资者都采用马科维茨的理论基于资产的预期收益率和风险进行投资管理,在市场形成的均衡状态下,资产的预期收益率与以市场为基准来衡量资产组合的风险之间存在线性关系。

由于资本资产定价模型基于马科维茨的现代投资组合理论,因此该模型也需要基于一些基本假设,具体如下:

(1) 投资者根据预期收益和收益的方差来选择投资组合;

(2) 投资者对每种证券收益和风险的预期都相同,且他们都是价格接受者;

(3) 投资者为理性的风险厌恶者;

(4) 所有投资者持有相同的投资期限;

(5) 资本市场存在均衡状态;

(6) 资产是无限可分的,且不受投资规模限制;

(7) 存在无风险资产,投资者可以按无风险利率借入或者借出无风险资产;

(8) 没有交易成本和交易税,或者说交易成本和交易税对全部投资者都相等。

资本资产定价模型指出,单个资产的总风险可以分为两个部分:一部分是因为市场平均收益变动而使资产的收益发生变动,称为系统风险;另一部分即剩余风险,称为非系统风险。单个资产的价格只与该资产的系统风险的大小有关,而与其非系统风险的大小无关。在上述假定条件下,风险资产的预期收益率可以通过如下公式来计算:

$$R_p = R_f + \beta(R_m - R_f)$$

其中,R_p 为资产 P 的预期收益率;R_m 为市场期望投资回报率;R_f 为无风险收益率;$R_m - R_f$ 为市场风险溢价,β 值反映了该资产对市场系统风险变化的敏感程度。当 β 大于 1 时,表示该资产的风险高于市场平均风险;当 β 小于 1 时,表示该资产的风险低于市场平均风险。

资本资产定价模型可以通过现代投资组合理论推导得到。在上文介绍有效前沿时提到,资产配置线上的组合预期收益率与其风险呈线性关系。当市场形成均衡状态时,市场组合应该在资产配置线上。

记市场组合 M 的预期收益率和风险分别为 R_m、σ_m,资产 P 的预期收益率和风险分别为 R_p、σ_p,假设资产 P 加入市场组合 M,则新组合的预期收益率和风险分别为

$$R'_m = \omega_m R_m + \omega_p R_p \tag{4-7}$$

$$\sigma'_m = \sqrt{\omega_m^2 \sigma_m^2 + \omega_p^2 \sigma_p^2 + 2\omega_m \omega_p \sigma_m \sigma_p \rho_{pm}} \tag{4-8}$$

其中,ω_p 为资产 P 在市场组合中的占比,$\omega_m = 1 - \omega_p$,ρ_{pm} 为资产 P 与市场组合之间的相关系数。

在新组合中,当 ω_p 足够小时,新组合的有效前沿应该与原市场组合的有效前沿相切,即

$$\frac{\partial(R'_m - R_f)}{\partial \sigma'_m}\bigg|_{\omega_p=0} = \frac{R_m - R_f}{\sigma_m} \tag{4-9}$$

将上述公式代入后整理得到

$$R_a = R_f + \frac{\rho_{pm}\sigma_p\sigma_m}{\sigma_m\sigma_m}(R_m - R_f) \tag{4-10}$$

由于资产 P 与市场组合的协方差 $COV_{pm} = \rho_{pm}\sigma_p\sigma_m$,令 $\beta = \dfrac{COV_{pm}}{\sigma_m^2}$,则

$$R_p = R_f + \beta(R_m - R_f) \tag{4-11}$$

资本资产定价模型把任何一种风险资产的期望收益率都划分为三个因素:无风险收益率、市场的预期回报率和风险系数 β,因此将预测单个资产收益率的问题转化为估计市场预期回报和单资产风险系数的问题。由上述公式可知,可以通过历史上的该资产与市场的协方差以及市场自身的波动率来估计 β 值。但是需要注意的是,β 值并不是一成不变的,本身也会随着市场的变化以及资产自身的变化而变化。

2. 套利定价理论

资本资产定价模型虽然给出了一种简单的资产价格估计方法,但是它无法用 β 值完全解释不同资产之间收益率的差异,而且它的推导建立在很多不现实的假设基础上,因此学术界对其有效性仍然存在争议。

1976 年,美国学者斯蒂芬·罗斯(Steven Ross)发表了一篇经典论文《资本资产定价的套利理论》,提出了一种新的资产定价模型,即套利定价理论。套利定价理论也是一个

市场均衡模型,其逻辑基础与资本资产定价模型类似,都是投资者只有在承担了不可分散的风险时才能获得补偿。但是与 CAPM 相比,APT 的假定条件要少得多。

套利定价理论认为,套利行为是现代有效市场(即市场均衡价格)形成的一个决定因素。如果市场未达到均衡状态,市场上就会存在无风险套利机会。套利(arbitrage)是指利用一个或多个市场存在的各种价格差异,在不冒风险的情况下赚取收益的交易活动。投资者如果有不增加投资风险就能提高其收益率的机会,都会利用这种机会进行交易获取收益,这个过程就是套利。投资者的不断套利,使所有资产的需求等于供给,所有资产的预期收益率的大小与其风险的大小相对应,从而使市场达到均衡。

在市场未达到均衡状态,即有的资产价格高于其合理价格、有的资产价格低于其合理价格时,市场就存在套利的机会,投机者可以通过做空价格被高估的资产以及做多价格被低估的资产从而获利。这种套利行为将使资产回到其合理价格。因此,在一个均衡的市场中,所有资产都是被合理定价的,也就不存在套利机会。

套利定价理论可以用来解释自由市场的好处,在一个可以自由交易的市场中,存在一些"精明"的套利者,他们善于发现定价不合理的机会,通过不断的套利,促使价格迅速回归合理。这也是套利行为对市场价格形成的积极意义。

如果存在一个资产组合无须外加资金,风险为零,而预期收益率大于零,则称这个资产组合为套利资产组合。如果市场中若干种资产能形成套利资产组合,说明还有套利机会,市场还未达到均衡。以三资产为例,如图 4-13 所示,当代表三种资产的 A、B、C 三点不在一条直线上时,资产 A 和资产 B 通过一定的配置可以实现组合 D,组合 D 的风险和资产 C 的风险相同,但是预期收益率更高,投资者可以通过卖出资产 C、买入组合 D 进行套利。投资者都愿意卖掉 C 来买入 A、B 进行套利,对资产 A、B 的需求就会上升,结果导致证券 A、B 的价格上升,使预期收益率 r_A、r_B 越来越小,而投资者都卖掉资产 C,使它的需求小于供给,资产 C 价格下跌,预期收益率 r_C 越来越大,直到三者在同一条直线上,不再有套利机会,市场达到均衡状态。只有在所有资产的预期收益率和波动率之间呈直线关系时,市场才能达到均衡。

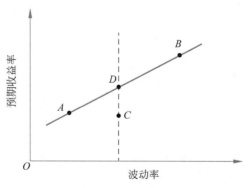

图 4-13　市场存在套利的情况

APT 认为资产的预期收益率与某些因素有关。以单因素模型为例,记单因素为 F_1,由上面的分析可知,在 r_i 只受单个因素影响时,不同证券的 r_i 与 b_i 之间应该呈一条直

线的关系,因此单因素模型为

$$r_i = a_i + b_i F_1 + \varepsilon_i \tag{4-12}$$

其中,b_i 为因素敏感系数;a_i 为回归分析的截距项;ε_i 为误差项。相应地,r_i 与 b_i 的直线方程为

$$r_i = r_f + b_i(\delta_1 - r_f) \tag{4-13}$$

其中,r_f 是无风险资产的期望收益率;δ_1 是因素 F_1 的期望收益率。

当 F_1 就是市场组合 M 时,$\delta_1 = r_M$,$b_i = \beta_i$,APT 与 CAPM 完全等价。

当 F_1 不是市场组合 M 时,有

$$\beta_i = \frac{\mathrm{Cov}(r_i, r_M)}{\sigma_M^2} = \frac{\mathrm{Cov}(F_1, r_M)}{\sigma_M^2} b_i \tag{4-14}$$

考虑多因素模型时,

$$r_i = a_i + b_{i1} F_1 + b_{i2} F_2 + \cdots + b_{ik} F_k + \varepsilon_i \tag{4-15}$$

对应的多因素 APT 为

$$r_i = r_f + (\delta_1 - r_f) b_{i1} + (\delta_2 - r_f) b_{i2} + \cdots + (\delta_k - r_f) b_{ik} \tag{4-16}$$

3. Fama-French 三因子

资本资产定价模型认为,股票的预期收益只与整个股票市场的系统风险存在线性关系。但是随着研究的深入,人们发现市场的系统性风险并不能完全解释股票的预期收益,股票预期收益考虑市场风险溢价后,还存在不同程度的超额收益,记作 α,即

$$R_p - R_f = \alpha_p + \beta_p(R_m - R_f) + \varepsilon_p$$

学者们试图找出导致超额收益的因素。美国学者尤金·法玛(Eugene F. Fama)和肯尼思·弗伦奇(Kenneth R. French)在研究美国股票市场中不同股票的收益率差异时发现,有两类股票的历史平均收益率一般会高于 CAPM 所预测的收益率,它们是小公司股票以及具有较高账面市值比的股票。Fama 和 French 认为,股票的市场 β 值不能解释不同股票回报率的差异,而上市公司的市值、账面市值比可以解释股票回报率的差异,上述超额收益是对 CAPM 中 β 未能反映的风险因素的补偿。

Fama-French 三因子模型:

$$R_{p,t} - R_{f,t} = \alpha_t + \beta_t(R_{m,t} - R_{f,t}) + s_t(\mathrm{SMB}_t) + h_t(\mathrm{HML}_t) + \varepsilon_t$$

其中,$R_{p,t}$ 是组合的收益率;$R_{f,t}$ 是无风险收益率;$R_{m,t}$ 是市场指数收益率;SMB_t 是小市值股票组合收益率减大市值股票组合收益率;HML_t 是高账面市值比组合收益率减低账面市值比组合收益率;α_t 是剔除三因子后的超额回报。

在计算 SMB_t 和 HML_t 时,首先把市场中的所有股票按市值或者账面市值比进行排序,然后等分成三份,将最大份和最小份进行对比。以 SMB_t 为例,记市值最小的 1/3 股票组合的平均期望收益率为 $r_{s,t}$,市值最大的 1/3 股票组合的平均期望收益率为 $r_{b,t}$,则

$$\mathrm{SMB}_t = r_{s,t} - r_{b,t} \tag{4-17}$$

Fama 和 French 提出三因子模型后,更多的因子被加入模型中。1997 年,Carhart 将动量因子加入模型,得到四因子模型:

$$R_{p,t} - R_{f,t} = \alpha_t + \beta_t(R_{m,t} - R_{f,t}) + s_t(\mathrm{SMB}_t) + h_t(\mathrm{HML}_t) + m_t(\mathrm{MOM}_t) + \varepsilon_t \tag{4-18}$$

其中,MOM$_t$ 是市场涨幅前 1/3 的股票组合收益率减涨幅后 1/3 的股票组合收益率。

2013 年,Fama 和 French 在原来三因子的基础上又加入两个因子,得到五因子模型:

$$R_{p,t} - R_{f,t} = \alpha_t + \beta_t(R_{m,t} - R_{f,t}) + s_t(\text{SMB}_t) + h_t(\text{HML}_t) +$$
$$r_t(\text{RMW}_t) + c_t(\text{CMA}_t) + \varepsilon_t \tag{4-19}$$

其中,RMW$_t$ 是高盈利股票投资组合收益率减去低盈利股票投资组合收益率,CMA$_t$ 是低再投资比例公司股票投资组合收益率减去高再投资比例公司股票投资组合收益率。与原来的三因子模型相比,新增的两个因子分别描述盈利水平风险和再投资水平风险。一般情况下,可通过 ROE(净资产收益率)来衡量盈利水平,通过总资产年增长率来计算再投资比率。

4.2.3　有效市场假说

1965 年,尤金·法玛提出有效市场假说。在此之前,市场中关于该假说的研究有很多,但都缺乏系统的理论框架,尤金·法玛在前人研究的基础上做了详细而系统的总结和分类,并提出了系统的研究框架。之后,他的理论逐渐成为有效市场假说的经典,后人也多以他的研究为基础进行拓展和延伸。尤金·法玛教授也因此获得 2013 年诺贝尔经济学奖。

有效市场假说认为,整个社会中的信息交流是通畅无阻的,竞争也是充分的。当一个信息出现,会迅速在通畅的交流中被市场中的所有参与者知晓。所有参与者知晓后产生的交易行为所形成的市场竞争会使该信息充分地反映在股价上,即"股价反映一切信息"。由于此时的股价反映了该证券的真实价值,投资者不可能从这样的信息中获得超额收益,只能赚取市场的平均报酬。满足这样条件的市场就称为有效市场。经典的技术分析理论"道氏理论"就是以此为基础假设所创建的。

有效市场假说理论认为,股票市场是一个没有任何成本、高效率、理想化的市场,基于以下假设前提:

(1) 完全竞争市场;

(2) 市场中的投资者都是理性的;

(3) 信息发布渠道畅通;

(4) 交易无费用,市场不存在摩擦;

(5) 资金可以在资本市场中自由流动。

基于上述假设前提,投资者拥有相同的公开信息,并具备相同的信息分析能力,证券的定价在任何时点上相对于投资者拥有的信息都是合理的。只要有与该证券相关的信息被披露,市场就会立刻作出反应,其股价也会由于市场的参与者行为而作出相应的调整,最终使价值再次回归合理,所以市场中证券的价格不存在错误定价,也没有人能够提前用公开信息获取超额回报。有效市场假说的重要结论就是:"任何企图战胜市场的策略都是徒劳的。"在股票价格对信息的迅速反应下,不存在任何高出市场回报的机会。

该理论把市场中的信息分为三类:一是历史信息,即所有该股票过去已知的信息,如股票的历史价格、成交量等;二是公开信息,如公司公告披露的公司运营情况、财务数据等;三是内部信息,即非公开的信息,如刚刚筹划的员工持股、公司股票回购、公司重组并购等信息,但是还没有正式对外公开披露的信息。

有效市场可分成三个不同的层次,即强有效市场、半强有效市场和弱有效市场。

在强有效市场中,市场价格充分地反映了公司几乎所有信息,包括交易信息、经营相关信息,甚至是没有公开的内幕信息。所以在强有效市场中,想要通过内幕消息获利基本是不可能的。

在半强有效市场中,市场价格充分反映了历史交易信息和公开的公司经营相关的信息。比如说除了交易价格、交易量等交易信息外,公司的经营数据也是公开的。投资者可以通过公开渠道了解到公司的高管人员信息、财务报表、公司当季所获得的订单等。这些信息是投资者进行基本面分析的基础。但是由于投资者都可以从公开信息中获得,所以股价也已经充分反映了这些信息。也就是说,基本面分析不能带来超额收益。因此,在半强有效市场中,基本面分析也没有意义。

在弱有效市场中,市场价格可以充分反映证券的历史交易信息,如股票的成交价格、成交量、换手率及大笔买入的信息等。弱有效市场假说认为对市场的价格趋势分析是徒劳的,因为关于历史价格的资料都是公开的,当所有人都知道这些信息后,这些信息就变得无效了。也就是说,基于历史价格的技术分析是无效的。不同有效市场的价格反映的信息和适用的分析方法如表 4-2 所示。

表 4-2　不同有效市场的价格反映的信息和适用的分析方法

市场分类	市场价格反映			市场分析方法		
	历史价格	公开信息	私有信息	技术面分析	基本面分析	内幕消息
强有效市场	√	√	√	×	×	×
半强有效市场	√	√	×	×	×	√
弱有效市场	√	×	×	×	√	√

有效市场假说充分说明了获取信息对投资的重要性。当市场产生新的信息时,股票价格往往会迅速作出反应。当这个信息逐渐被更多人知道时,价格也会随之变化,但当市场中几乎所有人都知晓时,股价也已经到了应该的价位,而不再给投资者留有获利空间。

在一个相对成熟的市场里,以机构投资者为主,他们获得信息的能力比较接近,同时完善的监管法规又限制了可能的内幕交易,因此市场价格能够比较好地反映股票的实际价格。投资者很难通过主动管理去获得超越市场平均水平的收益。比如在美国市场,机构投资者占 70% 以上,大家都在几乎相同的水平上竞争,基金经理很难获得超额收益。

而在一个新兴的股票市场里,不同投资者能获取的信息范围差别非常大,如机构投资者能够购买成熟的商业软件获取全面丰富的历史数据,而个人投资者只能靠免费的炒股软件获取有限的交易数据;有的机构投资者能够去企业实地深入调研,获得一手的财务数据以及公司的实际经营状态,而个人投资者只能靠公司公告和媒体新闻来猜测公司的发展。在这样的弱有效市场中,能够掌握第一手信息的人无疑有更大的优势。一般来说,一个股票市场成立的初期都会处于弱有效市场阶段。

有效市场假说的另一个重要假设是"市场中的投资者都是理性的",这不仅要求所有投资者都能在第一时间获得信息,并且这些人都能作出理智的投资决策。而在现实中,市场形势错综复杂,不同投资者的知识体系、经验水平差别都很大,对同样一个事件会作出截然相反的判断。在这种情况下,经验丰富的专业投资者往往能够更加准确地理解信息,作出正确的判断。

4.2.4　投资者效用理论

在讨论现代投资组合理论和资产定价理论时,都提到理性投资者的假设。但是不同投资者对风险的承受能力和厌恶程度是不一样的。一般情况下,投资者都是追逐利益且厌恶风险的,而高收益又往往意味着高风险,因此投资者需要在收益与风险之间权衡。大多数投资者愿意为追求更高的收益而承担更大的风险,即风险溢价(risk premium)。也就是说,一个低风险低收益的组合和一个高风险高收益的组合,可能给投资者带来的满足程度[定义为效用(utility)]是一样的,如果把投资者认为具有相同效用的所有组合在风险-收益率图中表示出来,构成了一条向右上方倾斜的凹函数,如图 4-14 所示,即投资者效用无差异曲线。

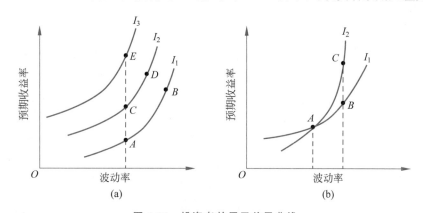

图 4-14　投资者效用无差异曲线

(a) 同一风险偏好投资者;(b) 不同风险偏好投资者

同一条无差异曲线给投资者所提供的效用是相同的,在同一条无差异曲线上的组合,风险越高,其对应的预期收益也越高,高风险被高收益所弥补。每个投资者可能存在多条无差异曲线,无差异曲线位置越高,该曲线上对应投资组合给投资者提供的效用越大。如图 4-14(a)中的三条无差异曲线,曲线 I_1 上的组合 A 和组合 B 对投资者而言具有相同的效用,曲线 I_2 上的组合 C 和组合 D 对投资者而言具有相同的效用。在同样的风险条件下,组合 E 的预期收益率>组合 C 的预期收益率>组合 A 的预期收益率,所以曲线 I_3 上的组合给投资者的效用最大,I_2 其次,I_1 最小。

不同理性投资者具有不同风险厌恶程度,由无差异曲线的陡峭程度来反映。无差异曲线越陡峭,投资者越厌恶风险。如图 4-14(b)中的两条无差异曲线,对曲线 I_2 对应的投资者 2 而言,其承担的风险从 A 点到 B 点所要求的风险溢价,要高于曲线 I_1 对应的投资者 1,因此投资者 2 的风险厌恶程度要高于投资者 1。为了衡量投资者的风险厌恶程度,定义风险厌恶系数 λ,一种常见的投资者效用函数定义为

$$U = E(r) - \frac{1}{2}\lambda\sigma^2 \tag{4-20}$$

其中,U 是效用值;$E(r)$ 是组合期望收益率;σ 是组合风险;系数 $\frac{1}{2}$ 为经验值。

该效用函数表明,投资者的效用随着期望收益的增加而增加,随着风险的增加而降低,风险厌恶系数越大,降低的程度越大。效用函数是风险的二次函数,而不是线性函数,表明投资者对风险的承受能力不是线性的,风险越大,要求的风险溢价补偿就越大。

有了投资者的效用函数后,最优投资组合的问题可以转化为求解不同风险厌恶水平下的"效用函数"最大化问题,即

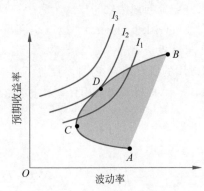

图 4-15　由有效前沿与无差异曲线共同决定的最优投资组合

$$\max U = \boldsymbol{\omega}^{\mathrm{T}} \boldsymbol{r} - \frac{1}{2} \lambda \boldsymbol{\omega}^{\mathrm{T}} \boldsymbol{\Sigma} \boldsymbol{\omega} \qquad (4\text{-}21)$$

$$\mathrm{s.\,t.}\ \boldsymbol{\omega}^{\mathrm{T}} 1 = 1$$

由于投资者是风险厌恶的,因此最优投资组合必定在有效前沿上。那么问题变成如何从有效前沿上挑选一个资产组合使投资者的效用最大化。如上文讨论,投资者存在多条无差异曲线,无差异曲线位置越高,给投资者带来的效用越大。如图 4-15 所示,随着无差异曲线的上移,无差异曲线与有效前沿相交于不同的点,当无差异曲线与有效前沿相切时,该切点是有效前沿上效用最大的点,因此最优投资组合位于无差异曲线与有效前沿的切点处。

4.2.5　投资组合绩效评价

只有全方面地评价一个组合,才能客观地了解该组合的特性,并有针对性地去改进策略。对一个组合的评价包括业绩指标、风险指标以及风险调整收益等维度,常见的评价指标如表 4-3 所示。

表 4-3　常见的评价指标

指 标 类 型	指 标 名 称
业绩指标	总收益率
	年化收益率
	年化超额收益率
风险指标	波动率
	下行波动率
	Beta
	最大回撤
	VaR
风险调整收益指标	夏普比率
	索丁诺比率
	特雷诺比率
	卡玛比率
	信息比率
其他指标	换手率
	持仓集中度

1. 业绩风险指标

1）业绩指标

（1）总收益率（total return）。总收益率表示组合在投资期间的总回报。

（2）年化收益率。年化收益率表示该投资组合折算到每年的复合收益率。

（3）年化超额收益率。根据资本资产定价模型，投资组合的收益可以分解为与市场风险相关的收益以及和市场风险无关的超额收益（active return，即 α）。

$$\alpha = R_p - R_f - \beta(R_m - R_f) \tag{4-22}$$

α 是投资者获得与市场波动无关的回报，一般用来度量投资者的投资能力。

2）风险指标

常见的风险指标包括波动率（volatility）、下行波动率（downside volatility）、贝塔值、最大回撤（max drawdown）、VaR（value at risk，在险价值）等。

（1）波动率。波动率是指收益率的波动幅度，通常用收益率的标准差表示，计算公式为

$$\sigma = \sqrt{\dfrac{\sum (r_i - \bar{r})^2}{n-1}} \tag{4-23}$$

其中，$\bar{r} = \dfrac{\sum r_i}{n}$ 为平均收益率。

波动率用来测量资产的风险性，波动越大，代表策略风险越高。其主要反映的是投资组合的稳定性，在收益水平相同的情况下，波动率较小的组合意味着风险较小。

（2）下行波动率。波动率反映收益率向上波动和向下波动的整体情况。在投资中，向上波动和向下波动给投资者的体验是完全不同的，投资者一般认为向下波动才是风险，因此在评估时，可以只考虑下行波动，定义下行波动率：

$$\sigma_{\text{down}} = \sqrt{\dfrac{\sum_{r_i \leqslant r_b} (r_i - r_b)^2}{n-1}} \tag{4-24}$$

其中，r_b 表示参考的平均收益率，一般取为市场无风险利率 r_f。

（3）贝塔值。贝塔值表示投资组合相对市场基准的系统性风险，反映了组合对大盘变化的敏感性。例如，一个策略的贝塔值为 2，则市场指数涨 1% 的时候，策略可能涨 2%，反之亦然；如果一个策略的贝塔值为 -2，说明大盘涨 1% 的时候，策略可能跌 2%，反之亦然。

在计算贝塔值时：

$$\beta = \dfrac{\text{Cov}(r_p, r_m)}{\sigma_m^2} \tag{4-25}$$

（4）最大回撤。最大回撤是在选定周期内任一历史时点往后推，组合净值降到最低点时的收益率回撤程度的最大值。最大回撤常用于描述投资组合可能会出现的最坏的情况。其计算公式为

$$\text{DD} = \dfrac{\max(D_i - D_j)}{D_i}, \quad j = i+1, i+2, \cdots, n \tag{4-26}$$

最大回撤对投资组合预期收益评估作用较小,但对组合风险控制能力有重要的参考价值。一般而言,最大回撤越小,表明投资者控制组合下行风险的能力就越强。

(5)在险价值。在险价值是指在一定的时间内,在一定的置信度下(比如95%),投资者最大的期望损失。VaR主要用来衡量收益分布尾部的情况,常用的估计方法包括历史经验分布外推、假设正态分布、Monte Carlo模拟等。

在正常的市场情况下,VaR是非常有用的风险衡量工具。而在市场震荡期,压力测试和情景分析往往作为VaR的辅助工具来对市场风险进行分析。

3)风险调整收益指标

对于多个投资组合,单纯地比较它们的收益率或者风险都不是公平的比较,通常情况下,高收益率的组合往往伴随着较高的风险。因此,经过风险调整后的收益更具备对比价值。常见的风险调整收益指标包括夏普比率(Sharpe ratio)、索丁诺比率(Sortino ratio)、特雷诺比率(Treynor ratio)、卡玛比率(Calmar ratio)、信息比率(information ratio)等。

(1)夏普比率。夏普比率可以同时对策略的收益与风险进行综合考虑。夏普比率的经济含义就是每承担一个单位的风险所获得的超额收益的大小,计算公式为

$$\text{Sharpe} = \frac{E(R_p - R_f)}{\sigma_p} \tag{4-27}$$

其中,R_p为投资组合报酬率;R_f为无风险利率(常采用一年期基准定期银行存款利率);σ_p为投资组合的标准差。

夏普比率表示用标准差作为衡量投资组合风险时,投资组合单位风险对无风险资产的超额投资收益率,即投资者承担单位风险所得到的风险补偿。夏普比率越高,表明在相同的风险情况下获得的超额收益也越高。

(2)索丁诺比率。索丁诺比率和夏普比率相似,不同的是索丁诺比率中的风险指标采用的是下行波动率的形式,计算公式为

$$\text{Sortino} = \frac{E(R_p - R_f)}{\sigma_{\text{down}}} \tag{4-28}$$

其中,σ_{down}为下行波动率。

(3)特雷诺比率。特雷诺比率是年化收益率与系统性风险β之间的比率,计算公式为

$$\text{Treynor} = \frac{E(R_p - R_f)}{\beta} \tag{4-29}$$

特雷诺比率反映的是风险收益补偿与系统性风险之间的关系。

(4)卡玛比率。卡玛比率是年化收益率与历史最大回撤之间的比率,计算公式为

$$\text{Calmar} = \frac{E(R_p - R_f)}{\text{DD}} \tag{4-30}$$

其中,DD是最大回撤。

卡玛比率反映的是风险收益补偿与最大损失之间的关系。

(5)信息比率。信息比率是表示投资组合相对于市场基准付出单位主动风险所带来的超额收益,计算公式为

$$IR = \frac{\overline{TD}}{TE} \tag{4-31}$$

其中 $\overline{TD}$ 表示组合相对市场基准的跟踪偏离度的样本均值, $\overline{TD} = \sum(r_p - r_b)/N$, TE 为组合的跟踪误差,即 $TE = \sqrt{\sum(r_p - r_b)^2/(N-1)}$。

信息比率不同于夏普比率从绝对收益和总风险角度来描述,而是从主动管理的角度描述风险调整后收益。信息比率越大,说明投资者在单位跟踪误差下所获得的超额收益越高。

4) 其他指标

除了上述收益、风险相关的指标,还有一些重要指标也是投资组合需要考虑的因素。

换手率描述策略持仓变化的频率以及持有某只股票平均时间的长短。换手率直接影响策略的交易成本。

2. 归因分析

在投资中,投资者不仅要关注投资的结果,还需要了解投资盈亏的来源,这个工作就是业绩归因(performance attribution)。业绩归因分析不仅可以用来回顾为什么赚钱、为什么亏钱,以便更好地改进策略,还可以用以分析风险的来源,从而有意识地规避投资风险。

Brinson 模型是基于持仓的业绩归因中应用最为广泛的方法,它从自上而下的角度将组合的超额收益分解到配置效应、选股效应和交互效应三个部分,被广泛地应用到股票型、债券型和大类资产配置归因上。基于 Barra 的多因子模型则能够将持仓组合收益分解到不同行业和风格配置上,是一种自下而上的分解方法。

1) Brinson 归因

Brinson 模型是业绩归因的经典理论和方法,旨在考察一个投资组合相对其基准指数的选股能力和资产配置能力。该模型根据实际持仓自上而下地对组合超额收益进行分解,依次固定其中一个影响因素,观察它对收益率的影响。该模型只需提供组合和基准在各大类资产上的配置权重及对应的收益率,即可进行归因计算。因此,Brinson 模型在组合绩效评价领域中得到了广泛的应用。

先观察一个简单的投资组合,投资者在选定股票、计算配置比例后,在持有期间没有进行任何交易操作,即账户没有发生调仓行为,也没有现金流入和流出。

Brinson 模型认为一个时期的投资组合收益可以分为四个部分:资产配置收益(asset allocation return)、个股选择收益(stock selection return)、交叉作用收益(interaction return)和基准组合收益,如图 4-16 所示。

为了计算投资经理的资产配置收益和个股选择收益,可以建立两个虚拟组合,它们分别被称为配置组合 AA 和选股组合 SS。在配置组合里,只使用实际组合的资产配置权重,不考虑投资经理选股的差异;在选股组合里恰好相反,组合的资产配置权重和基准一样,但每个行业里配置的股票和实际组合保持一致,即每个行业的收益率和实际组合一样。

记 $w_{p,i}$ 表示组合中股票 i 的权重; $w_{b,i}$ 表示基准中股票 i 的权重; $r_{p,i}$ 表示组合中

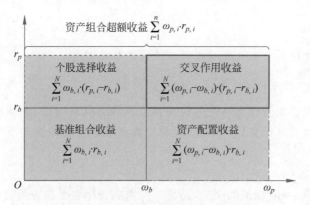

图 4-16　Brinson 收益分解示意图

股票 i 的收益率；$r_{b,i}$ 表示基准中股票 i 的收益率。

在此基础上，比较如下四个组合的收益情况。

Q_1：业绩基准组合。基准组合收益

$$R_b = \sum_{i=1}^{N} \omega_{b,i} \cdot r_{b,i} \tag{4-32}$$

Q_2：主动资产配置组合。这表示基金经理能自主选择资产配置的比例，但是每个资产类别内部则完全按照其业绩基准配置，即每个资产 i 的收益等于在基准中资产 i 的收益。

Q_3：主动股票选择组合。这表示基金经理完全按照业绩基准的比例进行资产类别的配置，但是每个资产内部能够自主选择个股，即组合中每个资产 i 的权重等于基准中资产 i 的权重。

Q_4：实际投资组合。

假设能够自主选择决定组合中资产配置的比例，但是在每一个资产类别内部则完全按照该资产类别的基准配置，那么该组合的收益率超过基准收益率的部分称为资产配置收益。

$$R_{AR} = Q_2 - Q_1 = \sum_{i=1}^{N} (\omega_{p,i} - \omega_{b,i}) \cdot r_{b,i} \tag{4-33}$$

假设完全按照基准的比例进行资产类别配置，但是在每一个资产类别内部则能够自主进行个股选择，那么该组合的收益率超过基准收益率的部分称为个股选择收益。

$$R_{SR} = Q_3 - Q_1 = \sum_{i=1}^{N} \omega_{b,i} \cdot (r_{p,i} - r_{b,i}) \tag{4-34}$$

资产组合超额收益不仅来自资产配置收益和个股有选择收益，还有一部分是由于二者的交叉作用所带来的收益，即交叉作用收益。

$$R_{IR} = Q_4 - Q_3 - Q_2 + Q_1 = \sum_{i=1}^{N} (\omega_{p,i} - \omega_{b,i}) \cdot (r_{p,i} - r_{b,i}) \tag{4-35}$$

资产组合超额收益（total return）：

$$R_{TR} = Q_4 - Q_1 = R_{SR} + R_{AR} + R_{IR} \tag{4-36}$$

可以看到,资产组合超额收益等于资产配置收益、个股选择收益与交叉作用收益之和。

2) 风格归因

多因子模型的思想是自下而上将一个投资组合中的多只股票的收益风险分析,转化为对股票所具有的风格因子的收益风险分析。在收益方面,其假定在每个截面上个股收益由一系列共同的因子驱动,由于个股因子对不同因子的暴露程度的不同导致个股收益的差异,进而将投资组合的收益分解到不同的因子上。

假定投资组合中有 N 只股票,$r_{n,t}$ 表示投资组合中第 n 只股票在第 t 期的收益率,ω_n 代表股票 n 在投资组合中第 t 期的权重,则第 t 期投资组合的收益率见图 4-16。

$$R_{p,t} = \sum_{n=1}^{N} \omega_{n,t} \cdot r_{n,t} \tag{4-37}$$

假设全市场的股票收益率可通过 K 个风格因子来表征,对于单只股票,第 t 期的收益率可以分解为 K 个因子的收益率之和:

$$r_{n,t} = \sum_{k=1}^{K} x_{n,k,t} \cdot f_{k,t} + \mu_{n,t} \tag{4-38}$$

其中,$f_{k,t}$ 表示因子 k 在第 t 期的收益率;$x_{n,k,t}$ 表示股票 n 在因子 k 上第 t 期的暴露(exposure);$\mu_{n,t}$ 表示股票在第 t 期的特质收益率。

该投资组合的收益率可记为

$$R_{p,t} = \sum_{n=1}^{N} \omega_{n,t} \cdot r_{n,t} = \sum_{k=1}^{K} \sum_{n=1}^{N} \omega_{n,t} \cdot x_{n,k,t} \cdot f_{k,t} + \sum_{n=1}^{N} \omega_{n,t} \cdot \mu_{n,t} \tag{4-39}$$

由上式可以看到,该投资组合在因子 k 上的暴露 $X_{k,t}^{p}$ 为

$$X_{k,t}^{p} = \sum_{n=1}^{N} \omega_{n,t} \cdot x_{n,k,t} \tag{4-40}$$

通过上述模型可以将投资组合的收益分解到 K 个因子上,剩余的模型不能解释的特异收益率 $u_t^{P} = \sum_{n=1}^{N} \omega_{n,t} \cdot \mu_{n,t}$,就是投资经理个股选择能力,也被称为特异资产选择收益率(specific asset selection)。

记

$$\boldsymbol{\omega} = [\omega_1, \omega_2, \cdots, \omega_N]^{\mathrm{T}}$$

$$\boldsymbol{r} = [r_1, r_2, \cdots, r_N]^{\mathrm{T}}$$

$$\boldsymbol{\Sigma} = \begin{bmatrix} \mathrm{Var}(r_1) & \mathrm{Cov}(r_1, r_2) & \cdots & \mathrm{Cov}(r_1, r_N) \\ \mathrm{Cov}(r_1, r_2) & \mathrm{Var}(r_2) & \cdots & \mathrm{Cov}(r_2, r_N) \\ \vdots & \vdots & \vdots & \vdots \\ \mathrm{Cov}(r_1, r_N) & \mathrm{Cov}(r_2, r_N) & \cdots & \mathrm{Var}(r_N) \end{bmatrix}$$

则投资组合预期收益和预期方差为

$$R_P = \boldsymbol{\omega}^{\mathrm{T}} \boldsymbol{r} \tag{4-41}$$

$$\sigma_P^2 = \boldsymbol{\omega}^{\mathrm{T}} \boldsymbol{\Sigma} \boldsymbol{\omega} \tag{4-42}$$

因子收益率向量记为

$$\boldsymbol{F} = [f_1, f_2, \cdots, f_K]^{\mathrm{T}} \tag{4-43}$$

股票 i 的收益率可以分解到各个因子上,有

$$r_i = [x_{i,1}, x_{i,2}, \cdots, x_{i,K}] \cdot [f_1, f_2, \cdots, f_K]^{\mathrm{T}} + \mu_i \tag{4-44}$$

投资组合中各成分股在风格因子上暴露记作

$$\boldsymbol{X} = \begin{bmatrix} x_{1,1} & x_{1,2} & \cdots & x_{1,N} \\ x_{2,1} & x_{2,2} & \cdots & x_{2,N} \\ \vdots & \vdots & \vdots & \vdots \\ x_{K,1} & x_{K,1} & \cdots & x_{K,N} \end{bmatrix}$$

$$\boldsymbol{r} = \boldsymbol{XF} + \boldsymbol{\mu} \tag{4-45}$$

则投资组合的收益率可以表示为

$$\boldsymbol{R}_P = \boldsymbol{\omega}^{\mathrm{T}} \boldsymbol{XF} + \boldsymbol{\omega}^{\mathrm{T}} \boldsymbol{\mu} \tag{4-46}$$

即该投资组合的收益在风格因子上的暴露为 $\boldsymbol{\omega}^{\mathrm{T}} \boldsymbol{X}$。

可以看到,多因子风险模型将个股的风险转化为多因子模型的系统性风险以及股票本身的残差风险之和,从而可以大大减少需估计参数的数量,从估计几千只股票的收益协方差矩阵(数量级为 N^2)变为估计若干个因子的收益协方差矩阵以及个股的残差(数量级为 N)。Barra 中国特质因子模型(CNE5)如表 4-4 所示。

表 4-4　Barra 中国特质因子模型(CNE5)

特 质 因 子	含 义
贝塔(Beta)	表征投资组合相对基准组合的敏感性
动量(momentum)	表征过去半年里表现强势的股票与表现弱势股票之间的收益差异
规模(size)	对数市值,表征大盘股与小盘股之间的收益差异
盈利(earnings yield)	表征由于盈利收益导致的收益差异
残差波动率(residual volatility)	表征剔除市场风险后的波动率高低导致的收益差异
增长(growth)	表征因营业收入和净利润增长率不同导致的收益差异
净值市值比(book-to-price)	表征由于股票估值高低产生的收益差异
杠杆率(leverage)	表征高杠杆率股票与低杠杆率股票之间的收益差异
流动性(liquidity)	表征股票交易活跃程度不同产生的收益差异
非线性规模(non-linear size)	表征无法通过规模因子解释但是与规模相关的收益差异

4.3　智能投顾的基石:资产配置

4.3.1　资产配置简介

资产配置是智能投顾的基石。人们很早就有分散风险的意识。有句俗语说:不能把鸡蛋放在一个篮子里。早在 20 世纪 50 年代,发达国家就有了资产分散配置的概念,在投资组合中对股票、债券、商品等具备不同特性的资产进行配置,从而分散风险。早期常见的权重分配方法包括等权重、60/40 等固定比例配置方法。自从马科维茨提出均值-方差

最优化模型后,基于最优化模型的资产配置算法就成为研究的热点。Brinson 等在研究中指出,资产配置决定了投资组合 90%以上的收益和波动,尽管业界对这个结论尚有争议,但是不可否认,资产配置在整个投资决策中起到至关重要的作用。

根据马科维茨的现代投资组合理论,分散化投资可以降低投资组合的风险。资产配置是指根据不同投资者的收益风险偏好及投资类型等约束条件,将资金按照预设的比例配置于多种资产类别的一种投资策略。资产配置的核心思想是分散化投资,将资金配置于相关性较低的不同类别资产,且它们对股票市场、货币市场、利率、通胀、信用利差、波动率等可能有不同的反应与敏感度,可以有效降低组合的波动率。相比集中化投资,资产配置可以使资产组合的收益与风险之间进行较好的权衡和匹配,从而实现组合收益风险比的提升,适用于中低风险偏好的长期投资,如养老金管理等。

1. 资产配置发展历史

从海外资产配置实践发展来看,资产配置投资品种的范围不断扩大,资产配置的策略也越来越丰富,大致可以分为三个发展阶段。

第一阶段:20 世纪 30 年代起,以股票、债券、现金等传统投资品为主,大都采用固定投资比例的模式。

第二阶段:20 世纪 80 年代起,房地产、大宗商品、海外市场等另类资产的兴起,给资产配置带来了更大的发挥空间。

第三阶段:20 世纪 90 年代起,金融衍生品的不断发展和丰富带来新的资产类别,金融衍生品自身的复杂性也决定了需要更加专业的资产配置策略。

中国金融市场发展虽然滞后于海外市场,但是近些年各种金融衍生品不断推出,使投资者的投资范围不断扩大,对于大型投资管理机构来说,资产配置重要性越来越高。

2. 资产配置一般流程

随着金融市场的不断创新和发展,新的金融产品层出不穷,大类资产配置可以选择的资产越来越丰富,投资策略也越来越专业,但是大类资产配置决策的一般流程基本维持不变,主要包括确定投资目标、筛选底层资产、进行战略资产配置(strategic asset allocation,SAA)和战术资产配置(tactic asset allocation,TAA)以及对配置组合的跟踪再平衡,如图 4-17 所示。

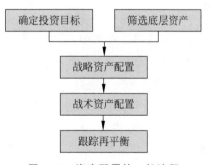

图 4-17 资产配置的一般流程

(1)确定投资目标:这一步是所有投资决策的前提,在投资之前,首先需要对投资者的预期收益和风险承受能力进行评估,从而确定资产配置的目标。

(2)筛选底层资产:对全市场可投资产的特性进行分析,包括资产风险、预期收益、资产间的相关性等;底层资产的筛选与投资目标有密切的关系,所选资产的收益-风险特征与投资目标需要匹配,不能出现远超投资者风险承受能力范围的风险资产。

(3)战略资产配置:战略资产配置主要着眼于中长期的配置,一般周期为 3～5 年,其核心目标是解决风险敞口问题,根据投资目标和底层资产进行建模分析,制定资产配置比例。战略资产配置下,投资者需要设定自己的中长期风险收益目标以及各种约束(如流动性、资金规模、税收等),并对各种大类资产的长期收益率、波动性以及各类资产之间的相关性进行预测,划定出适合自己风险收益要求的大类资产配置比例。

(4)战术资产配置:战术资产配置主要是在战略资产配置基础之上,根据外部经济变化和市场变化对资产配置比例进行短期的调整。战术资产配置着眼于短期的配置,投资期限一般在3~12个月,其核心目标是把握短期市场机会。战术资产配置瞄准市场短期变化或者各资产间相对价值变化带来的投资机会,对投资组合中的资产比例进行调整,达到转移风险、增强业绩的目的。战术资产配置要求投资者对短期市场变化具备准确的预测能力,如果预测失败,反而可能造成更大的风险和回撤。在投资实践中,通常以战略资产配置作为长期基础,辅以战术资产配置进行短期调整。

(5)跟踪再平衡:随着市场的变化和投资组合自身的变化,组合中各类资产的比例可能已经偏离战略资产配置设定的基础配置比例,因此需要定期进行再平衡,防止资产权重偏离过大导致组合风险暴露过大。

大类资产配置在降低组合风险的同时,必然要放弃获取更高收益的可能性。由于市场行情存在较大的随机性,当个别资产出现剧烈下跌的行情时,资产配置能够很好地分散风险,避免出现较大的损失;但是当某些资产出现极好的行情时,资产配置的分散配置使得该类资产上涨带来的收益也有限。如果投资者的目的是凭借投资积累财富,那么多资产配置并不合适。这类投资者应选择集中化投资,但是这对投资者的专业投资能力也提出很高的挑战。如果投资者的目的是财富管理,那么资产配置无疑是很好的选择,能够在控制投资风险的同时,根据战术资产配置抓住潜在的盈利机会,获取额外收益。

4.3.2 大类资产研究

资产研究是资产配置的前提,投资者只有对各类资产的自身属性、影响因素、收益风险特征等有深入的理解,才能对资产的预期收益和预期风险进行较为准确的评估,从而选择合适的投资标的进行配置。

1. 大类资产分类

大类资产是指某一类具有类似性质的可投资金融资产。对各种可投的金融资产进行分类,有利于投资者了解该金融资产的基本属性,在进行资产配置时,能够有意识地进行选择和分散。在进行资产分类时,同一类资产一般具有相同或相似的属性,不同类的资产之间需要具备较好的区分度,这样才能帮助投资者方便地识别资产的类别。

大类资产分类方式没有完全严格的界定,一般来说,可以分为权益类资产(equity assets)、固定收益(fixed income)类资产、大宗商品(commodity)、现金资产(cash)、另类投资(alternative investment)等,如图4-18所示。

(1)权益类资产:权益资产指公司股票或投资于公司股票的基金类产品,主要包括股票、权证、存托凭证以及股票型基金等。一般来说,权益类资产长期收益率较高,波动性也较大。

(2)固定收益类资产:固定收益类资产指投资者按事先约定好的利率获取收益的金融资产,包括银行定期存款、协议存款、国债、金融债、企业债、可转换债券以及以债券为主

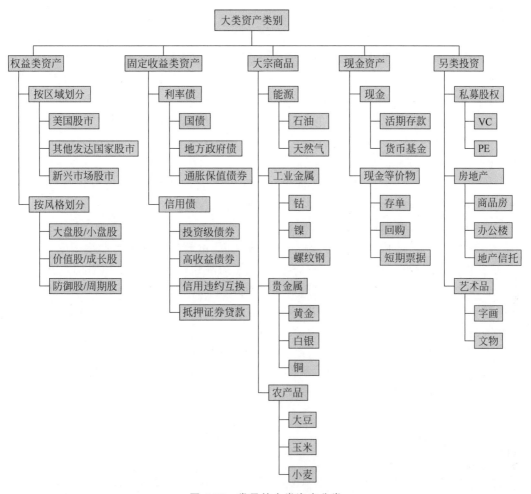

图 4-18 常见的大类资产分类

要投资标的的债券型基金等。一般来说,固定收益类资产风险较小,长期收益相对于权益资产也较低。

(3) 大宗商品:大宗商品指可进入流通领域工农业生产与消费使用的大批量买卖的工农业商品和消费品等,以及基于这些商品的金融衍生品,如期货、期权等,常见的大宗商品如黄金、原油、钢铁、煤炭、大豆等。大宗商品中不同品类的收益、风险都各不相同,需要分别分析。

(4) 现金资产:现金资产指持有的货币资金和将以固定或可确定的金额收取的资产,包括现金、银行存款和应收票据以及准备持有至到期的债券投资等。与固定收益类资产相比,现金资产流动性较好。

(5) 另类投资:另类投资本身没有严格的定义,一般包括私募股权投资、信托、房地产、艺术品以及其他可投资产。另类投资的范围比较广泛,因此各种资产之间也存在较大的差别,在投资时需要分别对待。

2. 收益风险特征

不同资产表现出不同的收益风险特征,即使是同一类资产,也会出现较大的差别。比如对于股票类资产,某些时期大盘股表现很好,而某些时期小盘股表现很好,两者之间甚至可能会出现短期的负相关特征。因此深入分析各类资产的收益-风险特征,有助于帮助投资者了解资产的风险程度和预期收益,从而更有效地选择资产和配置资产。

一般来说,各个大类资产长期的收益风险特征如下。

(1) 权益类资产:高收益、高波动。

(2) 固定收益类资产:低收益、低波动。

(3) 大宗商品:大宗商品中不同品类的收益、风险都各不相同,需要分别分析。一般来说,大宗商品风险较固定收益类资产和权益类资产更高。

(4) 现金资产:低收益、低波动。

(5) 另类投资:不同资产的差别较大,一般来说,由于刚性兑付等制度因素,理财产品、信托风险相对较小,收益较低,而私募股权投资风险相对较大,但是预期收益较高。

总体来看,权益类资产的长期回报要高于债券,也能跑赢通胀水平,但是在短期内,由于权益类资产的波动性较大,其回报的不确定性较高,短期回报未必高于债券。因此对于资产的收益风险特征也需要动态地观察,既要关注其长期发展趋势,施行正确的战略资产配置,也要关注其短期波动情况,进行必要的战术调整。

下面以一些典型的大类资产为例,分析各个大类资产的收益风险特征,如表 4-5、图 4-19、图 4-20 所示。

表 4-5　典型的大类资产的收益和风险特征

大 类 资 产	子 资 产	代表性指数
权益类资产	中国 A 股股票	沪深 300 指数
权益类资产	中国香港股票	恒生指数
权益类资产	美国股票	标普 500 指数
固定收益类资产	中国国债	上证国债指数
固定收益类资产	中国信用债	上证企债指数
固定收益类资产	中国定期存款	一年期定期存款
大宗商品	黄金	COMEX 黄金指数
大宗商品	原油	NYMEX 原油指数
现金资产	货币基金	余额宝

资产历史上的收益-风险特征可以在一定程度上刻画资产的性质,但是如果对资产未来的预期收益率和预期风险进行研判,还需要考虑影响资产收益率和风险的基本因素,包括基本面趋势(如经济基本面、流动性等)和技术面因素(包括价格、成交量等)。每一类资产都有独特的分析方法,这不在本书讨论范围内,可参考相关专业书籍。

3. 相关性分析

除了资产自身的收益和风险特征,大类资产配置还需要考虑的一个重要因素是资产之间的相关性。大类资产相关性是指两类资产收益变化趋势之间一致性程度,通常用相

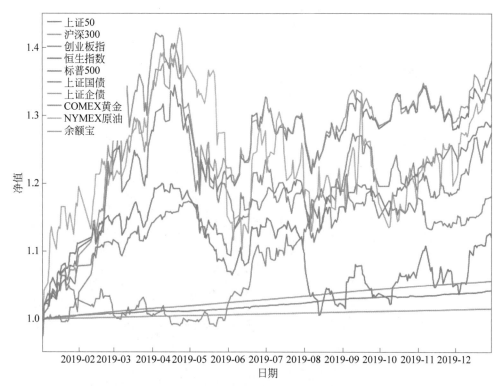

图 4-19　主要大类资产指数历年收益情况

注：看彩色图请扫二维码。

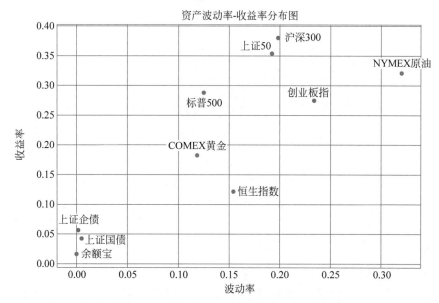

图 4-20　主要大类资产指数收益-风险坐标图

关性系数来衡量(图 4-21)。根据马科维茨均值-方差最优化模型,投资组合中包含多个低相关性的资产有利于分散风险,从而提升组合的收益风险比。

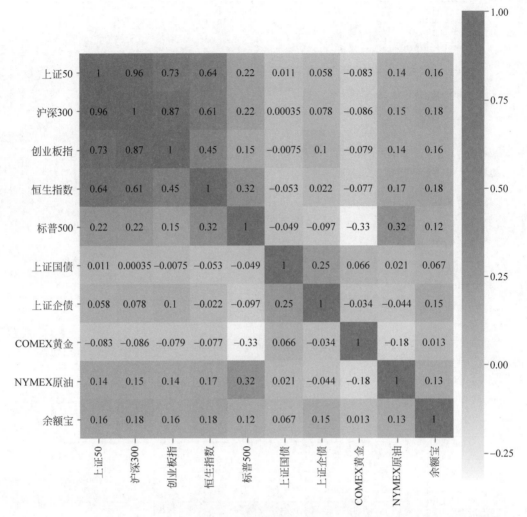

图 4-21　大类资产相关性热力图（2019 年）

另一种观察不同资产之间相关性的方式是分层聚类，对资产收益率序列的距离（可以用相关系数、欧氏距离等来衡量）进行分类，从而可以将相似的资产划分到一类中。对上述大类资产进行分层聚类，结果如图 4-22 所示，可以清楚地看到，上证 50、沪深 300、创业板指这几类资产之间的相似度较高，而恒生指数与标普 500 指数相似度较高，上证国债、上证企债、余额宝这些固定收益类资产相似度较高。通过分层聚类，可以直观地考察资产之间的相关性关系，并将不同资产进行分组。

4. 资产估值

在非完全有效市场中，资产价格除了受到基本面因素的影响，还会受到市场情绪等因素的影响，资产的实际价格往往会偏离其真实价值。估值水平衡量了资产实际价格与真实价值之间的偏离程度。大量研究表明，资产的估值存在一定均值回归的特征，如果当前估值偏高，在未来一段时间里，资产价格可能下跌，使估值恢复到合理水平；反之亦然。

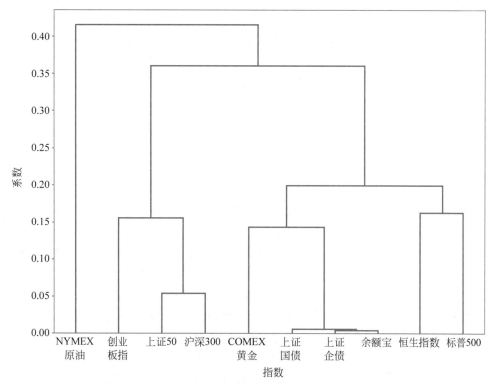

图 4-22　资产分层聚类图

因此,资产当前的估值水平一定程度上决定了该资产未来潜在收益率的空间。跟踪分析资产估值水平有助于投资者关注资产估值处于相对低位的潜在机会,提示估值处于相对高位资产的相对风险,从而给出在当前时点上各资产的投资性价比,对于战术配置中的短期择时具有重要的指导意义。

衡量大类资产估值有绝对估值与相对估值两种方式。大类资产的绝对估值往往受到基本面环境变化影响,因此回溯估值需要考虑靠资产本身的变化。相对估值则可能存在更强的均值回归属性,相对更加稳定。股票市场中常见的绝对估值指标有市场平均市盈率等,相对估值指标有 A-H 股溢价等;债券市场中常见的绝对估值指标有债券收益率历史分位数、债券收益率偏离均值程度等,相对估值指标有期限利差、信用利差等,还有不同大类资产之间相对估值分析指标,如权益风险溢价(equity risk premium)等,表 4-6 为常见资产估值指标。

表 4-6　常见资产估值指标

估值指标类型	估值指标名称	指 标 含 义
股市绝对估值指标	市场平均市盈率	市场中所有股票总市值与所有公司净利润之比
股市相对估值指标	A-H 股溢价	同时在 A 股和港股上市的公司在两个市场上的股价之差
债券绝对估值指标	债券收益率历史分位数	债券收益率当前值在历史一段时期内所处的分位数

续表

估值指标类型	估值指标名称	指 标 含 义
债券绝对估值指标	债券收益率偏离均值程度	债券收益率当前值与历史一段时期的均值之间偏离的标准差倍数
债券相对估值指标	10 年与 1 年债券期限利差	10 年期债券收益率与 1 年期债券收益之差
债券相对估值指标	3 年期 AAA 级信用利差	3 年期 AAA 级信用债收益率与 3 年期国债收益率之差
股债相对估值指标	权益风险溢价	股市收益率与债市收益率之差

FED 模型

权益风险溢价模型又被称为美联储（FED）模型，是美国经济家学爱德华·亚德尼（Edward Yardeni）在 1997 年提出的。FED 模型对比股票和债券的收益率，二者差值就是权益风险溢价。FED 模型的基本逻辑是投资者会选择收益率高的资产进行投资，当股票市场的收益率高于债券市场时，投资者会倾向于投资股票，当债券市场收益率高于股票市场时，投资者会倾向于投资债券。股票市场的收益率可以用股票的盈利市值比（即市盈率倒数）或者股票的净资产收益率等指标来衡量，债券市场的收益率可以用债券的到期收益率来衡量。1998 年，美联储在 2 月份的货币政策报告中将美股市场的预期盈利市值比与 10 年期国债收益率进行对比，认为权益风险溢价持续保持低位，意味着预期收益可能会增长。

以美国市场为例，选择标普 500 指数的盈利市值比与美国 10 年国债收益率进行对比，如图 4-23 和图 4-24 所示。

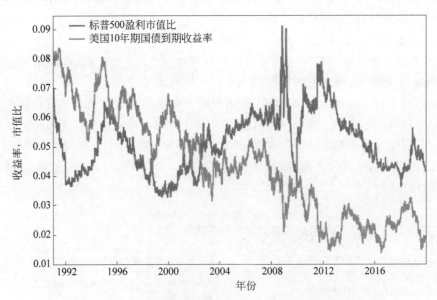

图 4-23　标普 500 盈利市值比与美国 10 年期国债到期收益率

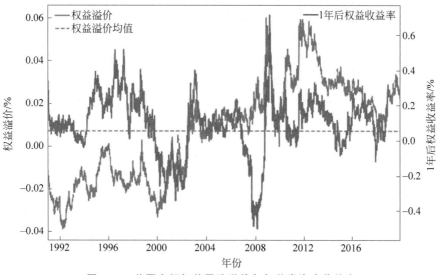

图 4-24　美国市场权益风险溢价与权益类资产收益率

以中国市场为例,选取沪深 300 指数的盈利市值比(即市盈率倒数)与中国 10 年国债收益率进行对比,可以看到,沪深 300 指数 1 年后的收益率与权益风险溢价存在较高的相关性,从而可以对沪深 300 指数未来收益率进行预判,如图 4-25 所示。

图 4-25　中国市场权益风险溢价与权益类资产收益率

4.3.3　资产配置模型

资产配置模型的理论基础是现代投资组合理论,通过对各种不同收益风险特征的资产配置优化,期望获得较低风险较高收益的投资组合。从资产配置的基本理念来看,其主要包括恒定比例配置、组合优化配置、周期配置三类。每个资产配置方法下又有若干种具体的配置模型,简单介绍如下。

(1)等权重配置:这是最简单也最原始的一种资产配置方法,对于多种资产,简单地按照金额平均分配,简单直接,但是目前在实践中已经很少用这种方法。

（2）60/40组合：该模型起源于20世纪30年代，当时的投资者提出把资金的60％投资于股票，40％投资于债券。该模型假设股票与债券具有负的相关性，股票可以对冲通胀风险，债券可以对冲增长风险，两者结合可以获得较好的收益风险平衡。

（3）均值-方差最优化模型：该模型是现代投资组合的基础理论，投资者可以根据目标风险或者目标收益在有效前沿上选择合适的投资组合。

（4）最小化风险组合：该组合基于均值-方差最优化模型，对应于有效前沿上风险最小的组合。

（5）最大化分散组合：最大化分散组合的主要思想是最大化资产收益率的不相关性，其目标函数是最大化分散比率，定义为

$$\max_{\omega} \frac{\omega^{\mathrm{T}} \boldsymbol{\sigma}}{\sqrt{\omega^{\mathrm{T}} \boldsymbol{\Sigma} \omega}} \tag{4-47}$$

其中，$\boldsymbol{\sigma}$是各个资产的波动率组成的向量，即协方差矩阵$\boldsymbol{\Sigma}$的对角线元素的平方根。

（6）Black-Litterman（B-L）模型：该模型将投资者个人对资产预期收益率的观点融合到均值-方差最优化模型中，解决了预期收益率难以估计的问题。

（7）风险平价（risk parity）策略：风险平价策略的主要思想是使各类资产对总风险的贡献相等，从而避免对资产收益预测的不确定性导致风险过于集中。

（8）固定比例投资组合保险（constant proportion portfolio insurance，CPPI）策略：该模型的主要思想是将投资组合分为预期收益较低、风险也较低的保留性资产和预期收益较高、风险也较高的主动性资产，根据投资组合价值水平的变化动态调整主动性资产和保留性资产的投资比例，通过保留性资产来保障本金安全（称为保险额度），通过主动性资产来博取高收益。

（9）时间不变性投资组合保险（time invariant portfolio protection，TIPP）策略：TIPP策略对CPPI策略进行了一些改进，主要是将保险额度和资产净值挂钩，根据组合的资产净值动态调整保险额度，从而可以动态衡量投资成本。

（10）美林投资时钟：美林投资时钟根据经济增长与通胀水平划分为四个经济阶段，在不同阶段配置最合适的资产，从而获取最佳收益。

常见的资产配置模型如表4-7所示。

表4-7 常见的资产配置模型

资产配置理念	资产配置策略
恒定比例	等权重配置
	60/40组合
组合优化	均值-方差最优化模型
	最小化风险组合
	最大化分散组合
	Black-Litterman模型
	风险平价策略
	CPPI策略
	TIPP策略
周期配置	美林投资时钟

1. Black-Litterman 模型

马科维茨均值-方差最优化模型的配置结果对资产的预期收益率非常敏感,在传统的均值-方差最优化模型中,一般是用市场均衡收益作为输入参数,如通过 CAMP 来估计。但是市场均衡收益估算并不准确,尤其在短期内,资产的实际收益率距离市场均衡收益可能会出现很大的偏离,这时就无法利用市场均衡收益来进行资产配置。

Fisher Black 和 Robert Litterman 在 1992 年提出了一套针对均值-方差最优化模型的改进,提出在均衡收益的基础上加入投资者的主观预期观点,使预期收益率的估计更加贴近真实,该模型被称为 Black-Litterman 模型。与均值-方差最优化模型相比,B-L 模型不需要直接预测资产的收益率,而是通过对先验收益率和观点收益率的分布进行合成得到后验收益率的分布,再将其输入均值-方差最优化模型来计算各类资产的权重。

B-L 模型利用概率统计方法,将投资者对大类资产的观点与市场均衡回报相结合,产生新的预期回报。该模型可以在市场基准的基础上,由投资者对某些大类资产提出倾向性意见,然后,模型会根据投资者的倾向性意见,输出对该大类资产的配置建议。新的资产配置具有符合直觉的组合及可以理解的权重配置。B-L 模型支持输入人为判断的预期收益率,克服了 MVO 模型的缺点,在实践中得到广泛应用。B-L 模型自提出来后,已逐渐被华尔街主流所接受,成为很多投资机构在资产配置上的主要工具。

B-L 模型的核心是如何将投资者对于资产预期收益的观点融入模型中,参考图 4-26,具体分为如下步骤。

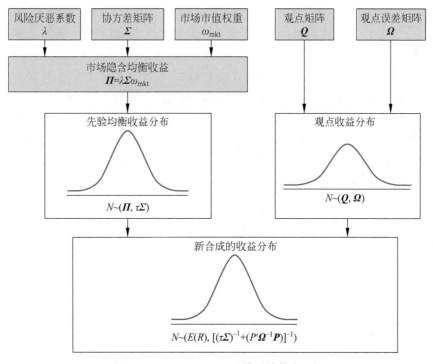

图 4-26　Black-Litterman 模型的基本思想

第一步：计算资产的先验收益率。

B-L 模型从市场供需出发，认为各类资产在整个市场的占比反映了市场供需关系的均衡状态，因此使用各类资产的市值占比作为其先验权重，记为 ω_{mkt}。假设各个资产的收益率服从正态分布，进一步假设各资产的在市场组合中的配置比例 ω_{mkt} 是由投资者追求效用的最大化所致，在均值-方差最优化模型下就可以反推出各类资产的先验期望收益率

$$\Pi = \lambda\boldsymbol{\Sigma}\omega_{\mathrm{mkt}}$$

其中，λ 为风险厌恶系数；$\boldsymbol{\Sigma}$ 为各资产收益率的协方差矩阵。

对于先验期望收益率的协方差矩阵，Black-Litterman 模型假设它和收益率的协方差矩阵$\boldsymbol{\Sigma}$ 有着同样的结构，但是数量级要小很多。它用一个很小的标量 τ 作为缩放尺度，得到先验期望收益率的协方差矩阵 $\tau\boldsymbol{\Sigma}$，因此各资产的先验收益率分布为 $N(\Pi,\tau\boldsymbol{\Sigma})$ 的正态分布。

第二步：输入主观收益率形成观点。

投资者对资产收益率进行预测后形成新的观点，观点可以是对每类资产的绝对收益率预测值，也可以是资产间的相对收益率预测值。由于投资者预测的资产收益率同样是不确定的，因此需要对观点的不确定性进行刻画。假设其服从正态分布，记投资者关于 n 个资产的收益率有 k 个观点（$k \leqslant n$），记观点矩阵为 $\boldsymbol{Q}$，表征观点不确定性的矩阵为$\boldsymbol{\varepsilon}_p$，则对于投资者主观观点的描述为

$$\boldsymbol{P}\boldsymbol{\mu} = \boldsymbol{Q} + \boldsymbol{\varepsilon}_p$$

其中，$\boldsymbol{\mu}$ 表示各资产预测收益率向量；$\boldsymbol{P}$ 为观点系数矩阵，如果对每一类资产都有一个独立的预测，则 $\boldsymbol{P}$ 为对角阵；$\boldsymbol{\varepsilon}_p$ 是服从正态分布 $N(0,\boldsymbol{\Omega})$ 的随机变量，如果假设每个观点之间是独立的，则$\boldsymbol{\varepsilon}_p$ 为对角阵。$\boldsymbol{\Omega}$ 为观点误差矩阵，反映了投资者对每个观点的信心水平，投资者对于预测观点越肯定，则$\boldsymbol{\Omega}$ 取值越小。

投资者的预测观点可以是某个资产预期收益率的数值，也可以是多个资产预期收益率的相对值。

例如某个投资组合可以投资于三类资产 A、B、C，投资者预测这三类资产的收益率分别为 5%、6%、8%，则

$$k = 3$$

$$\boldsymbol{P} = \begin{bmatrix} 1 & 0 & 0 \\ 0 & 1 & 0 \\ 0 & 0 & 1 \end{bmatrix}, \quad \boldsymbol{Q} = \begin{bmatrix} 5\% \\ 6\% \\ 8\% \end{bmatrix}$$

假设投资者预测资产的收益率为 5%，资产 C 的收益率比资产 B 的收益率高 2%，则

$$k = 2$$

$$\boldsymbol{P} = \begin{bmatrix} 1 & 0 & 0 \\ 0 & -1 & 1 \end{bmatrix}, \quad \boldsymbol{Q} = \begin{bmatrix} 5\% \\ 2\% \end{bmatrix}$$

假设投资者预测资产 A 的收益率为 5%，资产 B 和资产 C 的收益率平均值为 7%，则

$$k = 2$$

$$P = \begin{bmatrix} 1 & 0 & 0 \\ 0 & 0.5 & 0.5 \end{bmatrix}, \quad Q = \begin{bmatrix} 5\% \\ 7\% \end{bmatrix}$$

第三步：根据贝叶斯公式计算后验收益率分布。

根据第一步和第二步中的先验收益率与投资者观点，可推导得到各资产的后验收益率分布，后验收益率仍然满足正态分布，均值和协方差分别为

$$\bar{\boldsymbol{\mu}} = \boldsymbol{\Pi} + \boldsymbol{\Sigma} \boldsymbol{P}^{\mathrm{T}} \left(\frac{\boldsymbol{\Omega}}{\tau} + \boldsymbol{P} \boldsymbol{\Sigma} \boldsymbol{P}^{\mathrm{T}} \right)^{-1} (\boldsymbol{Q} - \boldsymbol{P} \boldsymbol{\Pi})$$

$$\bar{\boldsymbol{\Sigma}} = \boldsymbol{\Sigma} + ((\tau \boldsymbol{\Sigma})^{-1} + \boldsymbol{P}' \boldsymbol{\Omega}^{-1} \boldsymbol{P})^{-1}$$

第四步：把各资产的后验收益率分布的均值和方差输入均值-方差最优化模型计算各资产的配置比例。

可以通过求解效用函数最大化来获得未来一期的投资组合中各资产的权重：

$$\max \left(\boldsymbol{\omega}^{\mathrm{T}} \bar{\boldsymbol{\mu}} - \frac{\lambda}{2} \boldsymbol{\omega}^{\mathrm{T}} \bar{\boldsymbol{\Sigma}} \boldsymbol{\omega} \right) \tag{4-48}$$

从上述计算过程可以看出，Black-Litterman 模型可以在直观上理解为一种资产的期望收益等于市场均衡收益和投资者主观期望收益的加权平均。市场均衡收益是市场中实际形成的收益，可以通过历史数据的分析获得；投资者主观期望收益源于投资者对该资产的研究和判断。如果投资者对自己通过捕捉各种信息形成的主观判断信心很大（即 $\boldsymbol{\Omega}$ 较小），则主观期望收益就会被赋予较大的权重，资产的期望收益就会向主观期望收益靠拢；相反，如果投资者对自己主观判断的信心不足（即 $\boldsymbol{\Omega}$ 较大），资产的期望收益就会接近于市场均衡收益。Black-Litterman 模型将先验信息与历史信息结合起来，是一种典型的贝叶斯分析方法。

2. 风险平价策略

传统的资产配置策略以马科维兹均值-方差最优化模型为基础，目标是在给定组合风险水平的条件下，寻找预期收益最高的权重配置。然而，该理论只考虑可组合整体的风险，而忽视风险的构成。这一方法构建的资产组合，常常会出现风险被某一类资产完全控制的现象，这与分散化投资的理念相悖。这种方法看似将风险分散，但由于不同资产类别的风险水平不同，反而会造成风险的不均衡。尤其是在重大风险事件来临的时候，投资组合往往极其脆弱。

比如，一个 60% 股票和 40% 债券的投资组合看似进行了分散化投资，但并没有带来实际的好处。一方面，由于股票的风险远远大于债券，因此，60% 的股票可能贡献了整个组合绝大部分的风险。当股票市场出现大幅波动时，整个组合将会在股票的主导下随行情大幅波动。另一方面，由于债券的收益很低，组合的预期收益随债券的加入大幅降低。这样来看，虽然投资者选择了两个相关性很低的资产构建组合，但是并没有获得明显的好处。

钱恩平（Edward Qian）博士提出了著名的风险平价策略，他指出，如果给予债券合理的杠杆使其波动水平与组合中的股票资产相当，那么债券的预期收益与预期波动率都会增大。持有该组合时股票和债券任一资产有好的行情，就会产生可观的收益。

风险平价策略通过平衡分配不同资产类别在组合风险中的贡献度，实现了投资组合

的风险结构优化。通过风险平价配置,投资组合不会暴露在单一资产类别的风险敞口中,因而可以在风险平衡的基础上实现理想的投资收益。与 60/40 组合相比,尽管风险平价策略中债券部分的风险被加大,但整个组合的风险却没有被某一类资产所支配,反而起到了有效分散风险的作用,如图 4-27 所示。

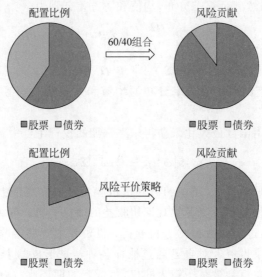

图 4-27　60/40 组合与风险平价策略示意图

风险平价策略在实践中取得了较好的效果,尤其是在 2008 年美国金融危机和 2010—2011 年欧债危机中表现出色,近年来得到广泛应用,成为业界主流的资产配置理念之一。

风险平价策略基于两个基本假设。

(1) 风险资产都存在风险溢价,投资活动是流动性和未来回报的交换。

(2) 所有资产的夏普比率相同,即风险资产都存在相同水平的风险溢价。

风险平价策略在实际应用时不考虑资产的平均收益率,主要着眼于资产的风险,基于目标风险水平,由多种相关性较低的资产构成投资组合,并给组合中的不同资产分配相同风险权重,对于风险大的资产减少投资比例,而对于风险较小的资产加大投资权重或引入杠杆操作,使得每个资产的风险贡献相等。因此,风险平价策略并不是追求绝对高收益,而是在控制风险的前提下获得稳健长期收益。

投资组合的波动率为

$$\sigma_p = \sqrt{\boldsymbol{\omega}' \boldsymbol{\Sigma} \boldsymbol{\omega}} \tag{4-49}$$

可以推出每个资产对组合的风险贡献度为

$$\mathrm{RC}_i = \omega_i \cdot \frac{\partial \sigma_p}{\partial \omega_i} \tag{4-50}$$

求解

$$\min_{\omega} \sum_i \left(\mathrm{RC}_i - \frac{\sigma_p}{N} \right)^2$$

$$\text{s.t.}\begin{cases}\displaystyle\sum_i \omega_i = 1\\[2mm] \omega_i \geqslant 0\end{cases}$$

从而组合中各个资产对组合的风险贡献都为组合总风险的 $1/N$。

3. 全天候策略

桥水基金著名的全天候(all-weather)策略实质上也是一种风险平价策略。全天候策略的基本逻辑是：以经济增长和通货膨胀为两大核心宏观变量,再根据变量的上升和下降将市场细分为四种状态,在每种状态下寻找可能上涨的资产构建一个投资组合,再通过比例配置和杠杆调节使这四种资产组合风险均等,最终形成总的风险平价组合以适应未来不同经济环境,从而被称为"全天候",如图 4-28 所示。

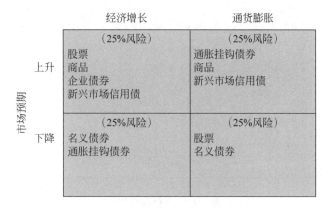

图 4-28　全天候策略模型示意图

4. 美林投资时钟

宏观经济周期与金融投资的联动关系一直是学术界和投资界关注的问题。2004 年,美林证券提出了著名的美林投资时钟模型,引起业界的高度重视。美林投资时钟开创性地提出了一个系统性的框架,该框架揭示了经济周期轮动引发大类资产不同表现的内在机制,将大类资产、行业轮动、经济周期等概念联系起来,如图 4-29 所示。美林投资时钟把宏观经济的两个重要因素——经济增长和通胀水平,与常见的大类资产和行业完美地结合在一起,形成一套逻辑严谨的轮动规律。美林证券通过对 1973—2004 年美国市场的分析,论证该模型较好地解释了这期间美国经济周期与金融市场表现的关联性。

美林投资时钟研究了在经济的不同阶段相对应的投资策略。其主要原理是在经济增长速度和通胀水平的高低两个维度上,让每一个经济阶段分别落在 4 个象限。如果经济增长加快但通胀水平不高,则在经济复苏期；经济增长继续加快,但出现通货膨胀的迹象,则进入经济过热期；之后经济增长乏力,增速回落,但同时通胀水平维持高位,则处于经济滞涨期；当经济增速继续回落而物价及通胀水平跟随回落,则进入经济衰退期。四个周期互相更替、周而复始。在不同的经济阶段,分别优先配置最适合的资产,才能取得较好的表现。

(1) 在经济复苏期,经济上行,通胀下行。在此阶段,央行为了刺激经济增长,往往会

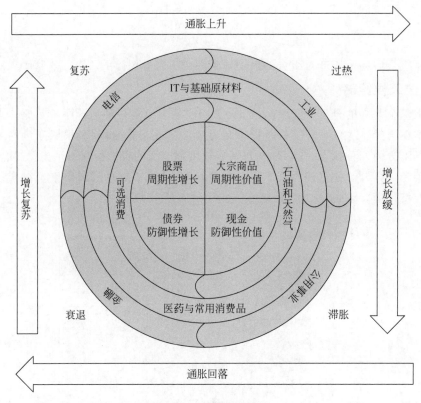

图 4-29 美林投资时钟

采取积极的财政政策和宽松的货币政策,各个行业受到利好刺激,呈现良好的发展势头,基本面持续向好,股票市场进入黄金期。

(2)在经济过热期,经济上行,通胀上行。在此阶段,通胀上升使得现金实质上不断贬值。为了抑制通胀继续上行,政府可能会加息,对债券价格造成负面影响。股票呈现泡沫,而大宗商品成为抵御通胀的较好品种备受青睐,此阶段大宗商品收益最佳。

(3)在经济滞胀期,经济下行,通胀上行。在此阶段,股市投资风险加大。经济下行使得实体投资减少、消费萎靡、企业利润减少,从而股市表现欠佳。为了抑制通胀,加息成为必然选择,现金收益率提高,此时是"现金为王"的阶段。

(4)在经济衰退期,经济下行,通胀下行。在此阶段,GDP 增长乏力,产能过剩导致商品价格下降,通胀持续走低,货币政策趋松,降息导致收益率曲线急剧下行,债券表现最突出。

美林投资时钟的四个经济阶段和最佳配置资产如表 4-8 所示。

表 4-8　美林投资时钟的四个经济阶段和最佳配置资产

阶　　　段	经济增长率	通胀率	最佳资产类别	最佳行业板块
经济复苏期	上升	下降	股票	周期性增长
经济过热期	上升	上升	大宗商品	周期性价值
经济滞胀期	下降	上升	现金	防御性价值
经济衰退期	下降	下降	债券	防御性增长

美林投资时钟模型除了应用在大类资产配置领域外,还可以指导不同行业股票的配置。

(1) 在经济复苏期,科技类高成长公司的股价将表现不俗。经济复苏期将出现很多新兴产业,科技类公司用于研发新产品和创造新需求的积极性加强,所以科技公司在此阶段常常会有爆发性增长,是其成长期最重要的阶段。

(2) 在经济过热期,与大宗商品相关的股票是较好的选择,如金属、原油、矿业等周期性产品的相关股票。

(3) 在经济滞胀期,经济呈下降趋势,公用事业、医药等行业需求弹性小,受经济周期影响不明显,因此被称为防御型行业,在经济滞涨期是较好的避险选择。

(4) 在经济衰退期,随着经济即将见底的预期逐步形成,股票的吸引力逐步增强。货币政策呈现宽松态势,此时利好金融、保险、证券等大金融行业。

因此,美林投资时钟模型能够帮助投资者识别经济周期的重要转折点,投资者可以通过转换持有资产以实现收益最大化。

需要注意的是,美林投资时钟模型并非完美的理论,实际经济运行情况和大类资产价格走势的关系要比上述理论复杂得多,投资者在运用美林投资时钟模型时,需要注意到该模型的局限性。

(1) 宏观经济周期难以预测:美林投资时钟模型要求投资者能够准确地判断当前所处的经济周期,而这本身就是一件很难的事情,仅仅通过经济增长率和通胀率指标只能从一个角度来衡量。

(2) 集中配置可能导致风险上升:美林投资时钟模型建议在不同的周期中适合配置不同的资产,容易给人一种集中配置、强调收益、忽视风险的感觉。在实践中,投资者依然需要在战略资产配置基础之上,利用美林投资时钟带来的机会进行战术资产配置,兼顾收益和安全。

4.4　智能投资的基础：量化投资

4.4.1　量化投资简介

量化投资是借助定量化的金融模型来进行投资管理的一种方法。量化投资运用金融投资理论、数学统计模型、计算机技术等跨学科知识对金融数据进行处理分析,形成投资决策。量化投资可以归纳如下要素。

(1) 金融数据:数据是量化投资的基础,任何可能影响市场的数据都是量化投资的原料,包括宏观数据、行业数据、个股行情数据、财务数据、经营数据、新闻数据、社交数据等。

(2) 金融投资理论:量化投资必须基于金融投资理论,不能脱离金融学常识,这些理论包括资产定价理论、现代投资组合理论、有效市场假说等。这一点尤为重要,任何量化因子、量化策略都必须有良好的金融逻辑,能够对其收益和风险进行归因分析,这样才能对量化策略的预期收益和风险进行预判,否则风险很大。

(3) 数学统计模型:量化投资与传统基于经验的投资方式的一个显著区别就是大量

应用数学统计模型对数据进行分析,从而提升投资的胜率。随着人工智能技术的发展,机器学习、深度学习等模型也被应用到量化投资领域。

(4)计算机技术:计算机是量化投资的一种特殊手段,利用计算机技术可以大幅提升数据处理的效率,弥补人脑信息处理的不足;通过计算机还可以方便地对历史数据进行回测分析,从而检验策略的有效性;把投资模型通过计算机程序实现后,可以实现自动化交易,从而把交易员从枯燥的盯盘工作中解放出来。

与传统的基于人脑分析的投资方式相比,量化投资具有如下优势。

(1)支持更复杂的分析模型:大脑难以考虑10个以上的因子,而模型具有100个左右的候选因子,一般来说,因子越多越稳定。

(2)支持长期的历史回测:电脑可以将过去若干年的海量历史数据输入模型,进行回测,以探知收益以及模型风险。

(3)避免个人情感因素干扰:进行交易的大部分时间不需要人为干预,排除了个人情感因素的干扰;同样,在风险控制方面也排除了个人感情的干扰。

案例 4-3　文艺复兴科技

量化投资在海外投资界已经是一股重要力量,根据著名金融杂志《机构投资者》旗下出版物 *Alpha* 统计,2016 年全球最赚钱的十大对冲基金经理里,至少有 6 位是以量化投资作为主要投资手段,这些基金经理来自 Renaissance Technologies(文艺复兴科技)、Two Sigma、D. W. Shaw、Citadel、Millennium 等顶级投资机构,其中文艺复兴科技的创始人詹姆斯·西蒙斯高居榜首。据统计,文艺复兴科技的旗舰产品大奖章基金(Medallion Fund)在 1988 年至 2018 年期间的年均回报率为 39%,几乎每年都跑赢标普500 指数,仅在 1989 年亏损一次,同时也超过了"股神"巴菲特的投资回报率。

1. 量化投资的基本概念

在投资学领域一直存在着一个重要的争论,即市场是否是有效的。有效市场假说认为股票的价格已经完全反映关于公司的各类信息,人们无法利用这些信息发现定价偏差的股票,因此也就无法获取超额收益。根据有效市场假说,人们不应该尝试去战胜市场,而应该持有一个完全跟踪市场的指数,这种投资理念称为"被动管理"(passive management)。著名投资家沃伦·巴菲特就曾建议投资者购买指数基金。另外一些投资者认为通过积极地选股和择时可以获得超越市场平均的收益水平,这一类投资理念称为"主动管理"(active management)。在主动管理中,根据研究方法的不同,又可以分为定性管理(qualitative management)和定量管理(quantitative management)。如图 4-30 所示。定性管理指通过对一家公司进行定性的分析,如了解该公司所在行业的发展情况、管理层的管理水平等,来判断该公司是否具有投资价值;定量管理是指通过数量化的分析,如对公司规模、盈利能力、公司股价等数据进行分析,来评估比较该公司的预期价格与其当前价格。本章中讨论的量化投资即基于主动定量管理的投资方式。

根据资本资产定价模型,人们通常把反映市场平均水平的收益记为 Beta(β),而把超过市场水平的超额收益记为 Alpha(α),记作

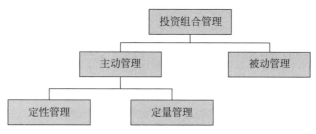

图 4-30　投资组合管理方法分类

$$R_p - R_f = \alpha + \beta(R_M - R_f)$$

其中,R_p、R_M 分别是组合收益和市场平均收益;R_f 指无风险利率;$R_p - R_f$ 指投资组合相对于无风险利率的收益,那么一个投资组合相对于无风险利率的收益可分解为因为承担市场风险获得的风险溢价 β 以及超额收益 α。主动管理的目的就是获取尽可能大的Alpha。一种常用的方法是寻找那些表现好的股票的共同特征,比如经过研究发现,在某个市场中,市值小的股票往往比市值大的股票涨得多,那么市值就是一个可能带来超额收益的特征,称为因子(factor)。挖掘能带来超额收益的因子的投资方法,称为因子选股法。

除了因子选股法外,量化投资还包括量化择时(timing)、量化套利、量化对冲等投资方法,本章将重点介绍基于因子选股的量化投资方法,如果对于其他投资方法感兴趣,可参考相关书籍。

2. 量化研究和投资流程

量化研究是一个复杂的系统过程,不同投资者有不同的研究方法。图 4-31 为量化研究和投资的一般流程,具体每一个步骤又有很多细节需要处理。

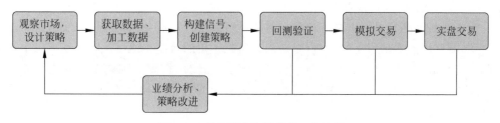

图 4-31　量化研究和投资的一般流程

第一步:观察市场、设计策略。

任何投资策略的前提都是对市场规律的观察和分析。技术派的投资者相信通过基于量价关系的技术分析可以赚取收益,因此设计各种技术分析信号来捕捉投资机会,通过量化策略可以将这些技术信号做成模型,让计算机辅助人来监测市场的交易情况。价值派的投资者分析公司的内在价值与实际价格的偏离情况,将各种基本面的指标做成多因子模型,从而判断公司的投资价值。好的投资策略是建立在对投资市场深刻的洞察和理解之上的,再好的量化分析技术离开市场规律也是无源之水、无本之木。

第二步:获取数据、加工数据。

常用的量化分析数据包括股票的基础行情数据、公司财务数据,还包括公司关联数据,如产业上下游、主营业务、所属行业主题等,最新的一些研究可以将公司新闻等非结构化数据加工成舆情因子。

通常情况下,原始数据会存在缺失、错误、噪声等不理想的情况,因此需要对数据进行加工,避免因为数据质量造成错误信号。高质量的数据源是量化研究的前提,这一点在量化研究中尤为重要。

对数据的分析既可以使用传统的统计分析方法,也可以使用新兴的大数据分析方式,如机器学习、深度学习等。

第三步:构建信号、创建策略。

基于高质量数据构建量化信号是量化投资最为关键的一步,策略业绩好坏取决于量化信号是否有效,因此对信号有效性的分析非常重要。信号有效性分析通常分为两个维度,一是金融逻辑是否成立;二是通过回测检验是否确实有效,如按照信号进行分组回测,超配组显著优于低配组。本章基于因子的有效性分析介绍一些信号有效性检验方法。

可以通过多个有效的基础信号综合成一个复杂信号,基于这个综合信号进行投资决策。

第四步:回测验证。

回测验证是检验策略有效性的重要步骤。为了保障回测分析的有效性,回测过程需要尽可能地模拟真实交易,如基于符合历史真实情况的行情数据,对股票分红送转等行为进行除权除息处理,对股票停牌、涨跌停、ST(特别处理)等特殊场景下的成交限制进行处理,还需要考虑股票下单时的市场冲击、交易滑点等不理想因素,对于大单交易需要粉笔成交处理等。一个好的量化回测引擎需要将各种场景都考虑周全,使得回测分析尽可能逼近真实交易。

第五步:业绩分析、策略改进。

深入分析回测结果可以更好地理解策略运行效果。通过业绩归因可以了解策略盈亏的来源,哪些因素贡献了正的收益,哪些因素贡献了负的收益。通过风险归因可以了解策略的风险来源,哪些维度风险暴露较大,如何避免。此外,需要对回测全过程进行分段分析,在牛市、熊市、震荡市策略表现分别如何,还可以对其他一些特殊情景进行分析,从而考察策略的抗风险能力。

通过对交易订单、成交结果、组合持仓、交易行为等进行分析,除了发现策略不足外,还可以对回测引擎进行分析,了解是否每一笔交易都按照预设的条件成交,组合估值是否准确,从而对回测引擎进行完善。

第六步:模拟交易。

在进行真实交易之前,模拟交易是必不可少的一步。基于回测分析构建的策略可能存在多方面的不足,如场景考虑不周全、交易成本被低估、策略被过度优化等,因此通过模拟交易来检验策略有效性尤为重要。

在进行模拟交易前,需要接入交易品种的实时行情,实时获取成交回报,还需要模拟撮合交易,支持算法交易,支持撤单、补单等操作。总之,尽可能逼近真实交易。

在模拟交易过程中,投资者可以实时监控交易情况,将模拟交易与回测分析进行对比,分析每一笔成交是否和预期的一致,如果存在偏差,需要深入分析偏差的原因,对策略进行改进。

第七步：实盘交易。

在历史回测和模拟交易表现都不错的情况下，可以开始小资金量的实盘交易。此时需要接入真实的交易账户，根据策略发生的信号进行真实的下单交易。将真实交易的每一笔交易情况与历史回测和模拟交易进行跟踪对比，及时发现异常交易，规避潜在的投资风险。如果真实交易与历史回测、模拟交易时的交易行为出现较大的偏差，需要及时检查原因，必要的时候需要停止实盘交易，反思策略存在的问题。

3. 从 Alpha 到 Smart Beta

随着市场中的理性投资者越来越多，市场有效性会越来越明显，想获取 α 收益变得越来越难。人们研究发现，原来的 β 和 α 可以进一步地分解成多种维度的 Beta，如市值维度的 Beta、盈利能力维度的 Beta⋯⋯可记为

$$R_p - R_f = \alpha + \beta_1 (R_1 - R_f) + \beta_2 (R_2 - R_f) + \cdots + \beta_k (R_k - R_f) \qquad (4\text{-}51)$$

这种把市场按照不同维度来划分的投资思想称为 Smart Beta。Smart Beta 是一种介于主动管理和被动管理之间的投资思想，它不像被动管理那样完全复制市场指数，也无法像主动管理那样获取显著的超额收益，但是它可以追求不同于全市场平均水平的 Beta 收益，试图寻找不同风格特征的 Beta 收益，这些风格特征也被称为"风格因子"。不同的风格因子在不同的市场阶段会表现出显著的不同，如有的风格因子适合在上涨趋势的市场（牛市），有的风格因子在下跌趋势的市场中（熊市）表现稳健。这些不同的风格因子为资产配置者提供了更加灵活的选择。资产配置人员可以根据自己对市场的研判来配置合适的风格因子，从而获得良好的业绩表现，具体如图 4-32 所示。

4. 量化投资的注意事项

量化投资作为一种成熟的投资方法论，得到专业投资者的认可，但是在量化投资模型构建过程中，还需要注意一些重要事项，避免犯严重错误。

量化投资的一个基础研究方法是采用历史回测的方法来验证策略的有效性，在进行回测时，如果对数据使用不当，可能会造成回测结果与真实交易结果差别很大，使回测分析失去意义。下面将介绍一些在回测分析中容易犯的错误。

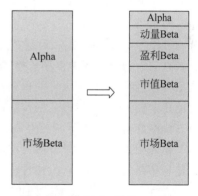

图 4-32　从 Alpha 到 Smart Beta

1）前视偏差

前视偏差（look-ahead bias），也称未来函数，是指在回测过程中使用了当时还不可用或者还没有公开的数据。前视偏差最典型的一个例子就是公司财务数据。按照监管规定，上市公司必须定期披露完整的财务数据。通常情况下，上市公司每个季度会发布一次季报数据，但是由于数据整理核对、财务审计等因素，财报数据披露日期与财报实际日期有一定的延迟。比如 2019 年三季度的财务数据（财报时点为 2019 年 9 月 30 日）一般需要到 10 月底才能全部完成披露，而 2019 年的年度财务数据（财报时点为 2019 年 12 月 31日）一般需要到 2020 年 4 月才会发布。在使用财务数据时，容易犯的一个错误是在 2020

年初就把 2019 年 12 月 31 日的财务数据拿来用,而实际上这些数据在当时的时点上并不是可用的。如果把当时不可用的数据拿来做策略,即使回测获得很好的超额收益,对实际投资也没有指导意义。

因此在进行量化策略研究时,为了保证回测结果的可参考性,需要对这些数据进行处理,在回测的每一个时点使用当时能够获得的真实数据,称为 point-in-time(PIT)数据。比如某家上市公司在 2020 年 4 月 15 日发布了 2019 年的年度财务报告,那么在回测时,在 2020 年 4 月 15 日之前,如果需要使用财务数据,只能使用 2019 年 9 月 30 日的财务数据,而在 2016 年 4 月 15 日,就可以使用 2019 年 12 月 31 日的财务数据。在回测时需要保证所有使用的数据都是 point-in-time 的,这样才能规避前视偏差这样的错误。

2)复权偏差

当上市公司出现分红派息、送股转股等行为时,公司的股价需要进行除权除息处理,使得股价相对原价格发生一些变化,但是这种变化本身并不是由于公司基本面发生变化或者市场交易行为导致的。在进行量化回测时,需要对这种情况进行特殊处理,一些简单的处理方式是直接使用前复权数据或者后复权数据进行回测,从而规避由于除权除息带来的价格跳变。但是使用复权数据对回测也会带来一些偏差,尤其是使用价格数据进行选股的策略。比如一个常见的低价策略,认为投资者倾向于购买价格较低的股票,未来上涨速度快,因而选取市场上价格最低的一些非 ST 股票,如果某只股票之前进行了 10 送 10 的送股操作,导致除权后的股价直接下降 50%,按照选股逻辑,该股票应该入选;但是如果采用后复权数据,该股票则不满足低价的条件,从而落选。

所以在回测仿真分析中,为了避免复权数据导致的偏差,建议采用历史真实数据进行动态复权处理,而不是简单地使用前复权数据或者后复权数据进行回测。

3)价格冲击

价格冲击(price impact)是在交易过程中产生的一种现象,当投资者下单交易时,投资者自身的行为会影响市场价格,如当投资者委托的买入订单规模较大时,会使市场报价被抬升,从而该投资者成交的价格高于其委托时的市场价格;相反,当投资者委托的卖出订单规模较大时,会使市场报价被压低,从而该投资者成交的价格低于其委托时的市场价格。价格冲击会导致投资者的实际收益减少。

在回测过程中,如果没有价格冲击对成交价的影响,可能导致策略的收益被高估,对于交易频率较高的策略,价格冲击的影响愈加明显。因此必须将价格冲击考虑到策略中去,一方面在回测时,需要考虑价格冲击的影响;另一方面在策略中可以引入一些算法交易策略,将大额订单合理地拆分成若干规模较小的订单下单,避免对市场价格的冲击。

4)幸存者偏差

幸存者偏差(survivorship bias)是投资者最常见的错误之一。在回测的时候,通常数据库中只包含那些当前仍然存在的公司,这意味着那些因为破产、重组而退市的公司的影响被忽视了。在当时的时点上,人们并不知道这些公司未来会破产,很可能会将其选到股票池中,而当公司发生破产或退市后,会对投资组合的业绩造成严重的影响。在回测分析时,需要把这些因素考虑进去。

5）过度优化

量化投资通过对历史回测来改进策略,可以便于寻找盈亏的原因,有针对性地改进策略,但是容易走入另一个误区,即过度优化,包括过度拟合(over-fitting)和过度挖掘(over-mining)两种情形。投资者通常会发现,一个回测结果非常好的策略,一旦进行实盘投资却效果不佳。

在进行回测分析时,由于大量的已知信息,投资者通常会倾向于做一些针对性很强的优化,如 A 股在 2014 年底之前,市值因子效果一直很好,小市值的股票远远跑赢大市值股票,但是在 2014 年 12 月发生了显著的因子反转,大市值股票大幅跑赢小市值股票,原先采用小市值选股的策略会出现较大的回撤。如果投资者人为地简单地在回测算法中切换因子模型,可以显著改善回测业绩,但是这样做对投资没有指导意义,因为未来市场中风格如何切换是未知的,必须研究出一套普适的风格预测算法,才能在策略中去验证风格切换是否能带来超额收益。

随着人工智能数据挖掘算法的兴起,一些量化投资人员也在探索大数据,挖掘在量化投资中的应用。在互联网大数据应用中,数据挖掘通常更注重相关性,而不是因果性,如果数据分析师发现人们通常会同时购买啤酒和尿不湿,那么就可以给买啤酒的人推荐尿不湿,而不用去关心为什么人们会同时购买两者。但是在金融投资中,由于金融数据量与大数据还有很大的差距,金融数据中还存在大量的噪声,应用数据挖掘算法需要特别小心。另外,金融市场在飞速发展,历史通常不代表未来,仅仅靠历史上的相关性并不能有效地预测未来。通过数据挖掘生成的一些因子,如果没有很好的金融逻辑而直接用来进行投资,则会存在很大的不确定性风险。因此在挖掘大数据因子时,数据挖掘的各种算法是很好的分析工具,但是最终需要靠金融学理论和逻辑来指引,才能避免过度挖掘的风险。

4.4.2　因子研究

人们发现证券市场上,某些指标与证券的收益存在一定的相关性,以 Fama-French 三因子为例,小市值股票和高账面市值比的股票往往会存在较高的预期收益率。将这类区分度良好的因子找出来,放到一个因子库中,这样以后根据这个因子库选择股票,把握就会很大。这个因子分析的过程就是因子研究框架。

人们一直在试图寻找那些能够影响证券价格涨跌的因子。事实上,每个人的脑海中都有一个多因子模型。比如信奉价值投资的基本面投资者会选择估值低、基本面较好的股票,也许还会考虑过去一段时间的涨跌幅,这就涉及 3 个因子,然后选择上述三个方面表现都不错的股票买入。基于多因子选股的量化投资就是将上述人脑决策写成程序的过程。

常见的因子包括以下几个。

（1）价量因子:衡量公司的价格、成交量等交易情况,如收盘价、涨跌幅、成交量、成交额等。

（2）规模因子:衡量公司的规模大小,如总资产、总市值、流通市值、总股本、流通股本等。

（3）估值因子:衡量公司的估值水平,如市盈率、市净率、市销率、市现率等。

（4）动量因子：衡量公司最近一段时期的涨幅水平，如最近 1 个月涨幅、最近 3 个月涨幅、最近 6 个月涨幅等。

（5）盈利因子：衡量公司的盈利能力，如净资产收益率、总资产报酬率、销售毛利率、销售净利率等。

（6）成长因子：衡量公司的成长性，如营业收入增长率、营业利润增长率、净利率增长率等。

（7）经营因子：衡量公司的经营能力，如存货周转率、应收账款周转率、总资产周转率、销售现金比率等。

（8）负债因子：衡量公司的负债水平，如资产负债率、流动比率、速动比率等。

（9）风险因子：衡量公司股价的风险程度，如波动率、Beta 等。

（10）其他因子：如分红和投资收益类因子（如股息支付率）、现金流类因子、机构持股类因子（如第一大股东持股比例）等。

经过多年的发展与演进，多因子选股已经建立起一套严密有效的研究框架，投资者在这套框架下挖掘因子、评价因子、改进因子、构建策略，如图 4-33 所示。可以说多因子选股是量化投资的基础，也是迈向智能投资的基石。

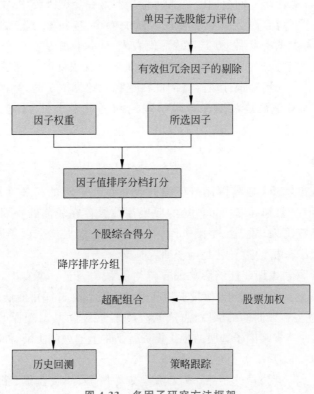

图 4-33　多因子研究方法框架

1. 因子预处理

因子分析是一个由样本分析整体的过程，样本有局限性：首先，样本的数量有限，通过有限的样本去分析整体的性质肯定会存在一些差异；其次，样本中可能存在小概率事件，小概率事件会影响到对整体的分析；最后，样本中可能存在异常数据，这会对样本的统计性质造成影响。在金融数据分析中，如果不对样本进行预处理，会对分析结果造成很大的误差和误判。

在分析股票因子值与股票预期收益率时，往往不能直接用因子原始值和股票预期收益率计算相关性，而是要对因子值做一些预处理（pre-processing），常见的预处理如下。

（1）缺失值处理：对缺失的因子值进行填充或剔除。

（2）去极值处理：一些异常值会影响因子值的分布特征，需要进行处理。

（3）中性化处理：一些因子值会出现明显的行业特征，需要消除行业因素的影响。

（4）无量纲处理：在多个因子联合处理时，不同因子的量纲不同，因而无法组合在一起分析，需要进行无量纲处理。

上述预处理一般会结合在一起进行，通常来说，操作顺序为：缺失值处理、去极值处理、中性化处理、无量纲处理。

1）缺失值处理

因子值缺失是常见的问题，为了保障因子的可用性，因子的空缺值越少越好。一般情况下，基础的行情数据（如价格、成交量等）和基于公司财报的财务数据空缺值较少，但其他的特色基本面因子、市场一致预期因子等由于采集或计算较为困难，缺失值通常较多。

可用因子覆盖率来衡量空缺值的数量：

$$因子覆盖率 = 1 - \frac{因子空缺数量}{投资域样本总数量}$$

因子覆盖率较低，表明因子缺失值较多，不能用来对股票进行有效的分析。如果缺失值较少，可采用一些填充的方法进行修正，常见的填充方法包括历史数据填充、平均数填充、中位数填充等。

（1）历史数据填充：针对变化相对稳定的因子，可采用上一期数值或者前几期的平均值来填充当期缺失值。

（2）平均数填充：对于历史数据也缺失的情况，可采用当期投资域中其他股票样本的平均数来填充缺失的股票因子值，填充后不影响所有样本的平均值，在分析时不会使缺失因子值的股票出现显著的特征。需要注意的是，平均数会受到样本极值的影响，在剔除极值时计算样本平均值，会出现较大的误差。

（3）中位数填充：采用截面样本数据的中位数来填充缺失值，该方法受极值影响较小。

在一些情形下，可以把缺失因子值的股票直接剔除掉。

2）去极值处理

样本数据中可能会出现一些分布明显异于普通分布的异常值，如极大值或极小值，这些异常值很可能会干扰因子性质的研究，特别是对回归模型的研究。所以在对因子进行分析之前，除了要检查数据本身的正确性之外，对异常值的处理也十分重要。

因子出现极大值或极小值可能由于两种原因，一种是因子本身确实存在极值，比如在计算市盈率（PE）因子时，如果一家公司当年的利润非常少，计算得到的市盈率就会非常大；另一种是数据采集时发生错误造成了极值。极值的存在会影响因子的统计性质，还会干扰后续因子中性化处理以及信息系数(information coefficient,IC)分析的结果,因此去极值是因子值预处理不可缺少的步骤。

常见的去极值方法包括以下几种。

(1) 3倍标准差法(3σ)。对于正态分布数据去极值,将截面上处于均值$\pm 3\sigma$之外的因子值拉回。如果样本满足正态分布假设,3倍标准差可覆盖99.7%的样本数据。

记因子截面序列值为$\{X_i\}$,$0 \leqslant i \leqslant N-1$,该序列的均值、方差分别为

$$\mu = \sum_{i=0}^{N-1} X_i / N \tag{4-52}$$

$$\sigma = \sqrt{\sum_{i=0}^{N-1} (X_i - \mu) / (N-1)} \tag{4-53}$$

对因子值进行判断,如果因子值与均值之间偏离超过了3倍标准差,则将该因子值重置为均值加/减3倍标准差,即

$$X_i = \begin{cases} \mu - 3\sigma, & X_i < \mu - 3\sigma \\ X_i, & \mu - 3\sigma \leqslant X_i \leqslant \mu + 3\sigma \\ \mu + 3\sigma, & X_i > \mu + 3\sigma \end{cases}$$

如果发现在进行3σ去极值之后,极值仍然较大,可以进行多次迭代3σ去极值,直至极值不影响分析结果。

(2) 分位数法。如图4-34所示,分位数法去极值是将偏离最小分位数和最大分位数外一定距离的数据拉回,具体步骤如下。

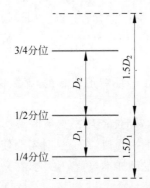

图4-34 分位数法去极值示意图

第一步:计算序列$\{X_i\}$的四分位值,包括1/4分位值$M_{1/4}$、2/4分位值(即中位数)$M_{1/2}$、3/4分位值$M_{3/4}$。

第二步:计算四分位值之间的距离:$D_1 = M_{1/2} - M_{1/4}$,$D_2 = M_{3/4} - M_{1/2}$。

第三步:把偏离最大分位值和最小分位值一定距离之外的系列值拉回:

$$\hat{X}_i = \begin{cases} M_{1/4} - 1.5D_1, & X_i < M_{1/4} - 1.5D_1 \\ X_i, & M_{1/4} - 1.5D_1 \leqslant X_i \leqslant M_{3/4} + 1.5D_2 \\ M_{3/4} + 1.5D_2, & X_i > M_{3/4} + 1.5D_2 \end{cases}$$

(3) 中位数法。中位数法去极值的思想和分位数法去极值接近,但是判断需要拉回的样本点的方式有所区别,具体步骤如下。

第一步:计算序列$\{X_i\}$的中位数:$M_{1/2} = M_{\text{edian}}(X_i)$。

第二步:计算$\{X_i\}$中各个样本与中位数的绝对值:$Z_i = |X_i - M_{1/2}|$。

第三步:计算序列$\{Z_i\}$的中位数$\text{MAD} = M_{\text{edian}}(Z_i)$。

第四步:把$\{X_i\}$中偏离中位数5倍MAD距离的样本拉回:

$$\hat{X}_i = \begin{cases} M_{1/2} - 5\text{MAD}, & X_i < M_{1/2} - 5\text{MAD} \\ X_i, & M_{1/2} - 5\text{MAD} \leqslant X_i \leqslant M_{1/2} + 5\text{MAD} \\ M_{1/2} + 5\text{MAD}, & X_i > M_{1/2} + 5\text{MAD} \end{cases}$$

下面是以某期去极值后中证 800 成分股的 PE 值为例来观察上述各种方法去极值的效果,在不改变因子结构的基础上对异常值进行了拉回,方便后续因子分析研究,如图 4-35、表 4-9 所示。

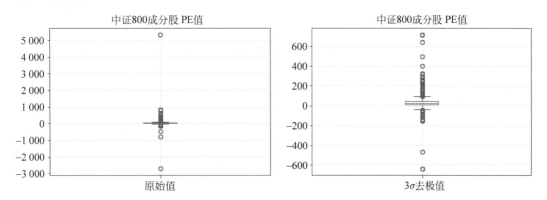

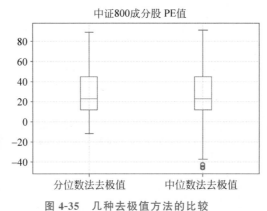

图 4-35　几种去极值方法的比较

表 4-9　几种去极值方法结果比较

统计值	原始值	3σ 去极值	分位数法去极值	中位数法去极值
最大值	5 320.40	716.57	88.61	90.97
最小值	−2 685.27	−636.55	−11.57	−45.19
平均值	40.01	36.61	30.51	29.76
标准差	225.66	83.66	27.19	29.53

　　(4) 对数变换法。需要注意的是,异常值并不都是无用的,它可能也包含一些信息,如果直接去除异常值,可能会损失一部分重要信息。如何在保留信息的情况下尽量不出现异常值呢? 一种方式是对原始数据取对数(log),即

$$\hat{X}_i = \log(X_i) \tag{4-54}$$

　　经过对数变换之后,样本值之间的差距显著缩小。

　　需要注意的是,对数变换法仅适用于数值全为正数的样本序列。如果样本存在负数,则无法对数值取对数。

3) 中性化处理

用原始的因子值进行选股有可能面临较大的风险暴露,如成长类因子会偏好高成长性行业,而估值类因子会偏好传统行业。因为小盘股的股价波动更大,技术类因子会更多地选出小市值的股票。因此为了降低风险因子对股票组合收益的影响,有必要对原始因子值进行中性化处理。

在分析股票因子时,有的因子具有明显的行业分布特征,如对于市盈率因子,银行的市盈率普遍较低,而科技行业的市盈率普遍较高,如果根据市盈率因子来选股,可能会选出大量的银行股,而市盈率偏高的科技股则可能被忽略掉。事实上,不同行业的发展程度不同,公众对其预期的成长空间也不同,行业的盈利模式也不同,如果对所有行业一视同仁,则可能会漏掉很多重要信息。因此对股票因子进行行业中性化处理尤为重要。

行业中性化处理的一般步骤如下。

第一步:把股票按照行业分类。

第二步:求行业内所有股票的平均值。

第三步:用股票因子值除以其所在行业平均值作为中性化处理后的因子值。

仍然以动态市盈率(PE_TTM)因子为例,将市盈率因子取倒数后形成新因子盈利市值比(E/P),选取 E/P 最大的 20 只股票,如表 4-10 所示。可以发现,如果不做任何处理,选取的股票大部分是银行股和地产股。

表 4-10　选取 E/P 最大的 20 只股票

股票代码	股票名称	申万行业分类	PE_TTM	E/P
600782. SH	新钢股份	钢铁	3.193	0.313
002146. SZ	荣盛发展	房地产	4.280	0.234
601997. SH	贵阳银行	银行	4.767	0.210
600153. SH	建发股份	交通运输	4.805	0.208
002024. SZ	苏宁易购	商业贸易	4.849	0.206
600016. SH	民生银行	银行	4.858	0.206
600376. SH	首开股份	房地产	4.880	0.205
601003. SH	柳钢股份	钢铁	4.893	0.204
000069. SZ	华侨城 A	房地产	4.902	0.204
600282. SH	南钢股份	钢铁	4.917	0.203
600985. SH	淮北矿业	采掘	4.939	0.202
000732. SZ	泰禾集团	房地产	4.945	0.202
600188. SH	兖州煤业	采掘	4.949	0.202
000537. SZ	广宇发展	房地产	5.001	0.200
600606. SH	绿地控股	房地产	5.088	0.197
600015. SH	华夏银行	银行	5.104	0.196
600919. SH	江苏银行	银行	5.180	0.193
601328. SH	交通银行	银行	5.186	0.193
601169. SH	北京银行	银行	5.192	0.193
601838. SH	成都银行	银行	5.427	0.184

对 E/P 因子去极值、中性化处理后,选取的前 20 只股票如表 4-11 所示。可见,经过中性化处理之后,筛选出来的股票行业分布相对分散。

表 4-11　去极值、中性化处理后的前 20 只股票

股票代码	股票名称	申万行业分类	PE_TTM	E/P	E/P 去极值、中性化处理
600516. SH	方大炭素	有色金属	9.855	0.101	4.683
000413. SZ	东旭光电	电子	10.835	0.092	4.443
600260. SH	凯乐科技	通信	13.714	0.073	3.865
600271. SH	航天信息	计算机	23.090	0.043	3.632
600757. SH	长江传媒	传媒	9.342	0.107	3.587
600522. SH	中天科技	通信	14.801	0.068	3.581
600728. SH	佳都科技	计算机	23.931	0.042	3.504
601360. SH	三六零	计算机	24.381	0.041	3.439
601019. SH	山东出版	传媒	9.784	0.102	3.425
002195. SZ	二三四五	计算机	24.842	0.040	3.375
002217. SZ	合力泰	电子	15.301	0.065	3.146
600338. SH	西藏珠峰	有色金属	14.748	0.068	3.130
000997. SZ	新大陆	计算机	27.519	0.036	3.047
600373. SH	中文传媒	传媒	11.382	0.088	2.944
600566. SH	济川药业	医药生物	11.648	0.086	2.943
603766. SH	隆鑫通用	汽车	8.310	0.120	2.859
300498. SZ	温氏股份	农林牧渔	13.827	0.072	2.735
603858. SH	步长制药	医药生物	12.546	0.080	2.732
600056. SH	中国医药	医药生物	12.666	0.079	2.706

4) 无量纲处理

在多因子分析的时候,最终一般都会采取打分法确定综合因子。而每个单因子所代表的含义和数量级不尽相同。要对多组不同量纲数据进行比较,需要先将它们转化成无量纲的标准化数据。

(1) Z-score 标准化法。Z-score 标准化法指将因子序列 $\{X_i\}$ 进行标准化变换,即

$$Z_i = \frac{X_i - \mu}{\sigma} \tag{4-55}$$

其中,μ 为 X_i 的均值;σ 为 X_i 的标准差。

(2) 极差标准化法。极差标准化法指将因子序列 $\{X_i\}$ 进行伸缩变换映射到 $[-1,1]$ 取值范围里,即

$$Z_i = \frac{X_i - \mu}{X_{\max} - X_{\min}} \tag{4-56}$$

其中,μ 为 X_i 的均值;$X_{\max}$ 为 X_i 的最大值;$X_{\min}$ 为 X_i 的最小值。

(3) 极差正规法。极差正规法指将因子序列 $\{X_i\}$ 进行伸缩变换映射到 $[0,1]$ 取值范围里,即

$$Z_i = \frac{X_i - X_{\min}}{X_{\max} - X_{\min}} \tag{4-57}$$

其中，μ 为 X_i 的均值；X_{max} 为 X_i 的最大值；X_{min} 为 X_i 的最小值。

（4）百分位法。百分位法指将因子值从小到大排序，将其排序的百分位作为变换后的因子值。百分位法可以同时实现去极值和无量纲处理，但是百分位法忽略了因子值之间的距离信息，变换之后的因子值是一个均匀分布的序列，如图 4-36 和表 4-12 所示。

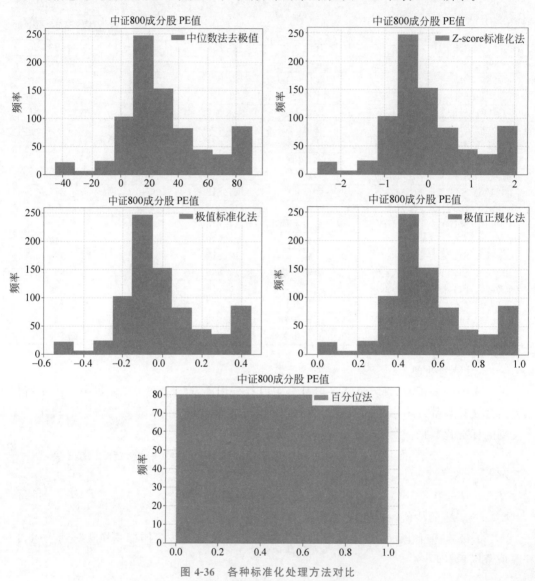

图 4-36　各种标准化处理方法对比

表 4-12　各种标准化处理方法对比

统计值	原始值（中位数法去极值）	Z-score 标准化	极值标准化	极值正规化	百分位法
最大值	90.97	2.07	0.45	0.00	1.00
最小值	−45.19	−2.54	−0.55	1.00	0.00
平均值	29.76	0.00	0.00	0.55	0.50
标准差	29.53	1.00	0.22	0.22	0.29

5）其他预处理方法

对因子的预处理不限于上述几种常见的方法，在实际应用中，对因子预处理的方法有很多种，只要能够使因子值的经济学含义更加直观、有效性更加明显，都是好的处理方法。

（1）倒数法。将因子原始值取倒数，即 $Z_i = 1/X_i$。比如在处理市盈率因子时，一般情况下认为市盈率越小，代表该公司当前的价格越被低估，但是考虑到市盈率还可能存在负值，因此并不是值越小越好。将市盈率取倒数后，变成盈利市值比，这时新因子越大，表示公司盈利能力越强，具备较好的线性特征。

（2）绝对值法。将因子值与基准参考值作差后取绝对值，即 $Z_i = |X_i - X_b|$，其中 X_b 是基准参考值。比如在处理资产负债率因子时，资产负债率并不是越小越好，而是保持一个合适的水平，表明企业运行是健康的，因此可以将公司资产率值与一个参考最优值相减后取绝对值，从而评估该公司资产负债率与业界标杆的差距。

2. 因子有效性分析

如何评价一个因子是否有效？主要从如下几个方面来看。

（1）该因子的取值与股票的未来收益率具备较高的相关性，且相关性呈现出较好的稳定性。

（2）该因子具有较好的线性区分度，即因子取值较大的分组与因子取值较小的分组在股价表现上具有明显的区别，即按照因子对样本分组，不同组别之间的样本的收益率有显著性差异。

（3）因子是否有稳定的超额收益？

（4）因子是否对未来有解释作用？解释能力如何？

因子评价主要包括 IC 体系和分组测试两大部分，这两项又可以细分为更多的因子评价指标，形成一套完整的因子评价体系，投资者可以根据该体系全面深入地了解因子的优劣，如图 4-37 所示。

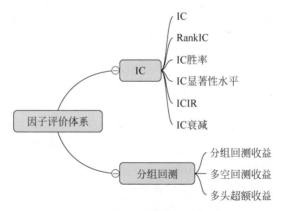

图 4-37　因子有效性评价体系

1）信息系数

信息系数用来衡量因子值与未来实际回报的相关性，是对因子有效性的一种测量。为了研究因子值是否对股票未来的收益率有影响，计算股票池中所有股票 T 期的因子值

F_t 与 $T+1$ 期股票收益率 R_{t+1} 的相关系数（Pearson 相关系数），结果记作

$$IC_t = \text{corr}(F_t, R_{t+1}) \tag{4-58}$$

其中，$\text{corr}(x, R_{t+1})$ 表示 F_t，R_{t+1} 的相关系数。

IC 指标旨在衡量因子对于下一期收益的预测能力。

（1）如果 IC 值为正数，表明因子值和未来收益正相关，如净利润增长率，一般情况下值越大代表股票未来收益越好。

（2）如果 IC 值为负数，表明因子值和未来收益负相关，如市盈率，一般情况下值越小代表股票未来收益越好。

可见无论 IC 值为正数还是为负数，都能够对未来收益起到预测作用。该指标绝对值越高，表明因子对于股票价格变动的预测能力越强。

为了避免因子值和未来收益率数据中异常值对相关结果的影响，还可以计算因子值排名和收益率排名之间的相关系数（即 Spearman 相关系数），称为 RankIC：

$$\text{RankIC}_t = \text{corr}(\text{Rank}(F_t), \text{Rank}(R_{t+1})) \tag{4-59}$$

其中，$\text{Rank}(F_t)$ 和 $\text{Rank}(R_{t+1})$ 分别表示因子 F_t 和未来收益率 R_{t+1} 的排名。

下面以动态 PE 因子为例，分析其 IC 指标情况。

（1）IC 时序图。IC 时序图如图 4-38 所示。

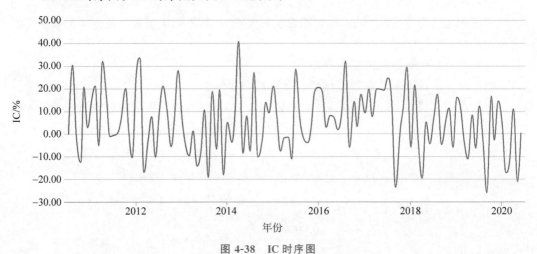

图 4-38　IC 时序图

（2）分行业 IC。考虑到因子可能在不同行业的适用性差异，在 IC 分析体系中计算了分行业的 IC 值，反映的是因子在各个申万一级行业内的选股效果，如图 4-39 所示。

（3）IR。信息比率 IR（information ratio）：主动收益（年化）与主动风险（年化）的比例（该指标越高，表明在同样风险的情况下，该因子的获利能力越强）。

2）因子衰减

在分析因子有效性时，除了关注因子值对下一期股票回报的影响，还希望了解该因子对未来股票回报的影响能持续多长时间。有的因子对未来较长时间的股票收益都有影响，比如一些基于财务数据的因子，可能 1 年前的盈利能力对今天的股票回报还存在预测能力；而另一些因子对股票收益的影响持续时间较短，比如一些基于价量的因子，可能过

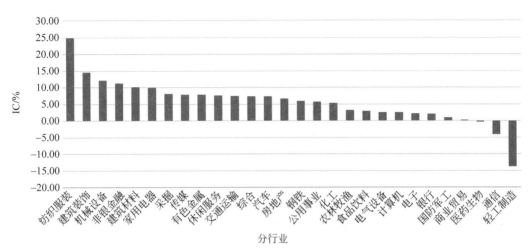

图 4-39　分行业 IC

几天就不会有什么影响了。如果因子有效性衰减过快,那么根据该因子构建的策略可能需要频繁地调仓,会导致组合较高的换手率,从而造成较高的交易成本。因此对因子有效性衰减速度的研究,有助于设计合适的调仓频率。

因子衰减分析考察的是因子选股能力的时效性,即使用 $T-1$ 期因子值对未来 $T+N$ 期的股票收益率的 IC 值。0 期衰减表示在 $T-1$ 期计算的因子在 T 期进行收益预测的 IC 值(即上述 IC 值),1 期衰减表示在 $T-1$ 期计算的因子在 $T+1$ 期进行收益预测的 IC 值,如图 4-40 所示。

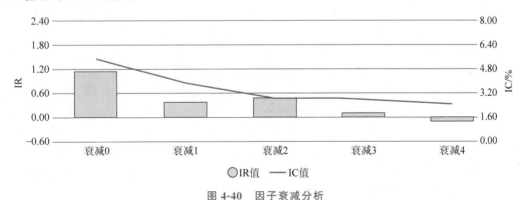

图 4-40　因子衰减分析

3) 分组测试

分组测试是一种比较直接的检验因子选股能力的方法。在每个调仓日,按照指标从高到低对投资域里的证券进行排序,分成 N 个子组合后计算得到子组合收益,即为分位分组分析。如果某个因子各个分组的收益按照分组位数排序,即第一分位的子组合稳定地跑赢基准、最后一个分位的子组合持续地跑输基准,则表明该因子具有较好的选股能力。因子分组测试结果如图 4-41 所示。

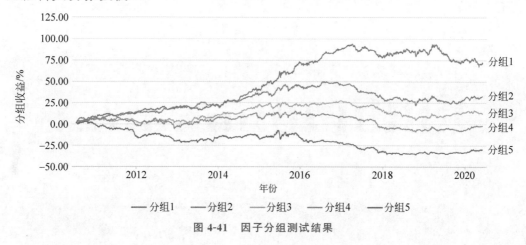

图 4-41 因子分组测试结果

4）多空收益

在允许做空的市场里，投资者可以将表现最好的一组作为多头持仓，而将表现最差的一组作为空头持仓，通过多空对比，可以更加明显地看出因子选股的效果。

3. 多因子合成

上述讨论对单个因子有效性的评价方法，在实际研究策略时，往往会将若干个有效性较好的因子组合在一起，形成更有效、更稳定的选股因子。这会带来两个问题：

（1）如何选择有效的因子？

（2）多个因子如何组合？

1）多因子共线性处理

可以根据前面提供的因子有效性评价指标从优到劣排序，将有效性高的因子筛选出来，但是有一个问题：因为有些因子内在的逻辑比较相近等，选出来的组合在个股构成和收益等方面相关性较高。有些因子之间存在较高的相关性，这样的因子直接组合，并不能带来额外的信息增益，在做多元线性回归时，相关性高的因子存在"共线性"（multicollinearity）的问题。因此需要对多个因子进行共线性处理。大类因子中的细分因子之间存在较高的相关性。具有高相关性的细分因子大多代表了相同的一类信息，为了消除细分因子之间的共线性，最大化地提取该大类因子的信息。

所以在有效因子筛选出来之后，首先需要根据大类对因子的相关性进行 t 检验，对于相关性较高的因子，要么舍弃显著性较低的因子，保留同类因子中收益最好、区分度最高的因子，要么进行因子合成，将多个因子合成为一个新的因子。

（1）相关检验法。因子相关性分析的计算方法为求两个因子之间的皮尔逊相关系数（Pearson correlation coefficient）。

对同类型的 K 候选因子，向前选取 M 个月的数据作为样本：

① 按月计算出因子载荷之间的相关系数矩阵和每个因子的因子收益率。

$$\boldsymbol{\rho}^t = \begin{bmatrix} 1 & \rho_{12}^t & \cdots & \rho_{1K}^t \\ \rho_{21}^t & 1 & \cdots & \cdots \\ \vdots & \vdots & \ddots & \vdots \\ \rho_{K1}^t & \cdots & \cdots & 1 \end{bmatrix}$$

② 根据 M 个月的相关系数进行检验,检验的方法包括相关系数绝对值的均值、中位数、t 检验等方法。

$$\sum_{t=1}^{M} \mid \rho_{i,j}^{t} \mid /M \tag{4-60}$$

$$\mathrm{median}(\mid \rho_{i,j}^{t} \mid)t=1,2,\cdots,M \tag{4-61}$$

$$t=\frac{\overline{\mid \rho_{i,j}^{t} \mid}-u}{\sigma/\sqrt{M-1}} \tag{4-62}$$

(2)逐步回归法。对各大类因子下的细分因子进行回归,选取能够最大限度提升模型解释力度的细分因子进入备选因子集,对所有备选因子进行简单平均得到合成后的大类因子代理变量。

2)因子合成方法

常见的多因子合成方法包括等权重赋权、IC 均值加权、因子收益率加权法、IC-IR 赋权、分层赋权等。

(1)等权重赋权。对每个因子赋予相同的权重,即若该类别共有 N 个因子,则每个因子权重为 $1/N$。静态分配权重保证了权重的稳定性,股票组合的换手率相对较低,但是忽略了因子间对收益贡献的差异。

(2)IC 均值加权。不同的因子之间其因子有效性是存在差异的,根据以往的研究结果,一般而言,估值因子和规模因子都是表现相对显著的,而杠杆因子、运营因子都是表现相对较差的,如果以等权的方式来对各大类因子进行加权,则忽略了不同因子的解释力度。

IC 反映了因子的显著性程度,因此可以通过 IC 均值来计算因子的权重,从而区分不同因子的显著性。

根据每个因子最近 N 个月的 IC 绝对值的均值进行加权,N 默认为 12 个月。步骤如下:

① 计算回测开始期前 12 期至回测结束期每个因子的 IC 值;

② 从回测开始期 t_0 至回测结束期 t_N 每个因子 f 每期的权重计算如下:

$$W_{t,f}=\frac{\mathrm{mean}(\mathrm{IC}_{t,f}:\mathrm{IC}_{t-12,f})}{\sum_{f}\mathrm{mean}(\mathrm{IC}_{t,f}:\mathrm{IC}_{t-12,f})} \tag{4-63}$$

(3)因子收益率加权法。根据因子最近 N 个月平均收益率而分配不同权重,N 默认为 12 个月。步骤如下:

① 计算回测开始期至回测结束期每个因子的收益率;按照因子值排序并分组,因子值最高组股票(平均权重)的综合收益率;

② 从回测开始期 t_0 至回测结束期 t_N 每个因子 f 每期的权重计算如下:

$$W_{t,f}=\frac{\mathrm{mean}(R_{t,f}:R_{t-12,f})}{\sum_{f}\mathrm{mean}(R_{t,f}:R_{t-12,f})} \tag{4-64}$$

(4)IC-IR 赋权。基于 IR 的加权方法综合考虑了因子有效性和稳定性,在保证因子收益的同时也考虑了因子的波动性。根据因子的信息比率分配权重,IR 越高,表明因子有效性越显著,因此因子权重占比更高。

其计算方法类似因子 IC 均值加权算法,唯一的不同是把 IC 替换为 IC-IR,计算步骤如下:

① 计算回测开始期前 12 期至回测结束期每个因子的 IC 值;

② 从回测开始期计算每期的 IC-IR 值;

③ 从回测开始期 t_0 至回测结束期 t_N 每个因子 f 每期的权重计算如下:

$$\omega_{t,f} = \frac{\text{mean}(\text{IC-IR}_{t,f} : \text{IC-IR}_{t-12,f})}{\sum_f \text{mean}(\text{IC-IR}_{t,f} : \text{IC-IR}_{t-12,f})} \tag{4-65}$$

(5) 分层赋权。先配置大类因子比例,再配置子类因子比例。比如先对估值、财务成长、财务质量、价量和一致预期等大类因子赋予大类权重,然后在每个大类里,按因子有效性的高低,设置每个因子的类内权重。这样,每个因子最终的权重为其所在类别的大类权重与其类内权重的乘积。

分层赋权比直接对因子赋权的好处为:在类别内赋权时容易比较各因子的有效性,使赋权的结果更加客观和科学,并且在遇到意义相近或者共线性较高但又不易取舍的因子时,可以让它们共享一定的类内权重。分层赋权如表 4-13 所示。

表 4-13　分层赋权

大类因子	大类比例/%	因子名称	因子方向	因子占大类比例/%
估值因子	40	E/P(每股盈利/每股价格)	1	60
		B/P(每股净资产/每股价格)	1	40
盈利因子	30	ROE(净资产收益率)	1	70
		ROA(总资产收益率)	1	30
规模因子	30	流通市值	−1	60
		总资产	−1	40

3)综合因子打分

计算综合因子值,即将有效因子原始值结合因子权重得到有效因子的赋权修正值,加总后得到个股的综合因子值。

计算综合得分,即将所有个股分别按照各单个因子修正值进行排序,并分为 N 档,第一档 N 分,第二档 N−1 分,以此类推,第 N 档得分为 1,将个股在各因子上的得分乘以各因子的权重加总后得到个股的综合得分。

4.4.3　组合优化

多因子选股只是将具备上涨潜力的股票选出来,但是多只股票的权重设计,对收益和风险都会产生显著的影响。根据股票综合得分选取相应股票组合后,则要选取组合中个股的加权方法。常见的股票权重分配方法包括以下几种。

(1) 等权重:组合中股票具有同等的权重,当组合中包含 N 只股票时,每只股票的权重为 1/N。

（2）总市值加权：根据组合中的股票总市值分配不同权重。

（3）流通市值加权：根据个股最新流通市值分配不同权重。

上述几种股票权重分配方法简单直观、容易操作，但是没有考虑不同股票的收益、风险特征，在组合风险的控制上不够精细。如果追求投资组合的最佳配置，则需要结合投资目标进行组合优化。另外，在实际应用中还需要考虑投资的各种约束条件，如个股持仓比例约束、行业风险暴露约束、换手率约束、交易手续费约束等，于是组合优化问题便转化成了带约束条件的最优化问题。本节将讨论常见的组合优化方法。

1. 组合优化目标

（1）最大化预期收益。组合优化的基础理论是马科维茨均值-方差最优化模型。在特定风险水平下追求最高预期收益，组合优化的模型可以用下面的数学公式表示：

$$\max_{\omega} \boldsymbol{\omega}^{\mathrm{T}} \boldsymbol{r} \tag{4-66}$$

s. t.

$$\boldsymbol{\omega}^{\mathrm{T}} \boldsymbol{\Sigma} \boldsymbol{\omega} = \sigma_0^2$$

$$\boldsymbol{\omega}^{\mathrm{T}} \boldsymbol{l} = 1$$

其中，σ_0 为组合允许的最大波动率；$\boldsymbol{l}$ 为元素全为 1 的列向量；$\boldsymbol{\omega}^{\mathrm{T}} \boldsymbol{l} = 1$ 即个股权重之和为 1。

上述带约束条件的最优化问题可以通过拉格朗日乘子法（Lagrange Multiplier）来求解，定义

$$f(\boldsymbol{\omega}, \lambda_1, \lambda_2) = \boldsymbol{\omega}^{\mathrm{T}} \boldsymbol{r} - \lambda_1(\boldsymbol{\omega}^{\mathrm{T}} \boldsymbol{\Sigma} \boldsymbol{\omega} - \sigma_0^2) - \lambda_2(\boldsymbol{\omega}^{\mathrm{T}} \boldsymbol{l} - 1) \tag{4-67}$$

令 f 分别对 ω、λ_1、λ_2 求偏导，即可求解最优化参数。

$$\begin{cases} \dfrac{\partial f}{\partial \omega} = 0 \\[2mm] \dfrac{\partial f}{\partial \lambda_1} = 0 \\[2mm] \dfrac{\partial f}{\partial \lambda_2} = 0 \end{cases}$$

（2）最小化组合风险。如果限定组合的目标预期收益为 r_0，使预期风险最小，则最优化模型为

$$\min_{\omega} \boldsymbol{\omega}^{\mathrm{T}} \boldsymbol{\Sigma} \boldsymbol{\omega} \tag{4-68}$$

s. t.

$$\boldsymbol{\omega}^{\mathrm{T}} \boldsymbol{r} = r_0$$

$$\boldsymbol{\omega}^{\mathrm{T}} \boldsymbol{l} = 1$$

即约束条件为个股权重之和为 1。

（3）综合考虑。如果没有明确的目标预期收益或目标预期风险，投资者希望在一定的风险厌恶水平下追求最大效用，则最优化模型可转化为

$$\max_{\omega} \{\boldsymbol{\omega}^{\mathrm{T}} \boldsymbol{r} - \lambda \boldsymbol{\omega}^{\mathrm{T}} \boldsymbol{\Sigma} \boldsymbol{\omega}\} \tag{4-69}$$

s. t.

$$\boldsymbol{\omega}^{\mathrm{T}}\boldsymbol{l}=1 \tag{4-70}$$

其中,λ 为投资者的风险厌恶系数。

2. 线性约束条件下的组合优化

线性约束包括个股权重约束、行业约束、风格约束等。

(1) 个股权重约束。在投资中,为了防止单只股票权重过高造成风险暴露偏大,往往会对单只股票的权重占比进行约束。在某些情况下,还会对不同等级的股票设置不同的权重约束,如低风险股票的权重上限可能较高,而高风险股票的权重上限可能较低。在考虑市场价格冲击的情况下,可以根据该股票的成交量对其权重进行约束,使股票的下单规模不得超过该股票平均成交量的某个比例。

个股权重的约束条件可以表示为如下公式:

$$\omega_{\min} \leqslant \omega_{i,t} \leqslant \omega_{\max}$$

其中,$\omega_{\min}$、$\omega_{\max}$ 分别为允许的权重下限和权重上限,可能针对所有股票的权重上下限都相同,也可以针对不同的股票设置不同的权重上下限。在中国股票市场中,由于不允许做空个股,因此股票权重下限默认为 0。

除了股票的绝对权重约束之外,某种投资组合还要求其成分股的权重与其基准组合成分股的权重相差在一定误差范围内,即要求

$$|\omega_{i,t} - \omega_{i,t}^{B}| \leqslant \omega_{\max}$$

(2) 行业约束。在资金分配的时候,如果简单地按照上述方法来分配,无法体现行业权重的差别,因此通常还会进行行业权重的约束,避免在个别行业权重过大形成较高的配置风险。

行业权重约束可以通过如下公式来表示:

$$\omega_{\min}^{\mathrm{IDUS}} \leqslant \omega_{j,t}^{\mathrm{IDUS}} \leqslant \omega_{\max}^{\mathrm{IDUS}}$$

其中,$\omega_{j,t}^{\mathrm{IDUS}}$ 为 t 周期行业 j 在投资组合中的权重,

$$\omega_{j,t}^{\mathrm{IDUS}} = \sum_{i \in \mathrm{IDUS}_{j}} \omega_{i,t}$$

行业约束的一个特例是行业中性化处理,即要求投资组合的行业配置与基准指数的行业配置完全相同。

个股行业中性化处理的权重为

$$W_{i}' = W_{b,k} \times \frac{W_{i}}{\sum_{j=1}^{N_{k}} W_{j}} \tag{4-71}$$

其中,$W_{b,k}$ 为股票 i 所属行业 k 在基准行业中的行业权重;W_i 为股票 i 未做行业中性化处理前的权重;N_k 为行业 k 包含的个股数量。

经过行业中性化处理后,每个行业的配置比例和基准行业配置完全相同,避免了行业配置上的风险暴露。

(3) 风格约束。风格约束主要用来限制投资组合在某个风格因子上暴露过大,导致较大的投资风险。比如某个投资组合在市值因子上暴露过大,则当市场上大小盘风格表现出现反转时,可能导致该投资组合出现较大的亏损。

投资组合在某个风格因子上的暴露度为 X_ω,则风格约束条件可表示为

$$x_{\min}^F \leqslant X_\omega \leqslant x_{\max}^F$$

其中,$x_{\min}^F$、$x_{\max}^F$ 分别表示该投资组合允许的最小风格因子暴露和最大风格因子暴露。

3. 非线性约束条件下的组合优化

非线性约束主要包括如下几种情况。

(1) 二次约束：如风险约束、跟踪误差约束这类带二次项的约束类型。

(2) 非光滑约束：带绝对值的约束,如换手率约束。

(3) 其他高阶约束。

① 总风险约束。

$$\boldsymbol{\omega}^{\mathrm{T}} \boldsymbol{\Sigma} \boldsymbol{\omega} \leqslant \mu_\sigma^2$$

其中,μ_σ 为目标最大波动率。

② 跟踪误差约束。

$$(\boldsymbol{\omega} - \boldsymbol{\omega}_b)^{\mathrm{T}} \boldsymbol{\Sigma} (\boldsymbol{\omega} - \boldsymbol{\omega}_b) \leqslant \varepsilon_{tr}^2$$

其中,ε_{tr} 为允许的最大跟踪误差。

③ 因子风险约束。

$$\boldsymbol{\omega}^{\mathrm{T}} \boldsymbol{X} \boldsymbol{F} \boldsymbol{X}^{\mathrm{T}} \boldsymbol{\omega} \leqslant \mu_F^2$$

其中,$\boldsymbol{F}$ 为因子协方差矩阵；$\boldsymbol{X}$ 为投资组合各成分股对各因子的暴露度矩阵；μ_F 为该组合允许在各个因子上暴露的最大风险。

④ 换手率约束。高换手率可能会导致较高的交易成本。为了抑制交易成本,一种方式是延长调仓周期从而减少换手的次数,另一种方式是约束每次调仓时换股的数量。对于前一种方式,调仓周期可以根据因子有效性衰减程度进行优化。对于后一种方式,可以通过组合调仓数量进行约束,即

$$\sum_i |\omega_{i,t} - \omega_{i,t-1}| \leqslant \omega_{HO}$$

其中,$|\omega_{i,t} - \omega_{i,t-1}|$ 表示股票 i 在周期 t 的调仓数量；ω_{HO} 表示能接受的最大换手率。

4.5　人工智能算法筛选风险特征框架和标准的建立

本节的重点是讨论如何建立针对异构异源数据特征提取的推断框架和可以解决实践问题的算法的实现。这里,算法主要是指在马尔科夫链蒙特卡洛模拟(MCMC)框架下,我们需要使用的吉布斯抽样(Gibbs Sampling)方法,以此来实现对(非结构化)风险特征的随机搜索(stochastic search)和提取。

在金融科技框架下,如何利用大数据思想提炼出刻画金融产品,如期货、基金中的基金(Fund of Funds,FOF)[①]等产品风险的特征指标是金融大数据分析和算法必须考虑和解决的问题。在大数据时代,金融衍生品包含的风险信息常常以结构性和非结构性数据的形式出现。传统的基于因果关系的分析和建模方法基本上难以进行有效的量化判断,

---

① FOF 是指 Fund of Funds,即"基金中的基金"这类金融投资产品。

也就不能全面处理与金融产品相关的所有信息数据。这需要通过"关联(相关)关系"来建立对应的(大数据)算法进行对应的风险特征提取工作！在大数据思维和分析中,关联(相关)关系是对基于因果的派生关系的描述。因此,本节讨论如何从关联关系(关联规则)的角度进行对应金融产品的风险特征筛选工作。

以行业中最重要的螺纹钢期货为例,在当下,针对影响螺纹钢期货价格变化的主要特征指标(变量)的提取,最好的方法不是基于传统统计计量回归分析工具来直接实现。原因有多种,但其中一个基本的原因是随着科技的发展和信息的发达,在考虑多种可以影响螺纹钢期货价格变化的特征因子的同时,又面临样本观测量不够的客观现实困难。因此需要采用新的基于大数据的方法来实现特征的提取。

在通常情况下,假定有 M 个可能影响螺纹钢期货价格的变量,最基本的筛选并排序的方法是考虑所有可能的组合情形。但对这种考虑所有可能组合的方法,即使只考虑线性组合,也至少有 2^M 次的判断处理,这就是典型的 NP 问题。另外,如果使用统计回归分析方法,可能会出现在建模时,支持 M 个自变量的统计推断模型方法面临样本观测量不够的问题。为了解决 NP 问题和样本观测量不够的困难,从 20 世纪 50 年代开始,在马尔科夫链蒙特卡洛模拟框架下的吉布斯抽样方法,其实质是通过随机搜索的思想按照下面 4.5.1 一节中陈述的五大步骤来实现本节提到的在观测样本量数据不够的情况下实现针对特征因子的筛选。

关联规则是对事物间存在的相互依存关联关系的描述,研究如何从海量随机数据中快速有效地挖掘有价值的关联规则信息。基于 Akaike[①]在 20 世纪 70 年代的工作,Agrawal 等学者首先提出了关联规则的概念及 Apriori 算法,其提出动机是针对购物篮问题的分析(Market Basket Analysis)而得到启发。

规则(空间)随着特征数的增加呈指数级扩大。在搜索关联规则(空间)关系时实现这些算法在计算上非常困难,在 Agrawal et al. 的工作之后,诸多学者都对关联规则挖掘问题进行了大量的理论探索、算法改进和设计。Qian,袁先智等学者提出基于吉布斯采样构建的算法,在不损失信息的情况下大大减少了后续挖掘的规则(空间),从而实现对风险特征的有效提取(参见文献[241]和文献[244]中的讨论)。

本节的目标是讨论在大数据框架下,针对异构异源数据进行(风险)特征提取的大数据推断框架,特别是在给定基于样本推断误差容忍度(比如不超过 5%)的样本误差的情况下,建立针对风险特征有效提取的大数据(随机搜寻)方法,并基于关联关系的"强弱关联"关系对特征进行分类,从而建立可以指导实践工作的特征指标体系。

在本节,首先以期货产品为例子,讨论如何在马尔科夫链蒙特卡洛框架下,充分利用基于吉布斯抽样的随机搜寻算法,并结合"比值比"(odds ratio,OR),又称"优势比"指标作为分类标准,实现从多维数据中提取与基金业绩或者期货价格相关的特征因子,再进行相关性分类,从而建立刻画期货(价格)相关的风险特征指标体系,这些基于特征的风险指标体系可以支持对期货产品价格变化趋势进行预测。另外,本部分也讨论对应实证部分

---

① AKAIKE H. A new look at the statistical model identification [J]. IEEE transactions on automatic control, 1974,19(6):716-723.

的结果。

4.5.1　大数据特征提取算法框架的建立

在机器学习建模中,平衡模型的准确性和可解释性是一个非常困难的过程。在本节基于吉布斯抽样方法给出了大数据框架下进行特征筛选的算法框架,该算法的主要流程由下面五步构成。

1. 建立基准模型,构建初始特征集合

进行特征筛选前,需要确定基础模型。我们以基金为例子,假定利用一个基础模型为基金初步筛选出的 k 个特征作为初始特征,即样本存在 k 个特征。这样,我们就构建初始特征集合 I_0,将初始模型中系数不为 0 的特征记为 1,系数为 0 的特征记为 0,则有

$$I_0 = (0,1,1,\cdots,0) \in \{0,1\}^k \tag{4-72}$$

2. 基于 AIC 或 BIC 标准构建特征分布函数

在吉布斯抽样中,对于分布函数的确定是非常重要的事情。由于特征的复杂性,本书无法直接构建概率分布函数 $P_C(J)$:

$$P_C(j_s = 1 \mid J_{-s}) = \frac{P_C(j_s = 1, J_{-s} \Rightarrow I_C)}{P_C(j_s = 1, J_{-s} \Rightarrow I_C) + P_C(j_s = 0, J_{-s} \Rightarrow I_C)} \tag{4-73}$$

其中,$s = 1, 2, \cdots, k$;J_{-s} 是 J 去除 J_s 的子向量,即除 J_s 外所有特征的组合;J_s 表示第 s 个特征。

因此,本书首先使用逻辑回归模型的预测准确性评分来构造马尔科夫链的转移概率。此外,本书还基于 AIC[101](akaike information criterion)和 BIC[102](bayesian information criterion)两种信息量标准来构建条件概率分布函数以进行模型稳健性分析:

$$\begin{cases} P_{\mathrm{AIC}}(j_s = 1 \mid J_{-s}) = \dfrac{\exp[-\mathrm{AIC}(j_s = 1 \mid J_{-s})]}{\exp[-\mathrm{AIC}(j_s = 0 \mid J_{-s})] + \exp[-\mathrm{AIC}(j_s = 1 \mid J_{-s})]} \\[3mm] P_{\mathrm{BIC}}(j_s = 1 \mid J_{-s}) = \dfrac{\exp[-\mathrm{BIC}(j_s = 1 \mid J_{-s})]}{\exp[-\mathrm{BIC}(j_s = 0 \mid J_{-s})] + \exp[-\mathrm{BIC}(j_s = 1 \mid J_{-s})]} \end{cases}$$

$$\tag{4-74}$$

3. 确定抽样次数,进行重复抽样

对于样本特征的吉布斯抽样,由于假定所有样本特征服从伯努利分布,所以其抽样误差可以用特征频率的标准差 $\mathrm{Std}(p)$ 来表示:

$$\mathrm{Std}(p) = \sqrt{\frac{p(1-p)}{M}} < \sqrt{\frac{1}{4M}} \tag{4-75}$$

若按照 2-sigma(这里,sigma 表示样本的一个单位的标准方差)准则来控制模拟误差,为了保持提取特征的显著性,通常需要将模拟误差控制在 0.05 以内,则由式(4-4)可知需要进行 400 次抽样。若选用更严格的误差控制准则(如 3-sigma 准则)或缩小误差控制范围,则需要更多的抽样次数。本书使用 2-sigma 准则来控制模拟误差,在保证显著性的同时,降低计算复杂度。

确定好抽样次数 M 后,进行吉布斯抽样,具体过程如下:

(1) 生成初始状态 $J^{(0)}=\{j_1^{(0)},j_2^{(0)},\cdots,j_k^{(0)}\}$。

(2) 对 $t=0,1,2,\cdots,M$；$s=1,2,\cdots,k$ 循环进行抽样：

$$j_s^{(t+1)} \sim P_c(j_s \mid j_1^{(t+1)},j_2^{(t+1)},\cdots,j_{s-1}^{(t+1)},j_{s+1}^{(t)},\cdots,j_k^{(t)}) \tag{4-76}$$

(3) 得到 $(J^{(1)},J^{(2)},\cdots,J^{(M)})$。

4. 计算特征频率，并筛选入模指标

特征指标的吉布斯抽样结果可以解释为每个特征进入模型的次数，经过进一步计算可以得到特征频率(指特征出现的频率＝出现次数/400)。特征频率表示一个特征的重要程度，这是传统机器学习方法无法给出的解释性指标，通过特征频率可以分析特征对模型结果的影响程度。本书将选取特征频率大于 0.5 的为入模型的特征。为了精确反映各特征之间的关联显著性，我们通过 OR 值的(绝对值)的大小对特征进行"强(高)""一般"和"弱"相关的层次分类。

扩展阅读 4.1
筛选刻画 FOF
关联风险的特征
指标

5. 构建最终模型，测试模型预测效果

选择关联性强弱在某个设定水平区间的特征建立逻辑回归模型，分别在训练集合和测试集合中检验模型的预测效果。通过比较"使用 AIC 构建分布函数"的模型和"使用 BIC 构建分布函数"的模型结果，确定最优模型。

这样，上面的五大步就构建了我们在大数据框架下，针对非结构性数据(也包含结构性数据)的(风险)特征提取，建立了对应的推断框架。由于本方法基于关联规则，我们的大数据推断方法不同于传统的针对结构性数据建立的统计推理方法(对应的详细讨论和实践，请参见本章在网上"扩展阅读"中的对应部分内容)。

4.5.2　筛选影响大宗商品价格变化的特征指标

在 4.5.1 节建立的支持在大数据框架下针对异构异源数据特征提取的推断方法的基础上，本节的目的是讨论如何建立提取影响期货产品价格的特征风险因子的大数据方法，这将帮助从价格变化的趋势来进行金融(特别是期货)产品的预测。

本节的目的是在建立对影响大宗商品期货价格变化趋势的关联风险特征因子的提取框架和配套的推断逻辑原理上，利用人工智能中的吉布斯随机搜索算法为工具，比较全面地陈述如何提取高度关联大宗商品期货价格变化的风险特征因子的流程和配套的基本逻辑。结合 OR 值作为关联分类和验证标准，实现从大量风险因子的数据中提取与大宗商品期货(以期货铜为例)价格变化趋势相关的特征因子并进行分类，从而用于构建支持期货价格变化趋势分析的特征指标。实证分析结果表明，该特征提取方法能够比较有效地刻画大宗商品期货价格的变化趋势，为业界进行大宗期货交易和风险对冲的管理提供了一种新的分析维度。另外，从影响价格变化趋势的特征因子中筛选出高度关联的特征指标的大数据分析方法，是与过去文献中对价格趋势分析的不同之处和创新点。

(大宗商品)期货市场具有规避风险和价格发现的功能。期货价格本身是期货交易的核心要素之一，同时也是反映整个期货市场运行状况的主要因素，合理有效的期货价格可以起到先导作用及克服现货价格滞后的问题。随着国内期货市场的不断完善和发展，

期货市场在宏观经济运行中的作用也越发突出,因此对期货定价的研究具有重要意义。

大宗商品作为期货市场的主要标的,消费属性是其基本属性。不过,随着金融市场的不断发展以及期货期权、商品 ETF 等金融产品的不断丰富,大宗商品的金融化特征不断加强,除传统意义上的"微观"和"宏观(基本面)"等因素[①]以外,更多因素[②]对大宗商品的价格产生的影响开始越发明显。同时,由于大数据时代带来的信息的量级递增,许多高度关联大宗商品价格的因素以非结构性数据的形式出现,对大数据的分析处理正成为解决和分析传统问题的盲区的有效手段。因此在大数据框架下,以海量的结构性和非结构性的大宗商品数据为基础数据池,通过大数据特征筛选和提取方法,建立关于大宗商品价格(变化)趋势的影响因素研究,筛选和提取在给定的误差容忍度下与大宗商品价格变化(趋势)高度关联的特征风险因子。这类通过大数据框架筛选提取出的高度关联的风险因子,将帮助和改善对大宗商品价格变化趋势的解释能力。到目前为止,尽管大多数的大宗商品定价模型能够在很大程度上拟合期货价格的期限结构以及价格变化规律,但是这些传统模型对于期货价格变化的解释还存在许多问题,如不能很好地反映所有相关指标对期货价格的影响:一个基本的原因在于目前的大宗商品定价模型只是基于传统的结构性数据信息,通过因果关系来对商品价格的变化进行描述。但是,大宗商品的"消费、金融二重属性"给期货价格变化所带来的影响是复杂的,传统的定价模型无法反映海量的非结构性数据提供的相关信息。

基于上述的介绍,本节的重点是在给定的误差容忍度标准下,提炼出与大宗商品价格变化高度相关的特征指标,围绕大宗商品的基础指标、产业指标、宏观指标等指标建立一套完善的大宗商品价格特征指标体系,为大宗商品的价格变化的预测提供一种基于大数据思维的全新方法。

本节以宏观及微观的因素为出发点,基于超过 126 个与期货价格变化关联的初始风险特征因子池为基础,利用吉布斯随机搜索算法构建影响大宗商品期货价格变化的大数据特征筛选方法,完成对大宗商品期货价格变换的特征提取,然后以 Logistic 回归模型为工具构建基于特征集的特征权重比照,形成对期货定价影响强弱的价格风险因子特征的排序,最终进行实证检验。实证结果表明大数据特征提取算法能够有效地提取刻画沪铜指数合约价格趋势的特征。这些特征包含基础特征、消费市场特征和宏观经济指标多个维度,并支持实现对期货价格变化较好的预测性。

1. 相关背景介绍

随着期货市场的不断发展与完善,对于期货价格的研究也成为学术界的重点研究领域。目前国内外对于大宗商品期货价格的研究主要集中在布朗运动模型及其扩展模型、大宗商品期货价格波动率、不同金融市场与期货价格之间联动性三个方面。

在以布朗运动模型及其扩展模型为主的期货价格研究方面,Brennan 和 Schwartz 假设商品现货价格服从布朗运动,并提出以现货价格为状态变量的单因素模型。Schwartz

---

①　"微观因素"与"宏观因素"包括经济发展对商品的需求、生产技术、地缘政治、相关的事件风险等因素。

②　包括大宗商品市场与其他金融市场间的价格协整关系、资本市场和国际货币政策的变动、国际投机力量以及资本的流动性等原因。

提出了以现货价格和随机便利收益为状态变量的二因素模型,同时又以利率作为第三个状态变量提出了三因素模型。Cassassus 和 Collin-Dufresne 在 Schwartz 三因素模型的基础上提出了基于三因素仿射模型的仿射期限结构模型。王苏生等在 Schwartz 和 Smith 的基础上提出了以短期偏离、中期偏离和长期均衡为状态变量的三因素模型。韩立岩和尹力博对能源商品期货也进行了研究,提出了以现货价格、便利收益和长期收益为状态变量的三因素期限结构模型,杨胜刚等和朱晋也对基于三因素结构来研究期货价格与其他因素的关系提出了看法。

在针对大宗商品期货价格波动率变动的研究方面,张保银和陈俊、董珊珊和冯芸、黄健柏等分别通过建立 VEC 模型、分数协整向量自回归模型(FC-VAR)、状态空间模型,基于实证分析,认为我国沪铜商品期货价格波动具有尖峰厚尾、集聚性和长记忆性等特征。Hamilton 和 Susmel 将马尔科夫链引入自回归模型中,提出了 RS-ARCH 模型并进行了深入的研究。

在针对不同金融市场与期货价格之间联动性方面,高辉和赵进文、张屹山等和郭树华等分别从格兰杰检验、协整分析、误差修正模型(ECM)等计量方法分析了国内外金属期货市场之间的价格联动性。胡东滨和张展英等运用 DCC-GARCH 模型对金属期货与外汇、货币市场的动态相关性进行了深入研究。Yue 等学者采用 VAR-DCC-GARCH 模型,研究中国金属市场和 LME 市场金属价格间的动态联动性。李洁和杨莉考虑不同期货市场、不同期货品种间的关联关系,对中英期货市场的期铜、期铝、期锌之间的价格交叉影响和风险传导进行了针对性的分析。

在过去几年的研究中,针对金融市场和 FOF 等产品方面,袁先智等学者和专家完成了针对 FOF 和中小微企业风险关联特征的提炼和刻画(特别是对于非结构化指标的提炼和刻画),并应用于金融业界实践。本节的目标是建立对影响大宗商品期货价格变化趋势的高度关联的风险特征因子的提取框架和配套的实践流程。研究结果显示,与传统的计量分析方法相比,大数据特征提取方法更能有效地在高维度的特征空间中对商品期货价格变化趋势进行特征刻画,同时利用大数据特征提取得到的特征集合建立针对沪铜价格变化的趋势分析(详细结论参见本章对应线上"扩展阅读"对应部分"表 4-22"和"表 4-23"的结果汇总讨论)。

2. 特征抽样筛选

本节以金融科技中大数据概念为出发点,利用人工智能中的吉布斯随机搜索(Gibbs Sampling)算法为工具,全面地陈述了如何提取高度关联大宗商品期货价格变化的风险特征因子的流程和配套的逻辑原理:即采用(在马尔科夫链蒙特卡洛(MCMC)框架下的)人工智能中的吉布斯随机抽样算法,结合 OR 值(Odds Ratio)作为验证标准(参见本章"附录 4.1"),实现从大量风险因子的数据中提取与大宗商品期货(铜)价格趋势变化相关的特征因子并进行分类,从而可用于构建支持期货价格趋势变化分析的特征指标。

3. 期货铜特征因子分析

本节建立基于特征因子的筛选框架方法,结合大宗商品期货铜和相关的真实市场与经济指标数据,讨论如何从众多(超过 126 个)与期货铜价格相关的指标(参见本章附录

4.2)中筛选出不超过 10 个与价格趋势变化的关联风险特征来进行预测的刻画(表 4-14~表 4-16),这是过去很难想象和办到的事情。但是,通过大数据针对比较全面的数据进行有效的筛选,可以使在大宗商品期货铜价格趋势变化(即价格变化的方向)方面的预测获得超过 90% 的正确率。

表 4-14①　与铜价格变化趋势相关的表现出"关联显著性"的 14 个因子名单　　%

编号	价格关联特征(因子)	各时间窗内关联显著性		
		2011 年到 2017 年	2012 年到 2018 年	2013 年到 2019 年
1	前 1 个月沪铜价格涨跌幅	100.00	98.50	99.75
2	前 1 个月 ICSG②:期间库存变化	99.25	86.00	17.50
3	前 1 个月铜材产量同比增长率	89.25	53.25	17.00
4	前 1 个月精炼铜产量同比增长率	54.25	55.50	86.50
5	前 6 个月精炼铜产量(矿产)平均同比增长率	53.75	39.75	93.25
6	前 1 个月精炼铜(再生)同比增长率	64.25	32.00	96.00
7	前 1 个月彩电产量同比增长率	56.50	98.25	52.75
8	前 3 个月冷柜产量平均同比增长率	51.00	57.25	90.00
9	前 1 个月房地产竣工面积同比增长率	99.50	80.00	37.75
10	前 1 个月新增固定资产同比增长率	31.00	93.25	32.00
11	前 1 个月商务活动指数平均值	14.75	11.25	11.50
12	前 1 个月 PMI	13.00	12.50	9.75
13	前 1 个月 CPI 平均增长率	12.50	10.50	13.00
14	前 12 个月 GDP 累计值同比增长率	11.25	13.50	11.00

表 4-15　沪铜价格趋势分析模型系数

编号	特 征 名 称	L1 正则化	L2 正则化
1	前 1 个月沪铜价格涨跌幅	2.867 5	2.111 7
2	前 1 个月 ICSG:期间库存变化	−0.176 9	−0.214 3
3	前 1 个月铜材产量同比增长率	−0.008 0	−0.010 3
4	前 1 个月精炼铜产量同比增长率	−0.149 3	−0.103 1
5	前 6 个月精炼铜产量(矿产)平均同比增长率	0.000 0	0.035 3
6	前 1 个月精炼铜(再生)同比增长率	0.102 5	0.083 8
7	前 1 个月彩电产量同比增长率	−0.004 3	0.002 4
8	前 3 个月冷柜产量平均同比增长率	0.000 0	0.049 3
9	前 1 个月房地产竣工面积同比增长率	0.039 9	0.058 8
10	前 1 个月新增固定资产同比增长率	0.141 6	0.152 0
11	前 1 个月商务活动指数平均值	0.000 0	−0.293 1
12	前 1 个月 PMI	0.000 0	−0.407 9
13	前 1 个月 CPI 平均增长率	0.000 0	0.056 3

---

① 这里的"关联显著性"是指我们在 4.5.1 节建立的吉布斯随机抽样过程中,特征因子在模型中出现的概率。

② ICSG,即国际铜业研究组织(International Copper Study Group),是该项指标的数据来源。

编号	特 征 名 称	L1 正则化	L2 正则化
14	前 12 个月 GDP 累计值同比增长率	0.000 0	0.009 6
15	常数项	0.000 0	−0.001 2
	预测正确率（测试集数据）	**95.83%**	**91.67%**

表 4-16　沪铜价格趋势模型 Odds Ratio（基于 L1、L2 正则化）

编号	特 征 名 称	Odds Ratio(L1 正则化)	Odds Ratio(L2 正则化)
1	前 1 个月沪铜价格涨跌幅	17.593 0	8.262 3
2	前 1 个月 ICSG：期间库存变化	0.837 9	0.807 1
3	前 1 个月铜材产量同比增长率	0.992 0	0.989 8
4	前 1 个月精炼铜产量同比增长率	0.861 3	0.902 0
5	前 6 个月精炼铜产量（矿产）平均同比增长率	1.000 0	1.035 9
6	前 1 个月精炼铜（再生）同比增长率	1.107 9	1.087 4
7	前 1 个月彩电产量同比增长率	0.995 7	1.002 4
8	前 3 个月冷柜产量平均同比增长率	1.000 0	1.050 5
9	前 1 个月房地产竣工面积同比增长率	1.040 7	1.060 6
10	前 1 个月新增固定资产同比增长率	1.152 1	1.164 2
11	前 1 个月商务活动指数平均值	1.000 0	0.745 9
12	前 1 个月 PMI	1.000 0	0.665 0
13	前 1 个月 CPI 平均增长率	1.000 0	1.057 9
14	前 12 个月 GDP 累计值同比增长率	1.000 0	1.009 6
15	常数项	1.000 0	0.998 8
	预测正确率（测试集数据）	**95.83%**	**91.67%**

（1）大宗商品期货铜价格数据介绍。本节将以 2011 年 7 月至 2019 年 6 月之间沪铜期货指数合约价格（以下简称"沪铜价格"）的每月累计涨跌幅度的方向为被预测变量，及当前（t 时间）预测期货铜价格在将来（大于 t）价格变化的方向。因此，基于当下时间 t，预测的将来价格的变化只有两种情况：①价格向上变化；②价格向下变化（不失一般性，假定价格不变的概率为零）。

同时，使用的描述"大宗商品期货铜"价格的指标为"当前市场中正在交易的所有同品种期货合约价格以成交量为权重的加权平均"。通常而言，剩余期限为 3 个月的期货合约持仓量最大，因此可以近似认为铜期货指数合约价格近似为 3 个月铜期货合约价格。

其他解释变量则包括以下几个部分：商品期货指数合约行情数据、人民币兑美元中间价、沪深 300 指数及其行业子指数、宏观经济数据、ICSG（国际铜业研究组织）统计数据、精炼铜产量、出口量等数据。

由于预测是针对价格（将来）的变化趋势，自然需要考虑当前和基于以前（针对时间序列的预测）时间点的可预测的特征因子，这是因为预测只能由变量滞后于被预测变量实时点的信息进行预测工作。基于网上附录 4.2 中列出的 126（大）类初始特征因子作为最基本的出发点，考虑到因子滞后阶的四种情况："1 个月，3 个月，6 个月，12 个月"，这构成了全部的初时因子 472 个最开始的备选解释变量（以下简称"初始特征"），下面回报和讨论基于大数据特征提取方法获得的可以对期货(沪)铜价格变化的行情进行预测的具有强关联性的特征指标的表现情况(本部分分析需要的数据全部来源于 Wind[①])。

(2) 预测大宗商品期货铜价格变化趋势的关联特征因子。基于上文所述的大数据特征提取方法以二分类(即价格向上变化、价格向下变化)逻辑(logistic)回归进行高度关联的特征提取。

为了研究沪铜价格趋势特征的变化情况,接下来以每 5 年为一个时间窗口分别进行特征提取。分析的数据段分为下面三个时间窗口:①2011 年 7 月至 2017 年 6 月(简记为"11 年到 17 年");②2012 年 7 月至 2018 年 6 月(简记为"12 年到 18 年");③2013 年 7 月至 2019 年 6 月(简记为"13 年到 19 年")。

另外,在每个自然月内,若月内累计对数回报率大于 0 记为 1,表示当月沪铜行情为牛市;月累计对数回报率小于 0 记为 0,表示当月沪铜行情为熊市。

根据章节附录 4 中的 OR 概念,有下面基于吉布斯随机搜索算法筛选出的关联风险特征因子的分类。

① 强关联(特征因子):对应"特征比值比"小于 0.8 或大于 1.2 时。

② 一般关联(特征因子):对应"特征比值比"介于 1.1 与 1.2 之间,或介于 0.8 与 0.9 之间。

③ 弱关联(特征因子):对应"特征比值比"大于 0.9 且小于 1.1 时。

首先考虑基于吉布斯框架,章节附录 2 中那些具有"关联显著性"表现的因子。"关联显著性"是指在吉布斯随机抽样过程中,特征因子在模型中出现的概率[即式(4-1)中定义的特征空间 I_0]。表 4-14 是具有"关联显著性"表现的前 14 个因子的汇总明细(参见网上附录 4.2 中 126 个与铜价格相关的关联因子)。

如果把表 4-14 中与铜价格变化相关的"强关联特征"因子分为三类,有下面的基本解读。

第一类为基础特征(表 4-14 中编号 1~5):为反映沪铜的需求和供给的特征,同时也是最受沪铜交易者关注的特征,经过大数据特征提取可见,同产能缺口、精炼铜、铜材产量分别在不同年份中体现出与沪铜价格的强关联性。

第二类为消费市场特征(表 4-14 中编号 6~9):为从产业链角度反映铜消费情况的特征,通过大数据特征提取发现家电行业(彩电、冰柜产量)、房地产面积(房地产竣工面积同比增长率)等特征同样是与沪铜价格趋势存在强关联的特征。由消费市场特征的关联显著性可见,随时间推移,家电产量增长率、房地产竣工面积增长率与沪铜价格趋势的关联显著性逐渐增强。这一现象与我国当前电网建设逐渐趋向完善、国民消费升级的经济转型大趋势相吻合。

第三类为宏观经济指标(表 4-14 中编号 10~14):为反映宏观经济情况的常用指标。通过大数据特征提取后宏观指标并没有体现出很强的关联显著性。但是由于宏观经济指标具有对于经济整体状况的刻画能力,同时能够影响市场预期,在进一步对沪铜价格趋势的预测建模中仍将使用宏观经济指标作为特征。

---

① 参见 Wind 官方网址:https://www.wind.com.cn/。

下面分析和讨论基于吉布斯随机搜索算法筛选出的可以刻画铜价格变化趋势的关联特征因子,选取相关联的数据背后包含的金融和经济逻辑。

4) 预测铜价格的特征因子刻画

为了检验基于吉布斯随机搜索算法筛选出的对铜价格变化趋势可进行预测的高度关联的特征因子的有效性,采用上文提取特征利用二分类逻辑回归建模筛选出具有预测能力的关联方因子。

在检验过程中,使用 2011 年 7 月至 2017 年 6 月的数据作为训练集,利用 2017 年 7 月至 2019 年 6 月的数据为测试集,检验提取得到的特征对样本外数据的预测效果的可靠性。

基于上面的讨论,在建模过程中采用二分类逻辑回归模型:将铜价格收涨的月份作为正例,记为 1;将收跌的月份作为负例,记为 0。同时,为了降低特征共线性对模型预测效果的影响,采用 L1 和 L2 两种正则化方法[①]分别建模,基于模型对测试集数据的预测效果的好坏来验证建立的特征提取方法是否具备对沪铜价格变化趋势的预测能力。基于表 4-14 和表 4-15 的预测结果,有下面的基本结论。

结论 1:在 L1、L2 两种正则化方法下建立的沪铜价格趋势预测模型对沪铜价格趋势预测的准确率分别为 95.83% 和 91.67%,两种模型均能较好地预测沪铜价格未来的变化趋势(参见表 4-15 中的明细结果)。

结论 2:从预测模型的模型系数来看,反映沪铜市场供需状态的基础特征(表 4-15 中编号 1~4)具有最强的解释能力;消费市场特征(表 4-15 中编号 6~9)能够在模型中对铜价格趋势的预测形成有效的补充;而宏观经济指标(表 4-15 中编号 10~14)的系数接近或等于 0,同时说明宏观经济指标与其他特征具有共线性,月度的宏观经济数据中的信息可以由基础特征和消费市场特征的线性组合所替代(至少在训练集样本数据内),即基础特征与消费市场特征已经反映了宏观经济指标对沪铜期货未来价格的影响,其结果与数据特征提取中显示出的结果相吻合。

结论 3:通过比对基于 L1 正则化方法和 L2 正则化方法建立的模型结果,发现基于 L1 正则化方法的模型能够更好地对沪铜期货价格趋势进行预测,同时能够对指标进行进一步的提炼(参见表 4-15 和表 4-16 中明细结果比较)。

综合起来,基于上面的 3 个结论并结合表 4-15 和表 4-16 的结果,以及对应关联特征因子的 odds ratio 指标,有如下结论:六个高度关联的风险特征可以用来刻画期货铜价格变化趋势的预测(即对价格变化趋势的方向正确率达到 90% 以上)。

(1) 前 1 个月沪铜价格涨跌幅。

(2) 前 1 个月 ICSG:期间库存变化。

(3) 前 1 个月精炼铜产量同比增长率。

---

① 正则化作为机器学习中常用的手段之一,本质是通过对拟合函数的损失行数添加一个正则化项,从而避免拟合函数出现过拟合的情况,并将拟合函数某些与结果不相关的自变量系数压缩为 0。L1 正则化时,对应的惩罚项为 L1 范数,即 $\Omega(\omega) = \| \omega \|_1 = \sum_j \| \omega_j \|$;L2 正则化时,对应的惩罚项为 L2 范数,即 $\Omega(\omega) = \| \omega \|_2^2 = \sum_j \| \omega_j^2 \|$。

（4）前 1 个月精炼铜（再生）同比增长率。

（5）前 1 个月房地产竣工面积同比增长率。

（6）前 1 个月新增固定资产同比增长率。

如果只是基于常规的计量分析的方法和手段，很难发现前 1 个月房地产竣工面积同比增长率和前 1 个月新增固定资产同比增长率会成为描述铜价格变化趋势的高度关联的特征刻画指标，这是大数据分析多维度信息融合优点的体现。

分析结论

本节的目的是建立对影响大宗商品期货价格变化趋势关联的（结构和非结构化）风险特征因子的提取框架和配套的推断逻辑原理。以金融科技中大数据概念为出发点，利用人工智能中的吉布斯随机搜索算法为工具，全面地陈述了提取高度关联大宗商品期货价格变化的风险特征因子的流程和配套的逻辑原理：采用在马尔科夫链蒙特卡洛框架下的人工智能中的吉布斯随机抽样算法，结合 OR 值作为验证标准，实现从大量风险因子的数据中提取与大宗商品期货（铜）价格趋势变化相关的特征因子并进行分类，从而可用于构建支持期货价格趋势变化分析的特征指标。

本节的实证结果表明，大数据特征提取算法能够有效地提取刻画沪铜指数合约价格趋势的特征。这些特征包含基础特征、消费市场特征和宏观经济指标多个维度，并利用这些特征为沪铜指数月度行情进行建模分析，最终实现较好的预测准确性。

特征挖掘的结果说明，能够反映铜市场供需平衡状态的基础特征是对大宗市场进行预测分析最有效的特征，而消费市场特征能够在预测分析中起到有效的补充。

基于从 2011 年到 2019 年的真实数据针对消费市场特征的变化进行分析，发现能够刻画沪铜价格趋势变化的消费市场特征伴随着我国经济发展而变化，特别是随着基建设施的逐步完善；而随着消费升级的趋势，家电行业与沪铜价格的关联性逐渐增强。

特征提取算法也表明，宏观经济指标与沪铜价格的变化关联性不强，但是宏观经济指标具有对经济整体状况的刻画能力，同时能够影响市场预期，因此保留宏观经济指标作为特征因子是一个比较好的选择。

最后，本节建立的基于大数据框架对刻画铜期货价格趋势变化（分析）的风险特征提取方法不只是理论上的创新，同时其结果可以用于业界实践指导铜期货的交易、风险管理和相关的资产投资业务的实践工作中（更多相关讨论，参见文献[241]中的讨论）。

 练习题

章节附录 4

1．智能投顾和智能投资的区别有哪些？

2．资产定价模型的假设有哪些？

3．什么是风险和收益匹配原则？

4．"一项资产或者投资组合的风险是由其收益方差或者标准差来衡量的。"你认为这个观点正确吗？为什么？

5．论述为什么基金经理好的历史业绩很难持续。

6．量化投资的优势是什么？

7. 因子预处理的方式有哪些?

8. 谈谈铜期货价格趋势变化的风险特征结果可以如何应用在实践中。

9. 根据平台提取行情数据案例,尝试获取贵州茅台在 2020 年的日线频率数据,包含 open、high、low、close、volume 等具体参数。

10. 任意选取其他财务因子进行 Alpha 对冲策略的回测,查看其回测绩效。

11. 陈述在大数据框架下针对非结构化(风险)特征提取的一般原理和技术路线。

12. 通过自查材料,陈述 AIC 和 BIC 在信息处理方面起到的作用。

13. 陈述本章讨论的基于吉布斯抽样方法来实现对(非结构化)风险特征的随机搜索 (Stochastic Search)提取在样本量的标准是什么。

14. 思考支持关联特征提取的 OR 指标的核心作用。

15. 陈述基于本章介绍的 OR 指标,"高度关联""一般关联"和"弱(低)关联"是如何定义的。

16. 陈述本章讨论的基于吉布斯抽样随机搜索得出的特征表现的可靠性。

17. 实现本章讨论的针对影响 FOF 价格变化的大数据特征的提取。

18. 实现本章讨论的针对影响铜价格变化的大数据特征的提取。

19. 如何保证基于 AI 方法得出结论的可靠性和可解释性?

20. 针对不同信用等级的公司(如基于本书介绍的咖啡馆评级方法,得到的从 AAA、AA、…到 CCC-C 的分类),对应的通过 Fama-French 三因素(或者五因素)模型分解出的 Alpha 会呈现出什么规律?

即测即练

第5章

金融科技编程应用

在前面的章节,我们已经指出金融科技的核心是数据科学与计算科学,而其应用离不开计算机编程。在这一章,我们将给出两个金融科技中的编程实例,具体示范如何处理金融数据和进行分析计算。

5.1 编程应用1:金融自然语言处理

5.1.1 从文本中挖掘金融知识

在本节,将学习如何从金融文本数据中提取知识。要建立文本相关的模型,首先需要知道如何表示文本才能让模型可以处理,这对应着马上就会学到的词的向量表示。在此基础上,将会学习如何使用循环神经网络,识别资讯中的关键实体。

扩展阅读 5.1
编程应用概述以及 Python 介绍

1. 自然语言的表示

语言是人类最大的奥秘之一,我们要如何以计算机能理解的方式来表达自然语言呢?先来看看两种传统的方法,它们分别是人工词典和独热表示。

1) 人工词典

最常见的方法,是使用一个人工构造的词典,里面包含了这个词的同义词,以及从属关系。在英文中,具有代表性的是WordNet。来看看 WordNet 的例子。

扩展阅读 5.2
机器学习介绍及入门

```
>>> from nltk.corpus import wordnet as wn
>>> poses = { 'n':'noun', 'v':'verb', 's':'adj (s)', 'a':'adj', 'r':'adv'}
>>> for synset in wn.synsets("good"):
...     print("{}: {}".format(poses[synset.pos()],
...     ", ".join([l.name() for l in synset.lemmas()])))
'''
noun: good
noun: good, goodness
noun: good, goodness
noun: commodity, trade_good, good
adj: good
adj (s): full, good
adj: good
adj (s): estimable, good, honorable, respectable
adj (s): beneficial, good
adj (s): good
adj (s): good, just, upright
```

```
adj (s): adept, expert, good, practiced, proficient, skillful, skilful
...
'''
```

从 nltk 这个库中导入 wordnet,便可以使用 WordNet 的功能。从打印的结果,能看到 good 的各种同义词。例如 good 作为名词时,它的同义词有 commodity,goodness 等;作为形容词时,它的同义词有 estimable,respectable 等。

还可以使用 WordNet 来检查名词的从属关系。

```
>>> panda = wn.synset("panda.n.01")
>>> hyper = lambda s: s.hypernyms()
>>> print(list(panda.closure(hyper)))
'''
[Synset('procyonid.n.01'),
 Synset('carnivore.n.01'),
 Synset('placental.n.01'),
 Synset('mammal.n.01'),
 Synset('vertebrate.n.01'),
 Synset('chordate.n.01'),
 Synset('animal.n.01'),
 Synset('organism.n.01'),
 Synset('living_thing.n.01'),
 Synset('whole.n.02'),
 Synset('object.n.01'),
 Synset('physical_entity.n.01'),
 Synset('entity.n.01')]
'''
```

可见,panda 属于哺乳动物 mammal,也属于肉食动物 carnivore,还属于有机物 organism 等。

在处理中文时,可以使用 hownet,下面是 hownet 对于“苹果”一词的描述,如图 5-1 所示。

可见,苹果的含义有水果、电话、电脑和树。

使用人工构造词典的好处显而易见,既符合人类直觉,又易于理解。然而,这样做有以下坏处:第一,人工操作错误比较多,还容易漏掉某些重要的词。例如上文 good 的例子,awesome 显然是 good 的同义词,但是没有录入。第二,随着语言的变迁,特别是社交媒体的发展,每时每刻都涌现大量新词和旧词新义的问题。第三,人工标注结果很主观,如 skillful 和 good 作为同义词便略微牵强。此外,人工标注的成本也很高。第四,输入给计算机的仍然是一个个的字符串,无法做有意义的计算,如计算相似度等。

因为以上的种种局限,在自然语言处理的任务中,一般不会使用人工构造词典的方式。

2) 独热表示

这种方法是传统自然语言处理的常用方法,是将一个个的词表示为独热向量(one-hot vector)。也就是说,每一个词用一个向量来表示,这个向量只有一个值为 1,其他全

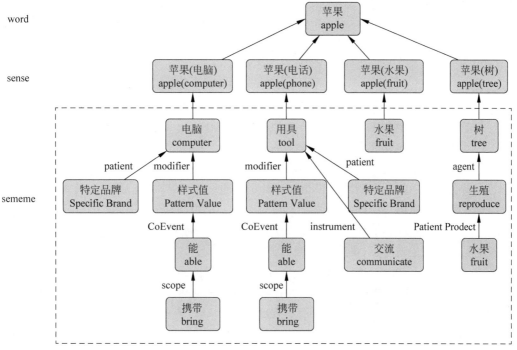

图 5-1　hownet 对于"苹果"一词的描述

资料来源：QI F C，et al. OpenHowNet：an open sememe-based lexical knowledge base[Z]. arXiv：1901. 09957，2019.

部都是 0。

例如，可以这样来表示苹果和香蕉。

$$苹果=[0\ 0\ 0\ 0\ 0\ 0\ 0\ 0\ 0\ 1\ 0\ 0\ 0\ 0]$$

$$香蕉=[0\ 0\ 0\ 0\ 0\ 0\ 1\ 0\ 0\ 0\ 0\ 0\ 0\ 0]$$

向量的维度是词典的长度，也就是说有多少个不同的词，向量就有多长。这样表示后，仍然无法计算词与词之间的相似性，因为所有的词都是彼此垂直的。

2. 基于上下文的语言表示

词本身的意思来自词的上下文，因此，可以用上下文来表示词的含义，这便是词向量（word vector）的核心思想，词向量也叫词嵌入（word embedding），它是自然语言处理领域中最伟大的思想之一。

首先，明确定义什么是上下文。一个词的上下文，便是它左右的词，通常只截取一个固定长度的窗口。下面来看几个例子。

```
...Buying refurbished Apple laptops from reputable dealers...
...is sent back to Apple for any repairs...
...in front and an apple tree in the back...
```

上面 3 个 apple 的含义，是水果还是品牌，我们可以很容易地从上下文看出。词向量的方法，便是用 apple 左右的词语来表示它。

1）词向量算法

下面我们来看看词向量的算法，其目的是给每个词建立一个向量，例如：

$$apple = \begin{bmatrix} 0.328 \\ -0.224 \\ \vdots \\ 0.995 \end{bmatrix}$$

词向量要有这样的性质：它与在相似的上下文中的另一个词向量相似。

要怎样计算出这样的词向量呢？通用的方法叫作 word2vec，其主要步骤如下。

（1）取出一个包含文本的语料集（corpus）。

（2）找出这个语料集的独特的词，以它为基础建立一个字典。

（3）给字典中的每个词赋予一个初始的词向量。

（4）循环操作语料中的每个位置 t，位置 t 有一个中心词 c，以及多个上下文词 o。

（5）使用向量的相似性，来计算给定 c，o 的概率。或者相反，计算给定 o，c 的概率。

（6）调整优化词向量，最大化上面的概率。

以…is sent back to Apple for any repairs…这句为例，假设上下文窗口为左右 2 个词，当前位置 t 的中心词是 Apple，以如下方式表示词向量。* w_t 表示 Apple。* w_{t-1} 表示 to。* w_{t-2} 表示 back。* w_{t+1} 表示 for。* w_{t+2} 表示 any。

要最大化条件概率之积。

$$P = P(w_{t-2} \mid w_t) P(w_{t-1} \mid w_t) P(w_{t-1} \mid w_t) P(w_{t-1} \mid w_t) \tag{5-1}$$

把上述计算扩展到整个文本，循环文本中所有的位置 t，要最大化所有条件概率之积。

$$Likelihood = L(\theta) = \prod_{t=1}^{T} \prod_{-m \leqslant j \leqslant m, j \neq 0} P(w_{t+j} \mid w_t ; \theta) \tag{5-2}$$

其中，$t = 1, \cdots, T$ 是文本的位置；m 是单边窗口的大小；θ 是所有要优化的参数。

最大化上面的式子，等价于最小化下面的损失函数。

$$J(\theta) = -\frac{1}{T} \log L(\theta) = -\frac{1}{T} \sum_{t=1}^{T} \sum_{-m \leqslant j \leqslant m, j \neq 0} \log P(w_{t+j} \mid w_t ; \theta) \tag{5-3}$$

下一个问题是，如何计算概率 $P(w_{t+j} \mid w_t ; \theta)$？答案是下面的表达式，对任意的中心词 c 和上下文 o：

$$P(o \mid c) = \frac{exp(u_o^T v_c)}{\sum_{w \in v} exp(u_w^T v_c)} \tag{5-4}$$

来仔细检查上面的式子，分母中，$u_o^T v_c = \sum_{i=1}^{n} u_i v_i$ 计算了两个向量的点积。使用 exp 使得值永远大于 0，得出的结果可以理解为向量的相似性，其值越大，则代表相似性越大。

分母可以看作整个字典中相似性的和。分子除以分母便能够将对应的相似性归一化为 0~1 之间。可以把最终结果理解为概率，相似性越大，则概率越大。

一个重要的点是，word2vec 对每个词都使用两个向量来表示，当这个词是中心词时，记为 v；当这个词是上下文时，记为 u。

为什么要这样做呢？可以这样理解，考虑上面的 apple 这个词，当 apple 作为中心词的时候,它作为上下文的概率应该很低。也就是说,应该很少会看到两个 apple 出现在很接近的窗口里。如果只用一个向量 v 来表示 apple 的话,那么上面概率的分母便是 exp $(v_T v)$,无法让它降低。

θ 代表了模型的全部参数,因为每个词有两个向量表示,因此 θ 形式如下。

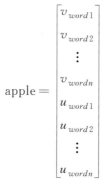

$$apple = \begin{bmatrix} v_{word1} \\ v_{word2} \\ \vdots \\ v_{wordn} \\ u_{word1} \\ u_{word2} \\ \vdots \\ u_{wordn} \end{bmatrix}$$

如果每个词用 d 维向量表示,共有 V 个词的话,则 $\theta \in \mathbb{R}^{2dV}$。

值得一提的是,上面的做法,即以中心词 c 为条件,最大化上下文 o 的概率,只是 word2vec 的一种,它的名称叫作 skip gram。相对地,还可以以 o 为条件,最大化 c 的概率,这样的做法叫作 continuous bag of words,CBOW。

2)词向量的实践

在实际工作中,要怎么得到词的向量表示?不难发现,想要在给定中心 c 词的条件下,最大化上下文 o 的概率,这等同于以中心词为输入,来预测上下文。以 The quick brown fox jumps over the lazy dog. 为例,设窗口为左右两个词,可以得到很多特征、标签对,其结果如下。

(the, quick),(the, brown)

(quick, the),(quick, brown),(quick, fox)

(brown, the),(brown, quick),(brown, fox),(brown, jumps)

...

以上便是该句子产生的特征、标签对。以 brown 为例,希望输入 brown,能够预测出 the,quick,fox,jumps。

接下来,将每一个词用 one-hot 形式编码。假设字典中有 10 000 个不同的词,则每一个词都是一个 10 000 维的向量,只有一个值为 1,其他都是 0。经过处理后,特征和标签都是 one-hot vector。

把编码好的数据输入有一个隐层的神经网络,也就是说,输入值和到输出值是线性变换,输出层经过一个 softmax 变换,结果是每一个词的概率。模型的输入是 one-hot vector,输出是概率的向量。

把如上面处理句子得到的特征、标签对输入模型并训练。训练完毕后,中间的隐层便是需要的词向量表示。训练这个模型的目的便是得到中间的隐层,而不是输出。

可以把隐层看作一个供查询的表,原因是一个 one-hot 向量乘以隐层,相当于选取对应的行,如下面简单例子所示。One-hot 中第 4 个元素是 1,乘以隐层相当于选取了隐层的第 4 行。

$$\begin{bmatrix} 0 & 0 & 0 & 1 & 0 \end{bmatrix} \times \begin{bmatrix} 17 & 24 & 1 \\ 25 & 5 & 7 \\ 4 & 6 & 13 \\ 10 & 12 & 19 \\ 11 & 18 & 25 \end{bmatrix} = \begin{bmatrix} 10 & 12 & 19 \end{bmatrix}$$

在这个例子中,字典长度为 10 000,隐层有 300 个神经元。10 000 维的 one-hot 向量乘以隐层后,就变成 300 维的词向量了。

3) 词向量的特性

不难发现,经过大量语料训练出来的词向量能够表示很多语义上的性质。例如 Google Word2Vec 中,

$$vec(Man) - Vec(Woman) \approx vec(King) - vec(Queen)$$

Man 和 Woman 向量的差,与 King 和 Queen 向量的差很接近。还有一些类似的例子如下:

$$vec(Iraq) - vec(Violence) = vec(Jordan)$$
$$vec(Library) - vec(Books) = vec(Hall)$$

在中文里,使用腾讯的 800 万词向量模型,也能看到一些有趣的例子。在下面列举一些,读者不必在意代码的细节。

```
>>> from gensim.models import KeyedVectors
>>> model = gensim.models.KeyedVectors.load(r'chinese_embedding.bin', mmap = 'r')
```

首先,引入 gensim 库,读取训练好的中文词向量模型 chinese_embedding.bin。

先看看上面英文中 Man — Woman = King — Queen 在中文中是否成立。

```
>>> def analogy(x1, x2, y1):
...     result = model.most_similar(positive = [y1, x2], negative = [x1])
...     return result[0][0]

>>> print(analogy('男', '国王', '女'))  # '王后'
```

analogy 函数可以直觉上理解为在语义空间中,第一个参数加上第二个参数再减去第三个参数。中文中,男+国王-女=王后也是成立的。

```
>>> print(analogy('郭靖', '射雕英雄传', '张无忌'))  # '倚天屠龙记'
```

郭靖+射雕英雄传-张无忌=倚天屠龙记,在语义上也是很有意义的。

此外,还可以找出近义词。python print(model. most_similar('新媒体专业'))
'[('传媒专业',0.7687348127365112),('新闻传播专业',0.751100480556488),('传播学专业',0.7467969059944153),('数字媒体专业',0.7444759011268616),('传媒类专业',0.7443196773529053),('广告学专业',0.7441202402114868),('网络与新媒体专业',

0.7387149930000305),('新闻传媒专业',0.7384929060935974),('影视专业',0.729242742061615),('数字媒体技术专业',0.7263450622558594)]'''结果并非人工标注的,看上去非常合理。

至此,本节学习了表示词的三种方法,它们分别是人工构造词典、独热编码和词向量。其中,词向量是自然语言处理中最成功的思想之一。

介绍完词向量的算法,即使用上下文来表示词的含义。要得到词向量表示,使用一个无激活的神经网络,对独热编码的词进行训练,最后取出来隐藏层就行了。

最后,词向量有很好的语义性质,不论是中文还是英文。因此,使用词向量作为基础建模往往有较好的效果。

5.1.2　自动发现资讯中的关键实体

下面,以词向量为基础,需要完成一个识别咨询中的实体任务。

之前学到的多层感知器中,将数据一次性输入模型得出结果。这里隐含了一个假设,即数据输入的顺序对结果没有影响。

这样的假设在很多问题上不成立,如在识别一句话的含义时,如果打乱词的语序,含义显然会改变。更广义地来说,这些模型不一定适用于序列数据和序列识别问题。序列数据,即按照一定顺序排列的数据。序列识别问题,即对序列数据的建模。以下是一些序列识别的例子。

(1)语音识别:将听到的声音转化为文字。

(2)语言模型:预测下一个词是什么。

(3)机器翻译:自动翻译不同语言。

(4)音乐生成:自动作曲。

(5)命名实体识别:判断一段文字中词的词性,或者词的种类。

在本节中,将通过完成一个命名实体识别的任务来学习 RNN。具体地,会从文本中识别人的名字。

接下来会学习 RNN 的算法。RNN 背后的思想简单优雅,实际效果也不错,但是它有一个缺点,便是很容易出现梯度问题。要应对这个问题,有两种方法,一是梯度裁剪,二是残差连接。RNN 结合残差连接便得到了它最重要的变种——LSTM 模型。

另外,还会介绍 Adam 优化算法以及其 PyTorch 实现。

1. 金融文本数据读取

文本数据的一个常用存储格式是 json,本次任务的数据便是以 json 格式储存的。Python 有自带的 json 库来处理这类文件。首先读取数据如下。

```
>>> import numpy as np
>>> import torch
>>> import torch.nn as nn
>>> import matplotlib.pyplot as plt
>>> import seaborn as sns

>>> import json
```

```
>>> with open('./data/corpus_partial.txt') as file:
...     data = file.readlines()

>>> data = [json.loads(i) for i in data]
```

使用 json.loads 就能完成读取。来看看数据是什么样的。

```
>>> print(len(data)) # 10000
>>> print(data[0])
'''
```

{'persons_info': [['陈德铭', 0]],
 'sentence': '陈德铭指出,近年来,两国相互投资增长迅速,据中方统计,截至 2011 年底,印度累计对华投资已经超过 4 亿美元,同期中国对印累计直接投资达到 5.8 亿美元,但两国的投资合作潜力仍有待挖掘,双方应努力为两国企业扩大投资创造便利宽松的投资环境,提供更加全面有效的投资保护'}

```
'''
```

每一条数据是一个 dictionary。sentence 是对应的语料,persons_info 是该句子中出现人名的 list,list 的元素是一个子 list。子 list 的第一个元素是出现的人名,第二个元素是人名第一个字出现的位置 index。

在本条数据中,'陈德铭'的索引是 0。

1) 文本数据转换

接下来,需要转化数据,将标签变为 0−1 的形式。每个字对应一个标签,如果对应的字在名字中,那么就是 1,反之为 0。

首先,读取句子和名字的信息。

```
>>> sentence = line['sentence']
>>> persons = line['persons_info']
```

然后,初始化一个全 0 的句子。

```
>>> y = np.zeros(len(sentence))
```

persons 记录了起始 index,终止的 index 为起始 index+名字的长度。将这部分的 y 设置为 1。

```
>>> sent_len = len(sentence)

>>> for name, idx in persons:
...     if idx < sent_len:
...         name_start = idx
...         name_end = min(idx + len(name), sent_len)
...         y[name_start: name_end] = 1
```

这条数据的 y 如下。

```
>>> print(y)
'''
```

```
array([1., 1., 1., 0., 0., 0., 0., 0., 0., 0., 0., 0., 0., 0., 0., 0., 0.,
       0., 0., 0., 0., 0., 0., 0., 0., 0., 0., 0., 0., 0., 0., 0., 0., 0.,
       0., 0., 0., 0., 0., 0., 0., 0., 0., 0., 0., 0., 0., 0., 0., 0., 0.,
       0., 0., 0., 0., 0., 0., 0., 0., 0., 0., 0., 0., 0., 0., 0., 0., 0.,
       0., 0., 0., 0., 0., 0., 0., 0., 0., 0., 0., 0., 0., 0., 0., 0., 0.,
       0., 0., 0., 0., 0., 0., 0., 0., 0., 0., 0., 0., 0., 0., 0., 0., 0.,
       0., 0., 0., 0., 0., 0., 0., 0., 0., 0., 0., 0., 0., 0., 0., 0., 0.,
       0., 0., 0., 0., 0., 0., 0., 0., 0., 0.])
'''
```

该句子中,陈德铭对应的索引为 1,其他全部都是 0。

下面,将所有的句子都进行上述转化。

```
>>> ys = []
>>> for line in data:
…       sentence = line['sentence']
…       persons = line['persons_info']
…       y = np.zeros(len(sentence))
…       for name, idx in persons:
…           if idx < sent_len:
…               name_start = idx
…               name_end = min(idx + len(name), sent_len)
…               y[name_start: name_end] = 1
…       ys.append(y)
```

创建一个 list ys,循环所有句子,对所有句子都使用上面的操作,即先建立一个全 0 的向量,然后将人名对应的索引设为 1。最后将生成的 y 存储在 ys 中。

观察数据长度的分布,如图 5-2 所示。

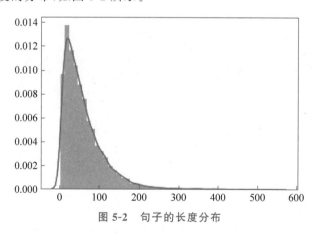

图 5-2　句子的长度分布

```
>>> sentences_len = [len(i) for i in ys]

>>> fig,ax = plt.subplots()
>>> sns.distplot(sentences_len, ax = ax)
```

首先使用 list comprehension 计算每个句子的长度,之后,调用 seaborn 的 displot 就

能画出分布的图形。

2）数据的截取

大部分数据长度在 200 以下，但是有的长度在 500 以上。句子太长往往会让模型表现不好，因此可以决定将句子截取一下。

采取这样的截取方法。从第一个实体的前 10 个字开始，到最后一个实体的后 10 个字结束。另外最多截取 100 个字。

```python
>>> truncated_sentences = []         # 记录截取后的句子
>>> truncated_ys = []                # 记录截取后的 y
>>> for i in range(len(data)):
...     # 读取对应的句子和 y
...     line = data[i]
...     y = ys[i]
        # 读取对应句子的信息
...     persons = line['persons_info']
...     sent = line['sentence']
...     sent_len = len(sent)
        # 第一个名字的起始
...     first = persons[0]
...     first_idx = first[1]
        # 最后一个名字的起始
...     last = persons[-1]
...     last_name = last[0]
...     last_idx = last[1]
        # 设置起始为第一个名字前 10 个字，不能小于句子的开头
...     start = max(first_idx - 10, 0)
        # 设置终止为最后一个名字后 10 个字，不能大于句子的结尾
...     end = min(last_idx + len(last_name) + 10, sent_len)
        # 终止不能大于 100
...     end = min(end, start + 100)
        # 截取句子并记录到列表中
...     trunc_sent = sent[start:end]
...     trunc_y = y[start:end]
...     truncated_sentences.append(trunc_sent)
...     truncated_ys.append(trunc_y)
```

首先，找到第一个名字的第一个字的索引。

```python
first = persons[0]
first_idx = first[1]
```

需要截断后的句子起始为第一个名字前 10 个字。但是索引不能小于句子的开头，也就是索引不能小于 0，因此取 0 和起始索引 -10 的最大值。

```python
start = max(first_idx - 10, 0)
```

句子的结束也是一样，首先找到最后一个名字的第一个字的索引。

```python
last_name = last[0]
```

```
last_idx = last[1]
```

在最后一个名字的后 10 个字截断名字,并且不能超过句子的长度。

```
end = min(last_idx + len(last_name) + 10, sent_len)
```

截断完成后,将其存储在 list 中。

```
truncated_sentences.append(trunc_sent)
truncated_ys.append(trunc_y)
```

将 90% 数据设为训练集,10% 设为测试集,拆分是随机的。这时,可以使用 sklearn 中的 train_test_split 函数。

```
from sklearn.model_selection import train_test_split
train_sentences, test_sentences, train_y, test_y = train_test_split(truncated_sentences,
truncated_ys, train_size = 0.9,test_size = 0.1, random_state = 42)
```

输入要拆分的 X, y, train_size 代表训练集的百分比, test_size 代表测试集的百分比。random_state 是随机数种子。这样,就得到了训练集和测试集的拆分。

接下来,要将这些句子转换成词向量。

3) 字典实例

要转化成词向量,需要建立一个字典,给每个字赋予一个索引。

首先,需要找出训练集出现的所有字和符号,将其记录下来。

```
>>> list_of_chars = [list(line) for line in train_sentences] # list(line)将句子拆成一个
一个的符号
```

中文的拆分有很多方法,通常是使用分词。但是这里为了简单起见,直接将其按字拆分。list(line)便是将文本字符串拆成一个个的字和符号。检查 train_sentences 中的第一个元素为例。

```
>>> print(train_sentences[0])
'''
致辞结束后,李克强与东盟国家领导人共同
'''
>>> print(list(train_sentences[0]))
'''
['致', '辞', '结', '束', '后', ',', '李', '克', '强', '与', '东', '盟', '国', '家', '领', '导', '
人', '共', '同']
'''
```

list_of_chars 便是对所有的句子都做上述拆分,它的部分结果如下。

```
>>> print(list_of_chars[:5])
'''
[['致', '辞', '结', '束', '后', ',', '李', '克', '强', '与', '东', '盟', '国', '家', '领', '导',
'人', '共', '同'], ['马', '中', '平', '在', '讲', '话', '中', '指', '出', ',', '近', '年', '来'],
['严', '明', '党', '的', '纪', '律', ',', '首', '要', '的', '就', '是', '严', '明', '政', '治', '
纪', '律'], ['习', '近', '平', '认', '真', '听', '取', '大', '家', '发', '言', ',', '时'], ['同',
```

```
'时', ',', '工', '会', '主', '席', '吴', '锋', '代', '表', '工', '会', '向', '大', '会', '作', '了',
'工']]
'''
```

这时，list_of_chars 是一个列表的列表，list of lists，其每一个元素是对应句子拆分后的列表。接下来，使用列表解析式，将上面的 list of lists 扁平化，变成元素为符号的 list。

```
>>> list_of_chars = [i for j in list_of_chars for i in j]    # 将上边的列表 flatten(扁平化)

>>> print(list_of_chars[:20])
'''
['致', '辞', '结', '束', '后', ',', '李', '克', '强', '与', '东', '盟', '国', '家', '领', '导',
'人', '共', '同', '马']
'''
```

现在，list_of_chars 便是一个包含了所有符号的 list。

下面，要计算每个字或者符号出现的次数，使用 Counter 可以实现目的。

```
>>> from collections import Counter
>>> char_counter = Counter(list_of_chars)
```

Counter 的目的是计数，有了计数后，可以过滤出现次数很少的字或者符号。看看它是什么样的。

```
>>> print(char_counter)
'''
Counter({'致': 283,
         '辞': 219,
         '结': 271,
         '束': 33,
         '后': 262,
         ',': 6000,
         '李': 1645,
         '克': 1013,
         '强': 1639,
         ...
'''
```

Counter 对每一个符号做了计数，如上面"致"出现了 283 次，"辞"出现了 219 次。Counter 还有一个有用的方法：.most_common。

```
>>> print(char_counter.most_common(10))
'''
、[(',', 6000), ('、', 5458), ('会', 4366), ('长', 3440), ('主', 3226), ('中', 2978), ('国', 2753), ('委', 2675), ('副', 2480), ('省', 2390)]
'''
```

这样，就可以把最常出现的符号以 list 的形式取出来。这个 list 的元素是一个个的 tuple，tuple 的第一个元素是字符，第二个元素是该字符出现的次数。例如这里，"会"出现了 4 366 次。

利用 counter，可以把出现频率低的给过滤掉，但这里为了简单起见，还是使用全部的符号。提取出 counter 的 key，建立字典 vocab。

```
>>> vocab = sorted(list(char_counter.keys()))
```

在建立字典的时候，还需要添加两个符号。

第一个是 UNK，代表 unknown，未知的字。字典的建立使用的是训练集，测试集中可能出现训练集里没见过的字，这时就需要 UNK 来表示。举一个例子，假设训练集中没有"朗"这个字，那么测试集中的特朗普便写作特<UNK>普。

第二个是 PAD。每个句子的输入长度需要相同，如果句子长度较短，就需要 PAD 来填充。假设目前的句子是"我是学生"，长度是 4，需要把它填充到长度为 10，那么填充后的句子就是"我是学生<PAD><PAD><PAD><PAD><PAD><PAD>"。

下面，将每个字对应好一个索引，建立一个 dict。

```
>>> vocab_mapping = {vocab[i]:i for i in range(len(vocab))}
>>> print(vocab_mapping)
'''
{'UNK': 0,
 'PAD': 1,
 '"': 2,
 '(': 3,
 ')': 4,
 '+': 5,
 ',': 6,
 '-': 7,
 '.': 8,
 '/': 9,
 '0': 10,
 '1': 11,
 '2': 12,
 ...
 '''
```

这样就建立好了字典，其 key 是字符，value 是对应的索引。

4）字转换为索引

根据字典中，将单字变为对应的编码，是什么样的。任选一句如下。

```
>>> line = truncated_sentences[5]
>>> print(line)
'''
'陈德铭指出，近年来，两国相'
'''
```

使用 vocab_mapping 将其转化为编码，最后再转为 Array。

```
>>> line = list(line)
>>> print(np.array([vocab_mapping[i] for i in line]))
'''
```

```
array([2104,  791, 2054,  909,  310, 2239, 1960,  727, 1075, 2239,  104,
        480, 1440])
'''
```

使用 list comprehension，将每一个字用 vocab_mapping 转换为其对应的索引。这样，就把文字映射成了整数。

对所有训练集做上述转换。

```
>>> train_x_ = [list(i) for i in train_sentences]
>>> train_x = []
>>> for line in train_x_:
...     tx = np.array([vocab_mapping[i] for i in line])
...     train_x.append(tx)
```

在转化测试集时，需要注意测试集可能存在字典中不存在的符号，这时则用 UNK 来代替。

```
>>> test_x_ = [list(i) for i in test_sentences]
>>> test_x = []
>>> for line in test_x_:
...     tx = np.array([vocab_mapping[i]  if i in vocab
...                         else vocab_mapping['UNK']
...                         for i in line])
...     test_x.append(tx)
```

这里的重点是 list comprehension 内的代码。如果字典中有这个字，则按字典转化为索引。如果字典中没有这个字，则用 UNK 的索引代替。

5）数据的填充

文本的长度通常不一样，在进入模型前，将其填充至长度一样。找出最长的文本，计算其长度，并将所有长度不足的数据末尾填充到一样长。

填充的方法是，先创建一个所有元素都是<PAD>对应编码的矩阵，之后循环将每一个句子的编码填充到对应的位置。以训练集的第一个句子为例。句子的文本和编码如下。

```
>>> print(train_sentences[0])
'''
致辞结束后,李克强与东盟国家领导人共同
'''
>>> print(train_x[0])
'''
[1675 1948 1587 1073  433 2239 1069
  262  766   93  101 1437  480  624
 2163  639  156  271  431]
 '''
```

把它的长度填充到 100，如下：

致辞结束后,李克强与东盟国家领导人共同< pad >< pad >...< pad >

句子的长度为 100。因为< PAD >对应的索引是 1，因此把编码填充如下：

```
[1675 1948 1587 1073    433 2239 1069    262    766
  93    101 1437    480    624 2163    639
 156    271    431 1 1 1 1 ... 1]
```

对应长度也是 100。

同样地,也需要对 y 做相同的填充。上面这条数据的 y 如下。

```
[0. 0. 0. 0. 0. 0. 1. 1. 1. 0. 0. 0. 0. 0. 0. 0. 0. 0. 0. 0.]
```

将<PAD>对应的标签设为−1,因此,要把标签填充为如下形式。

```
[0. 0. 0. 0. 0. 0. 1. 1. 1. 0. 0. 0. 0. 0. 0. 0. 0. 0. 0. 0. −1. −1. ... −1.]
```

要实现这个操作,先创建一个用<PAD>的索引,也就是 1 来占位的矩阵,用来表示文本。再创建一个用<PAD>对应标签,也就是−1 来占位的矩阵,用来表示标签。

```
>>> max_len = 100
>>> pad_train_x = vocab_mapping['PAD'] * np.ones((len(train_x), max_len))
>>> pad_train_y = −1 * np.ones((len(train_x), max_len))
```

行数是句子的个数,列数是最长的长度 max_len。这样,每一行代表一个句子。

```
>>> for i in range(len(train_x)):
…      curr_len = len(train_x[i])
        # 读取对应的 x 和 y,将值填充到 pad 对应的部分
…      pad_train_x[i][:curr_len] = train_x[i]
…      pad_train_y[i][:curr_len] = train_y[i]
```

循环所有的数据,curr_len 是当前句子的长度。将占位的 pad_train_x 对应行的前 curr_len 个元素,修改为 train_x 的元素,就填充好了数据。pad_train_y 也是同理,将前 curr_len 个元素,修改为 train_y 的元素即可。

6)数据的封装

接下来,使用 Dataset 和 DataLoader 封装数据。

```
>>> from torch.utils.data import TensorDataset, DataLoader

# 将 x, y 转化为 LongTensor
>>> pad_train_x = torch.LongTensor(pad_train_x)
>>> pad_train_y = torch.LongTensor(pad_train_y)

# 使用 TensorDataset 封装训练集
>>> train_dataset = TensorDataset(pad_train_x, pad_train_y)

# 创建对应的 DataLoader
>>> train_loader = DataLoader(train_dataset, batch_size = 64, shuffle = True)
```

测试集的处理方法相同,先创建占位用的 pad_test_x,pad_test_y,然后循环修改每一行的前 curr_len 个元素为对应的值,最后封装数据即可。

```
# 测试集的操作与训练集一样
```

```
>>> pad_test_x = vocab_mapping['PAD'] * np.ones((len(test_x), max_len))
>>> pad_test_y = -1 * np.ones((len(test_x), max_len))

>>> for i in range(len(test_x)):
...     curr_len = len(test_x[i])
...     pad_test_x[i][:curr_len] = test_x[i]
...     pad_test_y[i][:curr_len] = test_y[i]

>>> pad_test_x = torch.LongTensor(pad_test_x)
>>> pad_test_y = torch.LongTensor(pad_test_y)

>>> test_dataset = TensorDataset(pad_test_x, pad_test_y)
>>> test_loader = DataLoader(test_dataset, batch_size = 100, shuffle = True)
```

7）数据的嵌入层表示

接下来，要将数据转化为词向量。首先取一个数据出来。

```
>>> sample_x = pad_train_x[0]
# 取出 sample 的头 5 个数据来看看它长什么样子
>>> print(sample_x[:5]) # tensor([1675, 1948, 1587, 1073,  433])
```

如果不做 embedding，就需要把每个字转换为一个 one-hot vector，即每个字转化为对应的字典中位置值为 1、其他值都为 0 的向量。

```
>>> print(len(sample_x))     # 100
>>> print(len(vocab))        # 2248
```

得出的结果就是一个 $100 \times 2\,248$ 的矩阵。这样的矩阵维度太高，运算量很大，使用词向量则可以避免这个问题。

PyTorch 中，要实现词向量的方法，只需要建立一个 embedding 层，将数据从 vocab 的维度映射到较低的维度上，使用 nn.Embedding 类即可。

```
# 创建一个 embedding,从字典的长度映射到一个低纬度
>>> emb = nn.Embedding(len(vocab),128)
# 上边例子在映射后的大小
>>> emb_sample = emb(sample_x)
>>> print(emb_sample.shape) # torch.Size([100, 128])
```

这样就完成了词向量的建立。这里只是随机初始化了 embedding，因此它不会有上文中经过大量训练的词向量那么好的语义性质。实际工作中，可以读取预训练好的 embedding，这样做通常可以增强模型的效果。

2. 语言模型

语言模型是对文本序列的概率分布建模的模型。有了语言模型，可以在给定输入的词之后，预测下一个词是什么。在生活中会经常看到语言模型，如输入法自动完成或者搜索引擎猜测可能想搜索的选项等。

语言模型的作用当然不仅限于此，它还有以下用途。

（1）机器翻译：从一系列备选词中选择概率最大的一个，如翻译猫成英文时，$P(cat) >$

$P(dog)$。

（2）自动拼写矫正：检测到输入词的概率很低，但是和它接近的词的概率很高，如输入 minuets 时，检测到 $P(minutes) > P(minuets)$，提示修改为 minutes。

（3）语音识别：在两个声纹接近的语音中，选择概率更高的一个，如识别 I am a student 时，$P(I) > P(eye)$。

在本节中看到后面的章节会接触到的命名实体识别也是语言模型的应用。

语言模型计算的是一系列的词的联合分布：

$$P(x^{(1)}, x^{(2)}, \cdots, x^{(n)}) \tag{5-5}$$

或者，在接受一系列输入的词 $x^{(1)}, x^{(2)}, \cdots, x^{(t)}$ 后，计算下一个字符 $x^{(t+1)}$ 的分布：

$$P(x^{(t+1)} \mid x^{(t)}, x^{(t-1)}, \cdots, x^{(1)}) \tag{5-6}$$

接下来，以预测下一个字符为例学习语言模型。首先，在深度学习兴起之前，人们使用的是 n-gram 模型。

1）N-gram 语言模型

N-gram 是 n 个连续单词组成的块，以 "An apple a day" 为例。* 1-gram："An"，"apple"，"a"，"day"。* 2-gram："An apple"，"apple a"，"a day"。* 3-gram："An apple a"，"apple a day"。

N-gram 语言模型的主要思想是计算不同的 n-gram 的频率，使用这个频率来预测下一个词。

具体来说，先假设下一个词 $x^{(t+1)}$ 只与前 n−1 个词有关，即满足下列等式。

$$P(x^{(t+1)} \mid x^{(t)}, x^{(t-1)}, \cdots, x^{(1)}) = P(x^{(t+1)} \mid x^{(t)}, x^{(t-1)}, \cdots, x^{(t-n+2)}) \tag{5-7}$$

根据条件概率公式，可以得到

$$P(x^{(t+1)} \mid x^{(t)}, x^{(t-1)}, \cdots, x^{(1)}) = \frac{P(x^{(t+1)}, x^{(t)}, x^{(t-1)}, \cdots, x^{(t-n+2)})}{P(x^{(t)}, x^{(t-1)}, \cdots, x^{(t-n+2)})} \tag{5-8}$$

那么，等式右边应该怎么计算呢？直接使用一个大的语料中的 n-gram 计数就行了。

$$P(x^{(t+1)} \mid x^{(t)}, x^{(t-1)}, \cdots, x^{(1)}) \approx \frac{count(x^{(t+1)}, x^{(t)}, x^{(t-1)}, \cdots, x^{(t-n+2)})}{count(x^{(t)}, x^{(t-1)}, \cdots, x^{(t-n+2)})} \tag{5-9}$$

假如使用一个 5-gram 语言模型，想要预测 An apple a day 的下一个词 w 是什么，那么

$$P(w \mid \text{An apple a day}) = \frac{count(\text{An apple a day w})}{count(\text{An apple a day})} \tag{5-10}$$

假设在一个很大的语料中，An apple a day makes 出现了 500 次，An apple a day drives 出现了 300 次，An apple a day 出现了 1 000 次，那么，w 是 makes 的概率就是 0.5，drives 的概率为 0.3。

N-gram 语言模型有诸多的局限。首先，如果 An apple a day w 一次都没有出现，那么就得不到任何预测。其次，需要存储很多 n-gram，当 n 越来越大时，模型就会变得越来越大。

2）神经网络语言模型

和上面的 n-gram 语言模型，仍然只考虑固定窗口，如在固定窗口长度为 4 的时候，

输入

an apple a day keeps the doctor

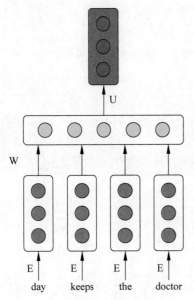

图 5-3　神经网络语言模型

想要预测下一个词,则只考虑 day keeps the doctor,将其输入一个神经网络,如图 5-3 所示。

神经网络语言模型克服了 n-gram 语言模型的两大问题:首先,不会出现 n-gram 中无法预测的情况,即使是训练数据中没见过的组合,模型也能给出预测。其次,模型不必存储所有的 n-gram,也就不会越来越大。

但神经网络语言模型也有自己的缺陷。固定窗口通常来说太小,无论把窗口设置成多长,总可能有更长的文本。

此外,窗口变得更长,意味着更多的词会进入模型,这样模型需要的参数就会变得更多。

因此,需要一个能够处理任意长度输入并且参数数量不那么多的模型。

3) RNN 语言模型

循环神经网络,就是需要的、能够处理任意长度输入的模型。假设输入是一个句子,而每个 x 是一个字,那么 RNN 逐一读取这些 x,并将它们输入同一个网络中。

RNN 之所以被称为"循环",是因为它对每一个输入 x 的输出,都依赖于之前的计算。如图 5-4 所示,每一步模型都会产生一个输出,把这个输出称作隐层或者隐藏状态,hidden state。在下一步中,隐层会再次被输入模型。

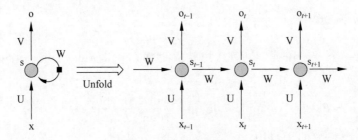

图 5-4　RNN 的展开

下面来看看怎么用矩阵表示 RNN。在画图示的时候,因为每次都将 x 输入同一个网络结构中,通常使用一个循环的符号来表示 RNN,如图 5-4 左面。而这个循环结构,可以展开(unroll),如图 5-4 右面。

(1) x_t 是 t 时刻的输入,可以将 x 想象为一个词或者字。

(2) s_t 是 t 时刻的隐藏层。

$$s_t = f(Ux_t + Ws_{t-1} + bias) \tag{5-11}$$

（3）o_t 是 t 时刻的输出。

（4）f 是激活函数，通常是 $tanh$，有时也用 $ReLU$。

每一个输出都依赖于之前的输出，因此位置的信息被模型表示出来了。每个 x_t 都共用参数 U,V,W，因此参数数量大大减少。

值得注意的是，每一个时刻的输出 o_t 并不是必需的。例如在输入一系列词汇 $x_1,\cdots$ x_t 后，预测下一个词的输出时，只需要最后一步的输出 o_t 就行了。在本节的命名实体识别的任务中，每一个输入 x_t 都有对应的标签 y_t，这时就需要所有的输出 o_t。

回到预测下一个词的例子，RNN 语言模型如图 5-5 所示。

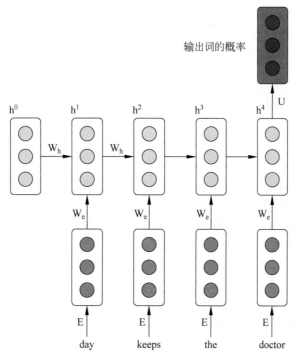

图 5-5　RNN 语言模型

逐步输入单词的独热编码 x，将 x 通过 embedding 转换成词向量，再经过相同的权重 W_e，得到该步的隐层 h，到最后一步后，输出下一个词的概率。

4）RNN 实例

在已经了解了 RNN 的思想和算法的情况下，要实现 RNN，使用 pytorch 中的 RNN 类即可。

```
>>> class RNN(nn.Module):
…      def __init__(self, vocab_size, embedding_size, linear_size,n_layer, out_size):
…          super(RNN, self).__init__()
…          # 创建一个 embedding
…          self.embedding = nn.Embedding(vocab_size, embedding_size)
…          # 对应的 RNN 单元
…          self.rnn = nn.RNN(embedding_size, linear_size, n_layer,batch_first = True)
```

```
           # 最后一个线性输出层
...            self.fc = nn.Linear(linear_size, out_size)

>>>       def forward(self, x):
...           x = self.embedding(x)
...           x, _ = self.rnn(x)
...           out = self.fc(x)
...           # 使用 log softmax 将输出转化为分数
...           out = torch.log_softmax(out, dim = -1)
...           return out
```

和其他的模型一样，RNN 需要继承 nn. Module。在初始化函数中，定义了一个嵌入层 embedding、一个循环神经网络 rnn 和一个线性层 fc。可以看到 PyTorch 实现 RNN 很简单，直接调用 nn. RNN 即可。

RNN 有三个参数：第一个参数是输入的维度 input_size，设置为 embedding_size，用以接收 embedding 层传过来的输入。第二个参数是隐层的维度 hidden_size，设置为 linear_size，这样输出就能够传入下一步的线性层。第三个参数 num_layers 是 RNN 的层数。batch_first＝True 意味着输入和输出的数据中，第一个维度表示一批数据的数量；相反，如果 batch_first＝False，那么数据数量对应的维度就在第二位。

在前向传播中，输入首先经过 embedding 映射到较低维度，然后经过 rnn，之后通过线性层得到输出，最后使用 log_softmax 计算对应每个字的概率。

（1）RNN 的前向传播。下面，以一批数据为例，演示这个 RNN 的前向传播过程。首先，以如下参数定义一个 RNN。

```
>>> rnn = RNN(vocab_size = len(vocab), embedding_size = 128, linear_size = 64, n_layer = 2,
out_size = 2)
```

取出一个 batch 的数据，方法如下。

```
>>> X, y = next(iter(train_loader))
>>> print(X.shape)      # torch.Size([64, 100])
>>> print(y.shape)      # torch.Size([64, 100])
```

第一个维度是数据的数量，第二个维度是数据的长度。即是说，一批数据有 64 个观测，每个句子的长度是 100。

首先，将 X 流过隐藏层。

```
>>> X_emb = rnn.embedding(X)
>>> print(X_emb.shape)      # torch.Size([64, 100, 128])
```

经过 embedding 后，X 的维度变为(64,100,128)，第一个维度 64 代表数据的数量，第二个维度 100 代表句子的长度，第三个维度 128 代表每个字符被映射成 128 维。

然后，将数据输入 rnn 隐藏层。

```
>>> X_rnn,_ = rnn.rnn(X_emb)
>>> print(X_rnn.shape)      # torch.Size([64, 100, 64])
```

RNN 有两个输出,把它们分别叫作 output 和 h_n。output 是 RNN 最后一层的输出,而 h_n 则是 RNN 最后一步的隐层。这里只保留了 output,将其赋值给 X_rnn,扔掉了 h_n。

输出的维度只有第三个改变了,第三个维度 64 代表 RNN 的维度,也就是 hidden_size。

然后,把数据传入线性层。

```
>>> X_fc = rnn.fc(X_rnn)
>>> print(X_fc.shape)      # torch.Size([64, 100, 2])
```

最后一个维度变为输出的维度,之后,使用 log_softmax 变换,得到模型预测的两类,也就是 0 类或者 1 类,所对应的分数。注意计算分数需要沿着最后一个维度,因此 dim = -1。

```
>>> out = torch.log_softmax(X_fc, dim = -1)
>>> print(out)
'''
tensor([[[ - 1.0228,  - 0.4456],
         [ - 1.0417,  - 0.4352],
         [ - 0.7740,  - 0.6184],
         ...,
         [ - 0.9434,  - 0.4932],
         [ - 0.9434,  - 0.4932],
         [ - 0.9434,  - 0.4932]],
...
'''
```

(2) 损失函数的调整。经过上述的前向传播,便得到了模型的预测,下面来计算损失。如果直接使用普通的损失函数,会把 PAD 部分也包含进去,这不是我们需要的。使用下面的函数,可以去掉 PAD,计算剩余部分的交叉熵。

```
>>> def loss_fn(outputs, labels):
...     # 将输出和 label 都 flatten
...     outputs = outputs.view( -1, outputs.shape[2])
...     labels = labels.view( -1)
...     # mask 用来记录 label >= 0 的部分,也就是并非 pad 的部分
...     mask = (labels >= 0).float()
...     # 总共符号数量
...     num_tokens = int(torch.sum(mask).item())
...
...     # 输出也只取对应 label >= 0 的部分
...     outputs = outputs[range(outputs.shape[0]), labels] * mask
...
...     # 最后计算交叉熵,注意输出已经 log_softmax 了,因此只需求和即可
...     return - torch.sum(outputs)/num_tokens
```

上面函数的第一步是将输入和输出变形。

```
>>> outputs = out.view(-1, out.shape[2])
>>> labels = y.view(-1)
>>> print(labels.shape)        # torch.Size([6400])
>>> print(outputs.shape)       # torch.Size([6400, 2])
```

直觉上来看,已经把一批中所有字都连接到了一起。

之后,来去掉<PAD>,<PAD>对应的标签是−1,因此只保留 label>=0 的部分。实现这一点的方法是定义一个 mask,它在标签>=0 的地方为 1,其他为 0。

```
>>> mask = (labels >= 0).float()
>>> print(mask)    # tensor([1., 1., 1., ..., 0., 0., 0.])
```

mask 的值为 1 的地方,就对应着不是<PAD>的所有字符,因此把这些 1 加和,就得到了总的字符数量。

```
>>> num_tokens = int(torch.sum(mask).item())
>>> print(num_tokens)       # 1476
```

这一批数据中,有 1476 个非<PAD>的数据。

最后,需要计算交叉熵。可以使用一些小技巧。

```
>>> print(outputs[range(outputs.shape[0]), labels])
'''
tensor([-1.0228, -1.0417, -0.7740, ..., -0.4932, -0.4932, -0.4932],
        grad_fn = <IndexBackward>)
'''
>>> print(outputs[:3])
'''
tensor([[-1.0228, -0.4456],
        [-1.0417, -0.4352],
        [-0.7740, -0.6184]], grad_fn = <SliceBackward>)
'''
>>> print(labels[:3])
'''
tensor([0, 0, 0])
'''
```

这一步的作用是选取真实标签对应的分数。以前三个数据为例,前三个的真实标签是 0,0,0,因此在对应选择预测值中 0 类的分数,分别是−1.022 8,−1.041 7,−0.774 0。

```
>>> return -torch.sum(outputs)/num_tokens
```

最后,将上述分数求和,除以总字符数,就得到了交叉熵。

(3)模型的训练。接下来使用常规方法训练模型,相信对这一过程已经很熟悉了。

```
>>> def train_model(model, criterion, optimizer, num_epochs, train_loader, device):
...     model.to(device)        # 将模型移动到设备上去,默认设备是 cpu
...     model.train()           # 将模型设置为 train 模型
...     losses = []             # 记录整个训练过程的损失变化
...     for epoch in range(num_epochs):      # 在 epoch 上循环,一个 epoch 就是循环一次数据
```

```
…          for i, (x, y) in enumerate(train_loader):      # 在数据内部循环,将数据分为很多
个 batch,在这个 batch 上循环
…              x = x.to(device)      # 将数据和模型移动到同样的设备上去(cpu or gpu)
…              y = y.to(device)
…              outputs = model(x)   # 计算模型的输出
…              loss = criterion(outputs, y)      # 根据模型的输出计算损失
…              losses.append(loss)
…              # c Backward and optimize
…              optimizer.zero_grad()   # pytorch 的计算中,梯度会累积起来,因此需要清零
…              loss.backward()                    # 反向传播梯度
…              optimizer.step()                   # 根据梯度优化参数
…      return model, losses
```

（4）Adam 优化方法。在本问题中,使用 Adam 优化方法。

Adam,即适应性矩估计,是对随机梯度下降的一个延伸,在计算机视觉和自然语言处理上都有广泛使用。该算法通过计算过去梯度与过去梯度平方的指数平均数来得到参数更新的权重。

计算梯度的指数平均:

$$m_t = \beta_1 m_{t-1} + (1-\beta_1)g_t \tag{5-12}$$

其中,β_1 是参数。

计算梯度平方的指数平均:

$$v_t = \beta_2 v_{t-1} + (1-\beta_2)g_t^2 \tag{5-13}$$

其中,β_2 是参数。

对上述两个值进行修正:

$$\hat{m}_t = \frac{m_t}{1-\beta_1^t} \tag{5-14}$$

$$\hat{v}_t = \frac{v_t}{1-\beta_2^t} \tag{5-15}$$

根据上述计算结果来更新模型的参数:

$$w_t = w_{t-1} - \eta \times \frac{\hat{m}_t}{\sqrt{\hat{v}_t} + \varepsilon} \tag{5-16}$$

其中,η 是学习速率,可以根据迭代周期调整。

直觉上来看,学习速率和梯度的均值成正比,和梯度的波动成反比。这样,梯度大、稳定时,提高学习速度；梯度小、不稳定时,降低学习速度。

5）RNN 模型的表现

接下来,开始训练并评价模型。

```
>>> rnn = RNN(vocab_size = len(vocab), embedding_size = 128, linear_size = 64, n_layer = 2,
out_size = 2)
>>> device = torch.device('cuda:0')
>>> # 使用上述封装的函数
>>> optimizer = torch.optim.Adam(rnn.parameters(), lr = 0.001)
>>> rnn, rnn_train_loss = train_model(rnn, loss_fn, optimizer, 6, train_loader, device)
```

训练过程的损失如图 5-6 所示。

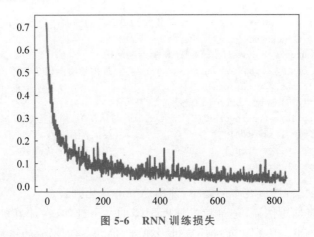

图 5-6　RNN 训练损失

```
>>>      # 训练过程的 loss
>>> fig, ax = plt. subplots()
>>> ax.plot(rnn_train_loss)
```

上面 loss 下降到比较低的水平,但是只看 loss 并不直观。因此,从字级别的准确率来评价模型效果。也就是说,如果字的标签预测对了,就认为模型正确,反之则认为模型错误。

计算准确率的时候,仍然要注意去掉 PAD 部分的数据。

(1) 字级别的准确率。

```
>>> from sklearn.metrics import precision_score, recall_score, f1_score

>>> def eval_model_char_level(model, data_loader, device):
...     model.to(device)
...     model.eval()        # 将模型设置为 eval 模式
...     with torch.no_grad():     # 评价模型的时候,不需要优化参数,因此不用计算梯度
...         # 用来收集所有 batch 的预测和标签
...         all_predicted = []
...         all_y = []
...         for x, y in data_loader:
...             x = x.to(device)           # 将数据移动到设备上
...             outputs = model(x)         # 计算模型的输出
...             predicted = torch.argmax(outputs, dim = - 1)
...             # 将所有的预测和标签都收集到一起
...             all_predicted.append(predicted.cpu().numpy())
...             all_y.append(y.cpu().numpy())
...         # 将真实值和预测值转化为一维向量
...         all_predicted = np.concatenate(all_predicted).reshape( - 1)
...         all_y = np.concatenate(all_y).reshape( - 1)
...         # 这里 y 仍然有填充的部分,我们不想评价这部分的数据
...         # 因此,将<0 的部分去掉
...         mask = all_y > = 0
```

```
…          y_filtered = all_y[mask]
…          pred_filtered = all_predicted[mask]
…          # 计算 precision, recall, f1 分数
…          precision = precision_score(y_filtered, pred_filtered)
…          recall = recall_score(y_filtered, pred_filtered)
…          f1 = f1_score(y_filtered, pred_filtered)
…      return (precision, recall, f1)
```

检查这个函数。

```
>>> outputs = model(x)
>>> predicted = torch.argmax(outputs, dim = -1)
>>> all_predicted.append(predicted.cpu().numpy())
>>> all_y.append(y.cpu().numpy())
```

将 x 输入模型,得到 ouputs。outputs 是对应两类的分数,选择分数最大的一个作为预测 predicted。然后将预测和标签都存储在一个 list 中。

```
>>> all_predicted = np.concatenate(all_predicted).reshape(-1)
>>> all_y = np.concatenate(all_y).reshape(-1)
```

之后,把 list 中的值连接起来,相当于得到一个很长的序列,方便后续计算。

```
>>> mask = all_y >= 0
>>> y_filtered = all_y[mask]
>>> pred_filtered = all_predicted[mask]
```

同样地,需要去掉<PAD>对应的部分,也就是标签为-1的部分,方法是建立一个 mask,将所有对应 y<0 的都删去。最后,调用 sklearn 的计算精确率、召回率和 f1 的函数即可。

```
>>> train_precision, train_recall, train_f1 = eval_model_char_level(rnn, train_loader,
device)
>>> test_precision, test_recall, test_f1 = eval_model_char_level(rnn, test_loader,
device)
>>> print('train precision: % s, train recall: % s, train f1: % s' % (train_precision, train
_recall, train_f1))
'''
train precision: 0.9820654911838791, train recall: 0.9676842889054356, train f1:
0.9748218527315915
'''
>>> print('test precision: % s, test recall: % s, test f1: % s' % (test_precision, test_
recall, test_f1))
'''
test precision: 0.9650645775989837, test recall: 0.9509701648237012, test f1:
0.9579655317360235
'''
```

训练集的 f1 分数达到了 0.975,测试集的 f1 分数达到了 0.958,分数都较高。

(2) 名字级别的准确率。上面的评价标准是按照字是否正确而计算的,并不能准确

衡量模型的表现能力。下面在名字级别上判断模型的表现。看看名字识别正确了多少个，只考虑是否识别出了名字，如果名字完全识别，那么认为识别正确，反之则错误。

要实现这个评价，需要 3 个帮助函数（helper function）。第一个 helper function 的功能是把原本按 batch 出现的数据，扁平化，转化为一个元素为句子的 List。

```
# 第一个 helper function
# label 和模型的 output 是按照 batch 排列的,这里将它们转化为一个包括句子的列表
# 输出是一个列表,每个元素是句子
>>> def label_and_pred_flatten(model, data_loader, device):
...     model.to(device)
...     model.eval()                    # 将模型设置为 eval 模式
...     with torch.no_grad():           # 评价模型的时候,不需要优化参数,因此不用计算梯度
...         # 用来收集所有 batch 的预测和标签
...         all_predicted = []
...         all_y = []
...         for x, y in data_loader:
...             x = x.to(device)        # 将数据移动到设备上
...             outputs = model(x)      # 计算模型的输出
...             predicted = torch.argmax(outputs, dim = -1)
...             # 将所有的预测和标签都收集到一起
...             all_predicted.append(predicted.cpu().numpy())
...             all_y.append(y.cpu().numpy())
...         # 将预测和标签都转化为 np array
...         all_predicted = np.concatenate(all_predicted)
...         all_y = np.concatenate(all_y)
...         # 将预测和标签 reshape 扁平化
...         # 结果相当于将每个 batch 的元素取出来,放到同一个 list 中
...         all_predicted = all_predicted.reshape(-1, all_predicted.shape[-1])
...         all_y = all_y.reshape(-1, all_y.shape[-1])
...
...     return (all_y, all_predicted)
```

第二个 helper function 的功能是计算召回率。

```
# 第二个 helper function
# 输入扁平化后的标签和预测
>>> def name_level_recall(labels, prediction):
...     # 使用 chunk 来记录所有的名字索引 [start,end](区间为前闭后开)
...     chunks = []
...     # 起始索引
...     chunk_start = None
...     for ny,ty in enumerate(labels):         # 循环所有的句子
...         for i in range(len(ty)):            # 对一个句子循环所有的字
...             # 找出当前的字是不是名字的起始和结束,并记录
...             tag = ty[i]
...             if tag == 0 and chunk_start is not None:
...                 # Add a chunk.
...                 chunk = (ny, chunk_start, i)
...                 chunks.append(chunk)
```

```
...                chunk_start = None
...            elif tag == 1 and chunk_start is None:
...                chunk_start = i
...            elif tag == 1 and chunk_start is not None:
...                pass
...    # 计算预测正确的名字数量
...    right_pred_count = 0
...    for i, start, end in chunks:            # 从 chunks 中循环所有的名字
...        # 根据索引得到其对应的预测值
...        pred = prediction[i][start:end]
...        if np.all(pred == 1):        # 如果对应预测值全部都是 1, 那么才认为这个名字识别
正确
...            right_pred_count += 1
...    names_count = len(chunks)
...    return right_pred_count / names_count
```

第三个 helper function 的功能是计算精确率。

```
# 第三个 helper function
# 和上边的 name_level_recall 实现很相似
>>> def name_level_precision(labels, prediction):
...    # chunks 中装着名字索引 (start, end)(区间为前闭后开)
...    chunks = []
...    # 起始索引
...    chunk_start = None
...    for ny, ty in enumerate(prediction):        # 这里是计算 precision, 因此需要找出所有被
预测为名字的部分
...        for i in range(len(ty)):        # 循环每一个字
...            # 以下逻辑和上边计算 recall 是一样的
...            # 将连续的 1 看作一个被预测为名字的实体
...            tag = ty[i]
...            if tag == 0 and chunk_start is not None:
...                # Add a chunk.
...                chunk = (ny, chunk_start, i)
...                chunks.append(chunk)
...                chunk_start = None
...            elif tag == 1 and chunk_start is None:
...                chunk_start = i
...            elif tag == 1 and chunk_start is not None:
...                pass
...    # 计算正确的预测数
...    right_pred_count = 0
...    for i, start, end in chunks:            # 循环所有被预测为名字的实体
...        y = labels[i][start:end]        # 找出对应的标签
...        if np.all(y == 1):            # 如果标签全部是 1, 那么认为预测正确
...            right_pred_count += 1
...    names_count = len(chunks)
...    return right_pred_count / names_count
```

有了这些 helper function 后，就可以在名字级别上评价模型。

```
# 将上边的 3 个 helper function 组合到一起,并计算 f1
>>> def eval_model_name_level(model, data_loader, device):
...     y, pred = label_and_pred_flatten(model, train_loader, device)
...     recall = name_level_recall(y, pred)
...     precision = name_level_precision(y, pred)
...     f1 = 2 * (precision * recall) / (precision + recall)
...     return (precision, recall, f1)
```

训练集的表现如下。

```
>>> rnn_train_p, rnn_train_r, rnn_train_f = eval_model_name_level(rnn, train_loader,
device)
>>> print('name level train precision: %s, train recall: %s, train f1: %s' % (rnn_train_
p, rnn_train_r, rnn_train_f))
'''
```
name level train precision: 0.9595867303907788, train recall: 0.9431344356578002, train
f1: 0.9512894538418295
```
'''
```

测试集的表现如下。

```
>>> rnn_test_p, rnn_test_r, rnn_test_f = eval_model_name_level(rnn, test_loader, device)
>>> print('name level test precision: %s, test recall: %s, test f1: %s' % (rnn_test_p, rnn
_test_r, rnn_test_f ))
'''
```
name level test precision: 0.9595867303907788, test recall: 0.9431075353782056, test f1:
0.9512757699038105
```
'''
```

在名字级别上,训练集的 f1 分数是 0.951,测试集的 f1 分数是 0.951,效果也比较好。

6)循环神经网络的梯度问题

循环神经网络(recurrent neural network,RNN)是一类以序列(sequence)数据为输入,在序列的演进方向进行递归(recursion)且所有节点(循环单元)按链式连接的递归神经网络(recursive neural network,在 20 世纪七八十年代,为模拟循环反馈系统而建立的一些数学模型为 RNN 带来了启发。在训练 RNN 的时候,梯度的问题会特别明显。因为梯度的计算是一系列的乘积,当神经网络太深的时候,就容易出现梯度消失或者爆炸。RNN 展开之后,可以看成一个非常深的神经网络。此外,因为隐藏层在不同输入间参数共享的缘故,会有很多重复项。

在普通的前向神经网络中,倒数第 d 层的梯度可以看作

$$w_1 x_1 \times w_2 x_2 \times \cdots \times w_d x_d \tag{5-17}$$

相对地,在展开后的循环神经网络中,倒数第 d 层的梯度可以看作

$$w x_1 \times w x_2 \times \cdots \times w x_d \tag{5-18}$$

同样的项出现很多次,不稳定的概率要比很多不同的项乘起来更高。因此 RNN 要比普通深度神经网络更容易遇到梯度的问题。

(1)梯度裁剪。如果问题是梯度爆炸的话,一个解决方法是梯度裁剪,即当强制使得梯度在某个给定的最大值和最小值之间。当梯度过大的时候,防止步长过长而越过了想

要到达的优化结果。

要实现梯度裁剪，使用 torch. nn. utils. clip_grad 即可。

（2）残差连接（residual connection）。

残差连接，又被称作跳跃连接（skip connection），是更复杂的方法，在普通的层之外，增加了一个直接从输入到输出的连接。普通的层，因为各种非线性变换，而带来梯度消失或者爆炸的问题，直接从输入连到输出，则梯度没有经过变换，会表现更加稳定。

如图 5-7 中增加的弯曲的线，表示的就是残差连接。

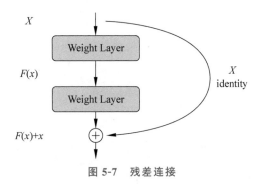

图 5-7　残差连接

左面部分是一个简单的 ReLU 前向神经网络。

$$Out_{left} = ReLU(WX + b) \tag{5-19}$$

添加一个残差连接：

$$Out = ReLU(WX + b) + X \tag{5-20}$$

添加了残差连接后，梯度便能顺利传导，训练更容易。

残差连接的典范是 ResNet。ResNet 是一个非常成功的卷积神经网络架构，残差连接使得它可以大大增加层数后仍然成功训练，获得了 2015 年 ILSVRC 全部 5 项主要比赛的冠军。

图 5-8 是 ResNet 的常见变式，ResNet34，ResNet50 的组成单元。

3. LSTM 的算法

将残差连接的思想引入 RNN，得到长短期记忆网络（long short-term memory，LSTM）。

LSTM 是循环神经网络的变种，通过类似 ResNet 的跳连接，缓解梯度消失和爆炸的问题，使 RNN 的训练更容易。LSTM 在学习长文本尤其有效，在一系列问题上表现都很好，应用很广泛。

所有 RNN 的形式都可以看作一系列重复的模组，标准 RNN 中，模组的结构很简单，只有一个 tanh 变换。如图 5-9 所示。

相对地，LSTM 结构更复杂，模组中有 4 个变换，这些变换之间又互相组合，如图 5-10 所示。

LSTM 最核心的部分是图中最上面的这个简单线性变换，这样允许信息不受太多改变而流过。这条线上的输出被称作 cell state，如图 5-11 所示。

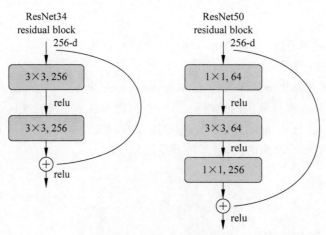

图 5-8　Resnet 的变式

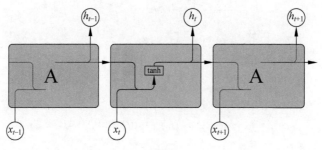

图 5-9　原始的 RNN

资料来源：Understanding LSTM networks［EB/OL］.（2015-08-27）. https://colah. github. io/posts/2015-08-Understanding-LSTMs/.

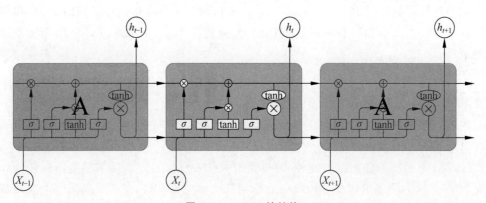

图 5-10　LSTM 的结构

资料来源：Understanding LSTM networks［EB/OL］.（2015-08-27）. https://colah. github. io/posts/2015-08-Understanding-LSTMs/.

第一步，决定上一个 cell state 的信息保留多少，如图 5-12 所示。

将上个隐层和这次的输入，使用一个 sigmoid 函数，输出为 0～1。f_t 会和上一个 cell state C_{t-1} 相乘，如果输出为 0，则代表完全不保留之前的 state；如果输出为 1，则代表完全保留。

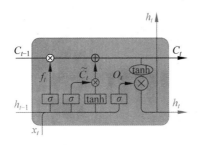

图 5-11　cell state

资料来源：Understanding LSTM networks［EB/OL］.（2015-08-27）. https：//colah. github. io/posts/2015-08-Understanding-LSTMs/.

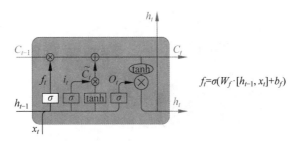

图 5-12　新信息

资料来源：Understanding LSTM networks［EB/OL］.（2015-08-27）. https：//colah. github. io/posts/2015-08-Understanding-LSTMs/.

第二步，决定存储什么新信息在 cell state 中，如图 5-13 所示。

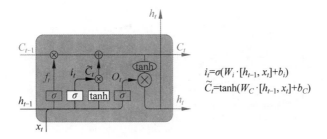

图 5-13　过去信息

资料来源：Understanding LSTM networks［EB/OL］.（2015-08-27）. https：//colah. github. io/posts/2015-08-Understanding-LSTMs/.

i_t 可以看作新信息存储多少，$\widetilde{C}_t$ 可以看作要存储的新信息。

第三步，将旧信息和新信息合并起来在 cell state 里面，如图 5-14 所示。

C_t 即更新后的 cell state。

最后，计算输出与更新隐层，如图 5-15 所示。

LSTM 并非直接使用简单的跳连接，而是采用了可学习的一系列操作。

LSTM 比较复杂，所以有简化的代替品 GRU。

GRU 是 LSTM 的重要变种，其结构如图 5-16 所示。

GRU 只有一个状态 h，它是上一个时刻的状态和新计算的状态的加权平均。

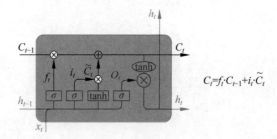

$$C_t = f_t \cdot C_{t-1} + i_t \cdot \tilde{C}_t$$

图 5-14　结合新旧信息

资料来源：Understanding LSTM networks［EB/OL］.（2015-08-27）. https://colah. github. io/posts/2015-08-Understanding-LSTMs/.

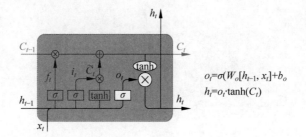

$$o_t = \sigma(W_o[h_{t-1}, x_t] + b_o$$
$$h_t = o_t \cdot \tanh(C_t)$$

图 5-15　输出结果

资料来源：Understanding LSTM networks［EB/OL］.（2015-08-27）. https://colah. github. io/posts/2015-08-Understanding-LSTMs/.

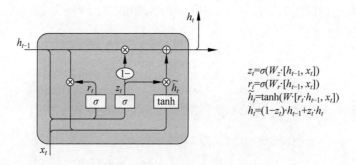

$$z_t = \sigma(W_z \cdot [h_{t-1}, x_t])$$
$$r_t = \sigma(W_r \cdot [h_{t-1}, x_t])$$
$$\tilde{h}_t = \tanh(W \cdot [r_t \cdot h_{t-1}, x_t])$$
$$h_t = (1 - z_t) \cdot h_{t-1} + z_t \cdot h_t$$

图 5-16　GRU 的结构

资料来源：Understanding LSTM networks［EB/OL］.（2015-08-27）. https://colah. github. io/posts/2015-08-Understanding-LSTMs/.

　　GRU 将 cell state 和隐藏层合并了起来，更新的方式略有不同。GRU 比 LSTM 更简单，也更流行，但两者效果哪个更好，需要看具体的问题。

　　1）LSTM 实例

　　下面实现一个 LSTM 的实例，区别只有一点：将 RNN 类改成 LSTM 类。

```
>>> class LSTM(nn. Module):
...     def __init__(self, vocab_size, embedding_size, linear_size, n_layer, out_size):
...         super(LSTM, self).__init__()
...         # 创建 embedding
...         self.embedding = nn. Embedding(vocab_size, embedding_size)
```

```
···            # 创建 lstm
···            self.lstm = nn.LSTM(embedding_size, linear_size, n_layer, batch_first = True)
···            # 最后一个线性输出层
···            self.fc = nn.Linear(linear_size, out_size)

···        def forward(self, x):
···            x = self.embedding(x)
···            x, (hidden, _) = self.lstm(x)
···            out = self.fc(x)
···            return torch.log_softmax(out, dim = -1)
```

同样地，也可以训练它，并画出训练损失，如图 5-17 所示。

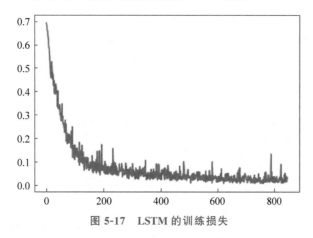

图 5-17　LSTM 的训练损失

```
>>> lstm = LSTM(vocab_size = len(vocab), embedding_size = 128, linear_size = 64, n_layer =
2, out_size = 2)
>>> optimizer = torch.optim.Adam(lstm.parameters(), lr = 0.001)
>>> lstm, lstm_train_loss = train_model(lstm, loss_fn, optimizer, 6, train_loader, device)

# 训练过程的 loss
>>> fig, ax = plt.subplots()
>>> ax.plot(lstm_train_loss)
```

2）LSTM 的表现

字级别的结果如下。

```
>>> train_precision, train_recall, train_f1 = eval_model_char_level(lstm, train_loader,
device)
>>> print('train precision: % s, train recall: % s, train f1: % s' % (train_precision, train
_recall, train_f1))
'''
train precision: 0.9751601198158927, train recall: 0.9938694465127823, train f1:
0.9844258970167049
'''
>>> test_precision, test_recall, test_f1 = eval_model_char_level(lstm, test_loader,
device)
>>> print('test precision: % s, test recall: % s, test f1: % s' % (test_precision, test_
recall, test_f1))
'''
test precision: 0.9514244722279156, test recall: 0.9684957229292719, test f1:
```

```
0.9598842018196857
'''
```

姓名级别的结果如下。

```
>>> lstm_train_p, lstm_train_r, lstm_train_f = eval_model_name_level(lstm, train_loader,
device)
>>> print('name level train precision: % s, train recall: % s, train f1: % s' % (lstm_train_
p, lstm_train_r, lstm_train_f))
'''
name level train precision: 0.9739520958083833, train recall: 0.9857738180773099, train
f1: 0.9798273006512159
'''
>>> lstm_test_p, lstm_test_r, lstm_test_f = eval_model_name_level(lstm, test_loader,
device)
>>> print('name level test precision: % s, test recall: % s, test f1: % s' % (lstm_test_p,
lstm_test_r, lstm_test_f))
'''
name level test precision: 0.9738575134703652, test recall: 0.9858537986500072, test f1:
0.9798189386984959
'''
```

训练集和测试集都有了进一步的提升。

3）双向 LSTM

LSTM 还有一个重要变种，即双向长短期记忆网络（bidirectional LSTM，BLSTM）。BLSTM 将两个独立的 LSTM 网络叠在一起。对一个网络以正向输入序列，对另一个网络以反向输入序列。最后将隐层连接到一起，通过线性层做预测即可。

接下来实现实例，代码几乎一样，将 bidirectional 置为 True，并且注意因为将两个LSTM 的隐层叠加起来，因此线性层的输入维度需要乘以 2。

```
>>> class BLSTM(nn.Module):
...     def __init__(self, vocab_size, embedding_size, linear_size, n_layer, out_size):
...         super(BLSTM, self).__init__()
...         # 创建 embedding
...         self.embedding = nn.Embedding(vocab_size, embedding_size)
...         # 双向 lstm 的创建:将 bidirectional 设置为 True
...         self.lstm = nn.LSTM(embedding_size, linear_size, n_layer, bidirectional = True,
batch_first = True)
...         # 因为是双向 lstm,因此输出的数量 x2,对应的输出层的 size 也需要 x2
...         self.fc = nn.Linear(linear_size * 2, out_size)
...
...     def forward(self, x):
...         x = self.embedding(x)
...         x, (hidden, _) = self.lstm(x)
...         out = self.fc(x)
...         return torch.log_softmax(out, dim = -1)
```

训练并画出训练损失，如图 5-18 所示。

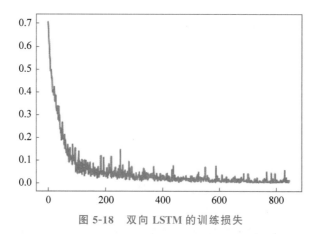

图 5-18 双向 LSTM 的训练损失

```
>>> blstm = BLSTM(vocab_size = len(vocab), embedding_size = 128, linear_size = 64, n_layer
 = 2, out_size = 2)
>>> optimizer = torch.optim.Adam(blstm.parameters(), lr = 0.001)
>>> blstm, blstm_train_loss = train_model(blstm, loss_fn, optimizer, 6, train_loader,
device)

>>> fig,ax = plt.subplots()
>>> ax.plot(blstm_train_loss)
```

字级别的结果如下。

```
>>> train_precision, train_recall, train_f1 = eval_model_char_level(blstm, train_loader,
device)
>>> print('train precision: % s, train recall: % s, train f1: % s' % (train_precision, train
_recall, train_f1))
'''
```

***train precision: 0.9954624349119762, train recall: 0.9964507321916108, train f1:
0.9959563383775738***
```
'''
>>> test_precision, test_recall, test_f1 = eval_model_char_level(blstm, test_loader,
device)
>>> print('test precision: % s, test recall: % s, train f1: % s' % (test_precision, test_
recall, test_f1))
'''
```

***test precision: 0.9753891459823306, test recall: 0.9674525349467974, train f1:
0.9714046297266157***
```
'''
```

名字级别的结果如下。

```
>>> blstm_train_p, blstm_train_r, blstm_train_f = eval_model_name_level(blstm, train_
loader, device)
>>> print('name level train precision: % s, train recall: % s, train f1: % s' % (blstm_train
_p, blstm_train_r, blstm_train_f))
'''
```

name level train precision: 0.9903941938238224, train recall: 0.9959045839919529, train

f1: 0.9931417454455485
'''
```
>>> blstm_test_p, blstm_test_r, blstm_test_f = eval_model_name_level(blstm, test_loader,
device)
>>> print('name level test precision: % s, test recall: % s, test f1: % s' % (blstm_test_p,
blstm_test_r, blstm_test_f))
'''
```

name level test precision: 0.990393510282502, train recall: 0.9959781671933352, train f1:
0.9931779881445062
'''

4）预测结果的可视化

如果预测为1，则在对应文字后面添加后缀\P。如果真实值为1，则在对应文字后边添加后缀\L。

需要一个帮助函数，得到一个 batch 的预测输出。

```
>>> def get_prediction(model, batch_x, device):
…     model.to(device)
…     batch_x = batch_x.to(device)
…     model.eval()                    # 将模型设置为 eval 模式
…     with torch.no_grad():      # 评价模型的时候,不需要优化参数,因此不用计算梯度
…         outputs = model(batch_x)  # 计算模型的输出
…         predicted = torch.argmax(outputs, dim = - 1)
…     return predicted
```

创建一个反向字典，将编码映射回文字。

```
>>> vocab_reverse_mapping = {v:k for k, v in vocab_mapping.items()}
```

最后，可视化的代码如下。

```
>>> def get_visualized_batch(model, batch_x, batch_y, device):
…     pred = get_prediction(model, batch_x, device)
…     nbx = batch_x.cpu().numpy()
…     sentences = [[vocab_reverse_mapping[i] for i in line] for line in nbx]
…     list_by = batch_y.cpu().numpy().tolist()
…     list_pred = pred.cpu().numpy().tolist()
…
…     for i in range(len(sentences)):
…         # 找出 PAD 的第一个 index
…         sent = sentences[i]
…         if 'PAD' in sent:
…             end_idx = sent.index("PAD")
…         else:
…             end_idx = - 1
…         sentences[i] = sent[:end_idx]
…         list_pred[i] = list_pred[i][:end_idx]
…         list_by[i] = list_by[i][:end_idx]
…
…     for s in range(len(sentences)):
…         sent = sentences[s]
…         y = list_by[s]
```

```
…              p = list_pred[s]
…              for k in range(len(sent)):
…                 if y[k] == 1:
…                    sent[k] = sent[k] + '/L'
…                 if p[k] == 1:
…                    sent[k] = sent[k] + '/P'
…           visualized_sentences = ["".join(sent) for sent in sentences]
…           return visualized_sentences
```

取出一个 batch 的真实值 list_by 和预测值 list_pred。将 PAD 全部去掉,然后在真实值为 1 或者预测值为 1 的后面添加对应后缀。

可视化一个例子如下。

```
>>> batch_x, batch_y = iter(train_loader).next()
>>> vs = get_visualized_batch(lstm, batch_x, batch_y, device)
>>> print(vs[25])
'''
```

'委会党组书记、副主任宋/L/P 洪/L/P 武/L/P 主持,省人大常委会党组副书记、副主任胡/L/P 悦/L/P、黄/L/P 玮/L/P,省人大常委会党组成员、副主任李/L/P 晓/L/P 东/L/P、张/L/P 迈/L/P 曾/L/P、吴/L/P 前/L/P 进/L/P 和秘书长唐/L/P 俊/L/P 昌/L/P 出席,省人大常委会副主任朱/L/P 静/L/P 芝/L/P 列席'

```
'''
```

字的后面如果有/L,则表示真实标签为 1,也就是说它是名字的一部分。字的后面如果有/P,则表示预测值为 1,也就是说预测它是名字的一部分。

可以看到,这个例子中每一个名字都识别出来了。

5) 总结

前面学习了一种和之前学到的传统机器学习和多层感知器不同的模型——循环神经网络。

在循环神经网络模型中,逐步将特征输入模型中,每一步都使用相同的权重。循环神经网络特别适合序列式输入的模型。

在此次的任务中,第一次接触到了文本数据。机器是无法直接识别文本的,因此需要将其转化为数字。需要建立一个字典,将每个文字映射到字典的索引。直接将索引用 one hot 的形式编码,会使数据变得很高维,因此我们使用 embedding 的方式来表示文本。

RNN 识别文本的准确率是很高的,但实际工作中,我们已经很少使用原始的 RNN,因为 RNN 容易产生梯度问题。应用残差连接的思想,我们用 LSTM 及其变体来代替,在试验中,它的表现也更好。

5.1.3　金融资讯的情感分析

本节中,将学习卷积神经网络在金融数据上的运用,即用卷积神经网络来判断文本包含的情绪信息。

卷积神经网络通过卷积的方式来捕捉局部信息来对数据建模,通常用在图像识别等领域,并且取得了与人接近的识别准确率。例如,金融机构经常用到人脸识别和身份证识别等图像识别的方法自动完成身份验证,帮助业务的办理。在本节中,使用卷积神经网络来进行针对描述金融场景的文本的分析。

通常来说,把文本数据当成一维的时间序列,因此使用循环神经网络来处理文本数据是很自然的。但是也可以把文本数据当成一维的图像,这样,卷积神经网络就有了用武之地。

在本节中,将会使用卷积神经网络完成股市情绪文本数据分类这一任务。在之前的章节里,看到文本数据手动预处理起来非常麻烦,这一节将会学习如何使用 torchtext 这个库来进行文本预处理。

1. 库的导入

首先导入需要的库。

```
>>> import numpy as np
>>> import pandas as pd
>>> import torch
>>> import torch.nn as nn
>>> import torch.optim as optim

>>> import matplotlib.pyplot as plt
>>> import seaborn as sns

>>> from sklearn.model_selection import train_test_split

>>> from torchtext.data import Field, LabelField, BucketIterator, TabularDataset
```

和以前不同的是,这里导入一个新的库:torchtext。它封装了很多和文本数据处理相关的类与函数,本节中会用到 Field、LabelField、BucketIterator、TabularDataset 四个。在后面会看到它们的使用方法。

2. 数据读取

数据存储在一个名为 corpus.txt 的文件里。先来看看数据是什么样子的。

```
>>> with open('./corpus.txt') as file:
…     data = file.readlines()

>>> print(data[:5])
'''
['其他|||一切只为掏空 FF?XXX 再次要求剥夺恒大资产抵押权\n',
 '其他|||政治新人为何当选乌克兰总统\n',
 '利多|||9 月 5 日午间公告一览:浩云科技入围农行 7 个安防设备项目\n',
 '利空|||香港金融集团拟收购马达加斯加天然气全部股本告吹\n',
 '利空|||花旗将京东列入负面催化观察名单\n']
'''
```

观察数据可知:数据由 ||| 分割,第一部分是标签,分为利多、利空、其他三类。第二部分是对应的文本。然而,并非所有数据都符合该模式。例如,还存在没有标签的数据。找出这些没有标签的数据,并看看其中 5 个。

```
>>> print([i for i in data if '|||'not in i][:5])
'''['[中性评级]有色行业周报:上周工业金属价格普涨\n', '张彤为配合公司战略辞任荣之联总
经理 董事长王东辉兼任\n', '行政处罚案件公示(无锡广成地铁上盖置业有限公司未按照规划许
可证建设案)\n', '地方监管重罚银保违规行为\n', '季报业绩诡异飙涨,净利润同比猛增 105
倍:星徽精密,差等生的"美颜术"\n'] '''
```

扔掉这些数据,只保留有标签的。只需要将没有|||分割线的都去掉就可以了,使用列
表解析式实现这一操作如下。

```
>>> data = [i for i in data if '|||' in i]
```

接下来,将 data 转化为一个 DataFrame,将文本和标签拆分成两列。

```
>>> data = [i.split('|||') for i in data]

>>> labels = [i[0] for i in data]
>>> texts = [i[1] for i in data]

>>> data = pd.DataFrame({'label':labels, 'text':texts})
```

这样,就得到了以下的 DataFrame。

```
>>> print(data.head())
'''
  label                       text
0   其他      一切只为掏空 FF?XXX 再次要求剥夺恒大资产抵押权\n
1   其他              政治新人为何当选乌克兰总统\n
2   利多   9 月 5 日午间公告一览:浩云科技入围农行 7 个安防设备项目\n
3   利空      香港金融集团拟收购马达加斯加天然气全部股本告吹\n
4   利空          花旗将京东列入负面催化观察名单\n
'''
```

接下来,将标签转化为整数:利空转化为−1,其他转化为 0,利多转化为 1。利用
.map 方法可以实现这一功能。

```
>>> label_map = {'利空':-1, '其他':0, '利多':1}
>>> data['label'] = data['label'].map(label_map)
```

转化完毕后的数据如下。

```
>>> print(data.head())
'''
  label                       text
0     0      一切只为掏空 FF?XXX 再次要求剥夺恒大资产抵押权\n
1     0              政治新人为何当选乌克兰总统\n
2     1   9 月 5 日午间公告一览:浩云科技入围农行 7 个安防设备项目\n
3    −1      香港金融集团拟收购马达加斯加天然气全部股本告吹\n
4    −1          花旗将京东列入负面催化观察名单\n
'''
```

接下来,使用 sklearn 来将数据拆分为训练集和测试集,并将拆分好的数据,以 csv 的

形式存储下来。

```
>>> train, test = train_test_split(data, test_size = 0.2, random_state = 42)
>>> train.to_csv('./train.csv', index = False)
>>> test.to_csv('./test.csv', index = False)
```

3. Torchtext 的使用

接下来,要封装数据以输入模型。使用 torchtext 来对数据进行封装。

Torchtext 处理文本有三个步骤。首先读取原始数据(Raw data),原始数据支持很多格式,本次任务中选择了 csv;之后,把原始数据转化为 torchtext DataSet;最后封装为 Iterator 用来迭代输入最终的模型 Model。

Torchtext 能够自动实现很多功能,如 Dataset 可以建立字典,将文本编码成数字。Iterator 能够将数据分成批的形式,还可以做填充(padding),这样就不需要像在之前章节的案例中一样,手动将文本填充得一样长了。

要创建 Field,需要定义一个 tokenize 的函数,其目的是把句子拆分成一个一个的词。这里,简单地按字和标点拆开。

```
>>> def tokenize(text):
...     return list(text)
```

回顾对任意一个字符串,使用 list 都可以将其拆成一个个的字符。来看一个示例:

```
>>> line = data.iloc[0]['text']
>>> print(line)
>>> print(list(line))
```

一切只为掏空 FF?XXX 再次要求剥夺恒大资产抵押权

['一', '切', '只', '为', '掏', '空', 'F', 'F', '?', 'X', 'X', 'X', '再', '次', '要', '求', '剥', '夺', '恒', '大', '资', '产', '抵', '押', '权', '\n']

以上的拆分方法比较原始,如果想使用更好的分词器来拆分,只需要替换 tokenize 函数即可。

下面,就可以定义 Field 了。将定义一个名为 TEXT 的 Field 传入 tokenize。设置一个文本开始的标识符和结束的标识符,惯例是'< sos >','< eos >'。最后,还需要添加一个表示未知字符的'< unk >'。

```
>>> TEXT = Field(tokenize = tokenize,
...              init_token = '< sos >',
...              eos_token = '< eos >',
...              unk_token = '< unk >')
```

对于标签,使用专门的 LabelField。在处理类似本节的分类问题时,需要将数据类型设置为 long:

```
>>> LABEL = LabelField(dtype = torch.long)
```

接下来,使用 TabularDataset 来封装数据。

```
>>> train = TabularDataset(
...         path = "./train.csv",        # the file path
...         format = 'csv',
...         skip_header = True,
...         fields = [('label', LABEL),('text',TEXT)])

>>> test  = TabularDataset(
...         path = "./test.csv",         # the file path
...         format = 'csv',
...         skip_header = True,
...         fields = [('label', LABEL),('text',TEXT)])
```

传入的参数有 4 个：path 输入文本的地址、format 输入文本的格式、skip_header＝True 表示跳过 csv 的表头。最后，在 fields 里，将 label、text，以及各自对应的 LabelField 和 Field 传入。这样，就把文本读取到了 TabularDataset 中。

（1）创建字典。Field 自带建立字典的方法，不需要手动寻找所有独特字符并建立索引，torchtext 可以自动完成。

```
>>> TEXT.build_vocab(train)
>>> print(len(TEXT.vocab))        # 2186
```

建立好后的字典存储在 .vocab 属性中。字典的长度是 2 186。

vocab.stoi 存储了从字符串到索引的映射：

```
>>> print(TEXT.vocab.stoi)
defaultdict(< bound method Vocab._default_unk_index of < torchtext.vocab.Vocab object at
0x7fefb2573d30 >>,
            {'< unk >': 0,
             '< pad >': 1,
             '< sos >': 2,
             '< eos >': 3,
             '0': 4,
             '股': 5,
             ' ': 6,
             ':': 7,
             '1': 8,
             '2': 9,
             '公': 10,
             '.': 11,
             '业': 12,
...
```

相反地，vocab.itos 存储了从索引到字符串的映射，如下：

```
print(TEXT.vocab.itos)
['< unk >',  '< pad >',  '< sos >',  '< eos >',  '0',  '股',  ' ',  ':',  '1',  '2',  '公',  ...
```

为什么 itos 是一个列表，而不是字典？因为列表可以看作整数到元素的映射。例如 itos[5] 的值是股，而 stoi['股'] 的值是 5。

最后，不只是 text 需要建立字典，标签也需要建立一个字典。

```
>>> LABEL.build_vocab(train)
```

下面,把数据封装成 Iterator。这里使用 BucketIterator。输入数据的时候,需要用 padding 的方法将数据填充至长度一致,而 BucketIterator 可以把相似长度的数据放在一起。这样,每一个 batch 的数据,长度是一样的。不同 batch 的数据长度可以不同。这样,就不必手工填充数据。此外,因为不必再将所有数据填充到最长数据的长度,这样做还能节约空间。

```
>>> BATCH_SIZE = 32
>>> device = torch.device('cuda:0')
>>> train_iterator = BucketIterator(train, batch_size = BATCH_SIZE, device = device )
>>> test_iterator = BucketIterator(test, batch_size = BATCH_SIZE, device = device)
```

在使用 BucketIterator 的时候,需要设定每批数据的个数,传入 batch_size。此外,还需要设置数据使用 CPU 还是 GPU。如上,设置为 GPU。

BucketIterator 把数据处理好了,一批数据是什么样的。

```
>>> sample = next(iter(train_iterator))
>>> sample_text = sample.text
>>> sample_label = sample.label
```

先看看 text,打印如下:

```
>>> print(sample_text)
tensor([[   2,    2,    2, ...,    2,    2,    2],
        [  50, 1795,  206, ...,  169,  485,   24],
        [ 197,  258,  273, ...,  534,  357,   61],
        ...,
        [   1,    1,    1, ...,    1,    1,    1],
        [   1,    1,    1, ...,    1,    1,    1],
        [   1,    1,    1, ...,    1,    1,    1]], device = 'cuda:0')
>>> print(sample_text.shape)  # torch.Size([43, 32])
```

需要强调的一点是数据的形状,批数据量 32 在第二个维度,而不是习惯的第一个。因此,每一列代表了一个句子,而非每一行。每一列的第一个元素 2 是< sos >的编码,表示句子的开始,最后一个元素 1 对应的是< pad >的编码,表示填充。这一批数据的长度是 46。

接下来,看看 label。

```
>>> print(sample_label)
tensor([1, 0, 1, 2, 0, 1, 0, 0, 2, 0, 0, 0, 0, 0, 1, 0, 2, 0, 0, 0, 1, 2, 0, 2,
        1, 0, 2, 2, 0, 1, 0, 0], device = 'cuda:0')
```

原来的标签,即-1,0,1,现在被修改成了0,1,2。两者的映射可以通过 LABEL 建立的字典来查看,如下:

```
>>> print(LABEL.vocab.stoi)       # defaultdict(None, {'-1': 0, '0': 1, '1': 2})
```

在进入建模之前,思考下怎么把数据还原成文本:只需要使用字典的 itos 即可,具体代码如下:

```
>>> s = sample_text[:,0]
>>> s = s.cpu().numpy()

>>> idx2word = TEXT.vocab.itos
>>> print("".join([idx2word[i] for i in s]))
```
< sos >人民同泰:高管辞职及聘任高管< eos >< pad >< pad >< pad >< pad >< pad >< pad >< pad >< pad >
< pad >< pad >< pad >< pad >< pad >< pad >< pad >< pad >< pad >< pad >< pad >< pad >< pad >
< pad >< pad >< pad >< pad >< pad >

至此数据准备完毕,接下来,检查 TextCNN 模型是什么样的。

(2) TextCNN 的原理。TextCNN 模型是 Yoon Kim 在 *Convolutional Neural Networks for Sentence Classification*(arXiv:1408.5882v2 [cs.CL] 3 Sep 2014)一文中提出的,其基本思想是利用卷积神经网络(CNN)来对处理文本分类问题(NLP)。该算法利用多个不同大小的 kernel 来提取句子中的关键信息,从而能更加高效地提取重要特征,实现较好的分类效果。

了解了卷积神经网络是如何用在图像上之后,通常来说,如果忽略颜色这一个维度的话,图像是二维的,而文字是一维的。但是,从前面的章节学到了,文本数据可以被转化为 embedding 向量。这样,一段文字就可以被看作二维的了。第一个维度是一个个的字或者词(取决于分词的方式,是按字拆分还是按词拆分),第二个维度是代表这些字或者词的向量元素。

以“我是学生”四个字为例,每一行代表一个字对应的 embedding 向量。

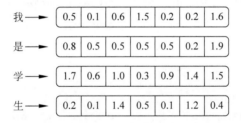

在进行卷积操作的时候,使用的 kernel 大小为 n×emb,其中 emb 代表 embedding 的大小,比如说假设将词转化为 128 维的向量,对应的 emb 就是 128。n 代表字的数量,这样,卷积的 kernel 就会覆盖 n 个字。

在上面这个简单例子里,文本有 4 个字,embedidng 的大小为 7。设置 n 为 2,这样 kernel 的大小就是 2×7。

首先,kernel 覆盖前两个字:“我是。”计算方法和普通的卷积层相同:输出结果为被卷积部分的值,根据 kernel 对应的权重相乘,之后求和。

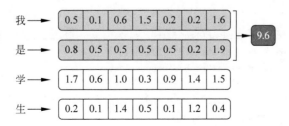

接下来,kernel 沿着句子移动到下两个字的组合,"是学",计算下一个加权求和。

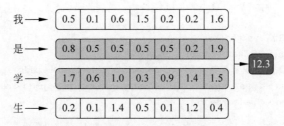

最后,kernel 移动到句子的末尾,输出最后的结果。

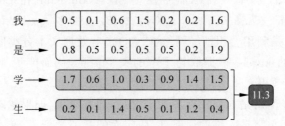

以上便是一个卷积层中的一个通道输出的结果。在 TextCNN 中,会用到多个并列的卷积层。它们的 n,也就是卷积操作设计的字数,分别是 2、3、4。这是因为想要从 2 个字、3 个字和 4 个字组成的元组中提取信息。

(3) TextCNN 的结构。在本节中,使用的模型来自 Y. Kim 于 2014 年的论文 *Convolutional Neural Networks for Sentence Classification*(arXiv:1408. 5882v2 [cs. CL] 3 Sep 2014),这个模型并不复杂,其整体结构如下。

```
>>> import torch. nn as nn
>>> import torch. nn. functional as F

>>> class CNN(nn. Module):
...     def __init__(self, vocab_size, embedding_dim, n_filters, filter_sizes, output_dim,
                     dropout):

            super(). __init__()
            self. embedding = nn. Embedding(vocab_size, embedding_dim)
            self. convs = nn. ModuleList([
                            nn. Conv2d(in_channels = 1,
                                    out_channels = n_filters,
                                    kernel_size = (fs, embedding_dim))
                            for fs in filter_sizes
                            ])

            self. fc = nn. Linear(len(filter_sizes) * n_filters, output_dim)
            self. bn = nn. BatchNorm1d(n_filters)
            self. dropout = nn. Dropout(dropout)
    def forward(self, text):
            # text = [sent len, batch size]
            text = text. permute(1, 0)
```

```
...          # text = [batch size, sent len]
...          embedded = self.embedding(text)
...          # embedded = [batch size, sent len, emb dim]
...          embedded = embedded.unsqueeze(1)
...          # embedded = [batch size, 1, sent len, emb dim]
...          conved = [F.relu(self.bn(conv(embedded).squeeze(3))) for conv in self.convs]
         # conv_n = [batch size, n_filters, sent len - filter_sizes[n]]
...          pooled = [F.max_pool1d(conv, conv.shape[2]).squeeze(2) for conv in conved]
         # pooled_n = [batch size, n_filters]
...          cat = self.dropout(torch.cat(pooled, dim = 1))
         # cat = [batch size, n_filters * len(filter_sizes)]
...          return self.fc(cat)
```

先来检查 __init__ 函数。第一,embedding 层的目的是将数据转化为词向量。第二,fc 是一个线性层,用于最后的输出。第三,bn 是一个批标准化层,作用是提高训练效率。第四,dropout 是一个丢弃正则化层,用于防止过拟合。

之前唯一没见过的是 convs 的类型 nn.ModuleList,其功能和 python List 很接近,把它理解成装神经网络模块的容器即可。可以看到,

```
>>> nn.ModuleList([
...          nn.Conv2d(in_channels = 1,
...          out_channels = n_filters,
...          kernel_size = (fs, embedding_dim))
...          for fs in filter_sizes
...          ])
```

这里以列表解析式的形式,创建了 len(filter_sizes) 个卷积层。注意,这里卷积层的 kernel 不再是正方形,即它的长和宽不一定相等。其宽可以自由设定,而长则为 embedding 的维度。另外输出的通道数 out_channels 也是由设定的参数控制。

现在,以下面的参数来建立一个模型实例。

```
>>> INPUT_DIM = len(TEXT.vocab)
>>> EMBEDDING_DIM = 128
>>> N_FILTERS = 100
>>> FILTER_SIZES = [2,3,4]
>>> OUTPUT_DIM = len(LABEL.vocab)
>>> DROPOUT = 0.5

>>> model = CNN(INPUT_DIM, EMBEDDING_DIM, N_FILTERS, FILTER_SIZES, OUTPUT_DIM, DROPOUT)
```

INPUT_DIM 代表输入的维度,这里为字典的长度。之后,embedding 层将输入转化为词向量,其维度是 EMBEDDING_DIM。N_FILTERS 控制卷积层输出的通道数。FILTER_SIZES 是一个 list,这里 [2,3,4] 表示第一个卷积层 kernel 宽为 2,第二个卷积层 kernel 宽为 3,第三个卷积层 kernel 宽为 4,但是它们的长都是 EMBEDDING_DIM。OUTPUT_DIM 是输出的维度,在本案例中,标签有 3 种,因此维度为 3。DROPOUT 是丢弃正则化的丢弃率。

接下来,以上面的 sample 这一批数据为例,来逐步检查 forward 函数,重点是把握数

据在流动中的维度变化。

为了方便,将数据移动到 CPU。

```
>>> x = sample_text.cpu()
>>> y = sample_label.cpu()
```

输入的数据 x 第一个维度是句子的长度 sent_len,第二个维度是一批数据中句子的数量 batch_size。

```
>>> print(x.shape)        # sent_len, batch_size
torch.Size([43, 32])
```

PyTorch 的神经网络层通常期待数据的第一个维度是 batch_size,因此调整一下数据的形状。

```
>>> text = x.permute(1,0)
>>> print(text.shape)       # batch_size, sent_len
torch.Size([32, 43])
```

接下来,创建一个和模型中一样的 embedding 层。经过 embedding 操作后,数据多了一个维度:embedding 的大小,emb。

```
>>> vocab_size = len(TEXT.vocab)
>>> embedding_dim = EMBEDDING_DIM
>>> embedding_layer = nn.Embedding(vocab_size, embedding_dim)
>>> embedded = embedding_layer(text)
>>> print(embedded.shape)        # batch_size, sent_len, emb
torch.Size([32, 43, 128])
```

为了能够进行卷积操作,需要给数据添加一个长度为 1 的维度,这样数据的维度是(batch_size,1,sent_len,emb),这里 1 对应的是通道数。

```
>>> embedded = embedded.unsqueeze(1)
>>> print(embedded.shape)        # batch_size, 1, sent_len, emb
torch.Size([32, 1, 43, 128])
```

创建第一个卷积层,输出的通道数和模型中相同,kernel 的长等于 2,宽等于 embedding 的大小。卷积后的结果命名为 c1。这样卷积后,输出就包含 2 个字组成的局部信息。

```
>>> conv1 = nn.Conv2d(in_channels = 1, out_channels = N_FILTERS, kernel_size = (2,
embedding_dim))
>>> c1 = conv1(embedded)
```

回顾卷积对维度的影响公式为

$$W_2 = (W_1 - F + 2P)/S + 1 \tag{5-21}$$

这里,kernel 的长和宽并不相等,在长这个方向上,$W_1 = 128$,$F = 128$,$P = 0$,$S = 1$,因此 $W_2 = 1$。

在宽这个方向上,$W_1 = 43$,$F = 2$,$P = 0$,$S = 1$,因此 $W_2 = 42$。

所以卷积之后,结果的宽是 42,长是 1,将宽命名为 w_conv1,将长命名为 h_conv1。输出的通道数命名为 out_channel。

```
>>> print(c1.shape)        # batch_size, out_channel, w_conv1, h_conv1
torch.Size([32, 100, 42, 1])
```

模型创建的所有的卷积层 kernel 的长都和 embedding 的大小一致,因此最后一个维度都是 1,去掉这个维度。

```
>>> c1 = c1.squeeze(3)
>>> print(c1.shape)        # batch_size, out_channel, w_conv1
torch.Size([32, 100, 42])
```

接下来,要对 c1 进行批标准化以及使用 ReLU 激活函数,这并不改变数据的维度。

```
>>> bn = nn.BatchNorm1d(N_FILTERS)
>>> c1 = bn(c1)
>>> c1 = F.relu(c1)
>>> print(c1.shape)        # batch_size, out_channel, w_conv1
torch.Size([32, 100, 42])
```

根据设定好的参数,模型一共创建了 3 个卷积层。使用剩余的 2 个,对输入进行上面的操作。

将第二个卷积层得出结果的宽命名为 w_conv2,第三个卷积层得出结果的宽命名为 w_conv3。

```
>>> conv2 = nn.Conv2d(in_channels = 1, out_channels = N_FILTERS, kernel_size = (3, embedding_dim))
>>> c2 = conv2(embedded)
>>> c2 = c2.squeeze(3)
>>> c2 = bn(c2)
>>> c2 = F.relu(c2)
>>> print(c2.shape) # batch_size, out_channel, w_conv2
torch.Size([32, 100, 41])
>>> conv3 = nn.Conv2d(in_channels = 1, out_channels = N_FILTERS, kernel_size = (4, embedding_dim))
>>> c3 = conv3(embedded)
>>> c3 = c3.squeeze(3)
>>> c3 = bn(c3)
>>> c3 = F.relu(c3)
>>> print(c3.shape)        # batch_size, out_channel, w_conv3
torch.Size([32, 100, 40])
```

下面要对这些输出做池化操作,kernel 的维度即卷积后输出的宽度 w_conv1,w_conv2,w_conv3。池化后,宽度对应的维度变成 1,还要去掉这个维度。

```
>>> c1 = F.max_pool1d(c1,42)
>>> c2 = F.max_pool1d(c2,41)
>>> c3 = F.max_pool1d(c3,40)
>>> c1 = c1.squeeze(2)
```

```
>>> c2 = c2.squeeze(2)
>>> c3 = c3.squeeze(2)
>>> print(c1.shape)    # torch.Size([32, 100])
>>> print(c2.shape)    # torch.Size([32, 100])
>>> print(c3.shape)    # torch.Size([32, 100])
```

之后,将上面的 c1,c2,c3 连接到一起。第二个维度即通道数之和。

```
>>> cat = torch.cat([c1, c2, c3], dim = 1)
>>> print(cat.shape)       # torch.Size([32, 300])
```

最后,使用线性层输出结果。线性层输出的维度即 OUTPUT_DIM。

```
>>> fc = nn.Linear(len(FILTER_SIZES) * N_FILTERS, OUTPUT_DIM)
>>> out = fc(cat)
>>> print(out.shape)       # torch.Size([32, 3])
```

(4) 模型的训练。下面开始训练模型,首先将模型移动到 GPU 上。

```
>>> model.to(device)
```

选择 Adam 作为优化器,损失函数仍然使用常用的交叉熵。

```
>>> optimizer = optim.Adam(model.parameters())
>>> criterion = nn.CrossEntropyLoss()
```

训练模型的函数如下。

```
>>> def train(model, iterator, optimizer, criterion):
...     epoch_loss = 0
...     epoch_acc = 0
...     model.train()
...     for batch in iterator:
...         optimizer.zero_grad()
...         predictions = model(batch.text)
...         y = batch.label
...         loss = criterion(predictions, y)
...         final_pred = predictions.argmax(dim = 1)
...         correct = (final_pred == y).sum()
...         acc = correct.item() / len(y)
...         loss.backward()
...         optimizer.step()
...         epoch_loss += loss.item()
...         epoch_acc += acc
...     return epoch_loss / len(iterator), epoch_acc / len(iterator)
```

训练 10 个 epoch。

```
>>> N_EPOCHS = 10

>>> for epoch in range(N_EPOCHS):
...     train_loss, train_acc = train(model, train_iterator, optimizer, criterion)
```

最后,对模型进行评价。

```
>>> def evaluate(model, iterator, criterion):
…     epoch_loss = 0
…     epoch_acc = 0
…     model.eval()
…     with torch.no_grad():
…         for batch in iterator:
…             predictions = model(batch.text)
…             y = batch.label
…             loss = criterion(predictions, y)
…             final_pred = predictions.argmax(dim = 1)
…             correct = (final_pred == y).sum()
…             acc = correct.item() / len(y)
…             epoch_loss += loss.item()
…             epoch_acc += acc
…     return epoch_loss / len(iterator), epoch_acc / len(iterator)

>>> print(evaluate(model, test_iterator, criterion))    # (0.7282311956087748,
0.6466269841269842)
```

最终,模型有 64.7% 的准确率,对比随机猜测的方式大约有 33% 的准确率,卷积神经网络发挥了一定的效能。

来看一批测试集的数据,以及模型对其预测,如下。

```
>>> batch = next(iter(test_iterator))
>>> predictions = model(batch.text)
>>> final_pred = predictions.argmax(dim = 1)
```

接下来,选取一些文本进行预测,看看模型的表现。

```
>>> label_map = {0:'利空', 1:'其他', 2:'利多'}

>>> results = []
>>> for i in range(len(batch)):
…     s = batch.text[:,i]
…     s = "".join([idx2word[i] for i in s if i not in (1,2,3)])
…     r = batch.label[i]
…     r = label_map[r.item()]
…     p = final_pred[i]
…     p = label_map[p.item()]
…     results.append((s,r,p))

>>> for s,_,p in results:
…     print("%s|||预测标签:%s" % (s,p))
[推荐评级]食品饮料行业跟踪报告:行业质押风险较低 无须过忧|||预测标签:其他
全球股市账单出炉! 市值飙升 17 万亿美元 深成指涨幅排名第二|||预测标签:利空
[公告]*ST 天业:关于股东股份解除冻结的公告|||预测标签:利空
中山金马半价推股权激励 2019 年净利润仅需增长 10%|||预测标签:利多
华宝股份拟 10 派 40 元 深交所要求说明利润分配的确定依据|||预测标签:利空
```

青海春天回应失信:个别原<unk>成矿业债权人隐瞒事实|||预测标签:其他

大千生态 PPP 资金紧张亟待融资解<unk>负债高企业绩承压|||预测标签:利空

华晨昨飙近一成半后 现续涨超过半成|||预测标签:其他

中共中央政治局会议:做好稳就业、稳金融、稳外贸、稳外资、稳投资、稳预期工作|||预测标签:其他

越秀交通基建(01052)2019 分红收益稳定,受免费通行影响 1H20 业绩仍承压|||预测标签:利空

掌趣科技:关于"16 掌趣 01"债券持有人回售实施办法的第一次提示性公告|||预测标签:利空

…

扩展阅读 5.3
金融文本的自动
生成

　　从结果可以看到,基于卷积神经网络大多数情况下成功地预测了新闻标题的多空方向。由于样本数据比较小,同时基于字的字向量丢失词语的语义信息,这个结果还有很大的提升空间。然而,与序列处理句子的循环神经网络相比,卷积神经网络可以同时处理同一句子中的每个字,具有更好的并行计算性能,计算速度更快。

5.2　编程应用 2:金融量化投资

扩展阅读 5.4
量化投资平台的
介绍及演示

　　本应用旨在通过演示一个阿尔法对冲策略构建过程,介绍如何使用金融科技方法进行量化投资。

　　阿尔法策略就是买入一组未来看好的股票,然后做空相应价值的期货合约,组合对冲掉系统性风险,组合的收益完全取决于投资者的选股能力,而与市场的涨跌无关,做到了市场中性。从广义上讲,获取阿尔法收益的投资策略有很多种,其中既包括传统的基本面分析选股策略、估值策略、固定收益策略等,也包括利用衍生工具对冲掉贝塔风险、获取阿尔法收益的可转移阿尔法策略。

　　阿尔法策略的成败有两个关键要素:其一是现货组合的超额收益空间有多大;其二是交易成本的高低。两者相抵的结果,才是阿尔法策略可获得的利润空间。在本应用中,对股票组合进行看涨,对沪深 300 期货合约进行看跌。

策略实现:

第一步:制定一个选股策略,构建投资组合,使其同时拥有阿尔法收益和贝塔收益。

(本策略选取过去一天 EV/EBITDA 值并选取 30 只 EV/EBITDA 值最小且大于零的股票)

第二步:做空股指期货,将投资组合的贝塔抵消,只剩阿尔法部分。

第三步:进行回测。

股票池:沪深 300 指数

期货标的:CFFEX.IF 对应的真实合约

回测时间:2017-07-01 08:00:00 至 2017-10-01 16:00:00

回测初始资金:1 000 万元

策略代码:

```
1.   # coding = utf - 8
2.   from __future__ import print_function, absolute_import, unicode_literals
```

```
3.     from gm.api import *
4.
5.
6.     '''
7.     本策略每隔 1 个月定时触发计算 SHSE.000300 成分股的过去一天 EV/EBITDA 值并选取 30 只
EV/EBITDA 值最小且大于零的股票
8.     对不在股票池的股票平仓并等权配置股票池的标的
9.     并用相应的 CFFEX.IF 对应的真实合约等额对冲
10.    回测数据为:SHSE.000300 和它们的成分股和 CFFEX.IF 对应的真实合约
11.    回测时间为:2017 - 07 - 01 08:00:00 到 2017 - 10 - 01 16:00:00
12.    注意:本策略仅供参考,实际使用中要考虑到期货和股票处于两个不同的账户,需要人为地
保证两个账户的资金相同.
13.    '''
14.
15.
16.    def init(context):
17.        # 每月第一个交易日 09:40:00 的定时执行 algo 任务(仿真和实盘时不支持该频率)
18.        schedule(schedule_func = algo, date_rule = '1m', time_rule = '09:40:00')
19.        # 设置开仓在股票和期货的资金百分比(期货在后面自动进行杠杆相关的调整)
20.        context.percentage_stock = 0.4
21.        context.percentage_futures = 0.4
22.
23.
24.    def algo(context):
25.        # 获取当前时刻
26.        now = context.now
27.
28.        # 获取上一个交易日
29.        last_day = get_previous_trading_date(exchange = 'SHSE', date = now)
30.
31.        # 获取沪深 300 成分股的股票代码
32.        stock300 = get_history_constituents(index = 'SHSE.000300', start_date = last
_day,
33.            end_date = last_day)[0]['constituents'].keys()
34.
35.        # 获取上一个工作日的 CFFEX.IF 对应的合约
36.        index_futures = get_continuous_contracts(csymbol = 'CFFEX.IF', start_date = last_
day, end_date = last_day)[ - 1]['symbol']
37.
38.        # 获取当天有交易的股票
39.        not_suspended_info = get_history_instruments(symbols = stock300, start_date =
now, end_date = now)
40.        not_suspended_symbols = [item['symbol'] for item in not_suspended_info if not
item['is_suspended']]
41.
42.        # 获取成分股 EV/EBITDA 大于 0 并为最小的 30 个
43.        fin = get_fundamentals(table = 'trading_derivative_indicator', symbols = not_
suspended_symbols,
44.                    start_date = now, end_date = now, fields = 'EVEBITDA',
```

```
45.                              filter = 'EVEBITDA > 0', order_by = 'EVEBITDA', limit = 30, df =
True)
46.      fin.index = fin.symbol
47.
48.      # 获取当前仓位
49.      positions = context.account().positions()
50.
51.      # 平不在标的池或不为当前股指期货主力合约对应真实合约的标的
52.      for position in positions:
53.          symbol = position['symbol']
54.          sec_type = get_instrumentinfos(symbols = symbol)[0]['sec_type']
55.
56.          # 若类型为期货且不在标的池则平仓
57.          if sec_type == SEC_TYPE_FUTURE and symbol != index_futures:
58.              order_target_percent(symbol = symbol, percent = 0, order_type = OrderType_
Market,
59.                              position_side = PositionSide_Short)
60.              print('市价单平不在标的池的', symbol)
61.          elif symbol not in fin.index:
62.              order_target_percent(symbol = symbol, percent = 0, order_type = OrderType_
Market,
63.                              position_side = PositionSide_Long)
64.              print('市价单平不在标的池的', symbol)
65.
66.      # 获取股票的权重
67.      percent = context.percentage_stock / len(fin.index)
68.
69.      # 买在标的池中的股票
70.      for symbol in fin.index:
71.          order_target_percent(symbol = symbol, percent = percent, order_type =
OrderType_Market,
72.                              position_side = PositionSide_Long)
73.          print(symbol, '以市价单调多仓到仓位', percent)
74.
75.      # 获取股指期货的保证金比率
76.      ratio = get_history_instruments(symbols = index_futures, start_date = last_day,
end_date = last_day)[0]['margin_ratio']
77.
78.      # 更新股指期货的权重
79.      percent = context.percentage_futures * ratio
80.
81.      # 买入股指期货对冲
82.      # 注意:股指期货的percent参数是按照期货的保证金来算比例,不是按照合约价值,
比如说0.1就是用0.1的仓位的资金全部买入期货.
83.      order_target_percent(symbol = index_futures, percent = percent, order_type =
OrderType_Market,
84.                              position_side = PositionSide_Short)
85.      print(index_futures, '以市价单调空仓到仓位', percent)
86.
```

```
87.
88.    if __name__ == '__main__':
89.        '''
90.        strategy_id 策略 ID,由系统生成
91.        filename 文件名,请与本节件名保持一致
92.        mode 实时模式:MODE_LIVE 回测模式:MODE_BACKTEST
93.        token 绑定计算机的 ID,可在系统设置-密钥管理中生成
94.        backtest_start_time 回测开始时间
95.        backtest_end_time 回测结束时间
96.        backtest_adjust 股票复权方式不复权:ADJUST_NONE 前复权:ADJUST_PREV 后复权:
ADJUST_POST
97.        backtest_initial_cash 回测初始资金
98.        backtest_commission_ratio 回测佣金比例
99.        backtest_slippage_ratio 回测滑点比例
100.       '''
101.       run(strategy_id = 'strategy_id',
102.           filename = 'main.py',
103.           mode = MODE_BACKTEST,
104.           token = 'token_id',
105.           backtest_start_time = '2017-07-01 08:00:00',
106.           backtest_end_time = '2017-10-01 16:00:00',
107.           backtest_adjust = ADJUST_PREV,
108.           backtest_initial_cash = 10000000,
109.           backtest_commission_ratio = 0.0001,
110.           backtest_slippage_ratio = 0.0001)
```

第四步：业绩分析。设定初始资金 1 000 万元,交易手续费率为 0.01%,交易滑点比率为 0.01%。策略回测结果如图 5-19 所示。

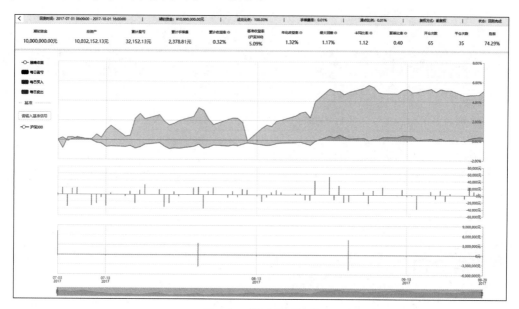

图 5-19　策略回测结果

回测期累计收益率为 0.32％，年化收益率为 1.32％，沪深 300 指数收益率为 5.09％，策略整体跑输指数。最大回撤为 1.17％，胜率为 74.29％。

以同样的策略进行选股，不对冲贝塔时回测结果如图 5-20 所示。

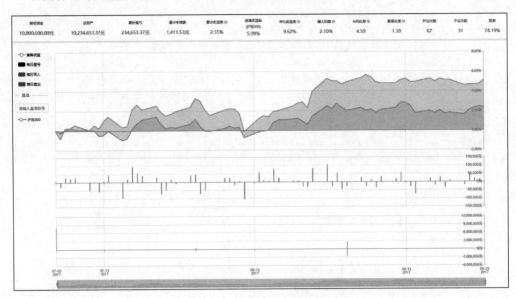

图 5-20　不对冲贝塔时回测结果

对比可以看出，利用阿尔法对冲策略比未对冲策略收益低，但胜率高于普通策略，最大回撤低于未对冲策略。这也说明了阿尔法对冲策略能够规避一部分由市场带来的风险。

改变回测期，观察策略收益情况如表 5-1 所示（以 2020 年 10 月 30 日为结束期）。

表 5-1　策略收益情况

指　　标	近 3 月	近 6 月	今年来	近 1 年	近 2 年	近 3 年
年化收益率	−3.72％	7.11％	−2.26％	−0.77％	−0.52％	−3.05％
最大回撤	3.14％	3.09％	7.88％	7.86％	14.72％	16.12％
胜率	86.96％	90.00％	42.96％	64.36％	60.48％	50.55％

由表 5-1 可知，近几年该策略的整体收益为负，只有近 6 月的收益率为正。策略最大回撤一直维持在相对较低的水平上，随着时间周期拉长，最大回撤不断增加，胜率不断下降。

注：此策略只用于学习、交流、演示，不构成任何投资建议。

　练习题

1. 简述 Python 的特点。
2. 简述 Python 的应用领域（至少 3 个）。
3. 简述 Python 中标识符的命名规则。

4. 简述 break 和 continue 的区别。

5. 简述元素、列表和字典的区别。

6. 处理异常有哪些方式？

7. 什么是继承？

8. 机器学习中如何处理数据中的"类别不平衡"？

9. 简述召回率和准确率的区别。

10. 随机森林的随机性体现在哪里？

11. 思考本章介绍的各种机器学习算法的数学或统计学原理的基础。

12. 根据本章介绍的方法，实现一个针对基于财务报表通过自然语言处理实现关键性提取的案例分析。

13. 根据本章介绍的方法，实现一个针对公司金融资讯的情感分析需要关键词提取的案例分析。

14. 根据本章介绍的方法，实现一个量化投资产品的设计案例分析。

15. 根据本章介绍的方法，实现一个阿尔法对冲策略产品的设计案例分析。

参 考 文 献

［1］ DILGER R J. Small business size standards: a historical analysis of contemporary issues[R]. Washington,DC: Congressional Research Service R40860,2018.

［2］ European Commission. Directorate-General for internal market, industry, entrepreneurship and SMEs revision of the EU SME definition: inception impact assessment[R]. 2017.

［3］ DOBBS M, HAMILTON T R. Small business growth: recent evidence and new directions[J]. International journal of entrepreneurial behaviour & research,2007,13(5): 296-322.

［4］ EDMISTON K. The role of small and large businesses in economic development[R/OL]. 2004. https://www. researchgate. net/publication/5043062.

［5］ STOREY D J. Understanding the small business sector[J]. Small business economics,1995,7(6): 482-483.

［6］ PEREZ C. Technological revolutions and financial capital: the dynamics of bubbles and golden ages [M]. Cheltenham,Glos: Edward Elgar Publishing Limited,2002.

［7］ BERGER A N,FRAME W S,MILLER N H. Credit scoring and the availability,price,and risk of small business credit[J]. Journal of money credit & banking,2005,37(2): 191-222.

［8］ BERGER A N,COWAN A M,FRAME W S. The surprising use of credit scoring in small business lending by community banks and the attendant effects on credit availability,risk,and profitability [J]. Journal of financial services research,2011,39(1-2): 1-17.

［9］ ALTMAN E I,SABATO G. Modeling credit risk for SMEs: evidence from the US market[J]. Abacus, 2014,43(3): 332-357.

［10］ EKPU V U. Supply-side factors affecting bank lending to SMEs[M]//EKPU V U. Determinants of bank involvement with SMEs: a survey of demand-side and supply-side factors. Springer Briefs in Finance. Cham: Springer,2016: 45-72.

［11］ FRAME W S,SRINIVASAN A,WOOSLEY L. The effect of credit scoring on small business lending[J]. Journal of money credit and banking,2001,33(3): 813-825.

［12］ BECK T,DEMIRGUC-KUNT A,MARTINEZ PERIA M S. Bank financing for SMEs: evidence across countries and bank ownership types[J]. Journal of financial services research,2011,39(1): 35-54.

［13］ ALBERT R,BARABSI A L. Statistical mechanics of complex networks[J]. Review of modern physics,2002,74(1): 47-97.

［14］ NEWMAN M E J. Networks: an introduction [M]. Oxford: Oxford University Press,2010.

［15］ JACKSON M O. Social and economic networks [M]. Princeton, NJ: Princeton University Press,2010.

［16］ BOCCALETTI S,LATORA V,MORENO Y,et al. Complex networks: structure and dynamics [J]. Physics reports,2006,424(4-5): 175-308.

［17］ COHEN R,HAVLIN S. Complex networks: structure,robustness and function[M]. Cambridge, MA: Cambridge University Press,2010.

［18］ MAY R M. Networks and webs in ecosystems and financial systems[J]. Philosophical transactions of the royal society A: mathematical,physical and engineering sciences,2013,371: 20120376.

［19］ BASHAN A,BARTSCH B R,KANTELHARDT J W,et al. Network physiology reveals relations between network topology and physiological function [J]. Nature communications, 2012, 3: 702-710.

[20] BARRAT A,BARTHELEMY M,VESPIGNANI A. Dynamical processes on complex networks [M]. Cambridge: Cambridge University Press,2008.

[21] VESPIGNANI A. Complex networks: the fragility of interdependency[J]. Nature, 2010, 464 (7291): 984-985.

[22] LI D,FU B,WANG Y,et al. Percolation transition in dynamical traffic network with evolving critical bottlenecks[J]. Proceedings of the National Academy of Science,2015,112(3): 669-672.

[23] LUDESCHER J,GOZOLCHIANI A,BOGACHEV M I,et al. Very early warning of next el niño [J]. Proceedings of the National Academy of Science,2014,111(6): 2064-2066.

[24] PARSHANI R,BULDYREV S V,HAVLIN S. Interdependent networks: reducing the coupling strength leads to a change from a first to second order percolation transition[J]. Physical review letters,2010,105(4): 048701-048704.

[25] BASHAN A,BEREZIN Y,BULDYREV S V,et al. The extreme vulnerability of interdependent spatially embedded networks[J]. Nature physics,2013,9(10): 667-672.

[26] GAO J,BULDYREV S V,STANLEY H E,et al. Networks formed from interdependent networks [J]. Nature physics,2012,8(1): 40-48.

[27] KENETT D Y, GAO J, HUANG X, et al. Network of interdependent networks: overview of theory and applications[M]//D'AGOSTINO G, SCALA A. Networks of networks: the last frontier of complexity. New York: Springer,2014: 3-36.

[28] BOCCALETTI S,BIANCONI G,CRIADO R,et al. The structure and dynamics of multilayer networks[J]. Physics reports,2014,544(1): 1-122.

[29] LEE K M,KIM J Y,CHO W K,et al. Correlated multiplexity and connectivity of multiplex random networks[J]. New journal of physics,2012,14(3): 033027-033038.

[30] BAXTER G,DOROGOVTSEV S,GOLTSEV A,et al. Avalanche collapse of interdependent networks[J]. Physical review letters,2012(109): 248701-248705.

[31] FORBES K J,RIGOBON R. No contagion,only interdependence: measuring stock market co-movements[J]. The journal of finance,2002,57(5): 2223-2261.

[32] HAVLIN S,KENETT D Y. Cascading failures in interdependent economic networks: Chapter 8 [M]//TAKAYASU H,et al. Proceedings of the International Conference on Social Modeling and Simulation, plus Econophysics Colloquium 2014, Springer proceedings in Complexity. Cham: Springer,2014: 87-97.

[33] LUX T,WESTERHOFF F. Economics crisis[J]. Nature physics,2009,5: 2-3.

[34] BULDYREV S V, PARSHANI R, PAUL G, et al. Catstrophic cascade of failures in interdependent networks[J]. Nature,2010,464: 1025-1028.

[35] HALDANE A G,MAY R M. Systemic risk in banking ecosystems [J]. Nature, 2011, 469: 351-355.

[36] LUX T. Network theory is sorely required[J]. Nature,2011,469: 303.

[37] BATTISTON S,FRAMER J D,FLACHE A,et al. Complexity theory and financial regulation[J]. Science,2016,352(6275): 818-819.

[38] RUHL J B. Financial complexity: regulating regulation[J]. Science,2016,352(6283): 301.

[39] WITZLING D. Financial complexity: accounting for fraud[J]. Science,2016,352(6283): 301-302.

[40] FARMER J D,FOLEY D. The economy needs agent-based modelling[J]. Nature, 2009, 460: 685-686.

[41] BUCHANAN M. Meltdown modelling[J]. Nature,2009,460: 680-682.

[42] CHO A. Econophysics: still controversial after all these years[J]. Science,2009, 325(5939): 408.

[43]　HELLMANN T, WASSERMAN N. The first deal: the division of founder equity in new ventures [J]. Management science, 2017, 63(8): 2397-2771.

[44]　SHANE S, STUART T. Organizational endowments and the performance of university start-ups [J]. Management science, 2002, 48(1): 154-170.

[45]　CHANG K C, FUNG R, LUCAS A, et al. Bayesian networks applied to credit scoring[J]. IMA journal of mathematics applied in business and industry, 2000, 11(1): 1-18.

[46]　DRYVER A, SUKKASEM J. Validating risk models with a focus on credit scoring models[J]. Journal of statistical computation and simulation, 2009, 79(2): 181-193.

[47]　HULL J. Options, futures and other derivatives[M]. 10th ed. New York: Pearson, 2017.

[48]　HULL J. Risk management and financial institutes[M]. 5th ed. New York: Pearson, 2018.

[49]　THOMAS L, CROOK J, EDELMAN D. Credit scoring and its applications [M]. 2nd ed. Philadelphia, PA: SIAM, 2017.

[50]　CHI G T, YU S L, YUAN G X. Facility rating model and empirical for small industrial enterprises based on LM test[J]. Journal of industrial engineering and engineering management, 2019, 33: 170-181.

[51]　ANDERSON R. The credit scoring toolkit: theory and practice for retail credit risk management and decision automation[M]. Oxford: Oxford University Press, 2007.

[52]　FICO. What is a credit score? [EB/OL]. https://www. myfico. com/credit-education/credit-scores/.

[53]　LUCAS A. Statistical challenges in credit card issuing[J]. Applied stochastic models in business and industry, 2001, 17(1): 83-92.

[54]　LIN L, YUAN G X, WANG H Q, et al. The stochastic incentive effect of venture capital in partnership systems with the asymmetric bistable Cobb-Douglas utility [J]. Communications nonlinear science and numerical simulation, 2019, 66: 109-128.

[55]　GAMMAITONI L, HANGGI P, JUNG P, et al. Stochastic resonance[J]. Reviews of modern physics, 1998, 70(1): 223-287.

[56]　WIESENFELD K, MOSS F. Stochastic resonance and the benefits of noise: from ice ages to crayfish and SQUIDs[J]. Nature, 1995, 373(6509): 33-36.

[57]　BONANNO G, VALENTI D, SPAGNOLO B. Role of noise in a market model with stochastic volatility[J]. The European physical journal B, 2006, 53 (3): 405-409.

[58]　SPAGNOLO B, VALENTI D. Volatility effects on the escape time in financial market models[J]. International journal of bifurcation & chaos, 2008, 18 (9): 2775-2786.

[59]　STROGATZ S H, WATTS D J. Collective dynamics of small-world networks[J]. Nature, 1998, 393(6684): 440-442.

[60]　STANLEY H E, AMARAL L A N, SCALA A, et al. Classes of small-world networks [J]. Proceedings of the National Academy of Science of the United States of America. 2000, 97(21): 11149-11152.

[61]　SCHUMPETER J A. The theory of economic development: an inquiry into profits, capital, credit, interest, and the business cycle[M]. Cambridge, MA: Harvard University Press, 1934.

[62]　NIKITIN A, STOCKS N, BULSARA A. Asymmetric bistable systems subject to periodic and stochastic forcing in the strongly nonlinear regime: the power spectrum[J]. Physical review E, 2007, 76 (4): 041138-041145.

[63]　REICHL L. A modern course in statistical physics[M]. 3rd ed. Weinheim: Wiley-VCH, 2009.

[64]　MCNAMARA B, WIESENFELD K. Theory of stochastic resonance[J]. Physical review A, 1989,

39：4854-4869.

[65]　HANGGI P，TALKNER P，BORKOVEC M. Reaction-rate theory：fifty years after kramers[J].
Reviews of modern physics，1990，62(2)：251-341.

[66]　KUBO R. The fluctuation-dissipation theorem[J]. Reports on progress in physics，1966，29：
255-283.

[67]　HANGGI P，THOMAS H. Stochastic processes：time evolution，symmetries and linear response
[J]. Physics reports，1982，88(4)：207-319.

[68]　HANGGI P. Stochastic processes I：asymptotic behaviour and symmetries[J]. Helvetica physica
acta，1978，51：183-201.

[69]　HONEYCUTT R. Stochastic Runge-Kutta algorithms. I. white noise[J]. Physical review A，1982，
45(2)：600-603.

[70]　YUAN G X，WANG H Q，ZENG T，et al. The dynamical mechanism for SMESs evolution under
the hologram approach[R/OL]. SSRN Working Paper ♯ 3325013，2019(2019-02-12). https：//
ssrn. com/abstract＝3325013.

[71]　YUAN G X，WANG H Q. The general dynamic risk assessment for the enterprise by the
hologram approach in financial technology[J]. International journal of financial engineering，2019，
6(1)：1-43.

[72]　BENEISH M D. The detection of earnings manipulation [J]. Financial analysts journal，1999，55
(5)：24-36.

[73]　PALEPU K G，HEALY P M，BERNARD V L，et al. Business analysis & valuation：using
financial statements[M]. Sydney：South-Western College Publishing，2000.

[74]　AICPA. Consideration of fraud in a financial statement audit：statements on auditing standards
No. 99 (see also No. 82，1997)[M]. New York：John Wiley & Sons，Ltd，2002.

[75]　NIU G，YU L，FAN G Z，et al. Corporate fraud，risk avoidance，and housing investment in China
[J]. Emerging markets review，2019(39)：18-33.

[76]　HEALY P M，PALEPU K G. Information asymmetry，corporate disclosure，and the capital
markets：a review of the empirical disclosure literature[J]. Journal of accounting and economics，
2001(31)：405-440.

[77]　DEFOND M L，ZHANG J. A Review of archival auditing research[J]. Journal of accounting and
economics，2014，58(2-3)：275-326.

[78]　DONOVAN J，FRANKEL R，LEE J，et al. Issues raised by studying DeFond and Zhang：what
should through forensic audit researchers do? [J]. Journal of accounting and economics，2014，
(58)：327-338.

[79]　YANG C H，LEE K C. Developing a strategy map for forensic accounting with fraud risk
management：an integrated balanced scorecard-based decision model[J]. Evaluation and program
planning，2020，6(80)：101780.

[80]　VANHOEYVELD J，MARTENS D，PEETERS B. Value-added tax fraud detection with scalable
anomaly detection techniques[J]. Applied soft computing，2019(86)：105895.

[81]　NURHAYATI. Revealing and building the COSO concept and Khalifatullah Fill Ard philosophy
to prevent and detect the occurrence of fraud through forensic accounting[J]. Procedia-social and
behavioral sciences，2016，219(31)：541-547.

[82]　GOODE S，LACEY D. Detecting complex account fraud in the enterprise：the role of technical and
non-technical controls[J]. Decision support systems，2011，50(4)：702-714.

[83]　BEASLEY M. An empirical analysis of the relation between the Board of Director composition and

financial statement fraud[J]. The accounting review,1996,71(4)：443-465.

[84] PAZ A,MORAN S. Non deterministic polynomial optimization problems and their approximations [J]. Theoretical computer science,1981,15(3)：251-277.

[85] 陈竞辉,罗宾臣. 亚洲财务黑洞：致命弱点在于公司治理[M].北京：机械工业出版社,2015.

[86] 叶金福.从报表看舞弊：财务报表分析与风险识别[M].北京：机械工业出版社,2018.

[87] 刘姝威.上市公司虚假会计报表识别技术(珍藏版)[M].北京：机械工业出版社,2013.

[88] GAO S L,WANG H Q,YUAN G X,et al. Cooperative mechanism of SME growth in the mesoscopic structure with strategic and nonstrategic partners[J]. IEEE intelligent systems,2020, 35(3)：7-18.

[89] 黄世忠.国家会计学院会计硕士专业学位 MPACC 系列教材·财务报表分析：理论·框架·方法与案例[M].北京：中国财政经济出版社,2007.

[90] AGRAWAL R,SRIKANT S. Fast algorithms for mining association rules：readings in database systems[M]. 3rd ed. Burlington：Morgan Kaufmann Publishers Inc. ,1996.

[91] 王昱,杨珊珊.考虑多维效率的上市公司财务困境预警研究[J/OL].中国管理科学,2021,29(2)：32-41. https://doi. org/10. 16381/j. cnki. issn1003-207x. 2019. 1366.

[92] 洪文洲,王旭霞,冯海旗.基于 Logistic 回归模型的上市公司财务报告舞弊识别研究[J].中国管理科学,2014,22(S1)：351-356.

[93] 周利国,何卓静,蒙天成.基于动态 Copula 的企业集团信用风险传染效应研究[J].中国管理科学,2019,27(2)：71-82.

[94] 欧高炎,朱占星,董彬,等. 数据科学引论[M].北京：高等教育出版社,2017.

[95] QIAN G Q,FIELD C. Using MCMC for logistic regression model selection involving large number of candidate models[M]//FANG K T,NIEDERREITER H,HICKERNELL F J. Monte Carlo and Quasi-Monte Carlo methods. Berlin,Heidelberg：Springer,2002：460-474.

[96] GEMAN S,GEMAN D. Gibbs distribution,and the Bayesian restoration of images[J]. IEEE transactions on pattern analysis and machine intelligence,1984,6：774-778.

[97] QIAN G Q,RAO C R,SUN X,et al. Boosting association rule mining in large datasets via Gibbs sampling[J]. Proceedings of the National Academy of Sciences,2016,113(18)：4958-4963.

[98] GLASSERMAN P. Monte Carlo methods in financial engineering[M]. New York：Springer Science & Business Media,2013.

[99] NARISETTY N N,SHEN J,HE X,et al. A consistent and scalable Gibbs sampler for model selection[J]. Journal of the American Statistical Association,2019,114(527)：1205-1217.

[100] 袁先智,周云鹏,刘海洋,等.在金融科技中基于人工智能算法的风险特征因子筛选框架的建立和在期货价格趋势预测相关的特征因子刻画的应用(特约文章)[J].安徽工程大学学报,2020, 35(4)：1-13.

[101] AKAIKE H. A new look at the statistical model identification[J]. IEEE transactions on automatic control,1974,19(6)：716-723.

[102] SCHWARTZ G. Estimating the dimension of a model[J]. The annals of statistics,1978,6(2)：461-464.

[103] 袁先智,周云鹏,严诚幸,等.财务欺诈风险特征筛选框架的建立和应用[J/OL].中国管理科学, 2022,30(3)：43-54. https://doi. org/10016381/j. cnki. issn1003-207x. 2. 20022. 1.

[104] 袁先智.运用大数据提升信用评级质量和区分度："咖啡馆"(CAFE)全息风险评估体系的探索 [J].清华金融评论,2022,98：70-74.

[105] 袁先智.构建与国际接轨的适合中国国情的金融行业信用评级体系概述[EB/OL].(2021-12-15). https://bm. cnfic. com. cn/sharing/share/articleDetail/2603844/1.

［106］ BIAIS B，BISIRE C，BOUVARD M，et al. The blockchain folk theorem［J］. Review of financial studies，2019，32（5）：1662-1715.

［107］ CARLSTEN M，KALODNER H，WEINBERG S M，et al. On the instability of bitcoin without the block reward［C］//Proceedings of the 2016 ACM SIGSAC Conference on Computer and Communications Security，Vienna：ACM.（October 24-28，2016），2016：154-167.

［108］ CHEN M，WU Q，YANG B. How valuable is FinTech innovation？［J］. Review of financial studies，2019，32（5）：2062-2106.

［109］ CHIU J，KOEPPL T. Blockchain-based Settlement for asset trading［J］. Review of financial studies，2019，32（5）：1716-1753.

［110］ CONG L W，HE Z. Blockchain disruption and smart contracts［J］. Review of financial studies，2019，32（5）：1754-1797.

［111］ DI L，YUAN G X，ZENG T. The consensus equilibria of mining gap games related to the stability of blockchain ecosystems［J］. The European journal of finance，2021，27（4-5）：419-440. DOI：1001080/1351847X. 2. 2001776352.

［112］ DI L，YANG Z，YUAN G X. The consensus games for consensus economics under the framework of blockchain in fintech［M］//LI D F. Game theory，communications in computer and information science：Vol. 1082. Singapore：Springer，2019：1-26.

［113］ EYAL I. The miners dilemma［C］//Proceedings of the 36th IEEE Symposiumon Security and Privacy，San Jose，California，USA（May 18-20，2015），2015.

［114］ EYAL I，SIRER E. Majority is not enough：bitcoin mining is vulnerable［C］//Proceedings of the 18th International Conference on Financial Cryptography and Data Security，FC'14. Berlin：Springer，2014：436-454.

［115］ 关莉莉，王霞，等. 金融支付体系导论/金融科技专业系列教材［M］. 上海：立信会计出版社，2020.

［116］ GARAY J A，KIAYIAS A，LEONARDOS N. The bitcoin backbone protocol with chains of variable difficulty［M］//KATZ J，SHACHAM H. CRYPTO 2017（August 2017），Part I，LNCS，Vol. 10401. Heidelberg：Springer，2017：291-323.

［117］ GOLDSTEIN I，JIANG W，KAROLYI G. To FinTech and beyond［J］. Review of financial studies，2019，32（5）：1647-1661.

［118］ 姚前，林华. 链与资产证券化［M］. 北京：中信出版社，2020.

［119］ Basel Committee on Banking Supervision（BCBS）. Consultative document prudential treatment of cryptoasset exposures issued for comment by 10 September 2021［R］. 2021.

［120］ KWON Y，KIM D，SON Y，et al. Be selfish and avoid dilemmas：fork after withholding（FAW）attacks on bitcoin［C/OL］//2017 ACM CCS'17，Oct. 3.-Nov. 3，2017，Dallas，TX，USA. 2017 ACM. ISBN 978-1-4503-4946-8/17/10. http://dx. doi. org/1001145/3133956. 3134. 19.

［121］ MILLER A，LAVIOLA J J. Anonymous byzantine consensus from moderately-hard puzzles：a model for bitcoin［R］. University of Central Florida，Technical Report，2014.

［122］ MILLER A. Feather-forks：enforcing a blacklist with sub-50％ hash power［R］. bitcointalk. org，2013.

［123］ NAKAMOTO S. Bitcoin：a Peer-to-Peer electronic cash system［D/OL］. 2008. http://bitcoin. org/bitcoin. pdf.

［124］ NARAYANAN A，BONNEAU J，FELTEN E，et al. Bitcoin and cryptocurrency technologies：a comprehensive introduction［M］. Princeton：Princeton University Press，2016.

［125］ NAYAK K，KUMAR S，MILLER A，et al. Stubborn mining：generalizing selfish mining and combining with an eclipse attack[R/OL]. IACR Cryptology ePrint Archive 2015（2015），796，2015. http://eprint. iacr. org/2015/796.

[126] NYUMBAYIRE C. The Nakamoto Consensus[R/OL]. Insight，Interlogica，2017. https://www. interlogica. it/en/insight-en/nakamoto-consensus.

[127] ROSENFELD M. Analysis of Bitcoin pooled mining reward systems[R]. arXiv preprint arXiv：1112. 4980，2011.

[128] SAPIRSTEIN A，SOMPOLINSKY Y，ZOHAR A. Optimal selfish mining strategies in bitcoin [C]//GROSSKLAGS J，PRENEEL B. Financial Cryptography and Data Security，LNCS，Vol. 9603. Christ Church，Barbados，February 22-26，2016：515-532.

[129] TSABARY I，EYAL I. The gap game[C]//Proceedings of the 2018 ACMSIGSAC Conference on Computer and Communications Security (CCS'18)，2018：713-728.

[130] YANG Z，YUAN G X. Some generalizations of Zhao's theorem：hybrid solutions and weak hybrid solutions for games with nonordered preferences[J]. Journal of mathematical economics，2019，84：94-100.

[131] DI L，WANG F，WEI L J，et al. The framework of consensus equilibria for gap games in blockchain ecosystems[M]//ZHENG Z B，DAI H N，FU X D，et al. Blockchain and trustworthy. Vol. 1267，CCIS. Singapore：Springer Nature Singapore Pte Ltd. ，2020.

[132] 柴洪峰，马小峰，中国电子学会. 区块链导论[M]. 北京：中国科学技术出版社，2020.

[133] QIAN G Q，WU Y，XU M. Multiple change-points detection by empirical Bayesian information criteria and Gibbs sampling induced stochastic search[J]. Applied mathematical modelling，2019，72：202-216.

[134] HANLEY J A，MCNEIL B J. The meaning and use of the area under a receiver operating characteristic (ROC) curve[J]. Radiology，1982，143(1)：29-36.

[135] IPPOLITO R A. On studies of mutual fund performance，1962-1991[J]. Financial analysts journal，1993，49(1)：42-50.

[136] WERMERS R. Mutual fund performance：an empirical decomposition into stock-picking talent，style，transactions costs，and expenses[J]. The journal of finance，2000，55(4)：1655-1695.

[137] BRENNAN M J，HUGHES P J. Stock prices and the supply of information[J]. The journal of finance，1991，46(5)：1665-1691.

[138] ELTON E J，GRUBER M J，BLAKE C R. Fundamental economic variables，expected returns，and bond fund performance[J]. The journal of finance，1995，50(4)：1229-1256.

[139] CHEN J，HONG H，HUANG M，et al. Does fund size erode mutual fund performance? The role of liquidity and organization[J]. American economic review，2004，94(5)：1276-1302.

[140] SHARPE W F. Mutual fund performance[J]. The journal of business，1966，39(1)：119-138.

[141] GOLEC J H. The effects of mutual fund managers' characteristics on their portfolio performance，risk and fees[J]. Financial services review，1996，5(2)：133-147.

[142] 梁珊，王正刚，郭葆春. 基金规模与业绩关系的再检验——基于 DGTW 方法的业绩评价[J]. 投资研究，2016，35(3)：151-158.

[143] 陆蓉，陈百助，徐龙炳，等. 基金业绩与投资者的选择——中国开放式基金赎回异常现象的研究 [J]. 经济研究，2007(6)：39-50.

[144] 李志冰，刘晓宇. 基金业绩归因与投资者行为[J]. 金融研究，2019(2)：188-206.

[145] 肖峻，石劲. 基金业绩与资金流量：我国基金市场存在"赎回异象"吗？[J]. 经济研究，2011，46(1)：112-125.

[146] 刘京军，苏楚林. 传染的资金：基于网络结构的基金资金流量及业绩影响研究[J]. 管理世界，

2016(1)：54-65.

[147] BARBER B M, ODEAN T. Boys will be boys：gender, overconfidence, and common stock investment[J]. The quarterly journal of economics,2001,116(1)：261-292.

[148] BLISS R T, POTTER M E, SCHWARZ C. Performance characteristics of individually-managed versus team-managed mutual funds[J]. The journal of portfolio management,2008,34(3)：110-119.

[149] CHEVALIER J, ELLISON G. Risk taking by mutual funds as a response to incentives[J]. Journal of political economy,1997,105(6)：1167-1200.

[150] 徐琼,赵旭.我国基金经理投资行为实证研究[J].金融研究,2008,8：145-155.

[151] 赵秀娟,汪寿阳.基金经理在多大程度上影响了基金业绩？——业绩与个人特征的实证检验[J].管理评论,2010,22(1)：3-12.

[152] POLLET J M, WILSON M. How does size affect mutual fund behavior? [J]. The journal of finance,2008,63(6)：2941-2969.

[153] GRUBER M J. Another puzzle：the growth in actively managed mutual funds[J]. The journal of finance,1996,51(3)：783-810.

[154] MASSA M. How do family strategies affect fund performance? When performance-maximization is not the only game in town[J]. Journal of financial economics,2003,67(2)：249-304.

[155] 王天思.大数据中的因果关系及其哲学内涵[J].中国社会科学,2016(5)：22-42,204-205.

[156] AGRAWAL R, IMIELIŃSKI T, SWAMI A. Mining association rules between sets of items in large databases[C]//Proceedings of the 1993 ACM SIGMOD International Conference on Management of Data,1993：207-216.

[157] 袁先智,刘海洋,李欣鹏,等.基金关联特征提取的大数据随机搜索算法及应用[J].管理科学,2020,33(6)：41-53.

[158] 袁先智,周云鹏,严诚幸,等.公司财务欺诈预警与风险特征筛选的新方法：基于人工智能算法[C]//第十五届(2020)中国管理学年会论文集(中国管理学年会,成都,2020年12月11—12日),2020：709-724.

[159] BERNARDO J M, SMITH A F M. Bayesian theory[M]. New York：John Wiley & Sons,2009.

[160] JENSEN M C. Risk, the pricing of capital assets, and the evaluation of investment portfolios[J]. The journal of business,1969,42(2)：167-247.

[161] SHARPE W F, WILLIAM F. Sharpe—selected works[M]. Nobel Laureate Series, 2. Hackensack, NJ：World Scientific Publishing Co. Pte. Ltd. ,2012.

[162] TREYNOR J L. How to rate management of investment funds[M]//TRE NOR J L. Treynor on institutional investing. New York：John Wiley & Sons, Inc. ,1965：63-75.

[163] 高鹤,李旻文,高峰.基金经理风险偏好、投资风格与基金业绩——基于性别个人特征的视角[J].投资研究,2014(5)：82-96.

[164] 赵秀娟,程刚,汪寿阳.基金经理的运气是否比能力更重要？[J].系统工程理论与实践,2011,31(5)：834-840.

[165] 肖继辉,彭文平.基金经理特征与投资能力、投资风格的关系[J].管理评论,2012,24(7)：40-48.

[166] 毛磊,王宗军,王玲玲.机构投资者持股偏好、筛选策略与企业社会绩效[J].管理科学,2012,25(3)：21-33.

[167] 袁知柱,王泽燊,郝文瀚.机构投资者持股与企业应计盈余管理和真实盈余管理行为选择[J].管理科学,2014,27(5)：104-119.

[168] 曾德明,龙淼,龚红.机构投资者持股对公司绩效的影响研究[J].软科学,2006(1)：37-39,52.

[169] KRIPPNER G R. The financialization of the American economy[J]. Socio-economic review,

2005,3(2)：173-208.

[170] TANG K,XIONG W. Index investment and financialization of commodities[R]. NBER Working Paper Part V,2010：299-307.

[171] LI X,CHEN K,YUAN G X,et al. The decision-making of optimal equity and capital structure based on dynamical risk profiles：a Langevin system framework for SME growth[J]. International journal of intelligent system,2021,36(7)：3500-3523.

[172] BRENNAN M J,SCHWARTZ E S. Evaluating natural resource investments[J]. Journal of business,1985,58(2)：135-157.

[173] SCHWARZ G. Finitely determined processes—an indiscrete approach[J]. Journal of mathematical analysis and applications,1980,76(1)：146-158.

[174] CASASSUS J,COLLIN-DUFRESNE P. Stochastic convenience yield implied from commodity futures and interest rates[J]. The journal of finance,2005,60(5)：2283-2331.

[175] 王苏生,王丽,李志超,等. 基于卡尔曼滤波的期货价格仿射期限结构模型[J]. 系统工程学报,2010,25(3)：346-353.

[176] SCHWARTZ E,SMITH J E. Short-term variations and long-term dynamics in commodity prices[J]. Management science,2000,46(7),893-911.

[177] 韩立岩,尹力博. 投机行为还是实际需求？——国际大宗商品价格影响因素的广义视角分析[J].经济研究,2012(12)：84-97.

[178] 杨胜刚,陈帅立,王盾. 中国黄金期货价格影响因素研究[J]. 财经理论与实践,2014,35(3)：44-48.

[179] 朱晋. 市场因素影响商品期货价格的多元模型分析[J]. 数量经济技术经济研究,2004,21(1)：75-79.

[180] 张保银,陈俊. 基于动态 VECM 的我国铜期货的价格发现功能研究[J]. 天津大学学报(社会科学版),2012,14(6)：492-496.

[181] 董珊珊,冯芸. 基于 FCVAR 模型研究 SHFE 和 LME 铜期货和现货市场价格发现功能[J]. 现代管理科学,2015(11)：67-69.

[182] 黄健柏,刘凯,郭尧琦. 沪铜期货市场价格发现的动态贡献——基于状态空间模型的实证研究[J]. 技术经济与管理研究,2014(2)：67-72.

[183] HAMILTON J D,SUSMEL R. Autoregressive conditional heteroskedasticity and changes in regime[J]. Journal of econometrics,1994,64(1-2)：307-333.

[184] 高辉,赵进文. 期货价格收益率与波动性的实证研究——以中国上海与英国伦敦为例[J]. 财经问题研究,2007(2)：54-66.

[185] 张屹山,方毅,黄琨. 中国期货市场功能及国际影响的实证研究[J]. 管理世界,2006(4)：36-42.

[186] 郭树华,王华,高祖博,等. 金属期货市场价格联动及其波动关系研究——以 SHFE 和 LME 的铜铝为例[J]. 国际金融研究,2010(4)：79-88.

[187] 胡东滨,张展英. 基于 DCC-GARCH 模型的金属期货市场与外汇、货币市场的动态相关性研究[J]. 数理统计与管理,2012(5)：150-158.

[188] YUE Y D,LIU D C,XU S. Price linkage between Chinese and international nonferrous metals commodity markets based on VAR-DCC-GARCH models[J]. Transactions of Nonferrous Metals Society of China,2015,25(3)：1020-1026.

[189] 李洁,杨莉. 上海和伦敦金属期货市场价格联动性研究——以铜铝锌期货市场为例[J]. 价格理论与实践,2017(8)：100-103.

[190] 袁先智,狄岚,宋冠都,等. 基于随机搜索方法对影响大宗商品期货螺纹钢期货价格趋势变化的关联特征指标研究[J]. 管理评论,2021,33(9)：294-306.

[191] 袁先智,狄岚,李祥林,等.在大数据框架下基于 Gibbs 抽样的随机搜寻方法在金融中的应用[J].计量经济学报,2021,1(2):149-180.

[192] 田利辉,谭德凯.大宗商品现货定价的金融化和美国化问题——股票指数与商品现货关系研究[J].中国工业经济,2014(10):72-84.

[193] AIUBE F A L,FAQUIERI W B. Can Gaussian factor models of commodity prices capture the financialization phenomenon? [J]. The North American journal of economics and finance,2019, 50:101028.

[194] CHEN L,YUAN G X,ZHANG G,et al. The study for public management policy utility evaluation and optimization system under the framework of social computing perspective[J]. IEEE intelligent systems,2000,35(2):78-91.

[195] YANG H,LI E,CAI Y F,et al. The extraction of early warning features for the predicting financial distress based on XGBoost model and SHAP framework[J]. International journal of financial engineering,2021,8(3):2141004.

[196] SCHWARZ G. An optimality property of polynomial regression[J]. Statistics & probability letters,1991,12(4):335-336.

[197] COLLIN-DUFRESNE P,FOS V. Insider trading,stochastic liquidity,and equilibrium prices[J]. Econometrica,2016,84(4):1441-1475.

[198] 部慧.中国铜期货市场期货价格期限结构研究[J].系统工程学报,2016,31(2):192-201,226.

[199] 部慧,李艺,汪寿阳.国际基金持仓与大豆商品期货价格关系的实证研究[J].管理评论,2008 (5):3-8,27,63.

[200] 刘轶芳,迟国泰,余方平,等.基于 GARCH-EWMA 的期货价格预测模型[J].哈尔滨工业大学学报,2006(9):1572-1575.

[201] 刘立霞,马军海.基于 LS-SVM 的石油期货价格预测研究[J].计算机工程与应用,2008(32):230-231.

[202] 董晓娟,安海岗,董志良.有色金属国际期货市场价格联动效应演化分析——以铜、铝、锌为例[J].复杂系统与复杂性科学,2018,15(4):50-59.

[203] 周伟,王强强.贵金属与其他金属期货间的价格交叉影响及其传导效应[J].商业研究,2016(2):81-86.

[204] 陈海鹏,卢旭旺,申铉京,等.基于多元线性回归的螺纹钢价格分析及预测模型[J].计算机科学,2017,44(S2):61-64,97.

[205] 袁先智,周云鹏,何华,等.基于机器学习算法筛选刻画公司财务舞弊行为的特征指标[J].数智技术与应用,2022,1(1):37-46.

[206] 顾秋阳,周有林,华秀萍,等.我国螺纹钢期货价格波动的机理研究——基于 SVAR 模型的实证分析[J].价格理论与实践,2019(7):95-98.

[207] 蔡慧,华仁海.中国商品期货指数与 GDP 指数的关系研究[J].金融理论与实践,2007(8):3-6.

[208] FRANKEL J A. Commodity prices and money:lessons from international finance[J]. American journal of agricultural economics,1984,66(5):560-566.

[209] 郑尊信,徐晓光.基差、随机冲击与不对称相关结构下的期货套期保值——来自亚洲股指期货市场的证据[J].数量经济技术经济研究,2009,26(3):91-105.

[210] 伍景琼,蒲云,伍锦群.钢铁企业进口铁矿石价格影响因素强度及对策研究[J].经济问题探索,2012(3):93-97.

[211] 胡建兰,高瑜.基于灰色模型的钢铁价格影响因素研究[J].价值工程,2019,38(32):71-72.

[212] BODIE Z,ROSANSKY V I. Risk and return in commodity futures[J]. Financial analysts journal, 1980,36(3):27-39.

[213] 金剑峰.钢铁类股票与螺纹钢期货的互动关系研究[J].科技经济市场,2019(7):83-85.

[214] 金涛.螺纹钢期货和沪深300股指期货的价格联动性研究[J].会计之友,2014(8):23-26.

[215] Wealthfront Advisers LLC. Wealthfront investment methodology White Paper[R/OL]. 2021. https://research. wealthfront. com/whitepapers/investment-methodology/.

[216] 博迪,等.投资学[M].10版.北京:机械工业出版社,2018.

[217] 格林诺德,卡恩.主动投资组合管理:创造高收益并控制风险的量化投资方法[M].李腾,杨柯敏,刘震,译.北京:机械工业出版社,2014.

[218] MSCI Inc. Barra Optimizer:user guide. An open software library that enables interation of the Barra optimization engie in investment platforms[R]. 2012.

[219] FAMA E F,FRENCH K R. Dissecting anomalies with a five-factor model[J]. Review of financial studies,2016,29(1):69-103.

[220] BRINSON G,HOOD R,BEEBOWER G. Determinants of portfolio performance[J]. Financial analysts journal,1986,42:39-44.

[221] YARDENI E. Fed's stock market model finds overvaluation[R]. US Equity Research. Deutsche Morgan Grenfell. August 25,1997.

[222] BLACK F,LITTERMAN R. Global portfolio optimization[J]. Financial analysts journal,1992, 48(5):28-43.

[223] VAN ROSSUM G,DRAKE F L. Python 3 reference manual [M]. Scotts Valley, CA: CreateSpace,2009.

[224] OLIPHANT T E. A guide to NumPy[M]. Idaho:Trelgol Publishing,2006.

[225] VAN DER WALT S,COLBERT S C,VAROQUAUX G. The NumPy array:a structure for efficient numerical computation[J]. Computing in science & engineering,2011,13:22-30.

[226] PASZKE A,et al. Automatic differentiation in PyTorch[C]. NIPS-W 2017,2017.

[227] 李航.统计学习方法[M].北京:清华大学出版社,2012.

[228] LECUN Y,BENGIO Y,HINTON G. Deep learning[J]. Nature,2015, 521 (7553):436-444.

[229] HOSMER D W, LEMESHOW S. Applied logistic regression[M]. New York:John Wiley & Sons Inc. ,2000.

[230] FISHER R A. The use of multiple measurements in taxonomic problems[J]. Annals of eugenics, 1936,7(2):179-188.

[231] QUINLAN J R. Induction of decision trees[J]. Machine learning,1986,1(1):81-106.

[232] QUINLAN J R. C4.5:Programs for machine learning[M]. San Mateo,CA:Morgan Kaufmann, 1993.

[233] BREIMAN L,FRIEDMAN J,OLSHEN R,et al. Classification and regression trees[M]. New York:Routledge,1984.

[234] BREIMAN L. Random forests[J]. Machine learning,2001,45 (1):5-32.

[235] RUMELHART D E,HINTON G E,WILLIAMS R J. Learning internal representations by back-propagating errors[J]. Nature,1986,323(99):533-536.

[236] HORNIK K,STINCHCOMBE M,WHITE H. Multilayer feedforward networks are universal approximators[J]. Neural networks,1989,2:359-366.

[237] KRIZHEVSKY A, SUTSKEVER I, HINTON G E. Imagenet classification with deep convolutional neural networks[R]//Advances in Neural Information Processing Systems 25, 2012:1097-1105.

[238] SZEGEDY C,LIU W,JIA Y Q,et al. Going deeper with convolutions[R]. 2014.

[239] DECHOW P M,GE W,LARSON C R,et al. Predicting material accounting misstatements[J].

Contemporary accounting research,2011,28(1),17-82.

［240］ BENZI R,PARISI G,SUTERA A,et al. A theory of stochastic resonance in climatic change[J]. SIAM journal on applied mathematics,1983,43（3）：565-578.

［241］ 李华,袁先智,赵建彬.金融科技大数据风控方法介绍——解释性、隐私保护与数据安全[M].北京：科学出版社,2022.

［242］ 陈收,蒲石,方颖,等.数字经济的新规律[J].管理科学学报,2021,24(8)：36-47.

［243］ WANG H Q,YUAN W,YUAN G X. The mechanism for SMEs growth by applying stochastic dynamical approach[J]. Finance research letters,2022,48：102850.

［244］ YUAN G X,ZHOU Y P,LIU H Y,et al. The framework of CAFE credit risk assessment for financial markets in China[J]. Procedia computer science,2022,202：33-46.

教师服务

感谢您选用清华大学出版社的教材！为了更好地服务教学，我们为授课教师提供本书的教学辅助资源，以及本学科重点教材信息。请您扫码获取。

》 教辅获取

本书教辅资源，授课教师扫码获取

》 样书赠送

财政与金融类重点教材，教师扫码获取样书

 清华大学出版社

E-mail: tupfuwu@163.com
电话：010-83470332 / 83470142
地址：北京市海淀区双清路学研大厦 B 座 509

网址：http://www.tup.com.cn/
传真：8610-83470107
邮编：100084